THE PRIMITIVE BELIEFS OF SOUTHERN CHINA

南方民族原始信仰文化

胡 晨 著

中国社会科学出版社

图书在版编目（CIP）数据

南方民族原始信仰文化 / 胡晨著 . —北京：中国社会科学
出版社，2020.6

ISBN 978 - 7 - 5203 - 2826 - 5

Ⅰ.①南… Ⅱ.①胡… Ⅲ.①少数民族—原始宗教—
宗教文化—信仰—研究—中国 Ⅳ.①B933

中国版本图书馆 CIP 数据核字（2020）第 086358 号

出 版 人	赵剑英
责任编辑	王莎莎 刘亚楠
责任校对	张爱华
责任印制	张雪娇

出　　版	中国社会科学出版社
社　　址	北京鼓楼西大街甲 158 号
邮　　编	100720
网　　址	http://www.csspw.cn
发 行 部	010 - 84083685
门 市 部	010 - 84029450
经　　销	新华书店及其他书店

印刷装订	北京市十月印刷有限公司
版　　次	2020 年 6 月第 1 版
印　　次	2020 年 6 月第 1 次印刷

开　　本	710 × 1000　1/16
印　　张	25.25
插　　页	2
字　　数	412 千字
定　　价	149.00 元

前　言

　　原始信仰文化是人类原始文化的重要组成部分，也是人类文化的起点之一。人类文明社会中的政治制度、行为规范、文学艺术、哲学思辩、科学技术等，在其孕育初期，也都无不结胎寄养于原始信仰文化的母腹。

　　要想真正研究人类现代社会文化诸领域，推动其前进，就应该溯其源、探其流、究其根、明其本，只有这样，才能真正拓宽我们的研究视野，将我们的研究对象置于一种纵贯古今的学术背景中加以审视，也才能真正把握研究的真谛，从而形成崭新的见解，建构独特而又实在的理论框架，指导和推动社会文明的发展进程，也正是出于此，许多宗教学家、哲学家、伦理学家、文学家、人类学家、民族学家、社会学家、历史学家及科学家都像探寻金矿的淘金者一样，情不自禁地走进原始信仰这个令人困惑不解、却又让人兴奋不已的领域中，如痴如醉地搜寻、探索、发掘着各自领域中闪光的黄金。

　　原始信仰文化研究不单纯是对远古人类文化遗留物的研究，在具体的研究过程中，我们也不可能将研究的目光锁定在原始野蛮的历史时期。因为它作为一种文化的遗留物，不仅遗存，甚至还鲜活于现代社会生活中，那么这种遗存与鲜活本身就表明了其对当下社会文明生活仍持续地存在着一定的影响，尤其是在一些南方少数民族地区，原始信仰文化仍十分浓厚。在某种程度上，原始信仰文化还部分地制约着人们的思想观念及其社会行为。因此，今天的原始信仰文化研究，并非是脱离社会实际的纸上谈兵，而是与当今社会发展紧密相关且符合社会发展需要。

　　本著作涉及的南方民族，主要是包括长江以南地区的壮族、瑶族、土家族、白族、苗族等少数民族。他们与世界各民族一样，自形成其原始信仰之日起，数万年来，在大多数时间里，一直都将原始信仰文化视为自己的生存依赖。他们凭借着这种极富原始意味的坚定信仰，在极端艰难险恶的自然生存条件下，筚路蓝缕，披荆斩棘，挥洒一代又一代人的血泪，燃烧起不灭的信仰之火；突破一重又一重的艰难，锻造出无坚不摧的信仰之剑。在这柄原始的信仰之剑下，人类生存的烦恼、痛苦、恐惧、焦虑都化为片片飞絮，淡化于历史的天空之中。同样，在这束原始的信仰之火中，人类的生存、发展、拼搏、奋进的理想、愿望和意志、精神，亦均幻化为萦萦梦境，闪烁于未来的视野之中，不断地消解生存中的恐惧与痛苦，不断地激发生存中的斗志和精神，使南方民族与世界各民族一道，在血泪泡软的泥泞中挣扎奋进，在痛苦与绝望中昂起头颅，顽强地朝着部落生存与发展这一根本目标，一步一个脚印地咬牙前行，这正是原始信仰文化的历史功绩。因此，为了部落的生存与发展，人类创造了辉煌的原始信仰文化；借助于这一文化的创造，人类获得了生存与发展的内在原动力。人类与其所创造的原始信仰文化相帮相助，终于走进了今天的文明世界。如果在当时的历史条件下，人类没有发明原始信仰，或者说发明了但却被遗忘，我们能想象人类会有今天的文明吗？人类会成为今天意义上的人类吗？人类在如此险恶的自然环境中还会生存到今天吗？

诚然，原始信仰文化在今天看来，存在着许多落后、荒诞、迷信的内容，那熊熊的信仰圣火中，确实隐隐夹杂着被用作祭神的牺牲们冤魂的哭泣和申诉，以及一次次倾家荡产的、未曾给人们带来否极泰来的效验的祭祀仪式。财富的消耗、生命的萎缩、灵魂的扭曲，都给原始信仰文化蒙上了一层阴郁的色彩。但我们应该看到，原始信仰文化毕竟是原始人类在那样恶劣环境与社会条件下逐渐摸索、长期积淀而成的，其间的野蛮、原始、荒诞自不可避免。存在决定意识，残缺的原始社会存在决定了残缺的原始社会意识，一概否定原始先民在世世代代的苦难中所创造的、曾经给人类带来过非凡安慰、激励过先民奋发前行的原始信仰文化的观点是草率的，也违背了人类文化自身的发展规律。况且，这种原始信仰文化仍不同程度地遗存于全人类的社会生活中，并扎根于人们的社会意识深处，仅仅凭借我们的主观好恶，想在较短的历史时期中将其全盘抹掉的想法也是行不通的。我们甚至可以这样说，只要人间还存在着莫测的天灾人祸，只要人类尚无法彻底地掌握和决定自身的命运和未来，那么这种曾作为人类生存与发展的精神支柱的原始信仰文化，将有可能继续存在下去，直到人类已完全能控制命运与未来的那一天。

今天，对待先民遗存的原始信仰文化的一种明智的态度，应该是将其作为一种社会文化现象（尽管这种文化现象良莠混杂、愚慧兼容），进行认真研究与深入分析，取其精华，去其糟粕，为我所用，为社会所用。只有这样，才能对民间遗存的大量原始信仰文化因势利导，达到移风俗、美教化、厚人伦，促进精神文明建设发展的目的。唯其如此，我们才着手进行南方民族信仰文化的艰难探索，并试图在这片荒野上留下我们稚拙的脚印。

在人类原始信仰文化的研究队伍中，我们只是迟到的后来者，国外的研究早在19世纪中叶就有以泰勒为代表的人类学家们开始了自己的耕耘，国内在20世纪三四十年代也出现了大量相关的研究著作。而在20世纪八九十年代，随着文化研究热潮的出现，更多的相关研究成果如雨后春笋般地涌现出来，同时还出现了不少对不同区域、不同民族原始信仰文化的研究著作。但是，对南方民族地区的原始信仰文化的整体研究似乎尚未出现。我们之所以今天仍然将南方民族信仰文化视为一个独立的文化整体，是因为南方民族相对于我国北方民族而言，有其自身的特点：一是南方民族，古称"南蛮"，在远古时期是中国大地上最古老的三支族群集团之一，它与"华夏""东夷"构成了中华民族的先民。它所创造的原始文化具有一定的独立性；二是南方民族与当时华夏、东夷集团文化，包括后来的与北方之"狄"、西方之"戎"和东方之"夷"，合称为"四裔"。这本身就说明南方民族文化与其他地区民族文化是相互联系的，同时也具有相对独立性，是可以视为独立的文化整体来加以观察思考的。更何况南方民族的原始信仰文化还是一个超级富矿区，几乎全世界各类原始信仰文化的品种都可以在这里找到类似的标本。无论是原始的灵魂信仰、神灵崇拜、巫傩之风、祭祀仪式，还是社会日常生活中的禁忌、占卜、节日、娱乐、人生礼仪，几乎无所不有、无所不丰，再加上我国南方地形复杂，少数民族众多，各民族信仰文化在历史进程中的交流融汇，使得这一地区的原始信仰文化呈现出更为复杂的局面。

面对南方民族这样一种辐射区域辽阔、民族种类众多、形式纷纭复杂的原始信仰文化，我们在研究过程中将坚定不移地站在马克思主义立场上，用民族生存与发展的眼光来观察、分析和研究其原始信仰文化。只有这样，我们才能在进入那些原始、神秘、荒诞的信仰文化中后，不至于迷失方向、陷入迷茫。我们坚信，南方民族的原始信仰文化，无论其形式多么荒诞，仪式多么神秘，其文化的内在核心依然是为了自身的生存与发展这一根本目标。从这样的角度来思考，就会发现我们与南方民族原始先民的心灵一下子接通了，从其原始信仰文化的神秘与荒诞中，读出的是精神的伟大与崇高，看到的是生存发展的渴盼与焦虑，体验到的是一种深深的同情与赞叹……

今天，奉献给读者诸君的这本小书，就是笔者多年来掺和着复杂情感的探索结晶。它分别从南方民族的生存环境、原始的灵魂观念、神灵崇拜、图腾与祖先崇拜、巫傩之风、日常生活中的信仰文化等方面进行探索，并力图从文化人类学、神话学、哲学、宗教学、文化心理学等多重角度诠释其丰富的文化内涵，向读者展示南方民族艰难生存的一页页厚重的历史。不过，我们也深深地知道，南方民族信仰文化研究是一项十分浩大而艰巨的工程，非我们所能成就的。这本小书也仅仅是一种小小的尝试，其研究结果与我们自己的预计亦相差甚远，但我们并不因此而气馁，仍将努力完善这项研究作为自己今后奋斗的目标。虽不能至，心向往之。

2019 年 1 月 16 日
写于吉首大学风雨湖畔

目　　录

第一章　民间原始信仰与南方民族文化

　　南方民族主要指长期生活在我国长江以南广大地区的汉族与少数民族。长期以来，他们凭着自身的勤劳与智慧，创造了震惊世界的农桑文明和辉煌灿烂的民族文化，如浙江河姆渡遗址考古发掘出距今约 7000 年的大量稻谷遗物和骨耜，湖南澧县彭头山遗址发现的距今已有 9000 年左右的稻壳遗物。在河姆渡遗址第三层牙雕小盅上刻有蚕纹图案，表明距今约 6500 年前，我国南方民族已开始将野蚕驯化为家蚕，创造了蚕桑文明。一些学者依据这些古老的文明遗物甚至提出中华文明源头的"二元论"观点，即黄河文明与长江文明均为中华文明之源。诚然，南方民族不仅创造了辉煌灿烂的古代物质文化，同时也创造了与之相媲美的精神文化。史前的炎帝文化、蚩尤及三苗九黎文化、颛顼文化、驩兜文化以及后来的百濮、百越、荆楚、巴蜀、吴越等一幅幅波澜壮阔的精神文化及物质文化画卷，无不令今世炎黄子孙瞠目结舌，更令全世界为之惊叹！

第一节　南方民族的生存状态

　　无论是物质文化还是精神文化，其产生与发展都离不开具体的客观生存环境。可以这样说，人类的一切文化创造与继承发展，其最根本的目的就在于其自身的生存繁衍及其生存质量的提升，离开了这一终极目标，人类的一切文化将不可能产生。因此，要了解人类的信仰文化，就应该将其与其自身的生存环境紧密地联系起来，只有这样我们才能真正接近事实的真相。

一　南方民族的生存环境
　　南方民族的生存环境主要指其生存的地理环境和气候条件。就地形而言，其地理环境是十分复杂的，既有高原、山地、丘陵，也有盆地、平原、岛屿，且其间水系纵横，湖泊星列，重峦叠嶂，峡谷森然，给生活在这里的先民们带来了难以想象的艰辛与严酷。

1. 峻拔的高原

中国南方的高原主要由云贵高原和青藏高原之一部所构成，两者之间大致以"冕宁—宁蒗—丽江"一线分开。在以金沙江水系为主的切割下，高原的边缘被切割成岭谷间列的山原地貌或高山深谷形态，其间的青藏高原南部，由于金沙江左岸水系和岷江水系的切割，高原原面基本消失，形成了著名的横断山岭谷区；未遭切割的地区原面上分布着深厚的冻土层，并普遍存在着融冻泥流、热融塌陷、冰丘等冰缘地貌。云贵高原的海拔高度虽较"世界屋脊"的青藏高原为低，但对南方民族的生存而言，所产生的影响更为巨大。它主要分布在云贵两省，向东北伸入川、鄂、湘接壤的山地，向东南进入广西境内，向北伸入川西南，是长江、珠江、元江三大水系的分水高原。原面西部有较大的楚雄、昆明等盆地，而东部的溶蚀盆地较多。在上述三大水系的切割下，高原周缘岭谷错杂，地形十分崎岖。

2. 连绵的山脉

南方多山，无论是高原还是丘陵地带，都参差穿插着山地。山地海拔自西向东渐次降低，一般西部海拔为5000—6000米，中部海拔为2000—3000米，东部海拔为500—1000米。相对高度则以河谷深切的横断山区最大，可达1000—2000米，最大的甚至有3000多米。在川西高原与云贵高原以东的广大地区，主要有成都平原西侧的龙门山，四川盆地内的龙泉山，以华蓥山为代表的川东褶皱山系，以大娄山为代表的贵州褶皱山地，以巫山山脉为代表的川鄂褶皱山地，湘西山地的武陵山和雪峰山，湘赣交界处的九岭山和罗霄山，江西的庐山和怀玉山，皖南的九华山和黄山，浙江西部的天目山，浙赣交界的武夷山，广西的大瑶山，湘粤交界的南岭等。在这些山地之间，拥有着丰富的水系，因而地形多呈岭谷间夹，纵横错落，严重阻碍了人们的相互交流，使各地区的人们长期深陷于孤立封闭的狭小环境之中。

3. 险恶的峡谷

高山深谷是南方民族生存环境的一大特点。峡谷主要分布于金沙江水系的横断山区、川江水系的四川盆地周围的山地、汉江水系的秦巴山地、湘鄂西山地、武夷山—南岭山地等，规模悬殊，短者仅长 1 公里，长者可达数百公里；浅者只有 10 米，深者却达 3000 米。在众多的峡谷中，水流湍急，猛浪若奔，河床险滩鳞次栉比。如金沙江上的虎跳峡世界闻名，峡深 3000 米，最窄的谷底仅宽 30 米。河床上险滩紧连，水急浪高，礁石密布，令人惊叹不已。

不仅金沙江水系如此，其余水系亦相差无几。川江支流乌江、赤水、岷江、大渡河等，分别从贵州高原和川西高原流出，多切成数百米深的峡谷，其中尤以乌江峡谷最为险要，被称为"乌江天险"。其谷窄而深，其岸陡而险，一般谷壁陡立 300—700 米，水流如箭，瀑布、暗礁、险滩众多，其中被称为四大险滩的漩塘滩、天生桥滩、镇天洞滩和一子三堆滩的落差高达 8—33 米！除此之外，比较著名的还有川江的猫儿峡、铜锣峡、明月峡、黄草峡、剪刀峡，岷江的平羌峡、背峨峡、犁头峡，以及世界著名的长江三峡。而源于秦岭、南岭、湘西山地、湘东赣西山地的汉江、湘江、赣江及其主要支流的上、中游河段，常以峡谷将一些盆地串联起来，其中又以赣州、吉泰盆地间的峡谷最为险恶，河宽不足百米，水急滩险，著名的"十八滩"可为其代表。

4. 如网的水系

自古以来，江南也以水著称，被人们称为"江南水乡"或"江南泽国"。我国著名的长江水系、珠江水系及澜沧江、怒江、雅鲁藏布江、元江、闽江、钱塘江等水系都分布在这片土地上，其中长江水系流域面积已覆盖中国陆地总面积的 18.8%，珠江水系流域面积约 70 万平方公里，澜沧江水系流域面积在我国部分约为 16 万平方公里，怒江约为 12 万平方公里，雅鲁藏布江约为 24 万平方公里，钱塘江、闽江和元江的流域面积分别约为 54349 平方公里、60992 平方公里和 39840 平方公里。长江水系又以湖泊众多为特征，湖泊总面积约 1.52 万平方公里，占全国湖泊总面积的 1/5。全国著名的洞庭湖、鄱阳湖、巢湖、太湖四大淡水湖以及众多的中小型湖泊星罗棋布于此。

同时，长江、珠江、钱塘江、闽江、澜沧江等大部分水系结构多为树状，因流域各地的复杂的地质构造、基岩性质和地表形态，局部地区又有不同的河网结构，有的呈扇形河网，有的呈羽状河网或辐射状河网、网状河网，而不同的河网结构对河流的水情变化会产生不同的影响，特别是对暴雨后洪水聚集速度的快慢、洪峰势头和持续时间长短方面的影响尤为重要。一般言之，扇状河网结构的洪峰汇聚迅速，水势涨速很快，而网状河网结构在洪水期间则排涝困难，易成涝灾。至于湖区平原地带由于水流蓄积，多造成泥沙淤积，使水位逐年增高，易决堤成灾。故江南水乡旧时水灾频仍，岁比不登，多有逃亡四方者。

5. 气候与森林

我国南方的气候典型表现为热带、亚热带气候，但由于地域辽阔，地理地势环境复杂，各地区的气候差异较大。位于最南部的海南省及南海诸岛属于热带气候，雨量充沛，气温较高；而横断山区则因地势高差悬殊，"一山有四季，十里不同天"的立体气候十分突出；四川盆地、昆明盆地则冬无严寒，夏无酷暑，一年四季气候温和湿润；至于丘陵地带则四季分明、寒暑迥异。

诚然，我们在对南方气候进行讨论时，还应该将气候的历史因素考虑进去。据有关专家考证研究，在我国夏商时期，气温明显偏高，"这个时期气候温暖，从孢粉分析的资料来看，当时北京地区生长着栎、榆等树种组成的暖温带阔叶林；青海湖地区生长着以松、云杉为主的针叶林；华北平原东部地区则为落叶阔叶林——草原植被；辽宁南部此期阔叶树花粉占优势；胶州湾出现阔叶树增加、针叶树减少的栎松林；……据研究，植被类型反映的中国东部亚热带的北界到达今山东兖州一线"①。由此可以推测，旧时南方的气候较今日更为炎热，其大部分区域当属热带气候。尤其在殷墟考古发掘中，还出土过犀牛、亚洲象的骨骼，这种今日仅生存于热带地区的动物在殷墟中的出现，无疑证实了夏商时期气温偏高这一结论。

具体地说，在全新世早期，浙江余姚、安徽一带曾生长着热带、亚热带植物，活动着犀牛、亚洲象等热带动物。而秦岭、大巴山一带山地在几千年前曾有过茂密的北亚热带森林和竹林，犀牛与亚洲象也十分常见。至于中国台湾、闽南、岭南以及滇南地区，气候则更为湿热，除了乔木以外，还有高大的竹林和茂盛的藤本植物。倒是云南东部的昆明一带在全新世早期，气候较今日凉爽，森林植被中还曾有过桦木、铁杉一类寒温带植物。

---

① 张丕远主编：《中国历史气候变化》，山东科学技术出版社 1996 年版，第 283 页。

6. 远古的南方先民

据考古发掘资料证明，我国南方很早就有原始人类和类人猿的活动遗迹。我国最早的类人猿腊玛古猿头骨化石就是在云南省开远及禄丰县庙山坡被发现的，其类人猿生活期距今分别为1400万年和800万年。而距今170万年的"元谋人"化石也在云南省元谋县城东南的大那乌村发掘出来，据有关专家测定，元谋人可能是世界上第一批用火的人类。而较元谋人更早的是在四川省巫山县大庙龙骨坡发掘出来的"巫山猿人"化石，距今约200万年。至于生活年代相当于"北京人"的古人类化石在南方更是被频频发现，有贵州的"桐梓人"、湖北的"郧县人"、河南的"南召人"等。另外，还有距今约30万年的湖南的"石门人"，20万年的安徽的"巢县人"，10万年的湖北"长阳人"、江苏"汤山人"等，以上均为直立人时代和旧石器时代的发现。值得注意的是，南方远古人类化石包含着人类进化发展的三大阶段，即直立人、早期智人和晚期智人，并存在着与此密切相关的古猿化石。这一事实至少表明，在我国南方，自古以来就一直生活着人类，或者说一直生活着黄种人——中国人。

新石器时期遗址在南方被发掘的就更多了。著名的有浙江余姚市的河姆渡文化，距今约7000年，其文化遗物反映出的社会经济是以稻作为主，兼营畜牧、采集和渔猎，并具有原始的手工业，如陶器以夹炭黑陶最富特色，除此之外尚有木工艺、骨器制作、编织业、纺织业。在这里还出现了中国最早的漆器和干栏式建筑等。马家滨文化、崧泽文化、良渚文化、彭头山文化、大溪文化、屈家岭文化也都十分著名，如在湖南澧县大坪乡的彭头山文化遗址中，人们发现了距今约9000年的稻谷遗物，这是世界迄今为止发现的最早的人工栽培稻；而在马家滨文化遗址中却发现了距今6000余年的残布片，是中国目前最早的纺织品实物。

在古代传说中，南方也一直活动着许多著名的原始部落群团。有伏羲、女娲、祝融、炎帝、蚩尤、共工、盘瓠、巴人等部落。这些传说，有的被转化为了历史。《国语·晋语》载："昔少典娶于有蟜氏，生黄帝、炎帝，黄帝以姬水成，炎帝以姜水成。"此所言姜水当为古代羌人生活的领域。《后汉书·西羌传》载："西羌本出自三苗，姜姓之别也，其国近南岳。及舜流四凶，徙之三危，河关之西南羌地是也。"由此可知炎帝部落当为南方民族之一支。又《山海经·海内经》载："炎帝之妻，赤水之子听沃生炎居，炎居生节并，节并生戏器，戏器生祝融。祝融降处江水。"《路史·国名记》："江水，祝庸之封地，今朱提。"可见江水之地实为今日四川省宜宾一带。

伏羲、女娲的传说来自南方民族，并一直传承至今。宋人罗泌《路史·后记》载："太昊伏羲氏，……母华胥，居于华胥之渚。"自注云："乃阆中俞水之地。"俞水即渝水，今重庆市嘉陵江。罗泌《路史·后记·女娲氏记》又注："今峨眉亦有女娲洞，常璩《华阳国志》等谓伏羲、女娲之所常游，此类尤多。"另外，清人陆次云《峒溪纤志》亦载："苗人腊祭报草，祭用巫，设女娲，伏羲。"按今日苗族同胞传说，苗族为伏羲、女娲的后裔，他们本为兄妹（或姐弟），遭遇洪水，人类绝灭，仅存兄妹二人，遂结为夫妇，绵延人类，成为人类（即苗族）之祖。①

蚩尤则为南方九黎部落群团的首领，据《国语·楚语》载，九黎为九个部落，每一部落又有九个兄弟氏族，故《龙鱼河图》言："蚩尤摄政，有兄弟八十一人。"除蚩尤部落传说外，南方民族还盛传着盘瓠、廪君、涂山氏、蜀山氏、颛顼、帝喾、禹等神话传说。这些传说的传承，事实上也进一步证实了我国南方自古以来确实生活着大量的远古先民这一史实。

二 南方民族的苦难之旅

任何一个民族，无论是已经消失于历史尘烟之中的，还是至今仍然存在和发展的，都曾经历过巨大的艰辛。这种艰辛主要来自于两个方面：一是生存的社会环境的"恩赐"，二是生存的自然环境所带给他们的。英国历史学家汤因比对此曾用了一个著名的形象化比喻，他将人类文明发展比喻为一座有台阶的悬崖峭壁，把那些已消失的文明比作在攀登悬崖过程中摔下来的尸体，而将那些发展着的文明比作在悬崖上仍然坚持不懈、奋力攀登着的勇敢者，最后他用一种沉重的语调总结道："在每一个现在拼命攀登的爬山家背后，都至少有两倍其数的人（我们绝迹了的文明）失败

---

① 芮逸夫：《苗族洪水故事与伏羲女娲的传说》，载马昌仪编《中国神话学文论选萃》（上册），中国广播电视出版社1994年版，第371—417页。

了，躺下来死在岩石上面。"①

南方民族属于"现在拼命攀登的爬山家"这一群类，但是在他们攀登的旅途上仍鲜明地或依稀微茫地留下了许多血汗的痕迹，其中有同大自然的搏斗，也有部族群团之间的生存竞争和部落内部的生存竞争，在这里笔者将主要对一些具有代表性的部族群团之间的竞争历程做一番"扫描"。

1. 炎帝、蚩尤部族

《礼纪·月令》载："孟夏之月，……其帝炎帝，其神祝融。"《淮南子·时则训》载："南方之极，自北户孙之外，贯颛顼之国，南至委火炎风之野，赤帝，祝融之所司者万二千里。"高诱注："赤帝，少典之子，号为神农，南方火德之帝也。"由此可知，炎帝部落实为南方民族先民之一支，但《国语·晋语》又称黄帝与炎帝为兄弟，均为少典之子，对此我们可以理解为炎、黄两部族曾经一度相邻而处，其部族之间的关系亦十分和睦亲善。然部族间的关系并非恒定不变的，常常是亲善与斗争相交，团结与厮杀相连。或为部族人口的繁衍，或为生存环境的狭窄，或为其他我们目前尚不可知的种种原因，部族间发生战争也并不稀罕，这本为人类生存竞争的一种表现。故有神话传说记载炎黄部族间的生存竞争：

（1）故黄帝者，炎帝之兄也。炎帝无道，黄帝伐之涿鹿之野，血流飘杵，诛炎帝而兼其地，天下乃治。②

（2）炎帝欲侵凌诸侯。诸侯咸归轩辕。轩辕……教熊、罴、貔貅、貙、虎，以与炎帝战于阪泉之野，三战然后得其志。③

（3）黄帝与炎帝战于阪泉之野，帅熊、罴、狼、豹、貙、虎为前驱，雕、鹖、鹰、鸢为旗帜。④

上述三则神话是关于炎、黄两大部族生存竞争的著名神话，就神话内容而言，两大部族之间的战争主动权当在黄帝部族一方，"黄帝伐之涿鹿

---

① ［英］阿诺德·汤因比：《历史研究》（上册），刘北成译，上海人民出版社1959年版，第61—62页。

② 《新书·益壤》。

③ 《史记·五帝本纪》。

④ 《列子·黄帝》。

之野""以与炎帝战于阪泉之野"。战争的起因则是由炎帝部族引发,"炎帝无道""炎帝欲侵凌诸侯"。可见黄帝部族发现炎帝部族的不端行为后,本着维护正义,稳定社会局势的目的,才主动攻击炎帝部族。战争的结局是以炎帝部族败溃告终:"诛炎帝而兼其地,天下乃治。"炎帝部族在黄帝部族的强大压力下,不得不离开自己原来的生存根据地,开始漫长而又艰辛的迁徙之旅。

蚩尤部族也有着类似遭遇。有学者认为,蚩尤为炎帝之裔,后逐炎帝、参卢而自立,自称炎帝。① 对此,后人有这样的解释:"盖蚩尤本神农后末帝之诸侯。《尸子》说神农氏十七世,其末帝叫参卢,即蚩尤从参卢处得铜以铸兵器。蚩尤取炎帝之位,仍名赤帝或炎帝,本亦神农之后。"② 其他古籍对此亦有记载,如《逸周书·尝麦解》载:"蚩尤乃逐帝,战于涿鹿之阿,九隅无遗,赤帝大慑。"蚩尤部族不仅逐走炎帝,且攻击过榆罔部落。《庄子·盗跖》载:"时蚩尤氏强,与榆罔争王,逐榆罔。"《太平御览》卷5引《帝王世纪》亦载:"蚩尤氏强,与榆罔争王于涿鹿之阿。"蚩尤为九黎之君,因较早地掌握了炼铜之术,并以铜为武器装备,较之石器时代的其他部族而言,其军事力量自当最为强盛,故在与榆罔部族、炎帝部族的生存竞争中,获得了胜利。然当他们面临更大的生存挑战之时,却因力量的众寡悬殊而失败了,这种挑战即来自黄帝部族群团的联合攻击。

(1)黄帝……征师诸族,使力牧、神皇直讨蚩尤氏。③

(2)蚩尤作乱,黄帝始制弧矢。④

(3)有蚩尤兄弟八十一人,并兽身、人语、铜头铁额、食沙、石子,造立兵杖、刀、戟、大弩,威震天下,诛杀无道,不仁不慈。黄帝仁义,不能禁止蚩尤,遂不敌。⑤

---

① 何光岳:《南蛮源流史》,江西教育出版社1988年版,第37页。
② 雷学淇:《介庵经说》卷2。
③ (唐)欧阳询等:《艺文类聚》卷11引《帝王世纪》。
④ (宋)高承等:《事物纪原》卷9引《员半千射诀》。
⑤ (宋)李昉等:《太平御览》卷79引《龙鱼河图》。

（4）黄帝与蚩尤九战九不胜。[①]

（5）蚩尤氏耳鬓如剑戟，头有角，与轩辕斗，以角觚人，人不能向。[②]

（6）蚩尤作兵伐黄帝，黄帝乃令应龙攻之冀州之野，应龙蓄水。蚩尤请风伯、雨师，纵大风雨。黄帝乃下天女曰魃，雨止，遂杀蚩尤。[③]

（7）黄帝与蚩尤战于涿鹿之野，蚩尤作大雾，弥三日，军人皆惑。黄帝乃令风后法斗机作指南车，以别四方，遂擒蚩尤。[④]

（8）黄帝斩蚩尤于中冀，因名其地曰"绝辔之野"。[⑤]

有关黄帝部族与蚩尤部族生存竞争的历史传说甚多，难以一一列举。从某种角度来看，黄帝与蚩尤部落之战较之炎黄之争当更为惨烈。黄帝部族不仅联合了熊、罴、貔貅、虎等部族参战，还不断地约请应龙、魃、风后等母系氏族部落协同作战，而蚩尤部落除了自身的 81 个兄弟氏族外，亦联合了风伯、雨师及魑魅部落。在这两大部落集团的争斗中，起初蚩尤部族占尽上风，"以角觚人，人不能向"，使黄帝部族连遭败绩，"黄帝与蚩尤九战九不胜"。但随着战争的发展，黄帝部族联盟的力量日益壮大，最后终于击败蚩尤部族，"遂杀蚩尤"。蚩尤部族经历此番惨烈的战争后，元气大伤，从中原一带向西、向南退却；尧舜禹三代时，又被尧、舜、禹率军攻击，退至江汉一带；东周时又为楚国所迫，部分迁入湘鄂川黔边区，部分继续西迁，进入云贵川省，还有部分则进入了东南亚一带。

2. 共工、驩兜部族

共工部族原曾居中原一带，系炎帝部族群团中的一支。《山海经·海内经》载："祝融降处江水，生共工。"《左传·昭公十七年》亦载："共工氏以水纪，故为水师而水名。"有关共工部族熟悉水性、善于水战的记载较多。宋人罗泌《路史·后纪二》注引《归藏·启筮》："共工人面蛇

---

① （宋）李昉等：《太平御览》卷15引《黄帝元女战法》。
② （梁）任昉：《述异记》卷上。
③ 《山海经·大荒北经》。
④ （宋）李昉等：《太平御览》卷15引《志林》。
⑤ 《史记·五帝本纪》索引。

身朱发。"《管子·揆度》载："共工之王，水处什之七，陆处什之三，乘天势以隘制天下。"

自炎帝部族群团败于阪泉之野后，炎黄两大集团的生存竞争并未从此断绝，炎帝部族的后裔如蚩尤、共工、夸父、刑天之属仍然继起奋争，尤与共工部族的抗争最为持久。

（1）昔者共工与颛顼争为帝，怒而触不周之山，天柱折，地维绝。①

（2）昔共工之力，触不周之山，使地东南倾；与高辛氏争为帝，遂潜于渊，宗族残灭，继嗣绝祀。②

（3）共工氏作乱，帝喾使重、黎诛之而不尽。帝乃以庚日诛重、黎。③

（4）尧……又举兵而诛共工于幽州之都。④

（5）（舜）流共工于幽州。⑤

（6）禹杀共工之臣相柳。⑥

自颛顼时期起，至夏禹时期止，在漫长的史前年代中，共工部族一直为了本部族的生存而与黄帝部族的后裔族系们进行着殊死顽强的抗争。尽管在高辛氏时期，部族遭受了重创，"宗族残灭，继嗣绝祀"，但他们仍然不息抗争之志。直至尧、舜、禹三代，依然奋争不止。尤其是在"舜之时，共工振滔洪水，以薄空桑"⑦。空桑本为颛顼部族世居之地，《吕氏春秋·古乐》载："帝颛顼生自若水，实处空桑。"这里的"振滔洪水"，当为共工部族率领水族图腾部落的士兵，大举向黄帝部族后裔的祖居大本营进攻。但连番战争，屡遭败绩，共工部族的力量被日渐削弱，在商朝时

---

① 《淮南子·天文训》。
② 《淮南子·原道训》。
③ 《史记·楚世家》。
④ 《韩非子·外储说左上》。
⑤ 《尚书·尧典》。
⑥ 《山海经·海内北经》。
⑦ 《淮南子·本经训》。

期，勉强与舒人共建了一个小国舒龚，后为楚所灭，其族后裔多化为楚地民族。今日土家族先民板楯蛮、賨人中就曾融入了共工氏部族的后裔。《文选·蜀都赋》李善注引《风俗通》云："巴有賨人剽勇，高祖为汉王时，阆中人范目说高祖募賨人定三秦，封目为阆中慈凫侯。并复除所发賨人卢、朴、沓、鄂、度、夕、龚姓不供租赋。"《华阳国志·巴志》亦载："其属有濮、賨、苴、共、奴、獽、夷、蜑之蛮。"此所言"共""龚"二族姓，即为共工氏部族之后裔。

历史上有关驩兜部族的记载，多发生于尧舜之时，但其先祖为黄帝、颛顼之后裔。《左传·文公十八年》载："帝鸿氏有不才子，掩义隐贼，好行凶德，丑类恶物，顽嚚不友，是与比周，天下之民谓之浑敦。"杜预注云："即驩头也，帝鸿，黄帝也。"可见驩兜当为黄帝之"不才子"。后来，驩兜成为颛顼之子。《山海经·大荒北经》载："西北海外，黑水之北，有人有翼，名曰苗民。颛顼生驩头，驩头生苗民，苗民厘姓，食肉。"这里需要说明的是，若颛顼为黄帝之孙、驩兜是颛顼之子的话，他与黄帝的关系被连降三级，成为黄帝的重孙。这种辈分的坠落，倒不是真的血缘关系的混乱所致，而是表明驩兜部落因为其他一些社会原因，与黄帝部落的关系日渐疏远。

又，《山海经·大荒南经》云："大荒之中，有人名曰驩头。鲧妻士敬，士敬子曰炎融，生驩头。驩头，人面，鸟喙，有翼，食海中鱼，杖翼而行，维宜芑苣，穋扬之食，有驩头之国。"由此可知，驩头（兜）部族系以采集渔猎为主的原始部族，其"人面、鸟喙、有翼，食海中鱼，杖翼而行"的描述，当视为其族的鸟图腾形象记载。

尧舜时代，驩兜—丹朱部族（后亦有称其为丹朱部族①）仍属黄帝族裔，并曾与尧部族结成了十分亲密的关系，致使后人称其为尧之长子。《太平御览》卷70引《尚书逸篇》云："尧子丹朱不肖，舜使居丹渊为诸侯，号曰丹朱。"在尧部落势力衰败之际，驩兜—丹朱部族为争取部族联盟的领导权及生存权，与尧部落发生了矛盾，于是部族联盟发生了分裂。

---

① 袁珂的《山海经校注》第 191 页中称："驩头国或曰驩朱国，实则当是丹朱国。"何光岳的《南蛮源流史》第 76 页中，亦据郭沫若《中国古代社会研究》所说，认为丹朱嫁到驩兜部落成为驩兜族的人。

（1）尧末德衰，为舜所囚。①

（2）舜囚尧，复偃塞丹朱，使父子不得相见。②

（3）舜篡尧位，立丹朱城，俄又夺之。③

舜囚禁了尧，又阻隔了尧部落与丹朱部落之间的联系和交往，夺取了丹朱部落的生存之地，同时还粉碎了驩兜—丹朱部族登上联盟首领位子的梦想。于是，"丹朱与南蛮旋举叛旗"，开始反抗尧舜部族，但结果仍以失败告终。《尚书·舜典》载："放驩兜于崇山。"《吕氏春秋·召类》亦载："尧战于丹水之浦，以服南蛮；舜部苗民，更易其俗。"《山海经·海外南经》郭璞注："驩兜，尧臣，有罪，自投南海而死。帝怜之，使其子居南海而祀之。画亦似仙人也。"驩兜—丹朱部族战败后，一部分被迫迁于南海，一部分则远走海外，一部分被流放于崇山一带。晋代盛弘之《荆州记》载："崇山，（慈利）县西三十里，相传即舜放驩兜处。"明万历《慈利县志》卷12载："驩兜墓在崇山，舜放驩兜于此，后遂死于山下。"慈利县今属湖南张家界市，有学者认为，其后裔与后来的濮、僚、庸、卢、扬越等相融合，形成今日湘西苗族的一支先民。

3. 百濮与百越部族

百濮亦称濮人，因其支系繁多，故曰"百濮"。"濮"字最早见于《今本竹书纪年》："帝颛顼高阳氏，元年，帝即位，居濮。"濮人长期无君长统属，虽部族繁多，但散为一片，故史载不多。约公元前16世纪，载有濮人曾向商汤王朝献过朱砂等物。《尚书·牧誓》记载周武王伐商时曾联合过南方的部族，"及庸、蜀、羌、髳、微、卢、彭、濮"。

有关濮人生存竞争记载较多的是在春秋战国时代。在这一历史时期，濮人与周、楚等国发生的关系亦较突出。开始时，濮人作为属地向周人称臣纳贡。《左传·昭公九年》卷45载，周王使詹桓伯辞于晋，曰："及武王克商，……巴、濮、楚、邓，吾南土也。"《逸周书·王会解》：成周之会，"卜（濮）人贡以丹砂"。至春秋时，周室衰微，周、濮之间的关系

---

① （宋）罗泌：《路史·发挥》引《竹书纪年》。

② （清）张文虎：《校勘史记集解李隐正义札记》引《竹书纪年》。

③ 《汲冢周书》。

不见于记载，而楚与濮人的关系相对要突出一些。《国语·郑语》卷16载："及平王之末，而秦、晋、齐、楚代兴，……楚蚡冒于是始启濮。"此所言"启濮"，即楚人开拓濮地，把当时较为先进的楚文化传播到濮人部落。当然，这种文化的开启并非毫无代价，它使得濮人逐渐化入楚国，成为楚人的附庸国。文化交流本身的不平等性，导致濮人的反击和抗争，《左传·文公十六年》载："楚大饥，……庸人帅群蛮以叛楚，麇人率百濮聚于选，将伐楚。于是，申、息之北门不启。楚人谋徙于阪高。"庸、麇、百濮、群蛮因长期不满楚人的进逼，在楚人饥荒之年，群起反抗，致使楚人震恐，准备迁都，以避其锋。然而，濮人毕竟无君长总统，各以邑落自聚，力量分散，虽对楚人形成某种暂时性的威胁，但终于在部族生存竞争的"悬崖"边停止了自己的步伐。《左传·昭公十九年》载："楚子为舟师以伐濮。"最后终于攻取了濮地，"百濮离居，将各走其邑，谁暇谋人"。"濮夷无屯聚，见难则散归"。[1] 濮人兵败散归以后，部分濮族部落为楚所并，其余部分则西迁。自战国到汉代，在云南和贵州部分地区组建的夜郎国中，就有部分是濮人后裔。三国时期，部分濮人居于今四川大渡河以南和云南两省。唐代时史传有关于濮人活动的记载，此后则所载甚稀，难以寻觅其流。但据有关学者考证，今日的彝族、普米族、哈尼族、白族、土家族、布依族、布朗族等南方少数民族均与濮人存在着一定的血缘关系。

越人与濮人相似，均因其部族内部组合复杂、来源众多而被人们称为"百越"。据《尚书·禹贡》所载，百越古时主要分布在扬州、徐州一带。《汉书·地理志》颜师古注："臣瓒曰：自交趾至会稽，七八千里，百粤杂处，各有种姓。"林惠祥教授则进一步指出："百越所居之地甚广，占中国东南及南方，如今之浙江、江西、福建、广东、广西、越南或至安徽、湖南诸省。"[2] 随着岁月的推移，民族之间的交往日益频繁，百越部族的生活范围亦日渐扩大。

早在尧舜时代，越人已开始与中原华夏族系发生了交流，《尚书·尧典》载："尧申命羲叔，宅南交。"《大戴礼记·少间篇》曰："虞舜以往

---

① （春秋）左丘明：《左传·昭公十九年》，岳麓书社1988年版，第326页。
② 林惠祥：《中国民族史》，商务印书馆1936年版，第111页。

嗣尧，……南抚交趾。"《史记·五帝本纪》亦载："舜命禹定九州，各以其职来贡，不失厥宜。方五千里，至于荒服，南扶交趾。"又说舜："南巡狩，崩于苍梧之野，葬于江南九疑（山）。"这里所言的"南交""交趾""苍梧""九疑"等地，古时都在岭南越人活动的范围之内。

远古时代民族之间的交流，同样也是以本族人民的生存发展为首要条件，故往往亦伴随着战争。如商代初期伊尹受成汤之命，下令各属国、诸侯朝贡，就提到"沤深""越沤"等百越族系，要他们"以鱼皮之鞞，鳀鲗之酱，鲛鲼（即珍珠），利剑为献"。后又要求他们"请以珠玑、玳瑁、象牙、文犀、翠羽、菌鹤、短狗为献"。① 用这种纳贡的方式来维持部族之间的关系并非长远之计，一旦难以满足对方的需求时，接下来便是战争掠夺了。《诗经·大雅》曰："王命召虎，或辟四方，……于疆于理，至于南海。"在此之前，周穆王亦曾率兵进攻百越，"遂伐越，至于纡"②。

春秋时期，长江中下游的百越民族日渐崛起，并建立了吴国和越国，史称吴越。吴国兴盛时，主要攻击相邻的楚国。"吴始伐楚，伐巢，伐徐，子重奔命。马陵之会，吴入州来，……蛮夷属于楚者，吴尽取之，是以始大，通吴于上国。"③ 自此以后，吴国屡屡用兵于楚，阖闾九年（前506），吴与蔡、唐等联军与楚战于柏举（今湖北麻城县境），楚师败绩，五战及郢，楚昭王外逃，吴王遂入楚都。④ 阖闾十一年（前504）四月，"吴复伐楚，取蕃。楚恐，去郢，北徙都鄀"⑤。楚人虽败，但毕竟国力强盛，后在秦人的帮助下，击败吴师，阖闾回师吴国，其后吴、楚之间互有攻伐。"吴侵楚，……战于庸浦，大败吴师，获公子党。""秋，……吴人自皋舟之隘要而击之，楚人不能相救。吴人败之，获楚公子宜穀。"⑥

随着越国的强盛，越国对吴国的生存构成了严重的威胁，吴国不得不集中力量对付越国，于是吴、楚之争遂转为吴越之争。"十九年夏，吴伐越，越王勾践迎击之槜李。越使死士挑战，三行造吴师，呼，自颈。吴师

---

① （晋）孔晁：《逸周书·王会解》。
② 《竹书纪年》卷下，沈约注。
③ 《春秋左传正义》卷26，注疏。
④ 《春秋左传正义》卷54。
⑤ 《史记·吴太伯世家》卷31。
⑥ （春秋）左丘明：《左传·襄公十三年》，岳麓书社1988年版，第200页。

观之，越因伐吴，败之姑苏，伤吴王阖闾指，军却七里。吴王病伤而死。"
"二年，吴王悉精兵以伐越，败之夫椒，报姑苏也。越王勾践乃以甲兵五
千人栖于会稽，使大夫种因吴太宰嚭而行成，请委国为臣妾。"然勾践回
国后，卧薪尝胆，励精图治，终于振兴了国力。"十四年春，……乙酉，
越五千人与吴战。丙戌，虏吴太子友。丁亥，入吴。""十八年越益强。越
王勾践率兵复伐败吴师于笠泽。""二十年，越王勾践复伐吴。二十一年，
遂围吴。二十三年十一月丁卯，越败吴。越王勾践欲迁吴王夫差于甬东，
予百家居之。吴王曰：'孤老矣，不能事君王也。吾悔不用子胥之言，自
令陷此。'遂自颈死。越王灭吴。"①

越灭吴后，势力大增，成为当时之霸主国，并开始了与楚国争夺生存
范围的战争。周显王三十五年（前334），"越王遂伐楚。楚人大败之，乘
胜尽取吴故地，东至于浙江。越以此散，诸公族争立，或为王，或为君，
滨于海上，朝服于楚"②。从此，越人再未强盛到与中原争雄的地步。他们
大部分留居南楚区域内，其余部分则迁移到东南亚诸地。留居中国大陆地
区的越人及其后裔亦随着地域或文化以及其他因素，逐渐形成今日的壮侗
语族，主要有壮族、侗族、水族、毛南族、黎族、高山族等，也有部分融
入今日的畲族、瑶族和傣族中。

4. 僚、俚部族

僚族，"系百越的一支"。尤中先生认为："对于僚，我同意很多人的
说法，即是雒的音转，乃'越种也'。"③ 在我国历史典籍中，最早记载僚
人的是张华的《博物志·异俗》："荆州极西南界至蜀，诸民曰僚子，妇人
妊娠，七月而产。"《后汉书·西南夷传》则认为僚人的活动当在西汉时
期，"夜郎侯，以竹为姓。武帝元鼎六年（前111），平南夷，为牂牁郡，
天子赐其王印绶，后遂杀之。夷僚咸以竹王非血气所生，甚重之，求立为
后"。僚族为雒越（百越中的一支）的后裔，自楚灭越后，僚人的生存环
境日益严峻，在后来的封建王朝统治下，僚人承受着来自封建统治者的巨
大压力，虽时有抗争，但终未彻底改变这种生存环境，为生存计，一部分

---

① 《史记·吴太伯世家》卷31。
② （宋）司马光等：《资治通鉴》卷2。
③ 尤中：《汉晋时期西南夷》，《历史研究》1957年第12期。

僚人被迫同化为汉民族。

"自桓温破蜀之后,力不能制,又蜀人东流,山险之地多空,僚遂挟山傍谷,与夏人参居者颇输租赋,在深山者仍不为编户。萧衍梁、益二州,岁岁伐僚以自裨润,公私颇藉为利。"① 僚人不仅深受封建统治的政治压迫和经济剥削,同时在部分统治者眼中,他们根本得不到基本的尊重。"蜀王(杨秀)好奢,尝欲取僚口为阉人。"② 《新唐书·南蛮传》亦载,贞观十二年(638),唐朝讨平巴、洋、集、壁四州僚人之后,虏僚族男女千余人,多以之为奴。

在如此沉重的生存压力下,僚人遂多次抗争。"遂州獠叛,复以行军总管讨平之。"③ "二年,资州盘石民反,杀郡守,据险自守,州军不能制,腾率军讨击,尽破斩之。"④ "广州诸山并俚僚,种类繁炽,前后屡为侵暴,历世患之。"⑤ "李贲复帅众二万自僚中出,屯兵潆湖,众军惮之,顿湖口,不敢进。"⑥ 经过长期的军事反抗与征伐,部分僚人逐渐被同化,然一部分僚人因分散于滇、黔、桂、粤及越南等地,地处僻荒,与汉民族接触交往较少,受汉文化的影响不多,故当时被称为"生僚"。由于远离中原政治、经济、文化中心,故这部分居住于山地、丘陵的僚人所面对的自然生存环境更为严峻、艰难,加之与其他民族之间发生交流的机会较少,其社会文明较之其他与汉民族交往较多的南方民族,显得更为落后。但随着社会的发展进步,民族间的文化交流亦日益频繁,僚人后裔逐渐分化入今日南方民族各族系之中,如仡佬、仫佬、壮、侗、苗、黎等。

俚人,亦系百越中雒越的一支,主要分布在古代交趾,广州、苍梧、郁林、合浦、宁浦及高凉等郡,最早见于史载的是《后汉书·南蛮传》:"建武十二年,九真徼外蛮里(俚)张游,率种人慕化内属,封为归汉里(俚)君。明年,南越徼外蛮夷献白雉、白兔。至十六年,交趾女子征侧及其妹征二反,攻郡。……于是九真、日南、合浦蛮里(俚)皆应之。"

---

① (唐)李延寿:《北史·蛮獠传》卷95。
② (唐)李延寿:《北史·魏玄传》卷66。
③ 同上。
④ (唐)令狐德棻:《周书·陆腾传》卷28。
⑤ (唐)李延寿:《南史·林邑传》卷78。
⑥ (宋)司马光:《资治通鉴·梁纪十五》卷159。

注曰："里，蛮之别号，今呼为俚人。"

俚人的生存竞争历程与僚类似，古代亦往往俚、僚并称。他们同样承受着来自封建王朝和自然环境的生存压力，其生活条件十分艰苦。直至南朝，俚人仍多居住于山洞之中，故有"俚洞""山俚""跨据山洞""夷僚丛居"等记载。纵使居住于山岭谷间，亦多构木为巢。郭义恭《广志》载："珠崖人皆巢居。"按，珠崖人当时为俚、僚族属。当然，亦有一些俚人聚寨而居，但其居所仍十分原始简陋。南朝宋沈人怀远《南越春》载："晋广郡夫隙县人夷曰禘，其俗栅居，实惟俚之城落。"尽管俚人的生活如此艰苦，然仍须按期交纳租赋，且其经济剥削十分沉重，计有课租、输赎、掠取牲口与财富诸项。"中宿县俚民课银，一子丁输南称半两。寻此县自不出银，又俚民皆巢居……，不闲货易之宜，每至买银，为损已甚。又称两受人，……不辨自申，官所课甚轻，民以所输为剧。"[1]"南土沃实，在任者常致巨富，也言'广州刺史但经城门一过，便得三千万'也。"[2]

在如此沉重的剥削和压迫下，俚人也曾多次抗争，但却屡遭镇压。仅以南朝为例，梁大通年间（529—534 年），广州"俚人不宾，多为海暴"[3]。其后，桂阳、阳山等地俚人及其他部族再叛，朝廷委派兰钦都督衡州三郡兵"讨桂阳、阳山、始兴叛蛮，至即平破之。……会衡州刺史元庆和为桂阳人严容所围，遣使告急，钦往应援，破容罗溪，于是长乐诸洞一时平荡"[4]。陈太建年间（569—582 年），"广州刺史马靖甚得岭表人心，而兵甲精练，每年深入俚洞，又数有战功"[5]。

随着征战与反抗的交替，大量的汉民族逐渐进入俚人地区，也带来了较先进的汉文化，俚族的一些有识之士受汉文化的熏陶而日渐开明，尤其是俚人的著名首领洗夫人与罗州刺史冯融之子高凉太守冯宝的婚姻，使得岭南一带最终归于隋朝，为祖国的统一做出了巨大的贡献。隋唐以后，大部分俚人逐渐分化，形成了今天的黎族；另一部分则融入壮、侗等民族之中。

---

① （南朝梁）沈约：《宋书·徐豁传》卷92。
② （南朝梁）萧子显：《南齐书·王琨传》卷32。
③ （唐）李延寿：《南史·宗室上萧劢传》卷47。
④ （唐）姚思廉：《梁书·兰钦传》卷32。
⑤ （唐）姚思廉：《梁书·萧允传》卷21。

5. 巴人廪君、盘瓠部族

据学者们考证，廪君部族系巴人的一支后裔，笔者也赞同这种看法。因此在探溯廪君部族的生存历史状况时，有必要追溯巴人的历史。《山海经·海内经》载："西南有巴国。太昊生咸鸟，咸鸟生乘厘，乘厘生后照，后照是始为巴人。"按，太昊即上古伏羲氏部族，系古羌人部落的一支。后循岷山山脉北麓逐渐东迁，约莫在尧舜时代，已进入汉水上游。《山海经·大荒北经》载："西南有巴国，有黑蛇、青首、食象。"这里两次提及"西南有巴国"，并非指同一地域，前者指金沙江上游青海一带；后者则指汉水一带。在距今七八千年前，此地气候较今日更为温暖，有古代考古发掘的亚洲象化石为证。巴人居于汉水一带之后，地近陕西，故与夏、商、周三代均有交往。《华阳国志·巴志》称："禹会诸侯于会稽，执玉帛者万国，巴、蜀与焉。"从而成为夏部落的同盟国。商灭夏以后，自然会对夏之盟国进行征伐，巴人亦蒙其难。"壬申卜，争，贞令妇好从沚戢伐巴方。"[1] "□□卜，□，贞王佳妇好令沚戢伐巴方。"[2] 待到周发起讨商之战时，巴人为了获得更好的生存条件，遂与周等国联合进攻商部族。《华阳国志·巴志》对此记载较详："周武王伐纣，实得巴蜀之师，著乎《尚书》。巴师勇锐，歌舞以凌殷人，前徒倒戈，故世称之曰'武王伐纣，前歌后舞'也。"讨商成功之后，巴人成为周人部落的亲族之国。

在巴人历史中，所遭遇的最大生存挑战来自相邻的楚国。春秋时期，楚国日渐强盛，不断蚕食周边弱小国家，开疆拓土，威震南国。楚国的这种强劲势头对邻近的巴人而言实为一种生存威胁，令巴人颇为不安。为了自身的生存和发展，巴人对楚人的生存挑战的应战方式是十分复杂而灵活的。他们时而趁楚国陷入困境之机，起兵攻伐；时而在有机可乘时又与楚人联手对外，以分其羹；时而又与楚人联姻，力图用亲族婚姻的裙带来束缚住楚人扩张的野心。但是在生存竞争这面旗帜下，各诸侯国家、各部族之间的联盟、友谊都是暂时而脆弱的，也只是生存竞争的一种方式而已。无论是联合还是战争，都逃不脱弱肉强食、强者生存这一铁的竞争原则。最后，巴人终因力量弱小，无法与强国抗衡而归于灭亡。

---

① 《殷契粹编》1230。
② 《殷墟文字丙编》313。

作为巴人一支的廪君部落的活动中心为夷水一带，即今湖北省长阳县。廪君是传说中的人物，有关其史载资料不多，加之其部落的活动范围比较狭窄，且与中原王朝的交往不多，其部落在生存竞争方面的史实流传较少。就现存典籍中所载的史料内容而言，其生存竞争主要表现在两个方面：一是有关部落内部的领导权竞争资料。《后汉书·南蛮传》载："巴郡南郡蛮，本有五姓：巴氏、樊氏、瞫氏、相氏、郑氏，皆出于武落钟离山。其山有赤黑二穴，巴氏之子生于赤穴，四姓之子皆生黑穴。未有君长，俱事鬼神。乃共掷剑于石穴，约能中者，奉以为君。巴氏子务相独中之，众皆叹。又令各乘土船，约能浮者，当以为君。余姓悉沉，唯务相独浮。因共立之，是为廪君。"二是部落开疆拓土，与外部部落发生的生存竞争方面的资料。廪君率其部族"乃乘土船，从夷水至盐阳。盐水有神女，谓廪君曰：'此地广大，鱼盐所出，愿留共居。'廪君不许。盐神暮辄来宿，旦即化为虫，与诸虫群飞，掩蔽日光，天地晦冥。积十余日，廪君思（伺）其便，因射杀之，天乃开明。廪君于是君乎夷城，四姓皆臣之。廪君死，魂魄世为白虎。巴氏以虎饮人血，遂以人祠焉"①。在这种生存竞争中，廪君部落凭着自己的智谋与武力吞并了盐阳一带的虫图腾部落，为本部落争得一块生存之地。后来有关廪君部落活动的史料记载便十分稀少了。据笔者推测，廪君部落地处盐水，即今湖北恩施一带。巴人灭亡后，此地为楚之腹地，当秦统一后，封建王朝势力强盛，地处盐水的廪君部落更难发展，其部落后裔除部分迁至湘黔川边境、融入当地的土家族和其他民族之外，其余部分则或形成聚落，成为今日湖北省的土家族，或融入当地的汉民族及其他少数民族之中。

巴人的另一支在巴国灭亡后，"巴子兄弟五人，流入黔中。汉有天下，名曰酉、辰、巫、武、沅等五溪，为一溪之长，故号五溪"②。按，此所言"巴子兄弟五人"，疑为廪君之后裔，因廪君部落本为五姓结盟，在巴国被灭后，迫于生存压力，逃迁于更为僻荒的黔中郡山区，是极有可能的事。而在后代历史上比较活跃的则是巴人的又一支系，世号板楯蛮或賨人。有学者据《晋中兴书》认为，板楯蛮为廪君后裔，此说当误。这一支系在秦

①　（南朝宋）范晔：《后汉书·西南蛮夷传》卷116。
②　（宋）李昉等：《太平御览》卷171引《十道志》。

昭襄王时，首以镇压白虎图腾部落（疑为廪君部落后裔）的反抗而闻名。
"秦昭襄王时有一白虎，常从群虎数游秦、蜀、巴、汉之境，伤害千余人。
昭王乃重募国中有能杀虎者，赏邑万家，金百镒。时有巴郡阆中夷人，能
作白竹之弩，乃登楼射杀白虎。昭王嘉之……"① 此言"射杀白虎"，当
指镇压白虎部落之事。另外，板楯部落亦多次协助当时的朝廷平息其他民
族部落的叛乱。《资治通鉴·安帝元初元年》载："羌豪号多与诸种抄掠武
都、汉中、巴郡，板楯蛮救之。"《后汉书·孝桓帝记》载："（建和二年
三月）白马羌寇广汉属国，杀长吏，益州刺史率板楯蛮讨破之。"《后汉
书·南蛮西南夷列传》亦有类似记载："昔永初中，羌入汉川，郡县破坏，
得板楯救之，羌死败殆尽，故号为神兵。羌人畏忌，传语种辈，勿复
南行。"

　　尽管板楯部落屡助朝廷，为社会秩序的稳定做出贡献，但他们在封建
王朝统治者的心中仍然是压迫剥削的对象。"长吏乡亭，更赋至重，仆役
过于奴婢，箠楚降于奴虏，至乃嫁妻卖子，或自颈（刭）割。陈冤州郡，
牧守不理。去阙庭遥远，不能自闻。含怨呼天，叩心穷谷。愁乎赋役，困
乎刑酷。"在这种残酷的压迫和剥削下，板楯部落亦多次聚众反抗朝廷。
"故邑落相聚，以致叛戾。"② 在当时的历史条件下，板楯蛮部落的反抗力
量对于来自中原王朝方面的生存压力而言未免太小，很难达到从根本上改
变生存环境的效果。"至中平五年，巴郡黄巾贼起，板楯蛮夷因此复叛，
寇掠城邑。遣西园上军别部司马赵谨讨平之。"③ 隋唐以降，历史上已不见
板楯蛮的活动记载。

　　除此之外，尚有武陵蛮、五溪蛮、溇中蛮、豫州蛮、渒山蛮、酉阳蛮
等分支，其部分已包含着巴人支系的后裔，他们亦多次为了反抗中原王朝
的生存压迫而进行过大小无数次的起义，其结局亦同板楯蛮一样，最终归
于失败，后融入今天的土家等少数民族之中。

　　盘瓠部族系一种犬图腾部族，有关盘瓠的记载较早见于《后汉书·南
蛮西南夷传》："昔高辛氏有犬戎之寇，帝患其侵暴，而征伐不克。乃访募

① （南朝宋）范晔：《后汉书·西南蛮夷传》卷116。
② （晋）常璩：《华阳国志·巴志》卷1。
③ （南朝宋）范晔：《后汉书·西南蛮夷传》卷116。

天下，有能得犬戎之将吴将军头者，购黄金千镒，邑万家，又妻以少女。时帝有畜狗，其毛五彩，名曰盘瓠。下令之后，盘瓠遂衔人头造阙下，群臣怪而诊之，乃吴将军首也。帝大喜，而计盘瓠不可妻之以女，又无封爵之道，议欲有报而未知所宜。女闻之，以为帝皇下令，不可违信，因请行。帝不得已，乃以女配盘瓠。盘瓠得女，负而走入南山，止石室中。所处险绝，人迹不至。"本传注："今辰州泸溪县有武山。"按，武山即"南山"。黄闵《武陵记》曰："山高可万仞，山半有盘瓠石室，可容数万人。中有石床，盘瓠行迹。"由此推论，盘瓠部族的活动中心即今日湘西武陵山地。

盘瓠部族支系较为庞杂，与其亲缘关系较近的今日南方民族中主要有瑶、畲、苗、侗等少数民族。若按古代地域而论，则其名称更为繁多，如武陵蛮、五溪蛮、荆州蛮、雍州蛮等。需要说明的是，上述按地域所称的蛮族，并非纯种的盘瓠部族，其间亦混杂有相当多的巴族、越族、濮族、楚族等部族。地理上与中原地区的偏离，加之封建王朝统治的压迫，盘瓠部族的生存环境在这样的严峻挑战面前，往往自顾不暇，所以历史对其有所忽略。除了前述传说中盘瓠曾协助高辛氏斩杀"吴将军"之首，为高辛部族的生存发展建立功勋外，其后的记载多属于部族为自身的生存发展所做的种种应战方略，具体地说就是军事上的生存抗争。

　　肃宗建初元年，武陵澧中蛮陈从等反叛，入零阳蛮界。其冬，零阳蛮五里精夫为郡击破从，从等皆降。三年冬，溇中蛮覃儿健等复反，攻烧零阳、作唐、孱陵界中。明年春，发荆州七郡及汝南，颍川施（弛）刑徒五千余人，拒守零阳，募充中五里蛮精夫不叛者四千人，击澧中贼。五年春，覃儿健等请降，不许。郡因进兵与战于宏下，大破之，斩儿健首，余皆弃营走还溇中……

　　和帝永元四年冬，溇、澧中蛮潭戌等反，燔烧邮亭，杀掠吏民，郡兵击破降之。

　　顺帝永和元年，……其冬，澧中、溇蛮果争贡布非旧约，遂杀乡吏，举种反叛。明年春，蛮一万人围充城，八千人寇夷道。遣武陵太守李进讨破之，斩首数百级，余皆降服。

　　桓帝元嘉元年秋，武陵蛮詹山等四千余人反叛，拘执县令，屯结深山。至永兴元年，太守应奉以恩招诱，皆悉降散。……至延熹三年……冬，武陵蛮六千余人寇江陵，荆州刺史刘度、谒者马睦、南郡太守李肃皆奔走。①

上述所列举的"武陵蛮""澧中蛮"的反抗并不等同于"盘瓠蛮"的反抗，但其中也夹杂有盘瓠蛮的后裔子孙的行动。他们连续不断的反抗有可能暂时获得生存条件的改善，但也使部族力量遭到削弱，而这种生存力量的弱势也给部族自身的生存带来了更为严重的困难。尽管从秦汉到明清，盘瓠部族及其后裔族系一直没有放弃抗争，但是最终也仍未彻底摆脱这种生存压力的控制。盘瓠部族后裔除一部分被强制迁移到中原地区、化为汉民族外，大部分仍居留原地，形成今日的苗族、瑶族，还有部分东迁或南迁，成为今日的畲族。

第二节　南方民族的民间社会结构

一个民族的生存压力部分来自于严峻的生存环境，部分来自于部族集团之间的文化冲突和生存竞争，还有部分就单一的部族成员个体、家庭或宗族、村寨而言，来自于部族内部的社会结构。可以这样说，大自然所带来的生存压力和部族之间的冲突所带来的生存压力虽然非常重大，有时甚至有一定的毁灭性，但它们毕竟不是经常发生，如洪水、干旱、疾病、瘟疫或兵灾等，都具有间歇性、偶然性的特点；而部族内部社会结构所带来的生存压力却是一种恒然的"常态"压力，它时常发生，伴随着人类的整个生命过程，其威慑力一直存在于部族每一名成员的深层意识之中。因此，当我们谈及南方民族生存压力这一问题时，就无法回避或绕开部族内部社会结构自身所形成的生存压力。

一　等级制度的重压

马克思曾说："到目前为止的一切社会的历史都是阶级斗争的历史。自由民和奴隶、贵族和平民、领主和农奴、行会师父和帮工，一句话，压

---

① （南朝宋）范晔：《后汉书·西南蛮夷传》卷116。

迫者和被压迫者，始终处于相互对立的地位，进行不断的，有时隐蔽有时公开的斗争，……在过去的各个历史时代，我们几乎到处可能看到社会完全划分为各个不同的等级，看到由各种社会地位构成的多级的阶梯。在古罗马，有贵族、骑士、平民、奴隶，在中世纪，有封建领主、陪臣、行会师父、帮工、农奴，而且几乎在每一个阶级内部又有各种独特的等第。"①

根据马克思这一科学论断，我们发现在南方各民族内部，也同样存在着森严的等级制度，这种客观存在的等级制度如同大山一样，沉重地压在最底层的成员们身上，并对他们构成了又一层严重的生存威胁。美国人类学家罗伯特·罗维在《初民社会》中对此曾有过这样一番描述："奴隶阶级可简述如下。这种人是战胜的俘虏，他们的情形和毛利人的奴隶相似，并不虐待，但在任何时候，都有处死的可能，无论是为宗教的牺牲或是仅因主人兴之所至。例如，在一个公众的宴会中，大绅士们要想胜过他的同辈，表示他对于财产毫不在意的意思，就杀死一个奴隶，来增高他的阔绰；并且一种羞耻，或这种羞耻是出于天然的，也只有杀死一个奴隶才可以洗涤。平民是下等的自由人，或是贵族的疏远的因而是已丧失其特权的族人，且也可说是贵族的侍从。"② 由此我们可以看出，部族或民族内部的等级制度，不仅仅只是某种社会结构形式，对于那些处于社会底层的社会成员来说，它本身就是一种生存的威压。这种不合理的等级制度，在我国南方民族社会中也同样普遍存在着，并长期威胁着人们的生存。它主要表现为在政治、经济以及人的生存权利等方面的压榨与剥夺。

1. 彝族奴隶制度

宋代初年，彝族地区，包括今四川、云南、贵州三省边界（具体指西昌凉山地区，四川叙永专区，云南的昭通、楚雄地区，贵州的毕节等地区），几乎普遍实行奴隶制度。以凉山地区为例，其整个社会基本上可划分为兹莫（元明以后汉称土司，是为彝族最高等级）、诺伙（贵族黑彝）、曲诺（白彝，在黑彝控制下的又高于安家与呷西的半自由民）、安家（贵族的户外奴隶群体）、呷西（家奴，汉称锅庄娃子，社会的最底层）五个等级。也有学者将其简化为三个等级：兹诺（贵族阶层，含兹莫、诺伙两

---

① ［德］马克思、恩格斯：《共产党宣言》，人民出版社1964年版，第23—24页。

② ［美］罗伯特·罗维：《初民社会》，吕叔湘译，商务印书馆1935年版，第426页。

级）、曲诺（一般平民阶层）和濮节（奴隶阶层，含安家、呷西两级）。就各等级的人口所占比例而言（以1956年民主改革前统计为准），兹莫为0.1%，诺伙为6.9%，曲诺为50%左右，安家与呷西则占43%左右。[①]

在彝族社会中，等级的划分是比较森严的，各等级之间界域分明。兹莫与诺伙是彝族社会中的最高统治者，曲诺则是奴隶主（黑彝）阶级属下的保护民（白彝），在黑彝奴隶主的眼中，曲诺也等同于安家和呷西，都是娃子（奴隶）。但相对于安家和呷西，曲诺又是主子，即曲诺亦可以占有安家和呷西，甚至安家对于呷西而言也是主子，安家也可以占有呷西，只是这样的现象十分稀少，因为安家和呷西一样，都属于奴隶娃子，只不过安家可以与主子分居分食、自立门户罢了。呷西属于彝族社会的最底层，他们一般虽有婚配，但不能自立门户，是主子的终身奴隶。

一般而论，在彝族的等级制度下，主子对奴隶拥有相当大的权力。黑彝主子对曲诺的占有权虽说尚有一定的限度，但这种有限的占有也足以造成生存威胁，其表现为主子可以对曲诺实行"转让、买卖、打骂和屠杀"[②]。尤其是屠杀曲诺并不需要什么理由，完全可以随心所欲。不过，曲诺面对主子的种种残酷压迫和剥削，可以联合起来进行抵制和抗议，或者相约逃亡，给主子造成不好的名声及经济上的损失。另外，主子可以要求曲诺承担一定的徭役及经济上的剥削，如兹莫可以对曲诺进行强制性的放债，实行高利贷盘剥；可以让曲诺承担田间劳役、兵役、工役，并强行规定必须在逢年过节时，由曲诺阶层向其主子赠送一定的礼品等。

曲诺阶级尚且如此，安家与呷西所遭受的生存迫害与生存压力自当不必言说。在旧时彝族社会里，除了主子对安家与呷西具有买卖、打骂和屠杀的权力外，还具有人身的占有权，突出的表现是"亲权"和"婚权"。所谓"亲权"，即主子可以抽取安家的子女，一般作为主子自己女儿出嫁时的陪嫁、丫头或作为呷西（家奴）使用。这种"亲权"具有很大的强制性，不能违抗。所谓"婚权"，即安家子女的婚姻可以由主子派配；而与呷西不同的是，安家可以用自身的积蓄为自己赎身，从而使自己的社会地

---

① 胡庆钧：《凉山彝族奴隶制社会形态》，中国社会科学出版社1985年版，第94—95、157页。

② 同上。

位由安家上升为曲诺。这种赎身一般包括以下三个方面：一是交劳役费，此类费用无固定限额，一般为一两到五两银子；二是交免抓抽费，可以使自己的子女不再被主子抓抽；三为赎身费，赎身费的多寡视所赎人数的多少及本身负担能力而定。

呷西为彝族社会的最底层，他们大多是彝族奴隶主从汉族地区掳来的汉人或其他民族成员，其人身完全被主子所占有，是役使在主子家中的家庭奴隶。这种占有权包括被主子买卖、屠杀及亲权与婚权等各个方面。下面有两则亲历者的材料，足以表明呷西在彝族社会中的社会地位及其所受的生存威胁：

> 一九四七年二月二十六日黄昏，西昌县双龙桥汉族学生冯登寿在前往投考西昌农业职业学校的途中，于附近公路被彝族奴隶主劫持，由两名掠者挟登泸山，从冈窑下山，连夜再从大石板附近上山，口眼被蒙蔽，半夜到达拖木沟附近，立即以三十两大烟的价格卖与邻近彝族。一日后，又以九子枪一支、子弹三颗的价格卖在鹅鹅脚。又隔几天，以二十四锭银子的价格卖在挖月图阿陆、马家。[①]

在黑彝奴隶主看来，不管是掳来的还是买来的汉人，都是自己的私有财产，可以行使主子的买卖权，且这种呷西的买卖在当时的彝族地区是十分普遍的。呷西不仅可以由主子随手买卖，而且还可随意杀害。汉人呷西刘金容在新中国成立后曾诉说过自己的悲惨遭遇：

> 在我五十五岁那年，主子叫人捆起我的手脚，强迫两个娃子把我抬去活埋，已挖好坑，还边走边骂："光吃不做，狗都不如，养着有什么用？"亏几个娃子好说歹说才把我放了回来。第二年冬天，我因生病不能干活，主子叫人把我的衣服剥光，推到门口的牲畜粪浆里，用扫帚不断毒打我，到晚上我只剩一口气没断，又慢慢缓过来。我病了二十多天，主子还要赶我上山干活。我心里一急，顺势向锅庄石上撞去，主子却把我抱住，骂道："死？这么容易！你死了，我要把你

---

① 胡庆钧：《凉山彝族奴隶制社会形态》，中国社会科学出版社 1985 年版，第 118 页。

的肉给狗吃，骨头拿来熬胶！"现在我眼瞎耳聋，全身经常酸痛。要不是人民政府来了，我活不到现在。①

据有关材料综合统计，自1955年至1956年2月间，凉山地区黑彝奴隶主残杀奴隶的事件就有100多起，其手段有剁手、挖眼、投河、火烧、石击、棒打，十分残忍，令人触目惊心。即使有的呷西没有被折磨死，也往往患有各种疾病或残疾。他们有的被截断脚后跟，有的身体被折磨成畸形，有的因被奴隶主用药物弄成半痴半呆，有的在长期折磨下身体虚弱、丧失劳动能力。奴隶们这种非人的生活待遇正如其民间流传的歌谣所表述的那样："头发长齐肩，不是羊子有人看，不是马儿关在圈，不是狗儿链子拴，不是肥猪圈里关。"② 实际已经丧失了人权，与牲畜同类，唯一与牛马不同的只是奴隶们能说话罢了。

2. 壮族土司制度

壮族地区的土司制度萌芽于隋唐时期，成熟于宋代。在此以前，壮族地区也曾有过上千年的奴隶制度。相对于残酷的奴隶制度，封建土司制度是社会的一种进步，但是，这种社会的进步同样也掩盖不了其压迫剥削贫苦人民的血腥气味。壮族的土司制度与后来南方各民族推行的土司制度大体类似，都是以土官为首的农奴主阶级，包括官族、衙门官员、土目等阶层，掌握着土地等生产资料，而大量的农奴和少量的奴隶、贫民却不得不依附于农奴主手中的土地来维持生活，并承受着巨大的生存压力。当然，在壮族地区的土司制度下的社会群体内部各自又存在着种种差别，以旧时南丹土州为例，便可以看到这一点。

南丹土州的社会结构较为复杂，共分为七个等级。第一等级为土官及官族，属于壮族地区的豪首，在社会中占有绝对的统治地位；第二等级叫"客人"，即汉族管理人员，有监督土酋的政治作用；第三等级为"目家"，这一等级属于壮族地区各地方上的行政首领或为土官的下属机构人员，手中掌握着一定的权势；第四等级为归内民家，他们是一般的自由民；第五等级为有一定权力的哨民，即当地有一定经济实力的庄主；第六

① 《呷西的调查》，刘金容讲，李仲舒记，1957年5月23日。
② 马学良等编著：《彝族文化史》，上海人民出版社1989年版，第519页。

等级则为农奴，相当于彝族地区的安家这一阶层，这一等级的人口在南丹土州占有很大比例；第七等级为奴仆，即土官的家奴，他们处于社会最底层。从上述所列的等级来看，第一等级到第三等级都属于社会的上层，第四等级和第五等级属于社会的中间阶层，第六等级和第七等级则为社会的底层，所受的压迫和剥削十分沉重。

壮族地区的土司制度出现于封建制度的初始阶段，带有浓厚的奴隶制痕迹，其等级划分是十分严格的，上述七个等级之间都有着严格的界限，不容许混淆和僭越。例如在南丹州，第三等级的农奴主（目家）就不能与第二等级的"客人"通婚，更不能与第一等级的土官家通婚，土官或官族的女儿若是找不到门第相当的男方，宁可老死闺房，也不能下嫁。目家也不能与农奴阶层的家庭通婚。在壮族地区的社会中，农奴阶层地位卑下，婚丧活动有许多禁令：如新娘不准坐轿，不准吹乐击鼓或打起彩旗；老人丧葬不准鸣放丧炮，不准穿上等布料的衣服和纯白色有领的衣服；在日常生活中，农奴也不准与第五等级的哨民通婚，甚至还不得与之同桌吃饭。至于第七等级的奴隶则根本不被当人看待，他们不能随便成婚，须由主子在奴隶中指定婚配，且其子女也将世世代代为奴隶。

除了在政治上所受的残酷压迫以外，广大农奴还要承受沉重的经济剥削，其剥削的方式主要有实物地租、货币地租、劳役地租三种。实物地租按所种田亩来定，一般是官取其六，民得其四，无论丰歉，数额铁定；货币地租是实物地租的一种变形，即将租谷换算成银两纳租；劳役地租是指以服各种劳役来代替交租，其劳役项目繁多，如工匠手艺，抬轿仪仗、垦荒种植，甚至为主子家的妇女们梳妆打扮等。对广大农奴而言，最不堪忍受的是高利贷盘剥和苛捐杂税的摊派，其苛捐杂税主要有丧葬费、营造费、差役费、修理费、婚嫁费、养育费、养老费、请录取粮费（新垦荒地登记取契）、新官到任费、下乡供应费、查田费、新屋费、管岗费、军需费、请法师费等，若遇州土官巡视，则摊派更多，且层层加码，令农奴苦不堪言。

3. 侗族的"款"制度

"款"是南方民族社会中较为普遍且具有特色的社会产物，它在苗族、瑶族、土家族等社会中都不同程度地存在着，尤以侗族最为突出。侗族称款为"合款"，一般人则称为"侗款"。"侗款"一词包含着两种基本的含义：一是指侗族的社会政治制度、组织形式及侗族民间的习惯法制度；二是指以款约为核心的各种形式的款词。在这里我们的讨论主要围绕第一种含义进行。

据湖南《靖州志》记载，侗乡款组织在唐宋之际已经建立。宋人朱辅《溪蛮丛笑》载："当地蛮夷彼此相结，饮血叫誓，缓急相救，各曰门（盟）款。"侗款制度实际上是侗族社会中既带有封建宗法性、原始民主性，同时又带有自治联防性的民间社会制度，整个款组织严密有序，一般分四个等级，即小款、中款、大款和联合大款。小款是侗族社会中的基层单位，由一个自然村或一个宗族（或宗族支系）构成，也有因村寨较小而由几个小村寨组合而成；中款是由几个小款组成；大款则是由几个中款组合而成；联合大款则由整个侗族的绝大部分区域联合构成。在侗族历史上，曾有过远跨湘、黔、桂三省区交界的整个侗族地区的联合大款，称"九十九公合款"。《宋史·南蛮传》曾载："诚、徽州，唐溪峒州，宋为杨氏居之，号十峒首领，以其族姓散掌州峒。"这"十峒首领"就是联合大款存在的明证。

各级款组织均设有款首，一般由3—5名款区内年纪较长、德高望重、办事公道、熟悉款规款约的人经民主选举产生。他们不脱离生产劳动，亦无任何政治或经济方面的特权，只是款区群众的义务服务者和管理者。另外，款内还设有数名款丁，其主要职责是传递消息。同时，各级款组织之间的关系一律平等，不存在行政隶属的关系，仅仅只是一种互助的联盟关系，且款区无论大小，都各有自己的独立权利，各级款首之间也一律平等，即使是联合大款的款首，也只是款首联合会议的召集人，对各款区的行动起联络传达作用，而非行政领导性质的人员。

从侗族的款制度本身来看，具有浓厚的原始民主性质，款区内无论是款首还是款丁，都是一种义务性服务；款首与款民之间，无森严的等级界限，也不存在政治上的压迫和剥削，民主与平等是侗族社会款制度的根本特色。但笔者仍然认为，这种独特的社会制度也反映出生存的威胁，它是侗族人民面对生存威胁所创造出来的一种制度文化。这一点，我们可以从侗款的款词中得到证实：

> 古时人间无规矩，
> 父不知怎样教育子女，

兄不知如何引导弟妹，

晚辈不知敬长者，

村寨之间少礼仪。

兄弟不和睦，脚趾踩手指；

邻里不团结，肩臂撞肩臂。

自家乱自家，社会无秩序。

内部不和肇事多，

外患侵来祸难息；

祖先为此才立下款约，

订出侗乡村寨的俗规。①

　　从这段款词中我们可以看出，侗款制度的产生主要是为了"内安百姓，外御强敌"。在侗族自身发展的漫长历史中，他们经常受到其他强大的部落集团或民族群体的攻击和掠夺，加之其所居处大多聚集在湘、黔、桂三省区的交界地带，这种攻击当更加频繁。况且在远古时代，作为百越部族集团中的一支，他们受到来自楚民及华夏民族的攻击，而在中古和近古时代，又经常遭受官府、兵痞、土匪的袭击和搜刮，这种来自族群外部的生存威胁是其侗款制度形成的重要外因。而要成功地抵御外敌，必须加强民族内部的团结，必须维持一个良好的社会秩序，因为内部的混乱同样也是一个民族衰亡的重要因素。"内忧无法解除，外患无力抵御。有人手脚不干净，园内偷菜偷瓜，笼里偷鸡摸鸭。有人心中起歹意，白天执刀行凶，黑夜偷牛盗马。还有肇事争闹、逞蛮相打。杀死好人，造成祸事，闹得村寨不安宁，打得地方不太平。村村期望制止乱事，寨寨要求惩办坏人……"② 对于侗族人民而言，内部社会秩序的混乱同样是一种必须面对的生存威胁，因此，笔者认为侗款制度虽然有较少的等级重压（即等级制的政治和经济方面的重压），但却蕴含着更多的心理负荷，而这种沉重的心理负荷在某种意义上，其压力并不轻于个体成员所承受的政治和经济方面的压力，故而实际上也是民族面对生

---

① 杨锡光等整理译释：《侗款》，岳麓书社1988年版，第40页。

② 同上书，第84页。

存威胁的一种制度化的反应。

诚然，南方民族是一种支系林立的族群概念，我们不可能对每个南方民族的社会制度进行检索，譬如瑶族的"石牌制度"，黎族的"合亩制度"，傣族的封建制度，布朗族、怒族的"家长制度"，等等，这里就不再一一探讨了。

二 仇杀：人为的生存悲剧

如果说，等级制度的重压可以给部族内部成员带来生存威胁，那么仇杀则为部族之间或部族内部生存威胁的又一直接原因。仇杀源于内心的仇恨。仇恨和其他情感一样，是一种与生俱来的本能。著名的精神分析学家弗洛伊德在《本能及其变化》中曾这样说过："我们可以断言，仇恨关系的真正源头不在于性生活，而于自我保护和自然延续的斗争。"换句话说，仇恨是基于生存基础上的一种延续生存的强烈的情感状态，而且这种情感状态并不像愤怒那样，随着外界刺激物的消失而逐渐消失，只要自身所感受到或凭自身理性所认识到的生存威胁仍然存在，那么仇恨的心理就会一直延续下去，直至生存威胁的彻底解除。另外，仇恨心理还会受一定的社会文化环境的培育，在个人的想象力的催动下，得到增强、发展或分化。

仇恨也是人类一种普遍的心理现象，即使在信仰和平的人群中，仇恨也依然存在。20世纪前，马来半岛的舍麦人是十分温顺的民族，当英国殖民政府征召舍麦人入伍时，舍麦人甚至不知道打仗和杀人，但美国人类学家罗伯特·登坦却有这样的调查记录：

> 恐怖分子杀害了舍麦人防暴部队部分成员的男性亲属。尽管舍麦人来自一个无暴力的社会环境，杀人也是受人之命，但他们似乎都一下进入他们称之为"血醒"的疯狂状态之中。用典型的舍麦老兵的话来说就是："我们杀人，杀人，杀人。……并不在乎手表和钱财，我们只想到杀人。唉，我们真像是被血迷住了。"有个人甚至还告诉我们他如何畅饮被他杀死的人的鲜血。①

---

① ［美］威尔逊：《论人的天性》，林和生等译，贵州人民出版社1987年版，第93—94页。

一个和平的民族在内心仇恨状态中，亲手酿制着仇杀的悲剧，这一真实的历史事实使我们看到仇恨的种子一旦发芽，所产生的毁灭力量是多么可怕。仇恨也是一种难以消除的顽疾，它不仅困扰人的一生一世，甚至还能延续数代，甚至数十代。"齐哀公享乎周，纪侯谮之。襄公将复仇乎纪，远祖九世矣。九世犹可以复仇乎？虽百代可也。家亦可乎？曰：不可，国何以可？国君一体也，先君之耻尤今君之耻也。"① 在古人看来，杀父之仇，弑君之恨，不仅九世难泯，纵然百代以后，亦可掀起一场复仇的腥风血雨。在南方民族的历史发展过程中，也同样存在着仇杀行为，而且这类仇杀行为十分普遍，有的地区甚至十分残酷，从而人为地构成部族生存的严重威胁。

1. 土司间的仇杀之风

土司制度作为南方民族的一种社会制度，至元明清三朝，已十分普遍。土司制度的建立既标志着中原封建王朝对少数民族地区统治的加强，同时也埋下了生存威胁的种子。土司们在其所管辖的地区不啻是王朝的化身，他们君临辖区，作威作福，于是便出现了各土司之间的地盘冲突，以及土司辖区内土司官制承袭的矛盾，这些冲突与矛盾往往无人控制，从而演变为长期的流血事件，尤其是土司之间的地盘争斗或其他矛盾所导致的冲突往往是大规模的，甚至带有一定毁灭性。限于手头资料的缺乏，现仅以土家族土司间的仇杀冲突为例。

有关土家族土司间的仇杀，最早见于宋代。"仕羲有子师宝，……既而师宝妻为仕羲取去，师宝忿恚。至和二年，与其子知龙赐州。师党举族趋辰州，告其父之恶。且仕羲杀誓下十三州将，夺其符印，并有其地。贡奉赐予悉专之，自号如意大王，补置官属，将起为乱。……熙宁三年，为其子师彩所杀。师彩专为暴虐，其兄师晏攻杀之，并诛其党。"② 这场长达16年的家族仇杀，自至和二年（1055）延续到熙宁三年（1070），最早的起因是宗族乱伦导致父子仇杀，继而权位之争造成子弑父、兄杀弟、骨肉相残的混乱局面。在这场家族仇杀的过程中，我们可以肯定的一点是，村寨百姓的伤亡人数亦绝非少数。

① （宋）李昉等：《太平御览》卷481引《春秋公羊传》。
② （元）脱脱：《宋史·蛮夷一》卷493。

在土家族土司统治的历史时期，因争权夺利而起的仇杀事件是经常发生的。如明永乐元年（1403），保靖副宣慰使彭大虫可宜杀侄子彭药哈俾而袭宣慰使之职。自此以后，大虫可宜与药哈俾的后代世代相仇杀，"以是仇恨益甚，两家所辖土人亦各分党仇杀"①。"正德十四年，保靖两江口土舍彭惠，既以祖大虫可宜与彭药哈俾世仇，至是与宣慰彭九霄构怨。永顺宣慰彭明辅与之联姻，助以兵力，遂与九霄往复仇杀，数年不息，死者五百余人。"② 这场仇杀直到明嘉靖年间方稍稍止息，所延续的时间长达百余年。

各地土司之间也有因为辖区的利益而发生大规模的仇杀事件，如明嘉靖二十一年（1543），四川酉阳土司与湖南永顺土司因伐树采木而结成仇怨，湖南保靖土司又乘机煽惑其间，仇杀甚烈，大为地方患。③ 雍正元年（1723），泽虹（保靖宣慰使）病，子御彬幼，泽蛟欲夺其职，为御彬所遏。迨御彬袭职，肆为淫凶。泽蛟与其弟合谋，相互劫杀。二年（1724），御彬以追缉泽蛟为名，潜结湖北容美土司田旻如、桑植土司向国栋，率士兵抢虏保靖民财，焚毁村寨六十余处，掳掠男女千余人，折卖给四川酉阳、湖北施南等地。④ 如此大规模的仇杀掳掠，在容美土司与桑植土司之间也曾出现过，"容美土司田舜年，听其房人的挑拨，于清康熙三十三年（1694）秋，兴兵犯桑植司地域。其时，桑植司因唐夫人执司政，管务久废，料理之员不能御敌防边，土民散逃，容美司兵掠去男女数千"⑤。清康熙三十七年（1698），"容美司使田舜年又率兵犯桑。向长庚召集各州旗官兵与容兵大战，容兵败溃。次年，容司遣使前往桑植求和，桑司允许。从此方归旧好，姻眷如初"⑥。

土司之间大规模的仇杀，动辄伤亡或被掳掠者达数千人，这种伤亡掳掠的数据对当时人烟稀少的山区百姓而言，是一种带有毁灭性的生存威胁。仇杀之风席卷之处，田园荒芜，门户萧条，村寨化为废墟，老弱者啼

① （清）林继钦等：《保靖县志·武备志》卷5，同治十年刻本。
② （清）张廷玉等：《明史·湖广土司》卷198。
③ （清）张天如等：《永顺府志·杂记》卷12，乾隆二十八年抄刻本。
④ （清）林继钦等：《保靖县志·序》卷1，同治十年刻本。
⑤ （清）周来贺等：《桑植县志》卷8，同治十二年刻本。
⑥ 同上。

饥号寒，伤残者流血呻吟，令人不忍目睹，故《清史稿》亦载："桑植宣慰司……与容美、永顺、茅岗各土司相仇杀，民不堪命。"①

2. 宗族仇杀

在整个中华民族的传统观念中，宗族观念是一种根深蒂固而又十分普遍的观念。钱穆先生对"宗族"有这样的解释，他认为"宗"与"族"在其字面意义上存在着微小的差异，且这种差异亦较为有趣。同宗为祭同一庙宇的人（"宗"字是一座庙宇"宀"和一个"示"的组合），同族则为出征时用同一旗帜的人（"族"字是一面旗帜"㫃"与一支箭"矢"的组合）。这种解释表明"宗族"不仅是出自同一祖先的血缘团体，也是祭祀同一祖先的宗教团体，同时还是隶属于同一面旗帜下的战斗团体。在一个宗族中，成员们都系同一个祖先的子孙后裔，他们之间存在着十分紧密的血缘联系。这种血缘的亲近性，使得每个成员又紧紧地团结在一起。他们将单个成员的耻辱视为整个宗族的耻辱，且在每一个成员的心目中，都凝固着这样一种信念：宗族的强盛兴旺就是个人生存发展的依赖，而宗族的衰退败落也是个人生存的威胁。这种因血缘关系而形成的强大凝聚力，一方面使得宗族更加团结；另一方面容易造成"族性自私"的心理。宗族之内一切都好商量，宗族之间则是寸利必得、寸土必争，这种族性自私也就为宗族之间的仇杀行为埋下了不幸的种子。

在旧时我国南方民族地区，家族仇杀也是一种较为普遍的社会现象，各民族在历史上都曾有过规模大小不等的宗族仇杀，甚至有的宗族仇杀延续了百年。引起宗族相互仇杀的原因很多，归结起来，主要表现在两个方面，一是经济利益方面；二是荣誉地位方面。现以彝族旧时家支仇杀为例。

彝族的家支即宗族或家族，彝语谓之"茨威"，茨威系氏族（彝语谓之"楚加"）下面繁衍的各个家族支派。在彝族社会里，家支已不完全等同于汉族的宗族，它除了血缘纽带传下来的父氏宗族外，还包括它所奴役的曲诺及家庭奴隶。尽管如此，在彝族的家支内部，旧时依然信守着这样一条原则："同氏族人必须相互援助、保护，特别是在受到外族人伤害时，要帮助报仇。"而且他们还认为"不维护一户，全家支保不住；不维护家

---

① 赵尔巽等：《清史稿》卷521。

支，一片被抢光"。"个人惹事，家支负责。"在这样的宗族观念影响下，彝族地区民间的械斗仇杀便多表现为家支（宗族）间的仇杀。

　　　1949年农历五月，西昌县黑彝罗洪抹色打合、卓都等，因同一氏族内部的不同家族之间旧有仇恨，便联合黑彝马家，在德昌县马昌湾（现属尤煌区）汉族葛保长的支持下，攻打西昌县罗洪家嚓杂支（现属盐中区）罗木呷等，烧毁房屋60间，杀死罗院呷，抢去牛羊枪弹银子及各种杂物甚多。①

　　　1937年，雷波县上田坝区几自白自地方居住的曲诺俄母甲甲，背了值一锭银子的鸦片到山棱岗出卖，被黑彝恩扎兹哈和井曲乌哈用假银骗买。甲甲发现后要求退回，兹哈等拒绝，甲甲气极吃毒药自杀。主子吴奇伙伙兹皆住在美姑县后布列拖区的苏洛，便以保护者身份向恩扎与井曲两个家支交涉，结果由两家支当事人向曲诺俄母家赔了命价银子十二锭，但没有赔给死者舅舅马黑家应得的部分。马黑家怪罪吴奇家交涉不力，便在主子布兹家支持下，借平日宿怨扩大事端，到吴奇家地面捆走黑彝两个，娃子十五个，还拿走银子一百锭和一些日用品。这样，吴奇家与布兹家便各以所属娃子保护人的姿态，实际上是贵族奴隶主阶级为了保护各自的利益，相互打冤家，共打了十三年才得到调解。②

　　彝族家支仇杀、大规模的武装械斗时间不长，一般就两三天，若在三天内仍然胜负不分，则会因为人员伤亡而收兵；若分出了胜负，胜者一方立即占领对手的村落，俘虏战败人员，掳掠牲畜财物。不过，大规模的武装械斗结束之后，冤仇双方并未就此罢休，而是经常派遣勇士偷袭对方村寨，暗杀对方的重要头人，窃取对方的重要财物，瓦解对方的斗志，迫使对方屈服。这种相互小规模的偷袭暗杀状态常常延续数十年以上，除非一方被完全征服或双方经过调解而罢战言和，否则仇杀是不会终止的。

　　除了土司的大规模仇杀和宗族间的血腥仇杀外，还存在着许多家庭之

---

① 《二十四军一三六师据呷杂支边民罗木呷等呈》，1949年8月2日。
② 胡庆钧：《凉山彝族奴隶制社会形态》，中国社会科学出版社1985年版，第304—305页。

间的血腥复仇。《金壶七墨》云："诸蛮皆好仇杀，而壮尤甚。被杀者之子或未能复，则植树于庭以志之。既与树俱长，曰：'仇可复矣。'即袖利刃往杀仇者，仇者被杀，则其家亦然。"广西《恭城县志》亦载："壮人性凶暴，稍有嫌隙，植树庭园中，以志报复。谋之闾里，传之子孙，必复仇而后快。同类相残，视邻居如异域！"《平乐府志》亦载："壮人性刚毒，稍有龃龉，即'刻石'、'锯木'，'削铁'为志，以示不忘。"①

漫长而血腥的宗族仇杀、家庭仇杀与前述的土司仇杀一样，给仇杀区域的人民带来巨大的生存威胁，它所造成的人员伤亡，就整个南方民族地区的人口比例而言，是十分惊人的，且伤亡者几乎全是青壮年，唯有老弱妇孺勉力残存，这就更加重了人们的生存威胁。同时由于人员的大量伤亡，劳动力的急剧减少，住宅被焚烧，财物被抢走，加之双方长期的偷袭暗杀，使得人人自危，心惊胆战，甚至害怕被暗杀而不敢去较远的地区从事生产劳动，导致地区的经济生产力普遍下降。又由于仇杀的恐怖，截断了桥梁通路，与外界的经济文化交流基本断绝，从而容易导致物价上扬，严重降低了人们的生活质量，更加重了生存的威胁。

第三节　黑暗王国中的信仰之光

人类原始信仰文化的形成，与人类所处的自然环境及社会环境有十分密切的联系。人类最基本的目标是自身的生存发展，"求生存"也可以视为人类的本能，正是在这种本能性动力的推动下，人类才去积极地创造物质文化和精神文化。反过来说，人类的一切文化创造也无不紧紧围绕"生存"这一核心目标，并为这一目标服务。

换一个角度说，人类创造文化的目的在于改善自身的生存条件。在改善自身生存条件这一基本前提下，人类文化的创造力是无限的，只要是有助于改善生存条件的任何一种文化，他们都会努力地去创造，或者正准备去创造。哪怕这种文化只是暂时地符合这一生存目的需要，甚至仅仅只是在人类自身心理上以为符合这种目的需要，他们也会不辞辛苦地去创造。信仰文化正是在这种"为了生存"的基本前提下，被人们创造出来的。

---

① 刘锡蕃著：《岭表纪蛮》，商务印书馆1934年版，第39页。

诚然，人类创造信仰文化，除了"生存"这个基本前提外，还需要两个必要条件，首先是外部条件，即其自身的生存环境（包含自然环境和社会环境）对其自身的生存造成严重的威胁，而当人们凭借自身的能力已难以适应或抵抗这种威胁的时候，方有可能被创造出来。相反，当人类能够适应其生存环境，即生存威胁尚不存在或者威胁不大时，就不会去进行类似的文化创造了。这也就是说，对人类生存具有一定威胁性的生存环境是原始信仰文化产生的必要条件。但并非是有了威胁性的生存环境，就一定能产生原始信仰文化，其间还需要一个内部条件，即人类思想意识的成熟与否。人类原始信仰文化毕竟是人类思想意识的产物，其产生必须依赖人类脑意识的进化水平。当人类脑意识的进化尚未达到产生原始信仰文化这一阶段时，人类对外界的认识尚处于一片混沌朦胧的状态，完全凭借着动物的生存本能生活，纵然能够感受到生存威胁的临近，也仍然无法在大脑中形成原始信仰文化来应对这种生存局势。除了原始本能的恐惧之外，他们什么都创造不出来。综上所述，坚强不灭的生存信念，具有一定威胁的生存环境以及人类脑意识的发展水平，是人类信仰文化赖以产生的基础。

一　自然也疯狂

自然并不疯狂，它只是一种客观存在，对所有生命形式而言，自然都是客观而漠然的存在。也就是说，自然的疯狂与否，全在于生命形式对自然的主观感受。一阵猛烈的风暴，一次惊世骇俗的火山爆发，一场山崩地裂的地震，相对于某种无生命或低级生命形式的存在而言，是无所谓疯狂或不疯狂的，即使它们在这些自然运动中化为粉末，也是如此。但对于那些较高级的生命形式的存在而言，这种自然运动才是让其毛骨悚然，甚至惊心动魄。而在这种混合着威胁、恐惧的长期压抑下，人们逐渐地认识到自身力量的渺小，从而屈服于"制造"种种威胁、恐惧的大自然（具体表现为对自然的狂热崇拜），并希望通过这种屈服和崇拜，换取自然对自己的"好感"，以减轻自己的生存威胁。而后来的经历告诉他们，人的屈服并没有得到自然的什么"帮助"，自身的生存条件也没有得到改善，自身的生存能力也并未增强，自然还是一如既往地该怎样就怎样。尽管如此，人们仍然对自然保持着一种"温驯"与"谦卑"的态度，屈服于自然的威压。这是因为在当时的历史条件下，人们还无法凭借自身的力量去征服自然，或者与自然站在平等的位置上进行"对话"，他们对自然保持这种屈服的姿态，不过是让自己得到一种心理安慰。

马克思和恩格斯在谈到"自然宗教"这一问题时也曾这样说过："当然，意识起初只是对周围的可感知的环境的一种意识，是对处于开始意识到自身的个人以外的其他人和其他物的狭隘联系的一种意识。同时，它也是对自然界的一种意识，自然界起初是作为一种完全异己的、有无限威力的和不可制服的力量与人们对立的，人们同它的关系完全像动物同它的关系一样，人们就像牲畜一样服从它的权力，因而，这是对自然的一种纯粹动物式的意识（自然宗教）。"① 马克思和恩格斯关于自然宗教产生的这一科学论断无疑为我们梳理南方民族信仰文化的源头指明了一条道路。

我们在前面已经对远古时期南方民族生存的自然环境做了一个简略的客观描述，但多只是从宏观的角度叙述其地形地貌、高原峡谷、地理、气候等，从这些简略的概述中，已经让人感受到南方民族先民们的生存环境的恶劣。这里需要注意的是，在如此恶劣的自然条件下，南方的先民们自身的生存能力与其生存环境存在着巨大反差，笔者认为这种反差与其原始信仰文化的创造有着直接的联系。一般来说，生存质量的高低主要取决于生存能力与生存环境的适应程度。如果一个物种的生存能力与其生存环境的适应性强，其生存能力与生存条件之间的反差就小，他对自然环境的感受就会平淡无奇。就像蜥蜴生活于潮湿温暖的地方，而企鹅生活于寒冷的南极一样。相反，一个物种由于其生存能力的某种局限性，使之对生存环境的适应性较弱，那么，其生存能力与生存条件之间的反差就大，对生存环境的感受也就强烈。相对于人类而言，这种感受的强烈程度往往是文化创造的原始动机或动力。

认识到这种反差，我们也就朝着认识南方民族原始信仰文化的创造源头这个目标接近了一步。在这里，我们可以依据南方民族古老的口传文字中所记载的先民们的生存环境及生存能力，对这种反差进行较为合理的推测。居住在我国云南省的普米族中流传着这样一个故事，叫《冲格萨》，故事的开头讲述了人们的生存环境以及人们对恶劣生存环境的反抗：

①　[德]马克思、恩格斯：《德意志意识形态》，《马克思恩格斯选集》第 1 卷，人民出版社1961 年版，第 35 页。

古时候，地上妖魔横行，善良的人呵，常常被妖魔吃掉。人们无法忍受，就起来和妖魔打仗。领头和妖魔打仗的人叫里格萨，他能文能武，斩妖杀魔，杀得大大小小的妖魔都怕他。有一天，里格萨与兽妖布郎交战，不幸战死！地上的人伤心透了，都以为生存没有指望了。谁知天神同情人们，让里格萨的妻子又生下大智大勇的冲格萨。地上的人呵，又有指望了！①

在这一则故事中，人们心目中的妖魔实际上就是大山、森林、巨石、波涛、野兽等自然物的化身，而且这些自然物在人们心中显得非常巨大。"布郎狂跳起来，石头在发抖；布郎呼号起来，树木也打颤；布郎喘口气，白云被吓散。"甚至是在布郎被杀死后，其声势与躯体也大得惊人："布郎头一歪，轰隆隆滚下山去了，大山如响雷。九座大山被压平。布郎一翻身，山谷起回音，九条山谷被填满了；布郎躺在地上，半个天空被遮住了。"至于那些山、林、石、水在人们心中也凶狠无比。"大山高高矮矮，重重叠叠，像一个个顶天立地的互相碰撞的男子汉。""森林里所有的树都像巨大的木鞭，互相抽打着，又各自抽打着地面。""无数巨大的白岩子和黑岩子，像牦牛打架似的，不停地碰撞着，雷鸣般的响声震得山摇地动。""怒涛洪波"也彼此"碰撞着"。而这些山、林、石、水都是魔王梅拉尔其的卫士，它们与魔王一道专门吃人。②

山、林、水、石、兽等自然物在这则神话色彩十分浓厚的普米族传说中被极度地夸张，不仅仅形体巨大，而且还显示出一种难以驯服的野蛮的自然力：山、石、水的剧烈碰撞，森林的疯狂鞭击大地的凶恶，野兽布郎压平九座大山的气势，这一切实际上都是远古时代南方民族先民们生存感受的倾诉。在这种倾诉中，我们不难听出自然的疯狂与先民们力量卑弱之间所存在的那种巨大的心理反差。换句话说，也正是原始先民们自身生存力量的微弱，才使他们对自然生存环境的威胁产生出巨大的恐惧。当"善

---

① 荣士第、顾建中编：《中国民间英雄传奇故事》，中国广播电视出版社1996年版，第335页。

② 同上书，第340、359—360页。

良的人"被疯狂的自然力一个个吃掉时，他们"无法忍受"而奋起与自然抗争；当人们在这种抗争中也仍然难以逃避被自然吞噬的命运时，除了"伤心透了"以外，便是生存的绝望，"都以为生存没有指望了"。在这种绝望之际，人类的理性在此时开始沉默。为了生存，为了消除和减缓生存的压力和焦虑，人们的意识开始转向一种虚幻的信仰，于是"天神"开始出现，至少是通过冲格萨这个英雄人物来显示天神的威力，从而给人们的生存带来一缕微茫的希望。

从这一意义上来说，普米族这则传说故事完全可以当作南方民族原始信仰文化产生的寓言来读解。因为它至少表明，古代先民们因其生存环境的险恶而不得不寄生存希望于一种超自然力，同时也表明了人们信仰中的善恶观念，即善神与妖魔的观念也是从生存环境与人类自身生存需要、生存利益的角度来加以评判的。当然，也不只是普米族如此，南方其他少数民族如土家族、苗族、彝族、壮族、畲族、瑶族等都有着类似的口传文学，也都不同程度地表达了对自然环境的类似的生存感受。

佤族也保存着类似的神话：传说天地开辟之时，大地尚无固定的形状，时而是高山，时而是平原，时而是大海，这种变化莫测的自然环境严重威胁着万物的生存发展。"大家都为地形的千变万化而忧心忡忡，胆战心惊。"后来是一只"老蛤蟆"向大地祈求，大地便固定下来，成为一望无际的平原。可是，不久又遇上洪水泛滥，淹没了大地，万物又一次面临毁灭，是一条马鬃蛇向大海和大地祈祷，洪水才开始消退，大地也才现出高山、平地、峡谷的模样，万物的生存威胁又一次暂时解除。不久，马鬃蛇死了，因为人类祭祀它的规格太高而得罪了天神，致使"天板向大地压来，万物再一次陷入灭顶之灾。万物中再也没有谁能拯救自身，最后是人类中的一位春米的妇女用'春棒'把天顶回去，才免除了一次生存威胁"①。

佤族人的这则神话，可以看成是南方民族原始信仰文化产生的缩影。在这则神话中，人类的生存与万物一样，不断遭受自然的威胁，且这种威胁一次比一次严重——天地翻覆、万物面临灭绝。而解决的办法就只有对

① 埃嘎搜集整理：《谁做天下万物之王》，《中华民族故事大系·佤族民间故事》（第7卷），上海文艺出版社1995年版，第629—632页。

大自然的一次又一次的祈祷，从而在祈祷的幻境中"得救"。尽管后来是凭着人类手中的一根"舂棒"把下压的"天板"给顶回去了，似乎是赞美人的力量的伟大，然而这里人的力量相对自然力而言未免太弱小了，因而让人觉得把天板给顶回去，其实不过是人的一种绝望中的幻想，一种类似于祈祷所产生的幻境而已。尤其值得注意的是，神话中人类与自然抗争的力量是一条原始而简陋的"舂棒"，而自然力则是一块沉重下压的"天板"，其力量的反差悬殊确实令人触目惊心。正是人们认识到了这种巨大的力量反差，才一步步地向自然屈服，把自身生存的希望一步步地转移到对自然的依赖上来，形成了人类历史上最原始的信仰文化。

二 灾祸的威胁

人类在其生存发展的漫长历程中，所遭遇到的灾祸是难以计数的。灾祸一般表现为两大类型：一是自然灾祸，如水旱瘟疫、地震火山、野兽虫蛇、风云雷电等；二是社会灾祸，即人类自为的灾祸，如兵革战乱、阶级压迫、民间仇杀、阴谋诡计等。

自然灾祸是自然疯狂的一种呈现，至今为止，人类仍然无法阻止它的产生，而它给人类所带来的损失有时具有局部的毁灭性。现依据一些历史记载，仅摘取水旱灾一些典型资料以说明其灾祸的严重程度：

唐中和四年（884），长江中下游大部分地区大旱。鄂东南大部、湘南大部、赣全部、皖南、苏南及太湖地区受灾，人相食。

明正德四十五年（1583），湖北大水。夏，荆江大水，江陵黄滩堤荡洗殆尽，死亡人口不下数十万；石首，公安江堤均溃决。秋，郧西大霖雨，平地水深丈余，死者众；谷城，襄阳皆淹，灾民数以万计，死者无数。

清顺治三年（1646），江西全省大旱。南昌五至十月不雨，早晚稻尽槁；波阳四至十一月少雨，赤地无收；九江夏、秋旱百余日，死者甚多；南城、抚州河干涸成洲，吃水如油，民食糠粑、野草、棉仁，白骨如山。

清康熙三十五年（1696），六月初一日，暴雨如注，时方旱，顷刻沟渠皆溢，欢呼载道。二更余，忽海啸，飓风复大作，潮挟风威，声势汹涌，冲入沿海一带地方几数百里。宝山纵亘6里，横亘18里，水面高于城丈许；嘉定、崇明、吴淞、川沙等处，漂没海塘千丈，居户1.8万户，淹死者共10万余人。黑夜惊涛猝至，居人不复相顾，奔窜无路，至天明水退，而积尸如山，惨不忍言。①

上述引征的资料虽然只是近千年来对自然灾害的粗略记载，此前此后，自然灾害并非不存在，惜乎记载不详或疏于记录罢了。自人类社会存在以来，自然灾害就一直连续不断地伴随着人类的生存发展，并对人类的生存与发展带来程度不等的危害。在人类漫长的历史进程中，残酷的自然灾祸不知撕破了多少和睦的家庭，摧毁了多少个美丽的村庄，吞噬了多少个生机勃勃的部落。在这里我们不妨设想一下，当从自然灾祸中侥幸余生的古代先民们眼看着自己的亲人被毁灭，自己的村庄在自然灾祸中化为一片废墟，自己的部落顷刻间荡然无存之时，他们除了感到自身的渺小无能，感到生存绝望外，剩下的就只有幻想了。

其实，在人类的进程中，除了存在着自然灾祸的生存威胁外，还存在着社会的人为灾祸，即人类的自相残杀。我们知道，随着部落内部生产技术的提高，生存食物亦随之增加，这为部落人口的繁衍提供了坚实的物质基础，而人口的增加又反过来引起生存物资的缺乏，引发部落内部的生存危机。为了解决这一矛盾，部落就必须扩大自己的生存领域，以获取更多的食物，于是就免不了会与邻近地域的其他部落发生争斗。这种争斗是基于生存需要的争斗，谁也不会轻易放弃地盘。因此，争斗的结果只能是在"强者生存，弱者消亡"这一铁的法则下产生。在这种争斗中，谁都知道失败的一方要么整个部族成为胜者的奴隶，要么只能是远走他乡，将自己抛入一个陌生而艰难的生存环境中。当然，双方都不愿意失败，于是，为了部落的生存与发展，人类开始向同类举起了石斧或石刀，一场绵延数万年、数十万年的悲剧便在血影刀光中拉开了帷幕。

谁也不知道人类的部族争斗开端的日期，有关这类争斗也往往只是保留于人类的远古神话之中。其中较为著名的南方民族先民集团与中原一带

---

① 陈雪英等主编：《长江流域重大自然灾害及防治对策》，湖北人民出版社1999年版，第425、110、313、315页。

先民集团争斗有黄帝与炎帝之战、黄帝与蚩尤之战，我们在前面已述之，但还有一场部族之间的争斗，即共工部族与中原一带的部族之间的争斗也十分壮烈，它足以展示南方民族先民与中原民族生存竞争的血的历史：

（1）共工……乘天势以隘制天下。①

（2）共工氏侵陵诸侯。②

（3）共工氏伯九域。③

（4）太昊氏衰，共工惟始作乱，振滔洪水，以祸天下，隳天纲，绝地纪，覆中冀，人不堪命。于是，女皇氏役其神力，以与共工氏较，灭共工氏而迁之。然后四极正，冀州宁，地平天成，万物复生。④

（5）共工，神农时诸侯也，而与神农争定天下。共工大怒，以头触不周山，山崩，天柱折，地维绝。⑤

（6）昔者共工与颛顼争为帝，怒而触不周之山，天柱折，地维缺。天倾西北，故日月星辰移焉；地不满东南，故水潦尘埃归焉。⑥

（7）（舜）流共工于幽州。⑦

（8）禹伐共工。⑧

从上述神话片断记载来看，共工部族与其他部族之间的争斗是一场旷日持久、规模巨大的部族集团之间的生存搏杀。共工氏振滔洪水，以薄空桑，在太昊部族衰落之际，率领东夷、南蛮先民与太昊、女皇氏血战，而后共工部族又与神农氏、颛顼氏部族发生战争，又与舜、禹部族展开争斗。当其部族强盛之时，也曾"隘制天下""侵陵诸侯""伯九域"，成为中原霸主；而当其部族被女皇氏、神农氏、颛顼氏乃至舜、禹所败之后，也曾怒发冲冠，头触不周之山，导致天柱折，地维绝，山崩柱折，天倾地

---

① 《管子·揆度》卷78。

② 《国语·周语下》韦注。

③ 《汉书·律历志下》卷21。

④ （宋）罗泌：《路史·后记二》。

⑤ 佚名：《碣玉集》引许慎注。

⑥ （汉）刘安：《淮南子·天文训》卷3。

⑦ 《尚书·尧典》卷1。

⑧ （战国）荀况：《荀子·议兵》卷15。

陷的恢宏奇异的景观，这种奇异景观正是远古南方部族在其生存竞争失败后一种绝望、悲惨的心态的神话或表述。

这是一场历经太昊伏羲，女皇女娲，炎帝神农、颛顼，而后至舜、禹的漫长的部族生存大搏杀，它几乎囊括了中国远古历史中的整个石器时代！其间的盛衰强弱，起伏跌宕，令后人可歌可泣。对于共工部族而言，当其"隘制天下""伯九域"之时，他们"侵陵诸侯"，不断地开疆拓土，扩大自己的生存领域，固然是值得大书特书的功绩。然而相对于失败的一方，却是"隳天纲，绝地纪，覆中冀，人不堪命"，是一种天地无序、日月无光、民不聊生的黑暗时代。因为根据原始人类"强者生存、弱肉强食"的生存法则，失败者只能成为胜利者的奴隶，因此，在失败的部族残存的人民眼中，"共工氏"这一概念无异于自身生存的灾祸，能对这一概念给出的注解只能是冷酷、残忍、绝望、死亡。

相反，从另一个角度来看问题，当共工氏被女皇战败，"灭共工而迁之"，继而又败于神农、颛顼，后来又被舜流放，遭禹征伐，最终这一部族在历史上变得默默无闻，在黯然神伤中消失于历史的幕后。这一连串的失败脚印对共工部族来说，又意味着什么呢？有些学者评述说，共工失败后，怒而头触不周之山，表现了共工氏始终顽强不屈、坚韧刚强的战斗的精神。"而共工氏那贞刚傲岸的个性，磊落壮烈的情怀，也就活脱脱地展现了出来。宁可献身，而不苟活。英雄的陨落也是不同于一般人的，更是为庸俗之徒所难以比说。"[1] 笔者认为这段评价有失审慎。"天柱折，地维绝"，天倾西北，地不满东南的神话记载，并非是对共工这一英雄的颂歌，应该是共工部族对生存斗争失败后的一种彻骨的悲痛感的真实写照。

而实则共工兵败于女皇，被灭而迁其余部，并未去触不周山；反与神农、颛顼争为帝之时，因怒而触。因为如果败了，其实力大减，当无触山之力。而当其与神农、颛顼争为帝之时，其部族应处于强盛之时，故有其触山之实力。再说触山，并非真的是以自己的头去撞山，无论是怎样的原始人类，也不会愚蠢到如此地步。因此，"触山"当解为"战于山"。那么，何以会"山崩，天柱折，地维绝"呢？"天柱折，地维绝"用今天的话来说，就是天塌地陷。共工战败，事实上山不会崩，天地也不会塌陷，

---

① 王钟陵：《中国前期文化——心理研究》，重庆出版社1991年，第256页。

但神话中之所以如此说，其实只是对失败者内心悲怜绝望的感情的一种表述而已。联想到共工氏当年振滔洪水时，失败一方即太昊氏部族也曾有过"隳天纲，绝地纪，覆中冀，人不堪命"这种类似的悲怆绝望之感。再联想到前文所引普米族人神话传说中，因里格萨被兽妖布郎杀死后，"生存没有指望了"的绝望感受，那么失败的共工部族残余人员心中的"天柱折，地维绝"的感受不是十分自然吗？因为生存竞争的失败，就意味着丧失自己已有的生存环境，被迫迁入一个陌生而恐惧的艰难环境之中；失败还意味着沦为他人的奴隶，甚至被杀死，失去生存的权利。在这样一种原始的生存法则下，失败的部族心中自然会出现天塌地陷般痛苦的晕眩了。

据此，笔者认为，在原始人类部族的生存斗争中，无论是胜利或是失败，对人类自身而言都是一种灾祸。这种生存斗争本身就是一柄"双刃剑"，在砍伤别人的同时，也砍伤了自己。"伤敌三千，自损八百"，这已是千古遗训。然而对于原始部族而言，这种人为的社会灾祸如同其所遭受的自然灾祸一样，也是不可避免的。因为人类都要生存与发展，而在当时的历史条件下，生存发展直接与生存领域的范围拓宽存在着必然的联系。在当时大量的原始处女地尚未开拓之时，人类各自的生存领域有一定的局限性，对他们而言，筚路蓝缕、以启山林未免过于艰辛，人们便往往专注于部族之间的争斗，以强力去抢夺他人的生存地盘。正是在这种"侵凌"与"捍卫"之间，各个部族都十分艰难地生存发展着。挫折中孕育着复仇，溃灭中包藏着再生，生生灭灭，盛盛衰衰，风雨与春色同在，失败与胜利相缠，而残留在人类心灵深处的除了"大江东去，浪淘千古风流人物"的历史感叹外，也还有天倾西北，地不满东南的痛彻骨髓的余悸。

三　寻找精神的港湾

这里需要说明的是，绝望并非是人类信仰文化诞生的沃土。因为绝望所导致的是人的意识活动近乎全面的抑制，在这样的脑意识状态中，任何思想观念，尤其是新的创造性的思想观念是绝对不可能产生出来的。

西班牙作家奥帕第在《野鸡之歌》中曾这样形象地描述过人类的绝望："时间总会到来的，……这时候，宇宙跟自然本身都将灭绝消失。并且，就像那泱泱王国与人类的帝国，以及随之而来的珍奇事物，虽然在当时是非常显赫，然而在今日却不曾留得任何的遗迹与记忆。同样的，所有创造物的整个世界，它的兴衰浮沉与灾异变迁，都将遗留不下任何的痕迹，如果有的话，恐怕就是无根空间里所存的全然静默与深沉的寂寥吧。且不管先前它如何被传述或理解，这一份宇宙存在的可赞赏的与令人战栗的秘密都将淹没消散。"① 当一个人或一个部族，乃至整个人类都处于这种绝望的心境之中时，别说原始信仰文化不能得以产生，纵使是人类自身也将不复存在，因为这种由于生存的严重挫折而产生的绝望，是人类心灵的荒漠，在这片荒漠上，绝无绿草茵茵，溪流潺潺。这里除了黄沙，还是黄沙。一切都是空无，不仅是人类的生存竞争，甚至是人类自身的存在也是毫无意义的。在此时，人类体验到的只是一种空虚感，一种失却自身的滋味，一种觉得万事无聊的心绪，一种"恐怕就是无根空间里所存的全然静默与深沉的寂寥"。

但是，我们还应该看到，绝望与人类的信仰文化仍然具有一定的联系。如果我们把绝望看成人类在自然灾祸与社会动乱面前的无能为力，并且又经常认识和体验到这种"无能为力"时，人类的信仰文化便会悄然诞生了。

如前所述，人类的最基本目标就是生存和发展，这一目标如一枚心灵的太阳永远照耀着人类的历史进程。一旦太阳沉落，那人类社会将会归于泯灭。在一般情况下，无论自然与社会的灾祸程度有多么巨大，其带来的损害有多么惨重，对具体的个体或某一区域的群体而言，其心灵的太阳都可能沉落，从而导致个体的自杀或个别群体文明的停滞甚至毁灭。然而对其他的个体或群体而言，也许会产生一种相反的促进作用，激励他们加倍地奋争与追求。换句话说，绝望感对于整个人类而言，始终只是一种相对的感受，尽管原始人类大都处于艰难的生存环境之中，但是在人类不断地努力奋斗，不断地创造发明，不断地从惨重的代价中逐步学会适应环境，在某些局部地区，在某个具体困难的克服方面，总会获得战胜自然环境的胜利，或者成功地避开生存的难题，这些都会使得人类在其写满艰难的生存历史中腾起一缕明媚的阳光，穿透心灵感伤的乌云，从而远离绝望，走向乐观的圣殿。

---

① ［西班牙］乌纳穆诺：《生命的悲剧意识》，段继承译，北方文艺出版社1987年版，第81页。

另外，无论是自然的疯狂灾祸还是残酷的流血战争，对任何一个原始部族而言，都不会是形影相缠、难解难分的，总有一定的间歇性。这个间歇时长时短，但往往都能起到抚慰人类肉体或心灵上创伤的作用，因为在这种灾难的间歇期间，人类可以重建家园，休养生息，并随着时光的流逝而遗忘历史的伤痕。同时，人类又倾向于将这种和平宁静的间歇视为上天神灵的恩赐，从而将自己浸泡于这种幻想的蜜汁中，以治疗心灵的创伤。因此笔者认为，原始人类的绝望感始终于其心灵中呈现出某种意义的相对状态，也正是因为这种绝望的相对性，才促使其原始信仰文化得以产生和发展。

眼看着自己的亲人、同伴或邻居被自然或社会灾祸压垮或毁灭，人们一方面会深深地感觉到自身的无能为力；而另一方面，他们内在深处对生存与发展的渴望也会更为迫切。在这种生存追求的迫切与自身无力的深切感受之间，其自身生存的现实感、自我力量肯定意识及社会实践活动便会在"无能为力"的深切的感受中被部分地否定，而生存追求的迫切性将会在其心理上制造出一种紧张状态，以至于他们在自己的想象中去寻求一种超人力的、超自然力的事物作为自己生存发展的依赖，并通过这种非现实的想象来解除内心的紧张状态，达到心理上的平衡。苏联宗教学家约·阿·克雷维列夫也曾有类似的看法："对宗教幻影在原始意识中的产生给予影响的，首先应当是消极情感：惶恐不安，内心压抑，感到没有力量，以致常常绝望。在这种情况下，人感到需要慰藉。他的意识向他提示，事到临头总有机遇，有办法使他得到慰藉。在社会意识发展的一定阶段上，当想象已经能够建立虚幻观念的时候，这种想象就会来满足对慰藉的需要。"[1]

云南省阿昌族有一个著名的神话《遮帕麻与遮米麻》，其中所叙述的一些情节就很能说明上述问题。据说，旱魔腊訇来到这一地区后，做了一个"假太阳"钉在天上，使得地面的动植物与人类都深受其害。"看着魔王横行霸道，生灵涂炭，听着动物痛苦的呻吟和人们求救的呼声，遮米麻

---

① ［苏］约·阿·克雷维列夫：《宗教史》（上册），乐峰等译，中国社会科学出版社1984年版，第16页。

心急似火烧。可是，她无力战胜魔王，日夜盼望着遮帕麻归还。"① 后来，遮帕麻回来了，与旱魔展开了斗争，其斗争的方式十分奇特，就是与魔王比"魔法"（巫术），最主要的就是比梦，并最后通过梦战胜了旱魔：

> 遮帕麻用松叶铺床，用石头当枕，很快就进入了梦乡。他梦见自己造的太阳又从海里升起来了，被假太阳晒死了的树木，都活过来了，小鸟又飞回了树林，鱼儿在水里游来游去，世界充满了欢乐。腊旬却梦见自己的假太阳落地了，自己在黑暗中到处乱撞，直到真的撞在大树上，他才吓醒过来。第一次比梦，腊旬失败了。
>
> 第二次比梦，遮帕麻上到山顶，腊旬下到山脚。这一次腊旬的梦更可怕，他梦见天塌下来了，地陷下去了，他自己也掉进万丈深渊。②

这则神话充分表现了人们在自然灾祸前的"无力"与"梦"的安慰力量。当自然灾害降临时，连神人遮米麻也感到"无力战胜魔王"，纵是更勇敢的神遮帕麻的魔法（巫术）也没有打败"魔王"，最后是遮帕麻通过梦这一特殊的斗争武器战胜了"魔王"。在阿昌族先民们的心目中，梦的力量是可以征服一切自然灾害的，战胜人类生存发展历程中所遇到的所有艰难险阻，正如这则神话中所叙述的那样，"在人神同住的地带，大家都认为，梦表面看来虚幻，其实是最真实的，做梦不受任何限制，在梦中可以到任何自由王国"。

假若我们将这则神话中的某些情节视为南方民族原始信仰文化产生的一种隐喻，我们就会发现，在其表面的荒诞色彩中，确实包含着某些令人信服的东西。它至少告诉我们，人们在自然的压力下，确实深深地体会到自身的"无能为力"，这种对自身无力的感受之深，甚至传染到了半人半神的遮米麻。但人类并未因自身的无力而放弃对生存的追求，相反，这种追求因自身无力的感受而变得更为迫切。在神话中，这种迫切性被转换为对更强有力的遮帕麻的焦急期待。而最终解除这种内心紧张状态的却是

---

① 马昌仪编：《中国神话故事·遮帕麻与遮米麻》，中国广播电视出版社 1996 年版，第 526 页。

② 同上书，第 532 页。

梦，是梦征服了魔王，消除了旱灾，使整个人类又恢复了生机。事实上，"梦"在这里就是人类的一种幻想的意译，如果在这类幻想中，再加入一些超自然的因素，这类幻想便成了原始信仰文化产生的最好土壤。

由此，我们可以看出，人类原始信仰文化的形成即非像西方某些神学家们所认为的那样，是因为人类自身所具有的所谓的宗教本能，也非是绝望中的灵光乍现，而是基于以下三个因素：一是根源于人类生存目的的强力驱动，促使人类无论处于什么样的环境，其生存的斗志始终英气蓬勃；二是根源于人类生存环境与条件的艰苦，使人类陷于重重挫折之中，精神上经常处于紧张状态，并对解除这种紧张状态深感无能为力；三是因为前两种因素的结合与相互作用，促使人类展开想象，以使自己心灵的"破船"能找到可以暂时停泊的精神港湾，聊以自慰。当然，还有一个更为基本的要素是不能忽略的，那就是人类的意识水平必须要达到相应的阶段，只有这样，人类才有可能具备原始信仰文化产生的幻想能力。

第二章　灵魂：原始信仰文化的原点

人类在苦难的生活中，一方面深深感到自己的无能为力；另一方面又由于生存这一内在强动力的驱动，往往又借助于自身的幻想，将消除自己生存痛苦的希望寄托于某种超自然的力量，借此以消解内心紧张的状态，保持心理平衡。同时也会因为人类在与自然的抗争中某些偶然的成功，从而对这些少数的成功者加以激情的赞颂，将其视为顶天立地的英雄或神祇，并试图通过这种赞颂与祈祷来获得某种神奇的伟力。在当时的生存条件下，任何能给人类心灵抚慰的人、事、物，都将会成为人们谈论的热门话题，因为这是人类生存发展的希望所在。在这种激情的赞颂过程中，那些超自然的或现实社会生活中偶尔成功的人、事、物，自然都将会被人们有意或无意地夸大，于是，这些超自然的或现实生活中的人、事、物，便会在人们的心目中愈发的高大超拔，达到无可怀疑的地步，最终成为人们信仰的寄托和心理上的依赖对象，人类的信仰文化便在此基础上逐渐形成。

那么，人类信仰文化的基本内核是什么呢？

第一节　灵魂的世界

灵魂观念是人类信仰文化的基本内核，人类所有的信仰文化一旦抽出灵魂观念不谈，其文化大厦将因无所依附而土崩瓦解。因为人类原始信仰文化的创造基于解脱或减轻人类自身所面临的生存威胁这一根本目的，必须依赖于某种不可知的或知之不详的神秘的力量，这种力量并不存在于生存者的身体中。原始人类相信这种力量来自于自然万物的灵魂，相信这些灵魂都可能对人类的生活发生种种影响，在这种"相信"的基础上，人类的信仰文化才得以真正形成，并逐渐根据不断发展的人类社会需要而发生着变化，从而演绎和延伸出人类历史上一系列的信仰文化的链条来。从整个人类原始信仰文化发展来看，其中的自然崇拜、图腾崇拜、祖先崇拜、巫术、鬼神观念，甚至包括各种宗教信仰，都是以灵魂观念为主要支撑，都建立在灵魂观念这一基础上。因此要探讨南方民族原始信仰文化这一课题，首先就应该对灵魂观念做出一番阐释。

一　灵魂观念

根据考古学家与人类学家的研究，大约距今 5 万年左右，人类就已具有灵魂观念。在人类原始信仰文化中，也同样普遍存在着灵魂观念。当然，不同的宗教和民族，他们对灵魂的解释是不同的。尽管如此，在人类的原始信仰文化中，人类基本上都相信：灵魂就是力量，就是神灵，就是永恒的存在。在原始人的心目中，灵魂的力量存在于人类和其他生物的生命之中，即英国著名人类学家爱德华·泰勒所说的"万物有灵观"。因此，灵魂常常具有超自然的力量，并常常帮助人们适应生存环境，求得自身的生存与发展。

1. 灵魂观念的形成

灵魂观念的形成同样植根于人类生存发展这一最为基本的需要，是基于人类生存发展需要的想象力的产物，它具有超现实性和超自然性。恩格斯曾这样论述过灵魂观念的起源："在远古时代，人们还完全不知道自己身体的构造，并且受梦中景象的影响，于是就产生一种观念：他们的思维和感觉不是他们身体的活动，而一种独特的、寓于这个身体之中而在人死亡时就离开身体的灵魂活动。"[①] 在恩格斯看来，灵魂的形成直接与人们对梦中景像和对人体构造的主观错误认识紧密相关。那么，人类何以会对梦中景像及身体构造产生强烈的认知欲望呢？笔者认为这是受人类自身生存发展需要的驱使。在远古时代，险恶的生存环境与自身苦难的生活，使当时的人类为了自身的生存发展，自然会急于去了解到底是什么东西使自己受苦受难，人的生存、疾病、死亡到底是怎么一回事。在他们看来，只有

---

① ［德］恩格斯：《路德维希·费尔巴哈和德国古典哲学的终结》，人民出版社 1972 年版，第 14 页。

弄清楚这些恼人的问题，才能找到正确而有效的办法，以减少和逃避灾祸与死亡，求得自身的生存与发展。当然，在原始文化阶段，人们是不可能对这些亟待解决的重要问题做出科学的回答的。他们只能借助于自身的切身体验，从原始的经验主义角度来寻找自己的答案。其中一个最为普通而深刻的经验就是他们的梦，在睡眠时，自己明明躺着没动，且自己的亲人朋友也能证明这一点。为什么在梦中自己会从事各种活动，甚至还能够与早已死去的亲人、朋友像他们生前一样谈天、一样共同活动呢？

若要对这一问题做进一步的深究，原始人类就会根据自身梦的经验得出这样一种结论：在人的身体中，除了自己的肉体之外，还存在着一种平常看不见、摸不着的东西——灵魂。人们在清醒着的时候，它藏于身体的某个地方，悄悄地支配着个体的一切活动；而当人们睡眠的时候，它便悄悄地离开肉体，去从事自己的活动，这样就出现了梦中奇异的景象。同时，人们还会根据梦中所见到的那些死去的亲友形象做进一步猜测：既然"我"有灵魂，那么死去的亲友们当然也有灵魂。而当这些灵魂与自己睡眠中离体的灵魂相遇的时候，"我"自然会看到它们，并与它们一道进行各种活动。又，梦中的自己似乎还具有一种超凡入圣的力量。它既可上天入地，又可乘风飞翔、随心所欲、自由自在。由此，原始人类便因此臆测人的灵魂力量远远超出其寓居人体时所具备的力量，它是神奇的、无所不能的，而那些死去的亲友的灵魂也是如此。

从这种梦幻般的臆想中，原始人类似乎也隐隐约约地探索到人类遭受灾祸的"原因"：既然人有灵魂，那么与自己处于一地的自然物也应有它们自己的灵魂，山、水、动植物、无机物也都会有灵魂。人之所以遭受灾祸，肯定是人们不小心得罪或冲撞了某种事物的灵魂，引起了这种灵魂发怒。要逃避灾祸或减少灾祸所带来的损害，人们根据自身社会交往的经验，总结出一种新的文化模式，那就是对万物之灵尽可能地敬畏。一旦有所亵渎，就应该马上向这些灵魂谢罪赔礼。假若这种灵魂观念在原始人群中某个较聪慧的大脑中产生，它势必将在这个群落中得到较为热烈的回应，于是，灵魂观念及灵魂信仰文化便形成了。

2. 灵魂的性质特征

（1）泛灵性。所谓"泛灵性"就是指灵魂存在的普遍性，也就是人们常说的万物有灵。在南方民族灵魂信仰文化中，泛灵性是其灵魂观念的一个普遍特征。在南方民族看来，万事万物都具有自己独特的灵魂，尤其是那些与人类生存发展具有较为密切联系的事物，其灵魂的活性更为显著。这些万物之灵在人类的生活中具有不可小觑的灵力，它们既可以给人类带来好处，也可以带来祸殃，是福是祸则取决于人类对待它们的态度。因此，人们总是小心翼翼地侍候着这些灵魂，以便减轻灾祸，并获得这些灵魂的佑助。

云南西双版纳的布朗族对谷魂就十分尊敬。他们认为谷粒有灵魂，每年从砍地播种到收割入仓，都须祭祀谷魂，粮食才能长得好。在收割时，要将先点种的小块土地中代表谷魂的谷穗收藏起来，这样粮食才经得吃①。在粮食收仓时，要编一个四方形的小篾笆，用一对蜡条、数粒米饭、一撮茶叶，到地里把寨神和水魂请到仓库与谷魂一起住，这样来年的粮食才会丰收。拉祜族人不仅要祭谷魂，还保留着"叫饭魂"的信仰习俗。他们认为叫了"饭魂"后，谷子的颗粒才会结实、出米率高，来年才会丰收。在"叫饭魂"时，他们要备上酒饭，还要呼叫家长姓名，其"叫饭魂"词多为"一颗种籽下地，十颗粮食回家"一类的丰收祝词，而且在入夜之后，全家人还要跳饭魂舞，以娱谷魂。②

（2）超自然性。灵魂的超自然性可以从两个方面去理解：一是灵魂并不是自然的一种存在物；二是灵魂具有超越自然的种种力量或功能。南方民族灵魂的超自然性特征有着与众不同的特色，除了灵魂不灭、循环轮回和灵魂所具有的超自然力以外，在一些南方少数民族的信仰中，灵魂并非是虚无缥缈的存在，他们相信其中某一些事物的灵魂具有物质实体性，即这些灵魂是可以被感觉得到的，并与其所依附的事物相类似。换句话说，某些灵魂介乎于虚幻与物质实体之间，时而虚，时而实，叫人捉摸不定。这类颇具特色的灵魂观念，使得其信仰文化也具有某些让人难以捉摸的色彩。

湘西地区的土家族认为，人的灵魂，尤其是亡故不久的亡魂，就是一种虚实不定的事物。在人死亡后不久，他们相信其灵魂会回家来看一看，叫作"回煞"。据说在亡魂回煞的夜里，不仅要摆设酒肉、香纸祭奠，全

---

① 经得吃：南方方言，指粮食不容易吃完，常吃常有的意思。
② 魏庆征主编：《中国各民族宗教与神话大词典》，学苑出版社1993年版，第313页。

家人还要躲避开，以免冲散亡魂。如果人们在地上撒上草木灰，第二天早上，草木灰上将会留下亡魂的脚印。倘若人来不及躲煞，就会听到亡魂在家中走动、哭泣的声音。类似的灵魂观念在纳西族中亦存在着，"人死埋葬或火化当晚，家人要于屋内摆设供品，然后回避，次日视供品是否有动过的痕迹，如有动过的痕迹，证明死者亡魂昨夜已回过家中享用过供品，这叫作'还魂'或'返魂'"①。

基诺族的灵魂观念则存在着一种更为实体化的灵魂，他们称其为"特切"或"拖搓"。据传，这类恶灵可以与人一起生活劳动，但却专门食人。将其消灭后，它的腿可以变成大青树，它的手可变成血藤，它的头发能变成冬棕，它身上的污垢则变成蚂蟥、马路蛇、蚊子等。②云南沧源佤族人中有一种叫"丹独"的灵魂，最能说明南方民族中这种虚实相合的灵魂特征。相传丹独是一种无处不在的精神实体，以前它跟人住在一起，却经常给人们带来灾祸，被人们砍去了一条腿后，丹独便从此成了一种隐形的精神状态的恶灵了。③关于灵魂的这种虚实结合的观念，也并非我国南方民族所独有，英国学者戴维斯在19世纪中叶就根据其掌握的资料指出："灵魂不是抽象的物质；相反，精灵的体质是由物质组成的，而这种物质的特点就是最高度的纯粹和精微。"④

（3）类同性。人的灵魂与人类自身或物体的灵魂与物体自身具有相似或相同之处，这种相似、相同不仅仅表现在灵魂与肉体融合为一，而且二者在其形象、衣着、声容笑态、言谈举止、性格等方面都具有同一性。在傣族聚居地流传着这样一种说法：人死之后，其魂变成鬼。鬼是人死去的祖先，人是鬼还活着的后代，人与鬼有着直接的血缘关系。所以鬼像人一样用两只脚走路，和人生活在一起。人与鬼之间只隔着一层薄薄的鸡蛋膜，一点也不可怕。人与鬼之间还可以交朋友、打老庚，甚至还可以结婚配偶、共同生活。据蔡家麒先生的调查，独龙族也相信灵魂与其形体是非常相似的。独龙族称灵魂为"卜拉"，他说，"卜拉"的形象和属性特征，

---

① 李国文：《纳西族原始宗教与社会习尚》，《民族社会学》1989年第1—2期。

② 魏庆征主编：《中国各民族宗教与神话大词典》，学苑出版社1993年版，第342页。

③ 同上书，第588—589页。

④ ［英］爱德华·泰勒：《原始文化——神话、哲学、宗教、语言、艺术和习俗发展之研究》，连树声译，上海文艺出版社1992年版，第443页。

和本人的身材、貌相、性情、品德和智愚等完全相同。① 在湘西土家族、苗族中，还有一种"飘魂"的传说。据说，一个人在将要倒霉之前，他的灵魂会在白昼离开人体，而且这些飘离人体的灵魂与其肉体完全相同，可以被别人看到，唯一不同之处是灵魂不说话。如果别人与之交谈或与之相嬉戏，便倏然消失。同时，南方有许多民族都认为灵魂比人聪明、能干，人不知道未来祸福，灵魂能事先知道；人不能战胜的困难，灵魂却能轻而易举地解决，也就是说，灵魂与人的类同性主要表现在形似方面，而在精神能力上，却存在着许多差异。

（4）游离性。指灵魂并不一定固锁于肉体之中，相对于人体而言，它具有相当的自由，既可以随时离开肉体，又可以随时归来。在南方民族的灵魂观念中，灵魂的游离大致可分为四类：

一是自然游离。这种游离对人体无大妨害，只是一种暂时性的正常离开，而且一般是在夜晚的某个时间段发生，这种游离的具体表现就是梦境。在古代传说中，这类游离也有特异的形式："岭南溪峒中，往往有飞头者，故而有飞头僚子之号。头将飞一日前，颈有痕，匝项如红缕，妻子遂看守之。其人及夜状如病，头忽生两翼，脱身而去，乃于岸泥寻蟹、蚓之类食之。将晓飞还，如梦觉，其腹实也。"② 此言其头能飞，只是传说中常见的夸张表达，其实就是我们前述的"灵魂游离"现象的一种神秘化。

二是自觉游离。在人的主观意识的作用下，通过某些药物或其他手段，自己的灵魂离开身体，去完成某种神圣的使命。这种游离非一般人可为，往往是巫师举行某种法事时方可为之。譬如巫师进行祈禳驱煞等法事时，或探查主人家的疾病之源、未来年成好坏等神圣仪式时，经常进行此类活动。

三是剥夺性游离。此类游离在南方民族看来是多种疾病、不幸的原因或前兆，对人体极为不利，轻则伤病缠身，重则带来死亡。这种游离一般有四种情形：第一，灵魂在自然游离状态下遭遇邪魅，并被邪魅将灵魂强力裹挟而去；第二，人在阴森偏僻的"凶地"路过或劳作，被邪魅迷惑或

---

① 吕大吉等主编：《中国各民族原始宗教资料集成·独龙族卷》，中国社会科学出版社2000年版，第616页。
② （唐）段成式：《酉阳杂俎》（前集）卷4。

惊吓，导致灵魂出窍而被邪魅抓获；第三，人之将亡，其灵魂被无常勾去；第四，人的灵魂在仇家巫师的黑巫术作用下被夺走。剥夺性游离往往呈现为一种被动状态，且这种剥夺灵魂的力量均为超自然的外力，其力量之大，令人无力抗拒，因而灵魂一旦被剥夺，就须请本族巫师作法事，以追回失去的灵魂，恢复身体健康。

四是预兆性游离，如前文所述的湘西土家族、苗族有关"飘魂"的民俗信仰。此类游离与自然游离存在着某些相似之处，它们都是灵魂的自由行动，但自然游离多发生在夜晚，而预兆性游离则无论白天黑夜均可发生，另外，预兆性游离的灵魂可以被旁人看见，而且它所带来的预兆往往是凶兆。

（5）伦理性。灵魂的伦理性，即关于灵魂的善与恶的区分与评价。这一性质特征与人们生存发展的目的联结得最为紧密，南方民族与其他民族一样，都是从灵魂对自身生存利益角度出发来进行评价和区分的。对自身生存有利的，人们赞颂它，并加以崇拜与祭祀；与之相反则惧怕它、躲避它，并施以一些巫术以驱逐、歼灭它。

在南方民族的灵魂信仰文化中，几乎普遍存在着这种对灵魂的善恶评价，当然这种善恶评价也存在着一定的认识层次。首先，最基本的认识层次是利益层次，即凡是能够保护自己，并给人们带来福音的灵魂都属于"善灵"。但是在南方民族的信仰中，善灵不是固执于某一类事物、一成不变的东西，它直接受不同民族评价角度的影响。同时，不同民族有关善灵的区别划分也不相同，甚至有的还是相互矛盾冲突的。譬如在土家族中，鄂西一带的土家族人视"白虎"为善灵、祖灵，经常对其进行祭祀；而湘西一带的土家族人对白虎却是有区别的，在他们看来，"坐堂白虎"（即居家与人同住的白虎）是善灵，而"过堂白虎"则是恶灵，要进行驱逐和消灭的。又如瑶族、苗族、畲族等都有对"狗"灵的崇拜现象，但湘鄂西土家族却视之为邪妖，有"赶毛狗"的被禳仪式。其中除了一些历史因素外，还有善恶标准的差异在起作用。

其次是血缘层次。南方民族通常也根据灵魂与自身血缘关系的远与近来区别灵魂的善与恶。一般来说，与自身血缘关系愈亲密，其灵魂就愈善良，反之则属于恶灵一类。如自己的父母、祖父母的灵魂即善，而非自己的近亲血缘关系的灵魂则非善非恶；敌对部落以及一些非人类的灵魂则多为邪恶之灵（除非它们能给人们带来利益）。在阿昌族人的心中，邪恶的灵魂有毛虫、藤蔓、狮子等的灵魂，善灵则有祖先、谷魂等。侗族人则将"萨乡""萨虽""萨玛""萨天巴""飞山""三蓉""七祖太公"等祖先灵魂视为自己的祖先神灵（即善灵），而将蛇、蛙、"押变鬼"（山中之灵）等视为恶灵。基诺族人也是如此，他们视自己的祖先灵魂为善，而视大青树、血藤、"楚"（死水塘中的水灵）、"阿麦内"（一切作祟的与人无血缘关系的灵魂）为恶灵。

再次是灵魂转换层次。在南方民族的灵魂观念中，对灵魂善恶的认知还存在着这样一个层次，即无论灵魂与人是否具有血缘关系，当人的灵魂转换为亡灵之时，其转换的形式也是决定灵魂善恶的标准之一。也就是说，人的死亡形式决定其灵魂的善恶。在他们看来，正常死亡，如衰老、疾病等，其灵魂多为善灵；而非正常死亡，如年幼夭折、上吊投河、刀砍枪伤、意外事故等，其灵魂多为恶灵。他们认为，人们的正常死亡是自然的，死后的灵魂无怨无悔，故多为善；但非正常死亡的灵魂总是怨气冲天，并时刻企图对人发泄这种怨气，故多作祟害人，成为恶灵。毛南族人在这方面区分得比较精细，在他们的意识中，男子 33 岁、女子 42 岁以上正常死亡者为善灵；灵位牌上有名为善灵，而无名者则为恶灵；婚后生有子女之灵为善，夭折之灵为恶；劳动中死去的灵为善，凶死之灵为恶。只是彝族关于灵魂的善恶转换有一种特殊的解释，他们认为人有两个灵魂，一个叫"衣拉"，依附于人体，保护人身；另一个叫"曲谢"，可使人发财致富。不过人死之后，他的灵魂不在于死亡的形式是否正常，而在于死后有无巫师毕摩举行超度灵魂的法事或法事做得是否地道。在他们看来，毕摩的法事有使灵魂变为善灵的功效，如果不举行法事或法事办得不地道，则无论以何种形式死亡的灵魂都会变为恶灵。

最后是情感层次。灵魂的善与恶，有的也取决于人与灵魂之间的情感联系。这种层次的存在往往与利益层次有关，凡对自己能带来利益的灵魂，人们总对它保持着某种良好的感情。不过，在南方民族的灵魂信仰事象中，也并非全因人与灵魂之间的情感好坏来区分善恶。有些灵魂并没有给人们带来什么利益和好处，人们对其的情感表现也往往是恐惧或惊惶，对于这类性质的灵魂，人们仍然视之为善，并对其进行崇拜与祭祀。原因很简单，人们之所以如此，主要是出于对这类灵魂的敬畏之心，即因

"畏"而生敬。由于灵魂们自身的强大威猛，人们对其除了恐惧外，便无能为力。出于生存发展这一终极目标考虑，人们只好对其表示屈服，示之以敬，以求其欢，如南方民族中对虎、蛇、龙等的普遍崇拜，当属此类。同时，南方民族也因为对某种事物的某方面的特征深为敬佩或羡慕，由此而视之为善灵，如彝族与鄂西土家族对鹰的崇拜，壮族、独龙族、普米族、湖南桑植白族等对巨人的崇拜，傣族人对大象、孔雀的崇拜，土家族、苗族等对凤凰的崇拜等，都可能是由此而形成的。

　　总之，灵魂的善恶性辨识在南方民族中是普遍存在的，但不同的民族出于各自生存发展的目的考虑，具体的区分尺度是各不相同的。不管各民族怎样区分，其价值尺度存在着怎样的差异，其最终目标却始终是同一的，都是为了民族自身的生存与发展。只有牢牢地把握这一基本目标，我们才能真正地理解南方民族纷繁复杂的灵魂观念世界，才能正确地解开其扑朔迷离的疑团。

二　灵魂类型

　　灵魂分类是一项十分复杂的工作，按其形态分，可分成实体灵魂和非实体灵魂；按其伦理观念分，可分成善灵与恶灵；按其内容分，又可分为人的灵魂、物的灵魂、器物的灵魂，等等。在这里，我们主要以灵魂的能量大小和善恶标准为依据对灵魂进行分类。因为在南方民族的原始信仰文化中，灵魂是有其能量的，且其能量还存在着大小之分，人们在日常生活中也常常根据灵魂能量的大小与善恶来决定自己对灵魂该采取何种态度。

　　需要说明的是，南方民族中也有灵魂平等的观念，如云南省西盟一带的佤族就认为人与万物都同出于一源，他们的灵魂本来就无所谓高低贵贱。在佤族创世神话中存在着这样一种普遍的灵魂平等观念，地上原来就存在着人与万物，后来出现了一条大蛇将人及万物全吞进肚里，幸好来了一位天神与大蛇搏斗，制服了大蛇，并令其吐出人和万物，此后，大地上又充满了生机。在这里，人与万物一道被"吞"，又一道被"吐出"，并无贵贱之别。佤族的《司岗里》则说，人与万物都从"葫芦口"中出来，或都从"圣洞"里出来也说明了这一点：人与万物同源，它们的灵魂是平等的。这种灵魂的平等观念是南方民族古老原始的"天人合一"观念的萌芽，也是其古老原始的人生哲学的映射。但一般而言，在大多数南方民族的信仰中，灵魂是有等级之别的。

1. 神灵类型

神灵是灵魂群体中能量最大、地位最尊、最受人们尊崇的灵魂群团，它们是人们生存发展的依赖和期盼。每当人们遇上难以逾越的困难或无法应付的难题时，总是将企盼的目光投向它们，以期能得到帮助，渡过难关。南方民族信仰中的神灵是一个十分庞大而复杂的群体，这里仅按照其功用，将其分为创世神灵、守护神灵、英雄神灵和文化神灵四类。

（1）创世神灵，即那些创造天地、人类、万物的神灵。这类灵魂在南方民族心目中是最为古老原始、施予人类恩惠最多的灵魂群。几乎所有的南方民族都有着本民族的创世者，如壮族的布洛陀，彝族的格兹天神、恩体古兹、黑埃波罗赛，瑶族的密洛陀、盘古，水族的牙巫，普米族的吉赛米，等等。但由于创世神灵太古老，对人们的现实生存价值不大，故虽十分尊崇，却疏于祭祀。

（2）守护神灵，即保护人们健康生存、丰收、发财之类的灵魂群。由于它们与人们的现实生存息息相关，因而人们对此类灵魂划分得十分精细，且让它们各司其职。从大的方面而言，守护神灵一般又分为群体守护神灵、家族守护神灵和个人守护神灵三大类别。如寨神、山神、水神、土地神、谷魂、日月星辰、风雨雷电、火神、妈祖等，属于群体守护神灵群；祖灵、图腾、灶神、六畜神灵、财神、屋檐童子、门神等属于家族守护神灵群；司命、水井、岩石等对个体有护身功用，故属于个人守护神灵群。总之，这类神灵数量繁多，分工复杂，不胜枚举，但群体、家族、个人的守护神灵，往往所享用的祭祀最多，也最隆重。

（3）英雄神灵。英雄神灵与守护神灵之间有一定的差异，英雄神灵也多有守护的功能，常作为守护神灵加以祭祀。但是英雄神灵更突出的特点是他们生前作为本族群中的成员之一曾经存在过；另外，他们生前对群体有功，创造过惊人的业绩，这些业绩一般表现为开疆拓土、守卫家园或为民除害、为国尽忠等。如土家族的"卵玉"曾射落十个太阳，扑灭了旱灾。侗族的吴勉、仫佬族的石览、壮族的侬智高等不堪官僚统治的压迫，率领百姓进行起义斗争，为群众谋取幸福生活。纳西族的美利董主守护部落、建村立寨，并击败恶魔美利术主，给人们带来幸福。正是英雄们的非凡功绩，才使得他们死后被人们奉为部族的神灵，又出于他们生前的超人力量，人们相信在他们死后，其力量将会更大，故而又常常将他们奉为部族的守护神灵，为部族的生存和发展"保驾护航"。

（4）文化神灵，指那些创造和传承本民族文化及推进本民族文化发展的灵魂群。这类灵魂在生前大体上都为社会行业的祖师，也有一些是某方面文化的发明创造者，由于其生前对人们有功，死后其灵魂被人所奉祀。同时，他们还具有部分的守护能量，保佑从事其行业的后人能获得成功，如农神、药神、鲁班、猎神、歌神、巫师祖灵等。对这类灵魂的祭祀，一般以其本行业人员为主，也最为隆重，非行业人员则多不祭祀。

2. 鬼灵类型

鬼灵类型与神灵类型是南方民族灵魂信仰中的两极。不过，需要说明的是，也有一些民族信仰文化中常常神鬼不分，无论其善恶，一律以"鬼"呼之，如苗族就是如此，但在他们的信仰中亦有善鬼与恶鬼之分。就整体而言，鬼在人们信仰中总是"恶"的代名词，也就是说，凡鬼灵都是给人们的生活带来烦恼的灾祸恶灵，人们对其又恐惧又无奈，唯恐避之不及。一旦人们的生存利益受损，就会很自然地归因于鬼灵作祟。对付鬼灵的方法各族亦都有不同的方式，这主要是因为鬼灵的能量有大小之分。对于那些能量巨大而十分凶恶的鬼灵，人们多以祭祀为主，辅以被禳驱逐的巫术仪式；而对于那些能量一般的鬼灵，则采用以巫术惩治为主的方式。具体地说，南方民族信仰文化中的鬼灵群团按其为害的大小可分为灾难鬼灵和邪恶鬼灵两类。

（1）灾难鬼灵。这类鬼灵的能量十分巨大，一旦发起威来，往往会造成巨大的灾难，使整个地区的族群受害，如龙灵、火烟鬼、旱魃等。可以说，自然界的一切大灾大难在南方民族中都有其鬼灵作怪。如侗族与苗族就曾认为雷不仅让人恐惧，而且还是人类史前大洪水的发起者，结果导致整个人类几乎绝灭。傣族人则认为水灾是因为人们杀死了龙女的丈夫，激怒了龙女，才将傣家村寨变成一片汪洋。火烟鬼有火神与火鬼之分，土家族人心中的火烟鬼，其形如鸦，言说这种鬼灵总是衔着火飞落于人的茅屋之上，用翅膀扇之，焚毁茅屋村寨；又言其形似人，头发如鸡窝，常住人家，火灾前喜欢清理家中器物，一旦清理完毕，即行火灾。有关旱魃的信仰则多见于南方汉族群众中。言旱魃之形如兽，每至一地，则天旱数月，庄稼焦枯。唯傣族信仰中旱灾是火神七兄弟在创世大神的差遣下发威所致，这七兄弟原是七个火球，喷出烈焰后，能将大地烧焦，海水烧干，还可以烧毁宇宙万物；又说这七兄弟为七个太阳。无论是龙女也好，太阳也罢，一旦给人类带来了巨大灾难，它们的神格也就发生了变异，一律成为凶恶的灾难鬼灵，就会受到人们的咒骂。

南方民族甚至还认为社会灾难，尤其是战争灾难也与恶灵有关，尽管它们并没有直接给人们带来战争之灾，但却能引起战争，至少也可以预示战乱，这种灾难之灵就是天上的"扫帚星"（彗星）和"蚩尤旗"。人们认为，天空中若有扫帚星出现，则意味着人间将不可避免地要出现兵刃之灾。"蚩尤旗"实际上是云之异形，其色呈黑色或黄色，相传一旦出现，人间亦会起战争之祸。

（2）邪恶鬼灵。这类鬼灵的能量较灾难之灵要小，但却因其种类繁多、无处不在，所造成的灾祸实际上比灾难之灵更多。而且这类鬼灵直接对个体成员降灾，因而人们对它们更加畏惧。这类鬼灵一般包括疾病瘟疫、意外伤害、幼儿夭折、家事不顺、怪异事象等。凡是给人们带来不利的，人们一律认为是这类鬼灵作祟所致。

独龙族称这类鬼灵为"布兰"。布兰的种类很多，有"几布兰"（崖鬼）、"木龙布兰"（路鬼）、"格木布兰"（头疼鬼）、"瑞布兰"（麻风鬼），等等。据说几布兰居于山崖、洞穴及丛林中，对人畜的危害最大，独龙族人对其也最为畏惧。哈尼族人将邪鬼所居之地称为"常"，居于村寨或附近区域的叫"里常"，居于村外山林者叫"外常"。外常的邪鬼性格凶猛暴戾，而且十分众多，仅在礼社江以南、藤条江两岸的狭窄地区，就有百余个"常"，居住着无数的鬼灵。哈尼族人对其十分害怕，平日不敢迈进"外常"之地，人们必须小心谨慎，不敢高声笑语，否则自己的灵魂就会被其捉去。

在中国台湾高山族人那里，大多还没有对灵魂的善恶加以区分，如阿美人的"嘎瓦斯"，泰雅人的"洛多赫"，排湾人的"朱玛斯"等，都是善恶未分，亦善亦恶的灵魂，它们为善为恶，常在于一念之间。一般而言，居住于野外丛林之间的灵魂多作恶，而居住于祖灵附近的则多为善。但在泰雅人的信仰中，峰峦叠嶂、林木蓊郁的大霸尖山巅、深谷之间，却是善灵居住的"灵魂的乐园"。

一般来说，除了"灾难鬼灵"外，南方民族的鬼灵信仰大多与人有关，即鬼灵大多数是人死以后的灵魂，由于得不到正常的超度或非正常死亡而转化成"恶鬼"的，因此在他们看来，这些灵魂出于对自己死亡形式的不甘心，或没有被超度的愤恨，总是想发泄心中的怨恨，报复不给自己超度的活人，于是便经常制造邪恶。故而，这一类的鬼灵群团总是一种邪恶的群团，是人们生存的一股巨大的威胁力量。

3. 精灵类型

精灵概念主要指那些自然物的灵魂中能量较大、能为祸于人或造福于人的灵魂。南方民族认为，自然万物的灵魂并非都能对人类施以影响，只有那些生存年代比较古远的自然物灵魂才会具有这种特殊的能量。同时，在这种精灵世界里，那些有能量的精灵亦有善有恶，为善者多谓之为神为仙，作恶者则谓之为妖为怪。不过，在南方民族的信仰文化中，妖、精、鬼、怪有时纠缠在一起，很难严格地辨别开来。

（1）仙灵。这类灵魂多存在于民间口传文学中，而在现实生活中，人们对它们的崇拜与祭祀较为少见。尽管传说它们给人们带来了种种好处，帮助人们克服困难、战胜恶势力、获取幸福等，但由于只在幻想性民间故事中出现，我们只能将其视为人们对生活中某些愿望的一种理想式表达。如傣族《召树屯和兰吾罗娜》中的孔雀仙子，哈尼族《天鹅女》中的天鹅姑娘，佤族《岩夏与龙女》中的龙女，拉祜族《亚珠西与左亚米》中的鱼姑娘左亚米，纳西族《绿松石戒指》中的神马，等等①，都属于此类。总之，所有的仙灵都属于善灵，虽然专门的祭祀不多，但也经常被巫师邀请，降临祭祀场所，享受人们的祭祀。

（2）魔灵。魔灵属于邪恶的精灵，它们的能量一般都比较大，有的甚至能给一个族群带来灾祸。魔灵同前所述的仙灵一样，也只是出现于民间口传文学之中，而在现实生活为非作歹的多为妖精或精怪。但魔与妖一般也难区分，在生活中往往有妖、魔并举的现象。如果我们硬要将其加以区分，还是能够发现其不同之处的。譬如说，魔灵食人，而且食人如麻，白骨如山；妖灵虽也食人，但一般只食具体个别的人。另外，魔灵的能量通常十分巨大，可以锁住日月、移山填海，弄得天地间阴阳颠倒，鸡犬不

---

① 贺学君等编：《中国民间爱情故事》，中国广播影视出版社1996年版，第376—391、412—415、416—419、420—427、428—433页。

宁；而妖的能量则相应较小一些，仅以祸害个人或家庭为限，如某某人被妖精所缠，神志不清，做出不同寻常的事情等，但却无法影响人类生存的自然环境。如壮族中有一种叫"聚"的魔，其形红冠蛇体，犯之会使人畜病死，还会降下水旱大灾。布朗族传说中的"若拉"，人头蛇身，主要操纵山洪暴发，危害人类。纳西族《东巴经》中记载的这类恶魔不少，有美利术主、依古丁那、更饶茨姆、美汝柯西柯洛、米麻生登、左那里赤等，都是能量颇大的恶魔。

（3）妖灵。凡自然万物的生长，只要其超出常规，显得不寻常时，都容易被人们视为妖。妖是危害人类的邪恶精灵，在民间信仰中，一般是将人死后之灵称为鬼，而称自然之恶灵为妖。妖灵对人们的伤害大约可分为三类：一是摄人魂魄，使人致病。这类妖灵在民间信仰中十分普遍，一般所言之妖，大都属于此类，如基诺族人传言的血藤树鬼、大青树鬼，傈僳族崇信的鸟妖"固姑"，虫妖"马牙"，草妖"尼知送"，都是以摄人魂魄使人致病的妖灵。二是吸人精血，使人衰弱。这类妖灵多能变化为俊男美女，诱人上当，一旦被此种妖灵缠上，常常迷不知返，最后体虚而死。湘西土家族、苗族对此类妖灵的传说颇多，多为草妖木魅，亦有各类动物之灵为害者。三是以食人为生的妖灵。相传这种妖灵十分凶狠残暴，大多为毒蛇猛兽之精灵幻变而成，如流传于鄂西、湘西一带的熊妖、虎妖、狼妖、蛇妖等，皆属此类。除此之外，还有广泛流传于南楚之地的木客山魈以及人人谈之色变的金蚕蛊灵及其他蛊灵等妖灵，其危害人类的方式又有差异。总之，在我国南方民族的信仰文化中，仍然还保留着较为浓厚的原始精灵崇拜的习俗，各种各样的山精洞灵无处不有，几乎到了眼见之物，皆可以为妖的地步，从而构成了又一个奇异诡谲的神秘世界。

三 灵魂的时空

人死后是否还存在？存在于何处？存在的时间有无止境？其存在的形式如何？对上述诸问题的回答是南方民族灵魂信仰文化的又一重要内涵，也只有回答了上述基本问题，灵魂信仰才能真正地建立起来。由于南方民族族类繁多，其生存的环境条件、传统文化及其思维方式又各不相同，因而他们的答案也各不相同。在我们看来，上述问题的答案实际上是指向灵魂的时空观念这一核心，也表现了南方民族对彼岸世界的一种终极关怀。

从笔者调查研究所获得的大量资料来看，南方民族关于灵魂的时空观念大略可作如下概括。

1. 另类空间

人死之后，其灵魂是否依然存在？南方民族认为，人死去的只是他的肉体，其灵魂则仍然活着，像他生前一样。灵魂永远不会衰老，生前所遭受的种种痛苦、疾病、烦恼，将随着其肉体的死去而被全部抛掷净尽，灵魂便成了无忧无虑、活泼洒脱的一种存在。不过，也有灵魂依然生活在愁云惨雾之中，而且其生存更加痛苦悲惨。决定灵魂生存快乐与否的关键在于其生前的善恶德行及死亡的形式，为善者即快乐幸福，为恶者则加倍痛苦。正常死亡者为善，即幸福；非正常死亡者为恶，即痛苦。

既然灵魂永存，那么灵魂存于何处？大多数南方民族都认为，灵魂存在于另类空间，即彼岸世界。在这一世界里，其居民都是本族的祖先灵魂群体，也就是说，"认祖归宗"是灵魂存在空间的主要路标。当人正常死亡后，其灵魂将踏上自己历代祖先们已走过的道路，走向祖先灵魂居住的故地，并与祖先们永远在一起。一般来说，另类空间与人间都隔着一段遥远的距离，其中有高山、大河、深谷，须经过长时间的艰难跋涉方可抵达。不过，"另类空间"并不等同于佛教的地狱。在"另类空间"里，没有牛头马面、青面鬼卒，没有刀山剑树、阴风惨惨，所有的只是祖先们慈祥的笑颜与平静幸福的生活。

在贵州织金县苗族灵魂信仰中，灵魂归属地"另类空间"就是如此。在他们的丧葬文化中，亡者必备一双布鞋，一双草鞋，小腿上须扎上长一丈二尺、宽五寸的白棉布裹脚，系腰带一条，还得带上钱袋粮袋，挎上弓弩，并备有"神马"（两株笔直的幼树）一匹。这身衣着打扮，实际上就是一个长途旅行者的装束，它意味着灵魂将进行一次艰难的长途跋涉，前往其祖先灵魂生存的故地。在他们的《丧葬歌·指路》中，对灵魂的行进路线有一番细致的描述：灵魂骑上"神马"，过了灰堆，走过耶老粗院和耶布得院，经过斯玛羊寨，爬上鸡翅坡，翻过北果垭口，走过枫香树，涉过洗路河，再渡过"波涛滚滚，骇浪翻卷"的火得翁江。接着须越过凉山岭、银坡、金坡，再渡过当得老巴河，弯过九弯沙坝，九个黑冲，十个黑洼。继而得走过"苏沙"毛虫遍地的青虫冲，九个黑箐，十个黑岭和"狼叫虎嚎，雀叫鸟哀啼"的阴惨惨的"冷冲"，再翻过"雾霭沉沉"的戛扭斯客山。经过戛扭坝垭口后，还得走过戛扭独桥，翻过戛扭桥白岩，渡过戛扭染靛湖，戛扭河，再翻越戛扭雪山，爬过九十九道天梯，走过七十七步吊梯，便来到了天门前。然后再穿过天门，去"耶布柯"院，耶老错院，避开天狗和虎豹，就会走到望乡台。于是便可走过彝汉营寨，到达苗家城。但苗家城中居住的不是灵魂的祖先们，因此还得继续向前走。过荫坝、桦竹坝、蒿芝坝，这里才是祖先灵魂居住的地方。①

> 那是祖婆住的地方，
> 是祖公安生的地方，
> 祖婆在祖婆一方，
> 祖公在祖公一处，
> 祖婆念你，
> 你揪她的裙脚；
> 祖公念你，
> 你揪住他的衣角。
> 你是鬼你去得，
> 你随着祖先，
> 转到日月落的地方。
> 你去得，
> 和祖先转向西方。
> 云遮雾障，
> 你前面去，
> 我是凡人，
> 我去不得，
> 从此转回家。
> 天边窟窿手指大，
> 天上窟窿脚趾粗，
> 你能去也要去，
> 不能去也得去，

---

① 织金县民族事务委员会编：《苗族丧祭》，贵州民族出版社 1991 年版，第 17—42 页。

去那天昏地暗的地方，

才享有房屋地产。①

　　对灵魂存在的另类空间的认识，南方民族大致上是相似的，即灵魂在肉体死亡后，总是得爬过山山水水，经过漫长的旅途，走向祖先灵魂的聚居地，只是各民族对这一另类空间的命名各有不同罢了。基诺族人称之为"祖先寨"，傣族人称之为"灵魂的乐园"，侗族人又称之为"雁鹅村"。至于这种另类空间具体所处的方位则多与本民族迁徙路线相关，往往需要逆民族历史迁徙路线而上。如云南景颇族在丧葬仪式"芒拾办"中，"送魂"路线则按各姓氏家族的南迁路线而北上，一直送到祖先的北方故乡地。侗族的丧葬仪式中也同样按其祖先的来路逆行，一直将灵魂送至祖先聚居地"雁鹅村"。

　　这种灵魂回归的路程十分遥远，所到达的"另类空间"缥缈不定（尽管贵州省织金县苗族丧葬歌中有许多灵魂返祖路途中的一系列地名，但是这些地名在今天已经有许多都无法辨识，仅仅成了标识灵魂回归之路的一种"路标"），其实都暗示这样一个事实，即人们对灵魂怀有某种恐惧感。"原始人对死人远比活人怕得多，他们对于看不见的，但是常常存在的灵魂总是处于经常的恐怖之中。"② 他们相信死者的灵魂存在也是自己生存灾难的一种源头，虽然大多数死者都是正常性死亡，而且与自身都有血缘关系，但人们仍然相信死者的灵魂对人们的生存，仍然是一种潜在的威胁。在这种思想观念中，便出现了灵魂存在的"另类空间"与人类存在的空间两者间的距离愈来愈远的心理事实。同时，这种距离间隔愈大，人们就会觉得自身的生存愈安全。从另一角度来看，人们让灵魂逆古时迁徙之路线而回溯，最终归于祖先聚居地的信仰，也包含着一种"慎终追远"、缅怀祖先的情感。在他们看来，祖先聚居地是灵魂的最佳归宿地，灵魂不远千里万里，最终与祖先们团聚，其乐融融，自然也就不会给活着的人们制造痛苦和灾难。

　　2. 另类时间

　　由于灵魂所属空间的异类性，因而灵魂的存在时间也与人类世界不

---

　　① 织金县民族事务委员会编：《苗族丧祭》，贵州民族出版社1991年版，第42—45页。

　　② ［法］拉法格：《思想起源论》，王子野译，生活·读书·新知三联书店1963年版，第129页。

同。这种不同，并非是"洞中方七日，世上已千年"的那种心理时间上的相异，而是全然的不同。

　　灵魂的另类时间最突出的一个特点是时间的遗忘，即时间对于灵魂而言，已经不存在。当然，这种遗忘性的不存在，也不是事实上的不存在，而是一种感觉中的不存在。换句话说，灵魂们很少能感觉到时间的运动，对于灵魂的存在而言，时间已失去了本身的价值和意义，因而被灵魂们所遗忘，导致灵魂对时间遗忘的原因主要是因为灵魂的生活十分幸福快乐。如傣族人相信，人的灵魂最终会归于"灵魂的乐园"，在那里他将同祖先们一起无忧无虑地生活。彝族人则认为灵魂到了祖先故地后，用那里水塘里的水洗脸、洗头和洗身，白发将变成青丝，老人将变成青年，并从此开始崭新的生活。① 而在白族支系那玛人的概念中，其祖先居住地"木容西"也是一个乐园：有水牛、黄牛耕地，有男人女人开金采银，有蜂蜜从天空滴下，有莽莽的原始森林，有千鸟万雀的唱歌，不做活计也吃不完、穿不尽，日子非常幸福美满。② 苗族人的祖先故地叫"党杆者略"，意为"笙场鼓屋"；又叫"欧也孔"，即建在半山上的大房子。灵魂到了那里，不用干活，每天跳芦笙舞，看热闹，还可以在那里"游方"，交异性朋友，③ 天天欢乐，无忧无虑。因此，在南方民族的丧葬仪式和丧葬歌中，几乎都没有提到灵魂生活中的时间观念。

　　还有一个特点是时间的永恒性。肉体易朽，灵魂长存。在南方大多数民族的灵魂观念中，一般都认为灵魂是不死的，无论沧海桑田，灵魂依然常在。因此在南方民族的日常祭祀中，总有"历代祖先"在祭。海南番阳地区黎族杞群人关于灵魂不灭的观念有一定的特殊性，他们称人的灵魂为"祖先鬼"，并对其十分害怕。在他们的意识中，"祖先鬼的魔力不小，越是远代始祖，魔力越大，其次便算到二世祖、三世祖的'祖先鬼'魔力；若是人们有病，请巫师来家中查鬼。若巫师说：'乃祖先鬼在作祟'，那便是意味着大难临头。……平常，人们在家里既不设祖先的灵位，也不以任

---

　　① 参见云南路南彝族经典《指路经·送魂》，罗希吾戈译，载《彝文文献译丛》第 2 辑，云南社科院楚雄彝族文化研究室，1982 年。

　　② 段寿桃：《迎祖节》，《山茶》1994 年第 5 期。

　　③ 袁定基、刘德昌：《苗族丧葬礼的文化意义》，载杨明等主编《中国南方少数民族哲学思想研究》，四川大学出版社 1992 年版。

何标志作为祖先鬼的鬼魂所在，总之认为这种鬼魂游荡于空间，一呼其名字，立刻会前来作孽，若碰上它，也会带来不幸。"①

相对于黎族这种时间越久，"魔力"越大的灵魂不灭观而言，土家族的灵魂观念刚好与之相左。土家族人也相信灵魂不灭，但只承认灵魂存在形式的不灭，但它的能量并非越来越大，而是越来越小，直至其能量最后会微弱到可忽略不计。他们认为："人无三十年大运，鬼无四十年毫光。"这种认识可视为南方民族关于灵魂存在的时间观念方面的另一种代表性看法。

当然，南方民族中也有个别民族认为灵魂也会"死"，不是永恒的。在独龙族人的观念中，人有两个灵魂："卜拉""阿细"。人死后，"卜拉"随之死亡，而另一个灵魂"阿细"返归祖先故地"阿细默里"。不过，"阿细"的生存期与一个人的生存期相等，时限一到，"阿细"便变成蝴蝶，飞到人间，靠采食花蜜和露水生活。这种蝴蝶同其他蝴蝶一样也会死，等到"阿细"变的蝴蝶死后，人的灵魂就将不再存在了。②

与独龙族人这种灵魂化蝶的信仰相似的是厄瓜多尔东部的希瓦罗人灵魂观念，希瓦罗人也相信，人的灵魂在经过灵魂阶段、鬼怪阶段后，会变成"瓦姆潘"，即一种大飞蛾，只是这种大飞蛾在死后，灵魂仍然存在。"经过了一段希瓦罗人弄不清有多长的时间，大飞蛾在一阵暴风雨中终于受重伤，它摔落到地上死去了。这时真实的灵魂变成水汽消失在雨雾之中。一切雾和云都被认为是真实的灵魂最后变的形态。此后它不再变了，永远停留在雾的形态之中。"③

灵魂存在的时间永恒性观念（撇开个别民族的"灵魂死亡"观念不谈），在全人类的原始信仰文化中是一种普遍性存在。英国著名人类学家泰勒就曾这样说过："原始社会的哲学观点认为，灵魂可以断定是一种轻飘的活着的东西。这种概念是一种原始概念，并导致了关于无形不死的灵魂的先验论，这种理论是文明民族宗教的一个组成部分。……对此有利的令人信服的理由，就是蒙昧人的最简单的经验：他的朋友或敌人死了，虽

---

① 吕大吉等主编：《中国各民族原始宗教资料集成·黎族卷》，中国社会科学出版社1998年版，第696页。

② 参见马昌仪《中国灵魂信仰》，上海文艺出版社1998年版，第127页。

③ ［美］迈克·哈纳：《希瓦罗人：神圣瀑布的民族》，转引自［美］马文·哈里斯《文化人类学》，李培茱等译，东方出版社1988年版，第301页。

然如此，他在梦中或醒时见到死者的幽灵，这个幽灵使他悟出这是真正客观的人，相貌也完全相像。"① 今天在我们看来，灵魂时间的永恒性与其空间的另类性，其实都是基于其根本目的——生存需要而逐渐形成的。就人类本身而言，死亡是一种令人恐惧而又无法回避的问题（原始人类也是如此），由此而生成的内在恐惧一直伴随着人类社会历史的全过程。消除这种对死亡的恐惧感的唯一方法，就是灵魂存在时间的无限延续。这样，人们就可以在死亡面前获得一种精神的支撑，既然灵魂是一种永恒的存在，死去的只是人的肉体，那么死亡于人来说，其恐惧成分就大为降低，人类也就在这一精神领域内获得了某种心灵的慰藉。

3. 灵魂时空的转换形式：生死循环观念

时空的转换，生死的轮回，这是原始灵魂信仰文化的一大跃进，是信仰后期的产物，从某种意义上说，也是灵魂存在时间永恒性的一种转换形式，一种在内容上更合人意的补充。尤其当佛教进入中国以后，灵魂的生死轮回观念在南方民族居住区域得到了广泛的传播。在佛教轮回观念的影响下，人们认为，死后的灵魂只要有其后代，并属于正常死亡，而且生前多做善事，那么就可以重新投生为人。其生前所做的善事越大、越多者，就越有机会投生于富贵之家，一生幸福安乐，甚至还可以升入天堂，成为神仙圣人。相反，若是非正常死亡者，灵魂将化为厉鬼，终生游荡，不得超生。若死者无后代，其灵魂则会因得不到祭祀而成为饿鬼游魂，很难顺利超生。至于那些生前作恶多端的灵魂，则根据其生前的罪孽轻重，或投生为猪狗牛羊，或投生为昆虫蝼蚁，或堕入地狱，经受残酷的刑罚，终生在血和泪中苦捱岁月。

这种灵魂的生死轮回观念，从某种意义上看，完成了灵魂生存的另类时空与人间生存时空的组接，更由于其间增加了善恶价值评判标准，使得这种灵魂信仰文化具有了社会伦理道德色彩。强调灵魂的生死轮回，解决了灵魂不死论中灵魂的居处会日益狭窄的尴尬，能给人们的生活带来一缕希望之光，起到了强化生存耐性的作用。同时也部分地满足了人们生存发展的需要，因此在南方民族信仰中，这种灵魂轮回观念逐渐被普及。

———————————

① ［英］爱德华·泰勒：《原始文化——神话、哲学、宗教、语言、艺术和习俗发展之研究》，连树声译，上海文艺出版社1992年版，第504—505页。

据徐益棠先生《雷波小凉山之罗民》中的调查材料，彝族相信人都有三个灵魂，这三个灵魂分别具有职守和各自的功能："（一）守住坟墓。（二）浪游世界。以上二魂均不入阴间。（三）投生地方。此魂则由鬼带入阴间，以备投生。"① 另外，彝族在其丧葬仪式中要请巫师给亡灵念《脱生经》——"最后还要念脱生经，告诉亡魂，不要去脱生成虎、豹、老熊等野兽，也不要脱生成虫、鱼之类，不要脱生成家畜。要变就变成猫，官家可以住，百姓家可以住，没有人拿箭射他，也没有人把他拉来驮，也没有人杀他吃。祭祀也不会杀他去祭。"②

壮族也相信人死之后，灵魂可以投胎转世，同时也相信灵魂在投胎转世的过程中存在着多种可能性，既可以投胎为人，也可以投为兽、为虫，而且灵魂的投胎结果，其家人可以获得某些相应的信息。"广西柳城县壮族，人死下葬后，于家里的堂屋安置灵魂归来的一间纸扎'灵屋'。在第六天晚上，于'灵屋'前的桌面，地上撒一层草灰，第七天早上看灰是什么印子，如果是梅花脚印，说明死者的第一个灵魂投胎变狗或猫了。如果灰上的印子是人脚印，说明灵魂投胎变人了。"③

土家族对灵魂的生死轮回更是深信不疑。他们不但相信灵魂会投胎转世，而且相信转世的结果取决于灵魂在转世时所走的路径。当然，其前提条件是生前的善恶功罪，不过纵使是一生行善的人，如果因"走错"了转世的路径，也有轮回为虫、兽之虑。同时，走对了路，只能保证其投胎为人，却不能保证他成为幸福的人。他的未来人生的幸福，取决于灵魂在转世时走的是哪一类型的"桥"。这一点在其《丧葬歌》中有所叙述，当亡灵穿过阴间，准备投生之时，巫师会及时地指点：

> 来到坪场举目望，转轮大车挡坪场。这架大车古怪样，把子都有几丈长。两个狱厮把车纺，大车一纺有名堂。下的下来上的上，来来往往忙又忙。车内有黑又有亮，亮的投生变原装。进车还是人形样，

①　徐益棠：《雷波小凉山之罗民》，金陵大学中国文化研究所 1944 年 4 月，第 71—72 页。

②　吕大吉等主编：《中国各民族原始宗教资料集成·彝族卷》，中国社会科学出版社 1996 年版，第 161 页。

③　吕大吉等主编：《中国各民族原始宗教资料集成·壮族卷》，中国社会科学出版社 1998 年版，第 488 页。

出去有的变猪羊。劝亡走黑莫走亮，亮的长毛投山岗。车内六道门户敞，有山有水有桥梁。先把金桥讲一讲，金瓦金柱金屋梁。灵魂若把金桥上，极乐世界享安康。二道银桥讲一讲，银瓦银柱银屋梁。灵魂若把银桥上，投生阳间是帝王。三道铜桥铜墩上，铜瓦铜柱铜屋梁。灵魂若把铜桥上，陪伴王驾在朝堂。四道铁桥铁墩上，铁瓦铁柱铁屋梁。灵魂若把铁桥上，事农工商投在阳。五道锡桥锡墩上，锡瓦锡柱锡屋梁。灵魂若把锡桥上，讨米叫化投街坊。六道石桥石墩上，玉石栏杆放毫光，灵魂若把石桥上，鳏寡孤独投在阳。[①]

这是一种十分惊险的灵魂转世历程，其中既有欺诈，也有坦然，那亮与黑的灵魂转世的出口，还有那金银铜铁锡石六种质地各异的桥梁，只需一步走错，则再难有改过的机会。从另一角度来看，土家族人这种别致的转世观念也表明，人间的帝王将相、富贵荣华也无什么了不起，只不过是在转世历程中，"运气"稍好一些罢了。若是人间的农工商人、乞丐、鳏寡孤独者们在其前生所经历的转世过程中，稍加注意，把握好眼前的机会，说不定也就成了帝王将相，到那时，谁为富贵谁为贫困，倒真还说不定呢。总之，这种丧葬歌也显示出土家族人注重人生机遇、追求社会平等的现实主义精神。

第二节　灵魂的社会功能

灵魂观念是全人类普遍存在的一种思想观念，几千年来，有不少先驱曾对此扬起了理性之剑，尤其是在科学昌明的今天，科学的浪潮正不断地冲刷着人类的大脑，然而灵魂观念这一原始古老的信仰城堡却依然屹立于科学与理性的潮头，并未呈现出坍塌崩裂的颓势，仍然有相当多的人坚信灵魂的存在。何以灵魂观念能在相当多的人心目中根深蒂固，甚至在科学面前，也难以磨去其印痕呢？究其原因则是灵魂观念对于人类而言，至今仍发挥着相当独特的作用，而且这种作用至少是目前的科学所无法给予，也无法加以替代的。

---

① 刘黎光主编：《湘西歌谣大观》（上册），湖南文艺出版社1990年版，第422页。

一　灵魂的抚慰功能

假设有一个小孩身上长了一个脓疮，红肿发亮，疼痛难忍，这时他的祖父走过来，用一双慈祥而温暖的大手轻轻地抚摸着他，并告诉他，这脓疮很快就会痊愈，疼痛也很快就会过去，也许就在睡过一夜之后，脓疮就没事了。祖父一边说，一边向脓疮处轻轻地吹气，一缕带着亲情的凉风拂过，他这时会觉得疼痛真的减轻了许多，这就是"抚慰"。抚慰固然不能解决难题，也不能根治疾病，但却能使患者获得某些心理上的安慰，并可以减轻其心理上的痛苦。对于人类的生存焦虑而言，灵魂观念也同样具有这种抚慰功能，它同样也可以降低人们的痛苦感，并增强其生存的信心和勇气。

1. 痛苦中微笑的灵魂

对于原始社会中的古代人类而言，人生的苦痛实在太多。部落之间的流血冲突，沉重的等级制度压迫，再加上自然界的水涝旱灾、疾病瘟疫、毒虫猛兽以及高山陡岭、急流险滩，人的力量在这些灾害面前显得那样的渺小和卑弱，如同一枝风中的芦苇，随时都有着被摧折的危险。英国哲学家休谟在其《自然宗教对话录》中就曾这样描述过人生的苦痛："整个地球都是罪恶的、污秽的。在一切生物之间进行着一个永久的战争。需要、饥饿、贫乏，刺激那些强壮和勇猛者；畏惧、忧愁、恐怖，激动那些懦弱和衰颓者。出生一事就给予新生婴儿及其可怜的母亲以极大的痛苦；一生之中每一阶段都伴有虚弱、衰败和不幸；最后则在苦恼与恐怖之中结束了生命。""强的劫掠弱的，并使它们陷在永远的畏惧与懊丧之中。弱的也常常倒回来劫掠强的，并且毫不放松的来打扰和困恼它们。看一下那些无数的昆虫类，它们或者滋生在每个动物的身上，或者飞来飞去用它们的螫刺刺入动物的身上。比这些昆虫更小的昆虫又来折磨它们。所以在前、后、上、下每一方面，每个动物都为那随时想侵害和毁灭它的敌人们所包围。"①

这种自然界的生存竞争确实是十分残酷的，每种生物都必须在残酷的竞争中接受自然界严峻的考验和选择。人类除了要经受自然界的生存考

---

① ［英］休谟：《自然宗教对话录》，陈修斋等译，商务印书馆1996年版，第63—64页。

验，还得接受人类社会本身的严格淘汰，纵使人类文明进入封建时期，也同样得经历这种人为的惨痛。常璩在《华阳国志》中就曾对板楯蛮人的社会生活惨状做过这样的记载：

> ……长吏乡亭，更赋至重，仆役过于奴婢，筆楚降于囚虏，至乃嫁妻卖子，或自颈割，陈冤州郡，牧守不理；去阙廷遥远，不能自闻。含怨呼天，叩心穷谷，愁于赋役，困乎刑酷，邑域相聚，以致叛戾，非有深谋至计，僭号不轨。①

遭受这种生存痛苦的并非只有板楯蛮人，在遥远的古代社会中，任何一个民族、部族无不处于水深火热、生灵涂炭的悲惨境况中。如贵州水西彝族百姓就是如此，明朝弘治年间，贵州水西马湖土知府安鳌"性残忍，暴虐其民，计口赋钱，岁得银以万计，土人有美妇女，多淫之。……土人前后遭鳌杀害者，无虑数百人"②。明弘治、正德年间，水西土司贵州宣慰使安贵荣应调从征，"所过村落杀掠无噍类者"③。万历年间，邛部长官司所属黑彝膩乃头人撒假"日夜与雷坡（波）杨九乍之属，戕我人民"④。"岁帅众出没荣丁、赖固间，剔孕烹婴，填肉盈玩。"⑤ 这一页页带血的历史，至今读来仍让人毛骨悚然。

面对这么多的苦痛，从人类诞生开始，就成为无法逃避的难题，即人们对生存状态怀有深深的不满，也对死亡怀有深深的恐惧。出于生存发展这一人类最基本需要的考虑，在苦痛的生存中，人类仍然顽强地选择了"生存"。没有一个坚强的人会因为生存的苦痛而随随便便地去追求死亡、向往毁灭。对于生存的苦痛而言，死亡更让人类感到恐惧。他们知道生存是痛苦的，但较之死亡而言，这种痛苦仍然是可以忍受的。因为人类会想尽一切办法来减轻生存的苦痛，哪怕只能在心理上获得减轻，也是不错的。于是，在生存苦痛的超负荷压力下，原始人类不得不试图借助自身的

---

① （晋）常璩：《华阳国志·巴志》，巴蜀书社1984年版，第53页。
② 《明实录·弘治实录》卷103，第11—12页。
③ （明）郭子章：《黔记》卷56。
④ （清）毛奇龄：《蛮司合志》卷6。
⑤ （明）邓子章：《西南三征记》，引自清嘉庆年间《四川通志·武备志》卷95。

想象，去寻求一种虚幻的现实。

在灵魂观念的影响下，人们日渐相信，自然万物都是有灵魂依托的物质。同时，人类又从自身情感经验出发，相信那些"有灵"的自然物也同人类一样，具有喜怒哀乐、七情六欲，有需求时的心理紧张，有满足时的轻松愉悦。相信自己只要满足这些灵物的需要，博取它们的青睐，就对人类的生存发展有好处，至少它可以减少自然生存竞争的残酷程度（尽管只是主观心理上的一种"减轻"）。

因此，当部落缺乏食物，准备狩猎之前，他们总是要先让管辖野兽的山神获得满足。在他们看来，只要山神获得满足，就一定会帮助人们捕获到更多的野兽。一旦这一次真的如愿以偿，那么他们势必会更加相信山神的威力，并加倍崇拜它。纵使这次打猎所获不多，他们也会带着对神灵的一种感激的心情以示"谢意"。长此以往，"灵魂观念"就会越来越深刻地生长于其脑意识中。哪怕是今后空手而归，在饥饿的折磨下，人们往往会从另一个角度进行"反思"：山神是绝对没错的，错的是我们自己，也许是我们没有真的满足山神的需要，或者是在某些环节上得罪了山神，致使它生了气，所以我们就该挨饿。这样"反思"一番后，"神灵"（山神）的地位反倒更加巩固、更加高大起来。同时，也正是在这种类似的一次又一次的"反思"的过程中，生存的现实性被一点点淡化，而虚幻的"灵魂"的现实性则日渐强化，终于导致了人类意识的颠覆，"宗教把人的本质变成了幻想的现实性，因为人的本质没有真实的现实性"①。

灵魂观念在这里有一种类似于机器润滑剂的作用，它避免了机器部件之间那种生硬的摩擦。具体来说，它使得人类所感受到的生存痛苦发生了一种心理上的转换，即将自己的痛苦转移到它物身上。人类之所以挨饿，没有捕到或捕到不多的野兽是因为没有使神灵满足，同样，人类之所以遭灾受难、疾病痛苦，是因为无意间得罪了相关神灵，才应该受到这样的"惩罚"。这样，在没有原因的地方人们找到了原因，在没有情感的地方人们找到了情感。既然如此，只要他们让神灵获得真正的满足，让神灵息怒、改嗔为喜，那么明天他们就可以获得更多的食物或获得一种安宁幸福

---

① ［德］马克思：《〈黑格尔法哲学批判〉导言》，《马克思恩格斯选集》第1卷，人民出版社1972年版，第1页。

的生活了。正因为如此，人们眼下所感受到的饥饿痛苦便会在这样的心灵抚慰中得到减轻，因为他们在做这样的"反思"之时，他们的痛苦已悄悄地转移到对"神灵"的一种期待之中。而"明天"以后，还有无数个明天，因而这种期待便会在生活中的一次次挫折中被无限地延长下去。

马克思指出："宗教里的苦难既是现实的苦难的表现，又是对这种现实的苦难的抗议。宗教是被压迫生灵的叹息，是无情世界的感情，正像它是没有精神的制度的精神一样。宗教是人民的鸦片。"① 在此，马克思所说的"宗教是人民的鸦片"，并不是把鸦片作为毒品来看待，而是将其作为一种能给人们一种虚幻的幸福感和慰藉感的心灵良药来看待。有了它，人们可以将自己在现实生活中所承受的种种苦痛转换为一种对消除痛苦、获得幸福的恒常期待，同时还可以将苦痛暂时地移植到它物中去，如同那位生了脓疮的孩子一样，心里就会相信自己所承受的苦痛是暂时的，"只要我……就会……"，这种主观幻想的逻辑框架在其心理上已取代了现实的苦痛，于是，孩子在苦痛中发出微笑，"灵魂"也在苦痛中发出更加灿烂的微笑。

2. 焦虑中轻歌的灵魂

"西边的太阳快要落山了，微山湖畔静悄悄。弹起我心爱的土琵琶，唱起那动人的歌谣。"这是一首在 20 世纪 60 年代唱遍中国大江南北的电影《铁道游击队》中的歌曲，如果我们将它视为一支化解人类生存焦虑的心灵之歌，恐怕也不算太牵强附会吧？

当人类生命的太阳即将沉落时，一切人世的喧嚣嘈杂自将会离他越来越远，在他的生命弥留之际，一切都会显得那样的肃穆与静默。然而在内心中，生存的欲望和对死亡的恐惧却不断地折磨着他，外界的寂静也无法使他从这种生存的焦虑中解脱出来。这时，如果从其心灵中升起一缕袅袅的"琵琶"声，尽管这缕"动人的歌谣"并非洪钟大吕，但只要这缕音乐在其心灵的晴空飘荡，其内心的焦虑与恐惧便会渐渐地飘散，如同明矾入水、混沌澄清，呈现出的依然是一片明净的蓝天。

正如存在与发展是人类最基本的需要一样，人类的"非存在"（主要指死亡）焦虑也构成其自身最强烈的焦虑。美国著名哲学家罗洛·梅说：

---

① 《马克思恩格斯选集》第 1 卷，人民出版社 1972 年版，第 2 页。

"死亡当然是非存在的威胁的最明火执仗的形式。弗洛伊德的象征性的死亡本能在某种程度上反映了这一事实。他认为，生命的力量（存在）每时每刻都被组织起来抗御非存在（死亡）的力量，而在每个人的生活中，最后胜利总是属于死亡。"① 自人类诞生以来直到今天，不知有多少人走进了死亡，而且今天与未来的人类也将在某个适当的时候，前前后后、陆陆续续地走进死亡，没有人能够侥幸逃过，不管人类怎样顽强，怎样与死亡进行斗争，终归都无法从死亡的指缝间逃脱。因此，当一个人从他懂事的那一天起，他就得直面那逐渐逼近的死亡，这无疑给人类的心灵罩下一团巨大的、恐怖的阴影。

这种非存在的焦虑作为人类普遍存在的焦虑现象，在南方民族中同样十分普遍，并且由于这种焦虑过深，在表面上一般都不会显露出来，但只要看一看南方民族社会日常生活中那些多如牛毛的有关禁忌习俗，就可以从中窥见其内在深处的"非存在"焦虑感来。因为禁忌习俗本身就是人们内在恐惧与焦虑情绪的一种反映，它如同一个"危险的符号"，随时提醒着人们采取禁止和回避的方式，尽量不与某种危险的事物相冲突或者发生接触，以免发生想象中那些恐怖的后果。

在侗族人的观念中，铜、铁是灵魂的克星，在其丧葬过程中，严禁以铜、铁器物陪葬。特别是铜的禁忌更大，连桐油也在禁忌之列，因为与"铜"谐音。封棺时，棺材不能用铁钉、铜钉钉合，若被仇家偷偷地在棺材内置放铜、铁器物，死者就会在阴间不得安宁，再也不能投胎转世，且会变成厉鬼，永世不得超生。仡佬族人相信，在人临死之前，须有亲人扶着咽气，否则叫"落空"或"落枕空亡"。一旦如此，须在死者枕下的地里挖出一只虫或蚯蚓，置于烧纸钱盆中烧掉后，再置其灰烬于陪葬的"金银罐"中，叫"起枕"。相传如果不"起枕"，会于活着的家人不利。傈僳族有一种叫"阔时哈巴"的禁忌日，其中过大年须全家人齐聚家中，否则灵魂不归家，会死人。水族人丧葬禁忌颇多，忌亡日为凶日，若犯之又不祈禳，则会祸事迭起，家破人亡；忌猫跨尸体，尤其是黑猫，会使亡灵变鬼闹得合室不宁；忌入殓时呼喊活人的姓名，被喊者的灵魂会被亡灵带

---

① ［美］罗洛·梅：《存在与非存在：存在心理疗法的贡献》，载《人的潜能和价值》，林方译，华夏出版社1987年版，第283页。

走，导致死亡，等等。

上述种种禁忌，都表现出了人们内在的一种恐惧情绪——"非存在"的焦虑。一位爱斯基摩人的巫师曾对苏联人类学家克努兹·拉斯穆森说："我们怕天气不好，要向大地和海洋要东西吃，就得同天气斗。我们怕在冰冷的雪屋里挨冻受饿；我们怕得病，——它好象无时无刻不同我们纠缠。……我们怕死人，也怕打猎时打死的动物之灵作祟。我们怕天地之间的一切精灵。……我们不知道，也猜不出原因在哪里；我们遵守这些规矩，是为了平平安安过日子。虽说我们很多人都会念咒，可还是懵懵懂懂，好多东西都不知道；凡是不知道的东西，我们都怕。身边见到的东西，我们怕；传说和故事里讲的东西，也怕。我们只好按着老规矩办，只要遵守我们的禁忌。"①

我们是否可以做这样一个大胆的假设：自人类随着其意识的发展，产生了种种内在的焦虑以来，人类也已开始在努力寻找化解焦虑的种种办法，哪怕是这种办法并不能从根本上产生效应，而仅仅只是一种幻想中的安慰。在人类眼下尚无更好的解决办法之时，这种幻想式的化解办法也会受到人类的高度重视。于是，人们开始用灵魂观念来对死亡现象进行诠释，并力求在这种诠释中化解心灵中沉重的"非存在"焦虑，我国南方民族也同样进行过类似的诠释与化解。

他们首先崇信灵魂不灭，认定灵魂将永存于世间，在他们的想象中，人有多个灵魂，其中之一会返回祖先故地，与祖先们一道生活，而且不愁吃穿，不用劳作，只需跳舞欢歌。既无疾病，又无死亡；既无忧愁，亦无悲伤，这种想象中的灵魂故地是人间一种理想王国的再现。而另一灵魂则相对要辛苦一些，他们化为"祖灵"，具有一定的超现实力量，肩负着看家护院的职责，保护自己的子孙后代平平安安、健康幸福的生活，有时还要同危害子孙的鬼灵进行斗争，将其驱走。这种职责显然重大，也劳心劳力，但却能与自己的子孙们一道生活，并享用子孙们年节祭祀和日常祭祀中的佳肴美味，同样是其乐融融。在这种灵魂不灭的观念中，死亡已变得不太恐怖。因为人事实上并没有死，"非存在"的只是自己的肉体，灵魂

---

① ［苏］谢·托卡列夫：《世界各民族历史上的宗教》，魏庆征译，中国社会科学出版社1985年版，第126页。

却永恒存在。而且这种灵魂的存在快乐较之于人类肉体存在中所承担的种种责任、所感受体验的种种痛苦而言，不知要好上多少倍。既然非存在的快乐要远超于肉体的存在，那么，当每一个人的肉体存在时，人们又有何焦虑可言呢？特别是随着灵魂观念的进一步发展，进入到灵魂轮回的阶段时，生存的焦虑便冰消雪化了。因为在这种信仰阶段，人的死亡与生存只是一种生存形式的转化而已，就像换衣服一样。活着时，如同穿上一件"肉体的衣服"，死亡后，如同将这件"衣服"换下来。灵魂的永恒存在观念，若是严格地加以思考，就会发现它本身仍然有一定的遗憾。其中最大的遗憾就是灵魂虽然存在，但毕竟无法像人类那样有苦有乐地活着。这对于一个注重现实生活的民族而言，便是一种无法填补的空虚，因此，"非存在"焦虑在这种观念中仍未完全获得化解。倘若人的灵魂不仅可以永恒地存在，同时还可以轮回转世，这样灵魂的存在就扩大了它的空间，获得了更多的自由，也完全填补了前述的那些内心空虚。

在这种灵魂轮回观念中，灵魂不仅可以转世投胎，重新开始自己的生命历程，而且这种生命历程完全是一种新奇的历程，它不会令人觉得单调重复，而且还存在着一种改变今生生存条件的美好希望。因为在这种轮回过程中，只要灵魂在生前积有"阴功"和善德，就可能投胎于王侯将相之家，享受无尽的荣华。更重要的是，由于灵魂可以轮回，故生存是死亡的开始，死亡也是生存的开始，二者互为始终，相互循环往返，构成了生命历程的环状通路。在这种环状通路中，生与死的界限倏然消失，它们再也不是相互切割的对立物，而是相互衔接紧密的生命之"环"。于是，"生命的过程并非像西方哲人所说的那样，是从生到死的直线性不可逆过程，而是一种循环往复的圆周式运动过程。每当一个生命的圆周运动完毕时，新的生命圆周运动将通过'蜕皮'（即轮回——引者注）这一转换环节完成生命形式的新旧交替，从而使生命得以无限延续。这种生命的循环转换论在人的主观心理上清除了生与死之间的绝对对立，也消除了人的死亡的焦虑，并将生命过程置于永恒的状态中"①。

在这里，灵魂不灭，转世轮回的观念犹如一支美妙动听的音乐，以其优美的旋律穿透了充满"非存在"焦虑的人类心灵，融解着那曾困扰人类

---

① 胡炳章：《土家族文化精神》，民族出版社1999年版，第323—324页。

数以万年的焦虑之冰，于是，冰消雪化，草绿花红，生命的四季被定格在永恒的春天原野上。这对于那些曾经经历过太多的生存苦痛，也体验过沉重的"非存在"焦虑的南方民族而言，不仅仅只是焦虑的化解，而且还是对生命意义的理解在更高层次上的一种哲学的跨越，其意义与价值也就不仅仅只是停留在幻想中的心理抚慰这一层次上了。

二 灵魂的威慑功能

对于人类而言，任何事物总是有利有弊、有得有失的，灵魂观念亦是如此。它一方面抚慰人类生存与发展的苦痛，化解人类"非存在"的焦虑，使人类获得益处，但却在另一方面，增加着人类的生存恐惧和精神负担。对于这一点，休谟曾这样指出："人，的确，能够以合群而制服所有他的真正的敌人，而成为全动物界的主人；但他不是立刻又为他自己树起想象的敌人，他的幻想中的魔鬼吗？这些魔鬼用迷信的恐怖来追逐他，并摧毁他所有生活的享受。他以为，他的快乐，在魔鬼们的眼中，是一个罪过；他吃东西和休憩，给予魔鬼们的忿怒和冒犯；他的睡眠和梦寐是引起他焦惧的新鲜资料；即使是死，他实可借此逃开一切其他的灾难，也只给予他对于无穷的不可胜举的灾祸的恐惧。迷信对于可怜的凡人的不安的胸怀之侵扰，就如豺狼侵扰畏怯的羔羊一般。"①

1. 神灵的残暴

在任何一种宗教中，或者在人类任何一个民族、地区的原始宗教中，神灵总是以人类的保护者、救星的姿态存在，它擒妖拿怪，驱鬼逐魔，化解人类一切苦难，救人类出苦海，因而神灵在人类心目中是一切善的汇集，是善的化身，也是人类的生存依赖。不过，在现实生活中，在南方民族原始信仰文化中，神灵似乎没有恪尽职守，全心全意地为人类谋幸福。他们给人类"造福"或"消灾"，并非是公正无私的无偿行为，而是需要人类付出代价的，有时这种代价本身就是一种灾难，其中最令人痛心的就是"人祭"。有关南方民族人祭仪式在古代十分突出，几乎是声动朝野，正史典籍也有不少的记载。如《后汉书》中就有关于古代巴人以人祭神的记录："廪君死，魂魄世为白虎。故巴氏以虎饮人血，遂以人祀焉。"《楚

---

① 〔英〕休谟：《自然宗教对话录》，陈修斋等译，商务印书馆1996年版，第64页。

辞·招魂》中也说，"魂兮归来！南方不可以止些。……得人肉以祀，以其骨为醢些。"《宋史·太宗本纪》亦言：淳化二年（911），"荆湖路转运使言，富州（今湖南省怀化市麻阳县境）向万通杀皮师胜父子七人，取五脏及首以祭祀魔鬼，朝廷以其远俗勿问"。至于一些古人笔记中的相关记载更多，现略举数例：

> 杀人祭祀之奸，湖北最甚。其鬼名曰"稜睁神"。得官员士秀，谓之聪明人，一可当三；师僧道士，谓之修行人，一可当二；此外妇人及小儿，则一而已。建安刘思恭云：福州一士，少年登科，未娶，乡人为湖北宪使，多赍持金帛，就临安聘为婿。士之父以货茶为生，只有此子，闻之大喜，即从之。子归拜亲而鼎卒八人，车乘已至，乃迎而西。

> 入境之日，午炊于村店，忽语其家仆曰："此处山水之美，吾乡里安得有之，"因纵步游行，见古木阴森之下，元设片石，若以憩行人者。即坐其上，瞻观恣叹，喜其气象殊绝，不忍舍去。又回顾仆，"我在歇凉，正惬适，尔且先反，候饭熟而来。"仆还至店，饭已熟，急趋之。已失其所在，叫呼良久无应者。走报轮兵，仍挽店主人以俱。主人变色搔首，急往共搜，得诸深山草莽之间，縻之以索，已割去其肝矣。①

> 明穆都公《谈纂》云：湖广岳州，其地有杀人者，谓之採生。遇闰月，人五六成群，以长竹竿挑小筐篮，竿上有钩，用以钩人。凡逢人，採只不採双，虽亲识遇之，亦不能免。僧或妇人尤善。彼地人谓妇人、和尚，利市十倍于男子也。②

杀人祭神的仪式并非仅限于湖南、湖北，在古代南方亦十分常见。如云南省考古队于20世纪50年代在晋宁石寨山发掘的西汉年间古墓群中就获得了有关杀人祭神的古代文物证据。据云南博物馆《云南晋宁石寨山古墓群发掘报告》载，这次考古发现两件古代杀人祭神的铜器，一件为"杀

---

① （宋）洪迈：《夷坚三志·壬卷》，中华书局1981年版，第1497页。
② （清）俞樾：《茶香室丛抄》卷10。

人祭铜柱场面盖虎耳细腰铜贮贝器"；另一件则为"杀人祭铜鼓场面盖铜贮贝器"，其上铸塑着古代"滇族"人杀人祭神的画面。① 冯汉骥先生对此曾做出这样的阐释：

> 倘若我们把上面的活动（指"杀人祭铜鼓场面盖铜贮贝器"）认为是一种播种仪式的话，那末，祭铜鼓的意义就容易得到解释了。这并不是单纯的祭铜鼓，大概是一种"祈年"的祭祀，所以不仅其牺牲为女子，而主祭者亦为女子……

> 柱（系"杀人祭铜柱场面盖虎耳细腰贮贝器"中之铜柱）之右立一牌，一人裸身反接缚于牌上，发则上绕牌顶而系于牌后，乳甚长，当为女性。其前右坐一人，左足枷于足枷中。其前一人裸身反接跪于地。此三人大概为祭礼的牺牲者。……此一祭祀的内容，很明显系一种"丰收"或"收获"祭祀，铜柱后各列女子前筐中之物及所执之物皆当为新收获之农作物，其主祭者为女子，亦与"祈年式"中者相同。②

人祭习俗直到新中国成立前夕在一些南方民族中仍有遗存，如佤族的"猎头祭"，就是在播种之前，以武力猎取人头祭神。有的民族人祭习俗则以某种象征的方式传承下来。土家族有巫师"奸头血祭"的形式，即巫师用利刃在自己前额上划出口子，滴血祭神；高山族卑南人有"玛厄玛厄耀"祭礼，译意为"猎头"，后则以猎兽头代替猎人头；高山族布农人也有"猎头祭"的习俗。实际上这类人祭之俗在全世界各民族原始时期也并非特殊现象，最为典型的就是阿兹特克人的人祭仪式了。公元 1521 年，西班牙人攻克阿兹特克人的首都泰诺克蒂兰城时，发现其祭祀的人头骨有 136000 个！③ 这些用以祭祀的人头大多数是战场上捕获的俘虏的头，也有的是他们部族的百姓。阿兹特克人之所以如此，据说是为了延缓太阳神的

---

① 云南博物馆：《云南晋宁石寨山古墓群发掘报告》，文物出版社 1959 年版。

② 冯汉骥：《云南晋宁石寨山出土铜器研究——若干主要人物活动图像试释》，《考古》1963 年第 6 期。

③ ［英］克利斯·马顿等：《水晶头骨之谜》，田力男等译，光明日报出版社 1998 年版，第 131 页。

衰老，以延长人类的生存。

人祭，在今天看来是一种惨无人道的仪式，在遥远的过去却实实在在地在我国南方民族中、在全世界各地都曾发生过。然而，为了种族的生存，人们却不得不这样做。我们为人类曾经发生过的这些非理性、非人性的行为而叹息的时候，同时也清楚地看到了神灵残暴阴鸷的另一面。倘若不是因为自身生存发展的需要，不是因为人们对神灵的极端恐惧，哪一个民族又愿意充任杀戮同类的刽子手呢？

2. 鬼灵的肆虐

"鬼灵"在南方民族信仰中几乎是灾祸的代名词。鬼灵是无处不在的，让人们无法回避，几乎到了动辄见咎的地步。没有人能对鬼灵"危害"人类的事件做出统计，也没有人能说出鬼灵危害人们的原因，于是人们干脆把自身遭灾祸的事实都归因于对鬼灵的"冒犯"。在众多被"冒犯"的鬼灵中，有的甚至还是自己的祖先之灵！既然连祖先之灵也会给人类"制造"灾难，那么那些非祖先鬼灵作祸自会更烈，因而人们对鬼灵的畏惧就成了一种普遍的日常性恐惧，特别是当人们遇到家事不顺或身患疾病之时，这种恐惧则更为强烈。

傈僳族人最害怕的鬼叫"尼旦玛"，据说这种鬼专门吃人，且多在太阳落山之时出来活动。一般堵住路口，逢人便吃，被吃者会吐血而死。除了尼旦玛外，还有叫魂恶鬼"固姑"，触犯鬼"曲尼"，水鬼"色拍"，专作祟于孕妇、小儿的"摆货尼"，食人灵魂的"刻尼"和"尼知送"，等等。苗族人害怕的鬼就更多了，湘西花垣苗族地区有"三十六堂神和七十二堂鬼"，黔东南台江苗区有四十三种鬼，苗汉杂居区则有八十二种鬼，而且他们往往神鬼不分，鬼神互换，都可作祟于人。比较令人畏惧的有"泉鬼""高坡鬼""古树鬼""五姓伤亡鬼""飞山""麻阳鬼婆""岩山鬼婆""德固""德狼""德费""德祫""德甘""德报弄""凶怛凶帱""簸箕鬼""蝉娘鬼"，等等。怒族人也同样害怕众鬼灵，而且这些鬼灵往往所司之职十分细密具体，有专司眼病的"密起"，勾魂的"依苏"，专司小儿肺炎的"八喝"，痨病鬼"享北于"，风湿腰痛鬼"普于"，皮肤病鬼"尼白于"，凶死鬼"密江"，瘟疫鬼"片室于"，战鬼"埋尼"，冲犯鬼"褚腊"，山鬼"木里布拉"，水鬼"昂布拉"，路鬼"木布拉"，树鬼"穷那底布"……

鬼灵在人们的信仰中，给人们最大的威胁是生存威胁。鬼灵一般游荡于荒山僻野之地，或丛林密箐之所，专与人们作对。或捕捉人的灵魂，使人致病；或直接作恶，诱人上当，以作自己的替代；或使邪法，致人全家灭绝。稍微轻一些的，则让人伤病致残，神情恍惚；或让人发生口角是非；或叫人家产荡尽；或主牢狱之祸，总之是无恶不作，让人不得安生。所以人们多采用祭祀来贿赂鬼灵，以求其宽恕；也有采用巫术驱逐的方式，直接与恶鬼宣战，擒鬼捉怪，扫荡鬼灵；但更多的是禁忌，尽量不去"触犯"鬼灵，借以逃避灾祸。故在南方民族原始信仰习俗中，禁忌之多，常令人瞠目结舌。

以海南省通什毛农黎族地区的禁忌为例。这一带的黎族人认为，吃饭时忌打破碗，否则会引鬼进屋。灶石不能移动，裂开会使人生病。在亩头家，忌吹口哨、口琴，也不能戴着葵帽进其屋门，会招引野鬼。人生病吃药，四天内忌陌生人进屋，否则病情会加重致死；四天以后，陌生人可进，但需先放些火炭在门外，以隔断鬼灵之路。抬棺材者只能用左肩抬，不能换肩，否则会继续死人；抬完棺材后，喝完丧酒，须反穿衣服一个月，不能唱歌也不能过性生活，否则会犯及死者的鬼魂而殃及自身。同时，不能吃糯米糍粑，只有过完新年后才能消除禁忌。在婚姻方面，若妹妹出嫁时，尚坐在闺房内，兄长不能闯进去，否则会被雷公打死。而在敬祭神灵时，不能吸烟和喝酒，否则会触犯神灵。①

下面一段材料，最能反映人们对鬼灵的恐惧情绪："次年二月，陈牲酒祭奠。既祭，举家避入山峒，曰躲鬼。不举火，不饮食，道路相值不偶语，盗贼攫物不敢问，夜卧不敢转侧，蚊蚋嘬其肤不敢动，惧鬼觉也。三年后不复祭。"②此所言"鬼"即祖先之灵，这是湘西龙山县土家族人在丧葬仪式结束后对亡灵或祖灵的畏惧，其畏惧的程度是相当深的。

从上述材料言之，无论是黎族还是土家族，其畏惧最深的是有关丧葬的事件。黎族人不敢在抬棺材时换肩，宁愿忍受重压；不敢唱歌，不敢过性生活，还不敢吃糯米糍粑，一切都严守禁忌。而土家族人则连话也不敢讲，蚊虫叮咬也不敢动，不敢办菜饭，连盗贼来了也不敢阻止。在他们看

---

① 中南民院少数民族文物陈列馆编：《海志黎族情况调查》（第一册），1955年6月，第143—144页。

② （清）洪际青等：《龙山县志·风俗》卷7，嘉庆二十三年刻本。

来，这新葬不久的鬼灵是如此的狞厉恐怖，而且对人们的言行举止又是那样的敏感。似乎这些鬼灵随时随地都在侦察人们，并随时准备干预，给他们带来灾祸。由此我们可以说，灵魂观念的诞生，从某种意义上是给人们树立起一架希望之梯，使之超越生存的苦痛和"非存在"的焦虑；但另一方面，它却又给人们的心灵上罩下一张恐怖之网，使人们张皇失措，再次陷入新的恐惧之中。

3. 精灵的恐怖

人之灵为鬼，物之灵为精，亦有为妖为怪之说。然精灵的恐怖，主要因为于人类有害或令人类觉得讨厌的事物之灵。如毒蛇猛兽、凶禽恶鸟之类。至于那些令人赏心悦目或给人带来好处的事物之灵，大多被视为美善之灵，像鲜花嘉木、游鱼鸣禽之类，纵使它们偶尔也成妖成怪，一般也只是迷惑人的心性，其造成的危害亦无大妨碍。需要说明的是，在南方民族心中，精灵不仅仅是以精神的形式出现的，有时，某些事物本身就是精灵的化身，具有精灵的能量，如猫头鹰、老鸦之类。若是一些常见的家畜家禽出现某些异常现象，如猫跳过棺材，狗爬上屋梁，母鸡打鸣，母猪、母牛等产出怪胎，大树发出怪响等，都被视为精灵附体或不吉之兆，都会让人心惊胆战，惊慌失措。另外，精灵还善于变化成各种形象，迷惑人的心性，或恐吓人的灵魂，给人们带来不幸和灾难。

在南方民族信仰中，凡物均可成为精灵。除毒蛇、猛兽、花妖木魅等精灵之外，最具有地方特色的是九头鸟精灵和蛊灵。

（1）九头鸟。又名"鬼车""姑获鸟"，其主要危害是收取人的魂气，使人生病，也有传其专门于小儿不利，多流传于湖北、湖南、岭南地区。有关九头鸟的形状十分怪异吓人，据湖北神农架一位叫张新全的人说，九头鸟有簸箕大小，直径大约两米，羽毛为黑灰色，发出的声音如沉闷的哨声，"该鸟长有一簇脑袋，大约有九个头，嘴巴（喙部）呈红色；它的尾部也很奇特，呈圆扇形，既像孔雀开屏，又像车，旋转而飞"[1]。湖南壶瓶山境内也发现过九头鸟，据石门县南坪河乡鹰子尖村目击者张承云说，怪鸟约莫斑鸠大小，一个大脑袋，额头上连着八个小脑袋，呈半月形，每个小脑袋嘴鼻眼耳齐备，并覆盖着一圈绒毛。飞时除两翼运动外，八个小头

---

[1]　尹笋君、胡崇峻：《九头鸟恐非神话》，《吉林日报·东北风》1995 年 6 月 23 日。

亦有小翅飞动。① 这种怪异的形状，宋人周密也有过较详细的描述：

> 淳熙间，李寿翁守长沙日，尝募人捕得之。身圆如箕，十胚环簇，其九有头，其一独无，而鲜血点滴如世所传。每胫各生两翅，当飞时，十八羽霍霍竞进，不相为用。②

由于此鸟形状怪异，如轮如箕，且一身有九头，还有一个无头之颈，断头之处"鲜血点滴"，让人毛发直竖，故有关其精灵传说更为惊心动魄。加之人们的层层渲染，使之在民间成为恐怖精灵的化身。因而古人的记载多怪异绝伦：

> （1）鬼车，晦暝则飞鸣，能入人食，收人魂气，一名鬼鸟。此鸟昔有十首，一首为犬所噬，今犹余九首。其一常下血，滴人家则凶，……亦名九头鸟。③
>
> （2）鬼车，春夏之间，稍遇阴晦，则飞鸣而过，岭外尤多，爱入人家，烁人魂气。④
>
> （3）姑获鸟夜飞昼藏，……鸟无子，喜取人子，养以为子。……以血点其衣为志，即取小儿也。故世人名为鬼鸟，荆州为多。⑤

荆湖一带，人们对九头鸟的恐惧相对于其他凶恶的精灵而言要淡一些，尽管它的危害令人恐惧——收人魂气、收人小儿，但毕竟是可以预防的。因为它并非来无影去无踪，而是可感可捉的鸟，最多也只是介于精灵与恶鸟之间的事物而已。况且九头鸟毕竟较为少见，对人们的危害自然要少一些。比起蛊灵而言，它充其量只是让人感到怪异、恐怖罢了。

（2）蛊灵。又称为蛊，是我国民间信仰中邪恶的精灵之一，人们对它的恐惧几乎到了谈蛊色变的地步。蛊灵的种类很多，较典型的有金蚕蛊、

---

① 《湖南发现九头鸟》，《周末》（南京），转载《江城晚报》1994 年 6 月 11 日。
② （宋）周密：《齐东野语·鬼车鸟》卷 19。
③ （明）陈耀文：《天中记》卷 59 引《本草》。
④ （唐）刘恂：《岭表录异》卷中。
⑤ 鲁迅：《古小说钩沉》辑《玄中记》。

蛇蛊、蜈蚣蛊、蛤蟆蛊等。不过蛊灵不同于一般的精灵，它需要人供养，供养者则可因此致富。然一旦沾上了蛊，养蛊之家也难以脱身，需世世代代养下去，直至被人发现而遭官府剿灭为止。在我国南方，几乎处处都存在着有关蛊灵的恐怖记载，尤以福建、云南、贵州、湘西最为突出。

蛊灵最早见诸记载者当为《周礼·秋官》："庶氏：掌除毒蛊，以攻说桧之，以嘉草攻之。凡驱蛊，则令之比之。"郑锷注曰："闻南方之人，养蛊毒之家，合众蛊之有毒者，共为一处，使自相啖食已尽，其一存者乃为蛊毒。"明代李时珍《本草纲目》亦载："造蛊者以百虫置皿中，使相食啖，取其存者为蛊。"人们之所以既惧怕蛊灵，又去供养蛊灵，原因在于蛊灵可使供养之家致富发财。对此，宋人洪迈曾有过如此记载：

> 福州古田村民，夏夜已寝，梦一异人来谓曰："汝暴得遗宝，便可致富。今现在门外，宜急起收取，稍迟，怕落他人手，可惜也。"民素贫甚，既觉，即趋出。果得一朱红小盒，正当行路，捧归开视，有金数两，银二锭。未敢辄取，置于神堂桌上，自守宿其侧。旦而验之，皆真物也。不胜喜惬，率妻子拜而受赐。俄见巨蛇蟠于前十数匝，高与桌齐。民知为畜蛊家移祸，然不可复却。于是致祷，愿尽心敬事，蛇遂隐。时时化为他虫，或吐涎沫。民固耳闻乡井姻戚说大概，乃贮藏之，施毒于人。积岁所杀不少，赀业日盛。①

蛊灵之邪恶，古代传说更甚，其关键有二，一是害人之残酷；二是难以防避。清人于此亦有记载：

> 一日，友腹忽疼，遂以姜汤饮之，痛稍缓。次日觉脐旁有硬块，隐隐作痛，认为症痕。医治不效，形容憔悴，日加委顿。而硬块渐肿若疱，粘以膏药，亦不见销。一夕，块裂，跳出小狗一只，约二寸长。在地奔走，狂吠半时，狗死而友毙矣。……
>
> 又有宣化县一友，寄寓银丝巷。邻有一妇乡间来，其貌甚丑，其口甚利。友恶而诟詈之。妇恨，下蛊。友亦时常腹痛，似有硬块，久

---

① （宋）洪迈：《夷坚志支癸》卷7，中华书局1981年版，第1275页。

而大肿，裂。出蛇首二三寸，友即吓痴，卧床三日而卒。①

更有甚者，被蛊灵毒害死后，其灵魂亦为蛊灵所禁约，要为养蛊者辛勤劳作，不得转世投生。

万历四十六年（1618），归化人杨兴、严孝孙、冯昆山、温三元、邓敬先等互相传授，乡民罗守仁、罗瑞等遭之惨毙，临葬，棺内如水动。及开视，尸皆成血水，骨节皆有虫眼，事发供吐请神咒语，称"茅山一郎，茅山二郎，金花小姐，梅香小娘，早到炉前，存留形迹"等语，其被害魂魄，或午后，或夜间，有冷风一阵，即能见形。令其耕田、插秧，无往不可。②

诚然，南方民族信仰中的邪恶精灵远非上述两类，只是这两类精灵相对来说显得比较典型罢了。由于人们对灵魂的善恶价值的判断，取决于与人类利益的得失，也就是说，是出于功利主义目的。而在远古时期，人类自身生产力低下，所处环境十分恶劣，不利于人的事时有发生，故而邪恶之灵亦如春草秋叶，漫山遍野，无处不飞，无处不在，再加上人们在传播过程中，对其"恶迹"有意或无意的夸张，更使得人们对精灵的恐怖情绪有增无减。且随着历史的发展，这种恐怖情绪在人们心灵中积淀得更加深厚，那张神秘的恐怖之网亦愈编愈密。从这种意义上说，灵魂观念于人们不啻是一柄锋利的"双刃剑"，既切碎了人们心理上所承受的生存的苦痛和"非存在"的焦虑，使人们获得了一种心理上的抚慰，同时它又时时切割着人们本已痛苦的心灵，在心灵的伤口上撒上一把盐，不断加深着它的苦痛。

第三节　南方民族的灵魂信仰

在今天我国南方少数民族聚居地，无论是城镇还是乡村，这种古老的信仰仍然在大多数人的内心深处滋蔓茂盛着。只是城市中的年青一代由于

---

① （清）慵纳居士：《咫闻录》卷7。
② （明）曾日瑛：《汀州府志·杂记丛谈》卷45。

现代文明的熏陶荡涤，有关灵魂的信仰正日渐淡化，但在广大的乡村，我们似乎还会见到这种信仰的迹象。在有些地区，这种原始信仰甚至还有复兴的趋势。

南方民族有关灵魂的信仰文化的表现形式，往往因其地域、民族、观念的差异而显得千姿百态。同时，又因为灵魂信仰作为人类一切信仰文化的基础，早已融入南方民族各自不同的日常社会生活，故人们几乎随处可见这种信仰的影子。要想全面地探查这一文化事象，其难度是相当大的。在这里，我们仅根据手中所掌握的文献资料与调查资料，并以人们对待不同灵魂的不同态度为视角，来开始我们的探索。

一　飘扬在历史中的招魂幡

最能够表现人们信仰中灵魂存在的是"招魂"仪式。在人们看来，灵魂不仅存在，而且可以在人们深情地呼唤中翩然而至，与其亲友重聚或与其自身的肉体重聚。因而在南方民族的生存历史中，这面形式并非精美的"招魂幡"已经飘扬了数十个世纪。据《太平御览》所载，我国招魂之俗始见于春秋时期的郑国，"《韩诗外传》曰：溱与洧，说人也。郑国之俗，二月上巳之日，于两水上招魂续魄，被除不祥，故诗人愿与所说（悦）者俱往观也"①。战国时期楚三闾大夫屈原在《招魂》中也有这方面的记载。

1. 招生者魂

这种招魂仪式主要是针对生者魂魄的走失而举行的一种"危机"仪式。南方民族中大多数人认为，人拥有多个灵魂，它们在肉体中各司其职，同时灵魂往往是自由自在的，经常独自离开人体在外游荡，如人做梦即是灵魂游荡的标志。而且在平日里，如果身体虚弱或可能身遭不测之前，还会出现"飘魂"现象。另外，一个人独自在夜晚或黄昏时在偏僻阴森的地方走动，于惊吓中也可能发生灵魂走失的现象。不过，在一般情况下，这种灵魂离体似乎属于正常现象，无须大惊小怪，但若灵魂在离开肉体的过程中，或迷失了回归之路，或被其他邪恶之灵引诱捕捉甚至吃掉，人就会生病甚至会因为灵魂的久离不归而死亡。针对这种现象，民间便形成了多种招生者灵魂的仪式，使灵魂尽快回到其肉身上来。

---

① （宋）李昉等：《太平御览·妖异部二　魂魄》卷886。

就招魂仪式而言，各地存在着一些细节上的差异。云南红河县彝族在招年轻人的灵魂时，"由舅家（或妻之兄弟）出一只红公鸡，由姑妈（或出嫁的姐妹）出一只公鸡，自家出一只黑母鸡。招魂日期选在失魂人的生日（属相日）。由毕摩或长辈拿失魂人的一件上衣，一炷香火，一瓢清水和一碗饭（饭上面盖有一个煎熟的鸡蛋或一块肉）。招魂者站在大门口，面对前方，吟诵招魂歌"①。

在云南兰坪维西一带的白族认为，只要能念"喊魂祭词"的成年男女们均可以主持招魂仪式，不过，最好是由本家的老人喊，效果更好。"喊魂所用祭品主要有一炷香、酒、茶、3 个油煎江米粑粑、一个熟鸡蛋，放在竹筛子里，摆在灶前或三脚架前，先祭灶君，念灶君词。祭毕，再将祭品移到大门口，开始喊魂。据说请朵西薄到大门口喊魂时，会有各种小昆虫飞到或爬到筛子上来，如小蛐蛐、小蚂蚁、小蚂蚱等。只要有一只小昆虫出现即表明失魂者的灵魂已经找到。于是，朵西薄把小昆虫放到失魂者头上或身上。"②

基诺族人则多在山箐溪水边或三岔路口招魂，病者为男则背一只公鸡，病者为女则背一只红母鸡，再带上病者的衣服，衣袖上拴着红线，还须带上四片代表槟榔的胖光叶。走到"失魂处"，将胖光叶放置于地，将鸡从鸡栏内放出，鸡脚用绳子拴住。再把病者衣服放于地上的芭蕉叶上。先呼唤病者之名，继而念招魂词："你的母亲（或父亲）背着红公鸡来叫你了，这里不是你住的地方，你不该在这里住，不要在这里停留。不是歇宿处就不要住，请跟我一起回家了。"招魂毕，留下胖光叶，把衣服和鸡背回。到晚上杀鸡，煮成半熟，置于篾桌上祭祖。念祭词毕，家长双手握住病者的双手，热切地叫三声"宝宝"，象征魂已进入病者体内。③

招魂仪式一般都伴有"招魂词"，词有长有短。短者仅直呼其病者名，

---

① 吕大吉等主编：《中国各民族原始宗教资料集成·彝族卷》，中国社会科学出版社 1996 年版，第 111 页。

② 吕大吉等主编：《中国各民族原始宗教资料集成·白族卷》，中国社会科学出版社 1996 年版，第 434 页。

③ 吕大吉等主编：《中国各民族原始宗教资料集成·基诺族卷》，中国社会科学出版社 1996 年版，第 931 页。

唤其回来："×××，回来吧！"长者则有如一首抒情诗，情动于衷，婉言相劝，既有殷切的期待，又有焦渴的盼望：

喔！！！回来哟，××！××快回来！××快回来！××快回来！
你上有父母，你下有弟妹。如同树有根，好比水有源。

亲人啊××！快快回来！昨天浓雾滚前，丢了你的魂；昨天闪电雷鸣时，失了你的魂；今天啊现在，我来把亲人魂招回，魂在天边呀，请你快回来；魂在地角呀，请你快回来。

亲人啊××！快快回来！快快回来，哎××！慈祥的妈妈，招你快回来；庄重的父亲，招你快回来；亲亲的兄弟姐妹，正在等你回来；尊敬的舅舅，等你回来；亲爱的姑妈，等你回来；同族的门宗，在等你回来；同龄的伙伴，邻居的好友，在等你回来；村中的长辈，召唤你回来。叫你你要答应，喊你你要回来。切莫辜负我们招回。

回来哟××！××快回来！快快回到家里！渴了端水给你喝，凉了送衣给你穿，冷了烧火给你烤，饿了盛饭给你吃，累了铺床给你睡。

回来啊××魂！招你你要答应，唤魂魂要回来。一人十二魂，缺一也要招回来，全魂要附身上，回来啊××魂，回来不能离身。

回来啊××魂！冤屈鬼魔住地，请你不要住在那里，他人诅咒的地方，请你莫久留。叫魂魂应了，喊魂魂归啦。魂归城门不要回头转，快快踏进自家门，来到火塘旁，快附你身上。

勾勒嘎——勾勒嘎——勾勒嘎——①

综观上述招魂仪式，有以下几点需要注意：第一，招魂的地点多在大门口或"失魂之地"；第二，招魂的时间多选择吉日或黄昏以后；第三，所带的招魂用具多为公鸡、病者之衣和一些祭品；第四，招魂时多伴有急切而深情的招魂词。笔者认为，其一，"大门"在人们的思想观念中实际上是灵魂往来的通道，在此呼唤可以迅速地被所失之魂听到，且又便于灵

---

① 吕大吉等主编：《中国各民族原始宗教资料集成·彝族卷》，中国社会科学出版社1996年版，第111—112页。

魂迅速返回。而在失魂之地的呼唤，其用意也与此相同。其二，招魂时间为吉日或黄昏之后，因为此时正是灵魂游荡的活跃之时，且吉日又多有吉神相助，故容易招来失魂。其三，公鸡在民间信仰中具有辟邪的功能，带上公鸡，可驱散邪魅妖灵；而病者之衣则是灵魂熟悉之物，有吸引所失魂魄回家的功用，至于祭品的功用则主要用来表示招魂者的一番诚意。其四，招魂词在整个招魂仪式中所发挥的功用最大，有如巫师的咒语灵符。但南方民族招魂词则侧重于以情动魂，以理劝魂。就其内容而言，重在于劝说，故词中多言野外之险恶，游荡之孤独，回家之欢乐，并强调亲人的期盼与焦急，动之以情，晓之以理，促之以归；就其形式而言，多表现为深沉悠长的呼唤，其声之哀，其调之徐，其情之深，其语之切，足能感天动地而泣鬼神，让游子起归乡之思，令浪子生回头之意，草木含悲，顽石心动。这种深情的招魂词实际上是建立在人与灵魂是相通的这一观念的基础之上的，也正因为如此，人们才去"招魂"，才会把满腔的亲情倾泻于碧空荒野之间。

这种人与所失灵魂相通的观念，古已有之，故而招魂之俗，在古时就已十分普遍。"大历四年，处士卢仲海与从叔缵客于吴。夜，就主人饮，欢甚，大醉。郡属皆散，而缵大吐，甚困，更深无救者。独仲海侍之。仲海性孝友，悉箧中之物药以护之。半夜，缵亡，仲海悲惶。伺其心尚暖，计无所出。忽思礼有招魂望返诸幽之旨，又先是有力士说招魂之验，乃大呼缵名，连声不息，数万计。忽苏而能言曰：'赖尔呼救我！'即问其状，答曰：'我向被数吏引，言郎中令邀迎，问其名，乃称尹。逡巡至宅，门阀甚峻，车马极盛。引入，尹迎劳曰：饮道如何？常思曩日被酒纵恩，忽承戾止，浣濯难申，故奉迎耳。乃遥入，诣竹亭坐，客人皆朱紫，相揖而坐，左右进酒，杯盘炳曜，妓乐云集，吾意且洽，都忘行李之事。中宴之际，忽闻尔唤声。众乐齐奏，心神已眩，爵行无数，吾始忘之。俄顷又闻尔唤声且悲，我心恻然。如是数四，且心不便，请辞。主人苦留，吾告以家中有急，主人暂放我来，当或继请，授吾职事。吾向以虚诺，及到此，方知是死。若不呼我，都忘身在此。吾始去也，宛然如梦，今但畏再命，为之奈何？'"[1]从这一材料可知，人们相

---

① （宋）李昉等：《太平广记》卷338引《通幽录》。

信灵魂与人声息相通，只要大声呼唤，走失的灵魂就会从迷失之中幡然醒悟，重新回归其身体。

2. 招病者魂

倘若是灵魂走失，迷失归途，人虽有病，但病情不重，故由病者家属为之招魂。只需言明利害，诉之以情，往往会招回魂灵，使病人康复。但若病情严重，一般的招唤就不会发生作用，此时必须请巫师查勘，当知其魂魄已为鬼灵或精灵囚禁，无法自行返回时，招魂仪式就必须由巫师主持，不局限于"招唤"，而须由巫师率阴兵阴将，将邪魅追逼擒拿，迫使它交还所囚之病者灵魂，故而此类仪式多充满兵戈杀气。

巴马县布努瑶人若身患重病，就请巫师"挪魔"举行招魂仪式。主人备上鸡、红鸡蛋、酒肉米饭、刀具、香火纸品和盐，摆在八仙桌或簸箕之上，"挪魔"抱病者衣或头巾、帽子，闭目跳马，招兵唤将，飞越山岭，前去招魂。遭遇魂魄后，立即"骂魂"，其大意是追问灵魂何以久滞魔地而不回家。灵魂则对之以"哭诉"，意为自己系被邪魅抢来，无法脱身。挪魔此时依仗自己所率领的"天兵天将"，大骂邪魅："可杀的妖魔鬼怪，为何白天乱抢人家的灵魂，为何凭空哄夺人家的精魄，心地善良的人家一不犯天，二不犯地，赶快释放好人的魂魄回家，否则，我们纵火烧尽你们的荒野，否则，我们刀剑斩断你们的头骨……"邪魅闻言，心惊胆战，连忙认罪，答应放人灵魂。"挪魔"便开始吟诵招魂经文，并叫人宰鸡杀猪，祭神一番。"挪魔"连连作揖，口中连连呼魂唤魄，一旁的众人连连回应。最后"挪魔振振有词，招呼千兵万将，维护病人魂魄，浩浩荡荡地往回转"[①]。

壮族人为重病者招魂也须请师公，其仪式一般在社公庙前的空地上，择吉日吉时，设供品，燃香三炷。其招魂仪式主要有请神、乐神、求神、招魂、斩鬼和接魂等程序，特别是"斩鬼"一节，展现出人与邪鬼的征战场面："师公拿起供桌旁的装有患者旧衣服、红薯藤、剪刀和直尺的簸箕，在供品上晃三下，然后，左手持着簸箕，右手拿着剪刀，转身面向南方，用剪刀按东西南北中的顺序在红薯藤上剪五刀，把放在患者旧衣服上的红薯藤剪断，其意是把勾走患者灵魂的野鬼的手脚剪斩，之后，把剪成段的

---

① 吕大吉等主编：《中国各民族原始宗教资料集成·瑶族卷》，中国社会科学出版社1998年版，第242—243页。

红薯藤丢向远处。接着，师公重新转身面向供桌，放下剪刀，从香炉上拿下一炷香，把些许香灰抖落在患者的旧衣服上，并含一口酒喷向患者的旧衣服上，请诸神把找回来的灵魂附在旧衣服上，最后烧化纸钱谢诸神。"①

较之布努瑶人的对鬼灵的威胁和壮族人"斩鬼"，土家族招魂仪式中的气氛要更为紧张，声势亦更浩大。当查知灵魂为邪魅拿走后，巫师需差兵发马，请动神兵天将助战，以期夺回灵魂。首先巫师用师刀在病者的脚板上度量其长短大小，以知灵魂留下的足迹，并跟踪追寻，找到邪魅收囚灵魂之所。然后令天兵天将将此处团团围住："我左脚踏上我的马哩，我右脚踏上我的车啊。十万雄兵，八万猛将，围住啊，围住啊！"在众人的呐喊声中，巫师挥舞师刀，高举油香火把，跑出屋外的水井边或桥脚、湾坳之处捉魂，众人亦高举火把，跟随巫师一路鸣锣击鼓，鸣炮助战。到了邪魅藏魂处，巫师须发上指，厉声高叫："什么神童，拿了他的真魂？什么神鬼，拿了他的真魂？百万雄兵、十万猛将啊，用力使劲呀！魂来要归家，魂来要归身。"其余众人亦高喊，直至天明。邪魅终于不敌，逃遁远去，巫师亦率领众人夺回患者之魂凯旋。②

与招生者之魂的仪式相较，招重病者之魂的仪式却有着某种质的差异。它不再是诉诸深情的呼唤，动人的劝说，而是发须上指，金刚怒目，甚至率领天兵神将与邪鬼妖魅短兵相接，厮杀决战。或声言厉色，威吓鬼灵；或横戈跃马，奋勇冲杀；或挥舞利刃，斩鬼杀魅，颇有一番金戈铁马、血战荒野的英雄气概。导致招魂仪式的质的变异，其原因主要在于病情严重的程度在人们心中引起的心理反应的差异。病情不重，在某亲人心中只是担心其病情可能加重；若病情本已加重，则足以引起亲人们内心的焦虑感。尽管前者也可以引发人们的焦虑，但毕竟只是对未来可能出现危机的焦虑，它与后者的焦虑存在着质的不同。正是这种内心情绪的质的差异，使得一般的招魂仪式无法与此时的焦虑情绪相对应，因而也无法释放和缓解这种焦虑，故必须对一般的招魂仪式在其程序和内容上都进行质的改变，否则仪式就失去了其存在的意义。

---

① 吕大吉等主编：《中国各民族原始宗教资料集成·壮族卷》，中国社会科学出版社1998年版，第595—596页。

② 胡炳章：《土家族文化精神》，民族出版社1999年版，第209—210页。

在一般人的观念中，重病者的灵魂已被邪魅囚禁、收藏，呼唤对他已毫无效应，只有去夺回灵魂，方可魂归身体，恢复健康。而既然要夺回灵魂，那就必须诉诸武力。因此，这种观念的变化也是导致招魂仪式由呼唤式转变为暴力式的一个重要原因。笔者认为，一切宗教仪式，从某种意义上说，都是为了满足人的情感需要。"人类生活的每一个重要危机都包含着强烈的感情波动，精神冲突和可能的崩溃。人们要想得到好的结果，就必须与忧虑和凶兆作斗争。"① 而这种斗争的最佳方式，在遥远的古代只能是宗教仪式。既然仪式是因人的情感需要而生，当亦应该随情感需要而变，唯其如此，才能获得其存在的依据。

3. 招死者魂

当人们认定灵魂不死后，便会生长出为死者招魂的仪式来。因为死亡的情状是多种多样的，除了正常死亡者外，还有客死他乡者，非正常死亡者等。而这些非正常死亡及客死之魂由于不能得到其后代子孙们的祭奠，加之路程遥远，客死之魂难以魂归故乡，便会失去轮回转世的机会。于是这些灵魂亦会因其"转世权"的被剥夺而怨气冲天，从而阴魂不散，为非作歹，危害人。因此，为了让所有死者的灵魂都能获得"转世权"，便会产生为死者招魂之仪式。一般常见的有为正常死亡者招魂、为客死者招魂以及为凶亡者招魂三类仪式。

为正常死亡者招魂，其目的在于为亡魂引路，使之能回归祖先故地、在另类空间中幸福生活，或者使其莫迷入轮回的畜道，正确无误地进入人道，转世为人。布依族人认为，人在家中死亡，其魂进入生魂世界，需招回来，经过巫师举行"古谢"仪式，方可回归祖先故地，有再生的希望。故在丧葬之初，要念招魂经，并由孝子贤孙将亡魂引回，并且还要有渡过"血河"，越过"刀山""火海"等仪式，以示亡灵脱离苦海，走向光明、再生。侗族人也有类似的丧葬习俗，老人死后，须请道士为灵魂开道引路，一路沿着历代祖先迁徙路线而上，经过阴阳河，最后回归祖先故地"雁鹅村"。② 仡佬族人的丧葬招魂习俗则强调架云梯，即用四尺来长的泡

---

① ［英］马林诺夫斯基：《巫术与宗教的作用》，谷玉珍译，载史宗主编《20 世纪西方宗教人类学文选》（上册），上海三联书店 1995 年版，第 99 页。

② 魏庆征主编：《中国各民族宗教与神话大词典》，学苑出版社 1993 年版，第 36 页。

木做成拐杖形，"拐杖"头留一对小枝丫，形似头角，系一条用棉线织成的寿带于拐杖上，即谓"云梯"，意为亡灵登天的梯子，使亡灵能沿此云梯登上天堂。①

就民间的招魂而言，主要是针对自己的亲人而进行的，在这种仪式中主要寄托着对亲人的思念与亲情。宋人范成大在其《桂海虞衡志》中就有对这种民俗事象的记载："家人远而归者，止于三十里外，家遣巫提竹节迓，脱妇人贴身之衣贮之以前，导还家，言为行人收魂归也。"京族常年在海上打鱼，故常有海上遇难而尸骨难寻的族人，其家人须请法师在外招魂。招魂时，法师与家人在海边竖起一支三四米高的竹竿，竿梢挂一笼小鸡，剪刀一把，尺一根，针三枚，线九根，死者旧衣一件，希望灵魂能认识自家旧物而魂归家里。法师则遣阴兵四处寻找亡魂，最后卜以"杯珓"，如得"胜珓"，则认为灵魂已归家。②

为客死他乡或非正常死亡者招魂仪式不仅在民间存在，古时地方官员也常常为保地方安宁而举行。旧时官方招魂仪式，只是主要用于在异地战死的兵将亡灵。由于这些士兵们随军出征，阵亡后无法将其遗体运回故乡，只得在其地葬埋。葬埋时，须招聚所有亡卒之魂，使之能魂归故地，与其祖先共居。如明朝时，朝廷征调土家族士兵前往广西，以靖国难。其后胜利班师时，明朝钦差总制四省军务尚书，左都御史王守仁亲自主持了一场隆重的招魂仪式，还专门写了一篇招魂祭文：

……

呜呼，诸湖广兵壮士，伤哉！尔等皆勤国事而来，死于兹土。山溪阻绝，不能一旦归见其父母妻子，旅魂飘飘于异域，无所依倚！呜呼，痛哉！三年之间，两次调发，使尔络绎奔走于道途，不获顾其家室，竟死客乡，此我等上官之罪也。复何言哉！复何言哉！

今尔等徒侣皆已班师去矣，尔等游魂漂泊，正可随之而归耳。尔等尚知之乎？尔等其收尔游魂，敛尔精魄，驾风逐雾，随尔徒侣去归其乡。依尔祖宗之坟墓以栖尔魂，享尔妻子之蒸当以庇尔后，尔等徒

---

① 魏庆征主编：《中国各民族宗教与神话大词典》，学苑出版社1993年版，第110—111页。
② 同上书，第356页。

侣或有征调之役，则尔等尚鼓尔生前义勇之气，以阴助尔徒侣立功报
国，为民除患，岂不生壮烈之夫而没与忠义之士也乎？……①

　　湘西地区旧时的"赶尸"，当可视为这种招魂习俗中一个较极端的
例子。湘西土家族、苗族人民相信，当亲人客死异乡后，仅仅"招魂"
是不够的，因为这样招来的灵魂会无所依附，因而须将其尸体一道运回，
使之像正常死亡者一样，可以顺利投胎转世或升入天堂。当得知亲人客
死他乡的消息后，若家庭贫寒，无力从远方运回亲人尸体时，往往请法
师到亲人客死之地去"赶尸"，即将尸体"运"回来。能"赶尸"的法
师一般都是法术高深的老法师，法师到达某地后，先招亡魂附于尸体之
上，继而念动咒语，并在尸体上贴上灵符。"赶尸"一般在黄昏时起程，
天明时歇息。当法师念动咒语后，相传尸体可自动而机械地迈动双脚行
走，法师只需在尸体后随行，而当路上遇见行人时，法师要高叫："让
开，让开，牲畜来了！"以通知行人闪避，就这样夜行晓宿，星夜兼程，
一直将尸体及亡魂一道"运"回故乡，重新择日安葬。一般人认为"赶
尸"之术荒诞不经，然经笔者调查，龙山县里耶乡土家族一82岁的向姓
的法师就曾为邻村一户穷苦家庭举行过这一巫术，至于其中的具体细节，
惜乎老人不肯深言。

　　无论是民间招魂还是官方招魂，也无论是招病者魂还是死者魂，这面
飘扬了数千年的招魂幡上已经明白地写着这样的文化意蕴：第一，招魂仪
式是人们灵魂观念外化的一种重要的文化形式，并且是一种经过传统规范
化了的文化形式，它直接展示了人们对灵魂的根深蒂固的信仰；第二，招
魂也是人类社会生活中亲情的仪式化诠释，不管是为生者、为病者，还是
为死者招魂，贯穿于整个仪式过程的是一种血浓于水、情深于海般的亲情
流动；第三，招魂仪式也同样表达了人们对灵魂的一种恐惧心理，尤其是
在招死者灵魂的过程中，这种恐惧心理表现得更为明显，人们希望灵魂不
要远游，不要迷失方向，不要滞留荒野，并希望灵魂能顺利回归其身，或
回归祖先故地，或升入天堂，其希望的背后，实际上隐藏着对灵魂化为厉

---

　　① （明）王守仁：《祭永顺宝靖土兵文》，《王阳明全集》（中），上海古籍出版社2012年版，
第795页。

鬼这种可能性，以及对灵魂不能投身转世的可能性的一种深深的恐惧；第四，招魂仪式也是人们内心中与灵魂亲合而又害怕亲合的矛盾心理的曲折性表现——亲合，是发自内心深处的亲情，害怕亲合，则又是对灵魂化为厉鬼的可能性的一种深层的焦虑。因此说，人们的招魂仪式是一种内涵十分复杂而又微妙的仪式，也正是这种饱含亲情而又写满恐惧的矛盾的心理，使得人们的招魂仪式显得更为意味深长。

二　灵魂祭祀

南方民族民间的灵魂祭祀，从传统的儒家观念来看，大多归属于"淫祀"的范畴。所谓"淫祀"，《礼记·曲礼下》曾做过如下的解释："非其所祭而祭之，名曰淫祀。淫祀无福。"《汉书·郊祀志上》亦曾明言："各有典礼，而淫祀有禁。"不管什么原因，凡是超越祭祀范围的一切祭祀都被封建统治阶级视为"淫祀"。其实，人们举行祭祀，主要是为了满足心理上的某种情感需要，它与旧时天子、诸侯们祭祀天地、山川、宗庙、社稷等一样。然而，古代祭祀的对象与仪式的形式和内容完全由封建统治者们制定，而制定者们又不了解民间详情，出于某些政治上的目的，人为地对祭祀进行强行划分，从而出现了"典祀"和"淫祀"之分。但今天我们认为淫祀与典祀在性质上都是相同的，都是为了祈福与消灾，只是在形式或仪式上有些差异而已。

灵魂祭祀本应含祖灵祭祀在内，由于下文有专节表述，故这里不再进行讨论。

自古以来，南方淫祀之风浓厚，汉人王逸在《楚辞章句》中说："昔楚国南郢之邑，沅湘之间，其俗信鬼而好祠，其祠必作歌乐鼓舞以乐诸神。屈原放逐……出见俗人祭祀之礼，歌舞之乐，其词鄙陋。"宋人朱熹也在《楚辞集注·九歌叙》中说："蛮荆陋俗，词既鄙俚，而其阴阳人鬼之间，又或不能无亵慢淫荒之杂。"诚然如此，古代南方民族由于地方偏远，自身生产力十分低下，自然生存环境又是如此恶劣，为了生存发展，为了缓解生存的苦痛与内心的焦虑，他们一方面向自然力屈服，演化出普遍的淫祀之风；另一方面又咬紧牙关，与鬼怪精灵展开搏战，形成了纷纭复杂、变化多姿的巫术风俗。正是在这种搏战与屈服之间，南方民族的人民运用自己的智慧与精力，演绎出了一种奇诡灿烂的灵魂信仰文化。

1. 杂神祭祀

我们称南方民族复杂繁多的神灵祭祀为"杂神"祭祀。"杂神"之所以"杂"，究其原因，乃在于各地人们总是从自身利益出发，依据于神灵与自己的利害关系而择取祭祀对象。故而从整体观之，南方民族所祀之神灵便显得不成"体系"，庞杂混乱。不管其神原本是属于哪个宗教流派，也不问是天神地祇、正神邪魅，只要能满足人们某种情感的需要，都可以立庙设坛、血食一方，或者在重大祭祀场合中，一律请上神案。结果，佛、道、释、巫各路神圣汇集一堂，这在外人看来简直匪夷所思，故往往容易被视为"淫祀"。但如果仔细深究，就会发现这些神灵在民众的文化心理中都有其受祭的依据。一般来说，那些曾造福一方、为人们立下过大功绩的灵魂，总是最容易受人祭祀的。

据《太平广记》卷291引《成都记》的记载：四川巴蜀一带人们的李冰祭祀就较有代表性。"李冰为蜀郡守，有蛟岁暴，漂垫相望。冰乃入水戮蛟，己为牛形，江神龙跃，冰不胜。及出，选卒勇者数百，持强弓大箭，约曰：'吾前者为牛，今江神必亦为牛矣。我以太白练自束以辨，汝当杀其无记者。'遂吼呼而人。须臾，雷风大起，天地一色。稍定，有二牛斗于上，公练其长白，武士乃齐射其神，逐毙。从此，蜀人不复为水所病。至今大浪冲涛，欲及公之祠，皆弥弥而去。故春冬设有斗牛之戏，未必不由此矣。"李冰曾为巴蜀地区人民的生活幸福勇斗蛟龙、消除水患灾害，立下了大功绩，故巴蜀之人奉其为神，勤加祭祀。

并非只有为民建立大功绩者，方可享受人民的祭祀，事实上，只要于人有利，南方民族多奉之为神。如广东一带于明清时期很流行"金花夫人"的祭祀就是一例。据载金花夫人生于明洪武七年四月十七日，卒于洪武二十二年三月初七，时年仅十五岁，生前是一位女巫，广东一带奉之为生育之神，祭祀颇繁。明代参政张诩曾赋诗云："玉颜当时睹金花，化作仙湖水面霞，霞本无心还片片，晚风吹落万人家。"清人梁绍壬对此也有记载："广东金花夫人庙最多，其说不一。或曰金花者，神之讳也，本巫女。五月观渡溺于湖，尸旁有香木偶，宛肖神像，因祀之月泉侧，名其湖曰仙湖。或曰神本处女，有巡按夫人分娩，数日不下，几殆。梦神告曰：'请金花女至，则产矣。'密访得之，甫至署，果诞子。由此无敢婚神者，神羞之，遂投湖死。……乾隆间，翁覃溪学士方纲视学粤东，适至仙湖街，见男女谒拜，肩舆不能过，怒，命有司毁之。于是复奉祀于石鳌村。四月十七日神诞，画舫笙歌，祷赛极盛云。"① 金花夫人虽为一少女，生前亦无什么大功德，但民间信仰认为她为生育之神，清代有民谣云："祈子金花，多得白花；三年两朵，离离成果。"故民间多祭其以求子，其祭祀时，由妇人入庙礼拜，将红线系在他人怀抱的胖孩子上，便可使自己也有生育能力。

云南白族的本主祭祀，大都是有功于民的英雄之灵。大理太和村、羊皮村的本主庙所祭的段赤城就是一位斩蛇除害的大英雄。

"白古通洱海有妖蛇，名薄刲，兴水淹城，段赤城除之。"羊皮村阳峰下有一塔，名蛇骨塔。塔后有一寺，名佛图寺。相传有大蛇，常食村中人畜，兴洪水。赤城，义士也，决心为民除害。浑身尽缚钢刀，手亦持钢刀，让大蛇吞入腹中。结果，蛇被段赤城所杀，赤城亦死。村人葬赤城于斜阳峰上，并灰蛇骨为塔……②

谢肇淛《滇略》："赤城，碟榆人，有胆略。蒙诏时，龙尾关外有大蟒吞人畜，赤城披甲持双刀赴蟒，蟒吞之，刀出于背，蟒亦死。土人剖蟒腹，出赤城骨葬之，建塔琢上，锻蟒骨以垩塔。"③

除了上述情况之外，南方民族通常祭祀的还有夏禹、项羽、马援、诸葛亮、鲁班、蚕神、妈祖等。但若以某一地区或某一民族所祭的神灵而言，其"杂"的特性就十分明显，如湘西永顺县城比较有影响的神祠庙寺就有土司王祠、吴著祠（祀老土司王吴著冲）、玉极殿（祀玉帝）、崇圣殿（祀玄帝）、观音阁、水府阁（祀关羽）、福民庙（祀五谷神）、鲁大王庙（祀土家族英雄）、祖师殿（祀巫师祖灵）、八部神祠（祀八部大王）、四大天王庙（祀飞鸟之神）、天王庙（祀白帝天王）、五通祠（祀五通神）、九母宫（所祀神不详）、药王庙、痘神殿、张飞殿、黑神庙，太阳

---

① （清）梁绍壬：《两般秋雨庵随笔》卷2。
② 徐嘉瑞：《大理古代文化史》，云南大学西南文化研究室1949年版，第217页。
③ 同上书，第224页。

宫、地母庵（所祀神不详）、五显祠（祀五显灵官）、云霄殿（祀云霄娘娘）、韩婆婆庙（所祀不详）、龙王庙、岩娘庙（所祀不详）、马王庙（祀马援）等26座，倘若再加上土地庙等，就更为繁杂了。在南方民族心中，无论是何方神圣，只要我敬奉了你，你总不会因此而惩罚我并带来灾害。所谓礼多人不怪，同样，礼多神也不会怪罪的。既然如此，不管是何方神圣，一律祭祀之，东方不亮西方亮，在某种特殊场合，说不定哪位被祭之神高兴了，为自己出力相帮，化险为夷，甚至可能带来福佑呢。正是这样一种心态，使得人们所祭的神越来越多，越来越杂。

2. 厉坛祭祀

厉坛祭祀所祭者皆为厉鬼，相对于神灵而言，人们更害怕鬼，尤其害怕厉鬼。因为民间信仰中的厉鬼不仅作恶于人，有的甚至吃人。如基诺族信仰中的"特切"，景颇族信仰中的"咆龙图"，傈僳族信仰中的"尼旦玛"等都是吃人的恶鬼。为了缓和人们对厉鬼的恐惧，不同地区的不同民族都存在着对厉鬼的祭祀。在这里，仅以旧时汉民族官方的厉坛祭祀为例。

厉坛祭祀一般由当地政府官员主持，每年的清明、七月十五日、十月初一日举行，祭祀地点多选于城的北郊。届时，须备羊三只，猪三头，米三石及香烛酒纸等物品，并造临时性祭坛一座，两旁排列众多个"无祀鬼神"的牌位。祭前，先迎城隍神位立于坛上，设神案，案上摆一块祝版，白绢一匹，熟羊一只，熟猪一头，三只酒杯，五只汤碗，二盏灯，香炉一个，香盘、纸马各一份。东西各设"无祀鬼神"案一座，上各置熟羊一只，熟猪一头，三只酒杯，三碗菜肴，米一石，灯二盏，纸钱十两，金银锞十束。

主祭官在吉日良辰，率领所有地方官员身着朝廷礼服在坛前祭奠，行一跪三叩首礼，并亲自焚绢布、香纸等。焚香纸毕，主祭官还须诵读祝祷厉鬼的祝文：

> 普天之下，后土之上，无不有人，无不有鬼。人鬼之道，幽明虽殊，其理则一，故制有治人之法，即制有事神之道。念厥冥冥之中无祀鬼神，昔为生民，未知何故而没其间。有遭兵刃而损伤者；有死于水火盗贼者；有被人取财而逼死者；有被人强夺妻妾而死者；有遭刑

祸而负屈死者；有天灾流行而疫死者；有为猛兽毒虫所害者；有为饥饿冻死者；有因战斗而殒身；有因危急而自缢者；有因墙屋倾颓而压死者；有死后无子孙者。此等孤魂，死无所依，最堪怜悯。或依草附木；或作妖为怪；徘徊于星月之下，悲号于风雨之中，今迎尊神以主此祭，谨设坛于城西。此当×月上（中、下）元佳节，谨备牲醴羹饭，专祀本县（州、府、郡）阖境无祀鬼神等众灵，其不昧来此享此祭。尚飨！①

旧时的厉坛祭祀就官方而言是十分慎重的，它所表达的意义也十分丰富。首先，这种祭祀表现了为官者的"爱民"情怀，关心民间疾苦，体贴百姓伤痛。其次，可起到安定百姓情绪的作用。在百姓的观念中，"作妖为怪"的厉鬼们得到如此隆重的祭祀，应当获得满足，至少暂不会作祟于人。再次，缓解人们心理上的某种焦虑情绪。尤其是那些非正常死亡者的家属，或家中尚无子孙承接"香火"的家庭，可能会形成一种暂时的宗教性幻想，认为自己身后仍可借助这种官家的厉坛祭祀，获得超生的机会。故旧时南方各县、州、府、郡多有这类祭祀，以安民心。最后，还有许多临时性的祭祀仪式，如某户家人家境不顺、灾病频繁，或人畜不安、财物丢失等，都往往归因于邪灵恶鬼作祟，亦需及时进行祭祀，由于此类祭祀太多太杂，无法一一细述。总之，在南方民族地区，旧时的"淫祀"之风十分繁盛，历朝各代文人史家，亦广为记载，有的祭祀之风，至今仍有遗存。

3. 祭祀形式

民间灵魂祭祀一般都有着自己的程序，尽管这些程序很难统一，但各种仪式仍有着比较严格的仪式规定，不得随意更换或颠倒。对于举办仪式的主事人而言，祭祀仪式倘若出现差错，哪怕只是小小的差错，都会直接关涉祭祀的灵应。因为仪式的每个细节都事关家庭幸福，甚至是人命关天的大事，因此他们总是十分严肃慎重地对待祭祀。

概括地说，民间祭祀仪式都具备以下的程序：（1）仪式材料及设备的预备，主要指祭品、场地、用具等物件的筹划准备；（2）仪式时间的选择

---

① （清）刘家传等：《辰溪县志·祀典志》卷14，道光十二年刻本。

（以上为仪式前的准备）；（3）请神；（4）敬神；（5）祷神（主要诉说举办仪式情由）；（6）娱神；（7）谢神；（8）送神。这是民间神灵祭祀的主要程序，不同地区、不同民族往往又根据具体的仪式情境对此有所增减详略，从而使得整个祭祀仪式姿态各异，别有一番风味。

歌舞娱神是南方民族神灵祭祀的一大特色。唐人刘禹锡在《阳山庙观赛神》诗中就曾对此有这样的记载："汉家都尉旧征蛮，血食如今配此山。曲盖幽深苍桧下，洞箫愁绝翠屏间。荆巫豚豚传神语，野老婆婆启醉颜。日落风生庙门外，几人连踏竹枝还。"[①] 此言旧时的武陵郡民众歌舞祭祀梁松的赛神活动，其中就言，及民众"踏竹枝"歌舞娱神的场面。宋人范致明的《岳阳风土记》也说："荆湖民俗，岁时会集。或祷祠，多击鼓，令男女踏歌，谓之歌场。"各地历朝方志对这种歌舞娱神之风记载颇多，现撷采数例于下：

> 祀神前，用人数队戴革兜，穿皮甲，持枪链相逐；次以一人抢木像旋转而行，口作鬼啸；又次，老瑶数人，穿红袍或绣衣，皆持白扇，拱手遮面，口中亦作鬼啸。每数武聚舞喧哗，焚楮放炮。
>
> ——（清）康熙：《连阳八排风土记》（广东瑶族）
>
> 或遇疾病，不服医药，辄延鬼师歌舞祈祷，谓之"跳鬼"。
>
> ——中华民国二十三年：《上林县志》，广西林县图书馆印本。
>
> 寡尚医药，病多祈鬼神。其无知村子犹滥杀牲命，呼邻口共图醉饱，甚有聚巫女歌舞灯醮，谓之"乐神"。此皆流俗之恶习可惩戒者。
>
> ——清抄本，《乐会县志》（海南）

由此可知，南方民族的灵魂祭祀，大多伴有歌舞，有的地区不仅用歌舞祭神，还须将参与祭神者进行化妆打扮，或戴面具，或持戈矛，或轻歌曼舞，或声调激昂，或诙谐幽默，或打情骂俏，极尽娱神之乐事。唐代诗人元稹就曾见湖南岳阳村民赛神之俗："楚俗不事事，巫风事妖神。事妖结妖社，不问疏与亲。年年十月暮，珠稻欲重新。家家不敛获，赛妖无富

---

① 陶敏、陶红雨：《刘禹锡全集编年校注》（上册），岳麓书社2003年版，第94页。

贫。杀牛贳官酒，椎鼓集顽民。喧阗里间隘，凶酗日夜频。"① 此言秋收时节，岳阳里民报赛神灵之俗，他们顾不上收获水稻，杀牛酬酒，椎鼓喧阗，亦歌亦舞，以报神功。不过，对南方赛神写得更逼真的是明末僧人释成鹫的《跳大王歌》：

> 蛮乡歌舞自积善，厥声可闻不可见。四月五月跳大王，家家刻木作鬼面。千丑万拙由心生，头角狰狞尽奇变。削成两耳贯双环，黑白青红随绘绚。长缨分结顶门边，俯仰周遮任方便。市来绛帛缝赭衣，承以素裳纫新练。长柄牙旗短柄箓，东官草帽冈州扇。粗缯细篾作游龙，肖首肖尾中连串。事事具足人力齐，次第椎牛集欢宴。大王端坐不饮酒，黄童白叟争酬劝。酒阑酩酊齐唱歌，呕哑啁啧无分辨。异神入城城市空，大呼疾走看游龙。驭龙小儿戴鬼面，一步一趺来匆匆。左顾右盼各招手，头旋尾转相追从。游龙舞罢抚歌板，唱歌尽是白头翁。青葵半掩老面目，随声答响差雷同。须臾磨旗万舞作，朱干玉戚纷兴戎。或击或刺冯而怒，或揖或让足而恭。忽焉而起忽而止，一一皆与神心通。舞罢偃旗卧金鼓，借问大王何所取？倾筐擎出斗与升，鬼面成群更歌舞。……吁嗟乎，天下尽儿戏，举世同奔波。车毂交击人肩摩，俄而礼乐俄干戈。五斗折腰不足道。倾筐积少看成多。大王乃是死诸葛，含羞忍耻如之何！②

这是广州里民赛祭诸葛亮的祭祀场面，诗中不仅写出当时祭神情景，还传达出明代广州"跳大王"习俗的相关信息，其间最引人注目的是跳大王中有"鬼面"，即面具，且形象十分狰狞凶恶。它们头角突露，两耳如削，一双巨型耳环，面部涂以各种色彩，且头上还编长缨为赤发，模样吓人。参祭人员红衣素裳，手持祭旗，短刀长枪，威风凛然，让人生畏。另外是舞蹈场面变化激烈，有劝酒舞、游龙舞、征战舞、酬神舞等，尤其是战争舞蹈——长旗挥动，刀枪并举，厮杀鏖战，金鼓昂然，俨然一幅兵戈杀伐之图景，将整个祭祀推向高潮。其实，人们之所以如此劳心费神，不

---

① 赵杏根编：《历代风俗诗选》，岳麓书社1990年版，第28页。
② 同上书，第192—193页。

惜钱财举办仪式，最终的目的还是为了生存。

　　詹姆斯·乔·弗雷泽说："我说的宗教，指的是对被认为能够指导和控制自然与人生进程的超人力量的迎合或抚慰。这样说来，宗教包含理论和实践两大部分。就是：对超人力量的信仰，以及讨其欢心，使其息怒的种种企图。这两者中，显然信仰在先，因为必须相信神的存在才会想到要取悦于神。"① 这位伟大的人类学家意在说明宗教的目的，特别是原始宗教的目的主要在于"讨其欢心，使其息怒"，则人们可求得福祉；神灵息怒，则人们可免除灾祸；神灵快乐，则人们可获得幸福。所以，为了让神灵快乐，南方民族在旧时祭祀那些对自己关系重大的神灵时，在其仪式中总是有歌舞相伴，以达到娱神和自慰的目的。

三　驱逐与歼灭

　　严格说来，驱逐与歼灭是一种巫术仪式。它是人们在生存的重压下做出的一种应激反应，也是人们在想象的世界里展开的一场与鬼灵的战争。具体说来，巫术建立在人的自信心树立的基础上，而祭祀却是建立在人的自信心丧失的基础上。当面对生存中的灾难，相信凭借自身的力量完全能征服时，人们往往会采用巫术的形式，直接与对手进行战争；相反，当人们对自身的力量丧失信心，却又满怀生存的希望时，他们采用的往往是祭祀。在南方先民的心中，巫术仪式并非仅仅只是一场廉价的表演，而是一场事关生命的苦乐存亡的真实战斗，故人们过去在举行巫术仪式活动时，总是十分严肃认真而又全身心投入的。

　　仫佬族人有一种叫"遣村"和"遣峒"的赶鬼仪式，旧时每年或每两年要举行一次，尤其是在病虫灾害严重时，更要进行这种活动。仫佬族人认为，病虫灾害形成的原因主要是恶鬼作祟，故必须加以驱逐。"遣村"仪式由巫师数人在村前设坛作法，且全村人都要参与整个仪式。人们列队前行，一直队伍前面是两位青壮年农民，即驱鬼先锋，他们头上包着画有符咒的红纸头巾，脸上和手心上都盖有巫师的法印。一人持剑，一人持铁链，以追杀和缚住恶鬼。"先锋"身后是4名"抬火炬"和"收灾船"的

---

　　① ［英］詹·乔·弗雷泽：《金枝》（上），徐育新等译，中国民间文艺出版社1987年版，第77页。

男人。"火炬"为一只盛有清油的铁锅，锅中火焰烈烈。"收灾船"为竹编的船，内置鸭子一只。随后是身着法衣、头戴法帽、手摇法剑、口念巫咒的巫师。巫师身后则是十余名手持符箓、桃枝、五色纸旗和鸣锣击鼓的乐师。村中其余青少年尾随其后，呐喊助阵。

这支驱鬼队伍的任务是挨家挨户进行驱鬼。每到一户，"先锋"挥剑舞链，擒鬼捉邪，巫师则挥舞法剑，四处驱逐，一路砍杀劈刺，锐不可当。家中人则收撮垃圾，放入"收灾船"中，意味着灾祸已被扫荡净尽。最后将桃枝插于门上，张贴符箓，使恶鬼不能溜进屋内。这样"扫荡"全村以后，接下来是"遣峒"，即扫荡田间恶鬼。队伍沿田间小道一路驱邪捉鬼，呐喊声震耳欲聋，法剑、铁链不停挥舞，五色纸旗频繁摇动，大有一番追魔逐魅之势。一路上还要每隔二三百步插一面五色纸旗，并摘些草茎树叶放人"收灾船"内，待全村峒田扫荡完后，巫师作法，焚"收灾船"，意味着已将全村病虫灾害全部烧毁，村寨将从此获得安宁。

接下来的是"禁村"仪式。恶鬼虽已赶跑，灾祸虽已消除，但是恶鬼还会卷土重来，所以必须封闭村寨，让恶鬼无法再进来。"禁村"就是在村前路口立拱门一座，上贴对联、符箓，插上五色纸旗，并规定三天之内严禁一切陌生人进入村寨，违者将施以处罚。具体来说就是罚其出钱再做一次"遣村""遣峒"的仪式。①

驱逐恶鬼固然是人的力量与信心的展示，但是仅仅是驱逐，并不能从根本上解决问题，因为恶鬼还有可能回来，灾祸还有可能发生。要想杜绝灾祸疾病，唯一的办法就是将恶鬼斩草除根。恶鬼不除，村无宁日，人无宁日。在南方民族的信仰文化中，同样也存在着更为激烈的与恶鬼斗争的巫术仪式，即杀鬼。

独龙族人就有巫师砍杀恶鬼"德格拉"的仪式。这种仪式有在家砍杀和在野外砍杀两类。在家砍杀时，主要是"诱杀"。让被"德格拉"缠身的病者坐在一群姑娘当中，与姑娘们一起嬉戏调谑。据说这样会引起恶鬼的嫉妒而贸然出场制止。巫师南木萨与助手数人则悄悄躲藏于屋顶上。当恶鬼愤然从天空中飘落时，巫师及助手便一拥而上，挥刀斩杀，将恶鬼杀

---

① 张有隽等：《民主改革前仫佬族的宗教》，载《中国少数民族宗教》（初编），云南人民出版社1985年版。

死。但是有时由于巫师出击时间掌握不好，往往会惊跑恶鬼。这样，就得再次选择吉日，重新举行"诱杀"仪式。野外砍杀一般在离家较远的山野中进行，也具有"诱杀"的特点。让被恶鬼缠身的青年与一群衣着漂亮的男女青年相伴出游，一路亲近、嬉笑，歌唱，诱使"德格拉"追随其后。而青年人则有意地"牵引"着恶鬼于山野间奔走不息，使恶鬼疲惫不堪，再将恶鬼引到巫师南木萨和助手们预先埋伏的地点。被缠的青年则将手中的竹竿拐杖插于地上，给恶鬼故意设一个休息的地方。当恶鬼爬上竹竿休息时，巫师立即挥刀向竹竿顶端砍下，助手亦挥刀相助，直至将竹竿劈碎，这就意味着恶鬼已被斩杀。

土家族人斩鬼仪式一般不用"诱杀"，而是与恶鬼力战，完全凭借自身的巫术力量去歼灭鬼魅，这一点可以从其斩杀恶鬼的咒语中看出。在给祖先神还愿的"服司妥"仪式中，就有这类咒语：

　　……我张开五钉手①，收！收！收收收！那户主堂里啊，年年有灾啊，我五钉手！月月有难啊，我五钉手！病在牙床，五钉手！倒在磨坊，五钉手！茶路不通，五钉手！酒路不畅，五钉手！……铜钉钉了三丈三啊，铁钉钉了九丈九。脑壳昏昏的，我五钉手啊！肚皮痛痛的，我五钉手！日里瞌睡多的，五钉手！夜里乱做梦的，五钉手！……白天看见蛇绞尾的，五钉手！夜里听见母鸡叫的，五钉手！屋前老鸹嘎嘎乱叫的，五钉手！屋后野猫恰恰乱喊的，五钉手！……天上来个天煞神啊，五钉手！地下来个地煞神啊，五钉手！牛瘟进他屋啊，五钉手！马瘟进他屋啊，五钉手！鸡瘟进堂，五钉手！鸭瘟进殿，五钉手！……雀怪侵他屋的，五钉手！虫精犯他屋的，五钉手！雀啄小米的，五钉手！虫咬草烟的，五钉手！瓜落瓜儿的，五钉手！禾苗发病，五钉手！桃李枯树的，五钉手！我一手收，手中收！二手收，手中收！一十二手手中收；二十四手手中收！收收收收收！牛踩马碾去！铁钉钉它三丈三，铜钉钉它九丈九！②

---

　　①　五钉手：土家族人巫术观念中颇具巫术法力的巫术之一。意为巫师的五个手指化为金银铜铁钢五枚神钉，钉杀一切妖魔邪魅。

　　②　彭荣德等：《土家族仪式歌漫谈》，中国民间文艺出版社1989年版，第51—56页。

凭借着这无坚不摧、无妖不降的"五钉手"，土家族巫师自信能够荡尽人间一切邪鬼妖魅。无论是"天煞""地煞"，疾病瘟疫，还是牲畜家禽的疫病，农作物的病虫灾害，全都将在"五钉手"下魂飞魄散，或死于非命，"铜钉钉它三丈三啊，铁钉钉它九丈九！"邪鬼妖魅就这样被钉入地底，永世不得翻身。正是如此的自信，所以在与邪魅征战的战场上，土家族巫师也常常请动天兵神将，对村寨中的一切邪魅展开一场巨型的围歼战，最具代表性的是"结界"这一场面浩大的巫术仪式。

需要事先说明的是，在"结界"这一大型巫术仪式活动中，其间的许多场面都是通过巫师的巫术咒语来表现的。宗教人类学家 S. J. 坦比阿认为："大多数'巫术仪式'（确实如同大多数仪式一样）都把言辞和动作结合在一起，并且热衷于一种效果的'劝导性的转移'，有些人会把这叫作礼仪的'有目的'的本性，另一些人会把这叫作礼仪的'以言行事'的本性或'实施'的本性。"① 奥斯汀对此有个更为通俗的陈述："在这类活动中，说出一句子不仅是在言说某种东西，它本身就是在做一个行动，或是这项行动的一部分……在适当的场合下，说出这些句子'并不是描述我在说话的当时做的事情，也不是要叙述我将做的事情，说话就是做事。"② 这就是说，在人们的巫术仪式中，语言不只是叙述或描绘，而是"实施"，语言就是行动。据此，我们只需对"结界"仪式中的"咒语神辞"做一番分析，即可了解和阐明其仪式的内涵。

"结界"共分四重，一曰"天界"；二曰"地界"；三曰"阴界"；四曰"阳界"。结天界，重新安排日月星辰的秩序，使星辰恢复正常，重现一派朗朗乾坤；结地界，催发万物生长繁殖，草青树茂，五谷丰登；结阴界，扫荡邪鬼妖魅，整顿鬼魅世界，使一切善鬼守护人间，把一切恶鬼斩尽杀绝，为人间消灾弭难；结阳界，让人间幸福长在，人寿年丰，无病无灾，光明清静。整个结界过程主要是请动本族的众多的守护神灵、雷公电母以及五方金刚菩萨筑起铜墙铁壁，以阻断界外邪鬼进入，然后再运起巫术法力将界内邪魅扫荡歼灭。其咒辞曰：

---

① ［英］S. J. 坦比阿：《论巫术行为的形式和意义》，载史宗主编《20 世纪西方宗教人类学文选》下册，上海三联书店 1995 年版，第 775 页。

② 同上。

……手拿师刀来结界，斩尽天下邪魔王；手拿柳巾来结界，扫清鬼魅和魍魉；手拿牛角来结界，鸣角一声邪扫光；头戴凤冠来结界，傩前雄兵十万强；手持马鞭来结界，打消天灾地祸殃；行罡步斗来结界，天瘟地瘟跑远方。……结起铜城和铁墙，又结高楼高万丈；隔开邪魔和鬼怪，无灾无难身健康。结界仙人来到此，要帮主人扫邪殃。两旁打起锣和鼓，结界仙人起兵强。结上天来见天光，结下地来五谷昌；结得儿女身强壮，结得六畜多兴旺；结得国正天心顺，结得官清民欢畅；结得子孝父心宽，结得妻贤夫无殃。①

当天地人鬼四重界域都已结成铜墙铁壁之时，巫师要在天界张开"天罗"，在地界布下"地网"，在阴界催动神兵，在阳界激发雷火。"上张天罗收百鬼，下张地网捉邪精。""天上不准鸟飞过，地下不准蝼蚁行。若有强梁不服鬼，斩下头来献老君。弟子金刀当面落，诸邪百鬼化灰尘。"在阳界（即人间），则激发雷火，殄灭妖邪："重重城上又加城，莫叫邪魔得路行。如有邪魔攻界者，放发雷火便烧身。天火连天烧到地，地火连地烧到天。霹雳一声雷火起，邪魔鬼怪不留存。"扫荡了界域内的群鬼，使界域内重现朗朗乾坤，清平世界。但界域外的邪鬼却时时想侵入，故巫师最后要加强防范："四方挂网一日工，罗网张开数千重。天罗地网张连天，铁城铜墙不透风。铁碗铁钩城门挂，五营战鼓响咚咚。四方城门牢上锁，斩除百鬼断影踪。结界结到这里止，三巡美酒酬神功。"②

通观"结界"巫术仪式的全过程，其间洋溢着的不是人间胜境创造的艰辛与劳动的欢乐，反而是勇猛战斗的激情和除恶务尽的决心。在这种人鬼对立的尖峰时刻，人们已经没有退路，也没有畏惧，只有与其拼死一战，方有可能获得生存的机会。当然，这种人鬼之战的根本目的在于改变自身的生存环境，因此在这种意义层面上，我们也可以将这一巫术仪式理解为人们对其自身生存环境的重新创造过程。因此，在"结界"巫术仪式中，人们要重新安排天地宇宙，整顿日月运行的正常秩序，促进万物兴盛繁衍，增强它们的生殖力，消除一切邪魅的污痕，使天地宇宙清纯明净，

---

① 《沅湘傩辞汇览》（内部资料），第41—42页。
② 同上书，第42—43页。

廓然一新。在他们看来，宇宙原本是一个美好的世界，只是因为有了邪魅们的兴风作浪，才导致人间的种种不幸，那么只要荡涤一切邪魅，恢复世界的正常秩序，人生就会依然美好如初。为此，他们全身心地投入到这场扫荡妖魅的战斗中，筑起重重铜墙铁壁，张牙舞爪、祸害百姓的邪魅们在人们设置的这种雷火剑阵中，或身首异处，或"化为灰尘"；幸免于死的鬼魅们亦被罗网缠住，无法逃遁。于是，妖瘴消散，天地重现一派光明，人间亦重新恢复往日的幸福、康乐与宁静。

无论是哪个民族，在这类人与邪鬼的巫术战争中，其结果总是以人的胜利而告终。妖魔鬼灵无论怎样狰狞凶残，在人们的巫术力量面前，或被驱逐，或被歼灭，或被擒捉，总之是被一网打尽，总逃不脱覆灭的命运。巫术胜利的辉煌，事实上就是人类力量的胜利辉煌。尽管在巫术仪式中，也有请求神灵相助，共同扫荡妖魅的程序。然而巫术仪式的核心是人，依靠的是人的力量，况且神灵也得听从巫师的调遣，不得违背巫师的命令。因此可以说，在巫术世界中，人才是万物之灵长、世界的主宰。这样，在一次次驱逐恶鬼、斩灭邪魅的巫术仪式中，人们逐渐树立起对自身力量的坚定信心，相信凭借自己的力量，一定能够战胜一切妖魔鬼怪，歼灭一切邪恶鬼灵，这正是巫术仪式的价值所在。如果剔除巫术中的愚昧成分，我们还可以从巫术仪式中见到人类在现实生活中的征服自然、改造自然的理想之光，见到其为此目的呼啸奋进的身影。

第三章　自然的魅力

人类自诞生的那一天起，就与自然界结下了不解之缘。人类生活于自然界中，是自然界中的一员，其生存与自然界有着须臾不可分离的联系。自然界提供给人类的远比衣食住行等生存必要条件要多得多的东西。那无垠的天空，灿烂的日月星辰，辽阔的海洋，峻拔的高山，茂密的丛林，奔腾的江河，还有那千姿百态的鸟兽虫鱼、花草果实，这一切既是其生存的依赖，也是其生存的伴侣。至于风雨雷电，云雾霜雪，彩虹如练，流星如矢，又是那样的让人惊惧，让人入迷。生活在如此魅力四射的大自然中，一方面沉溺于大自然的美丽神奇，另一方面又对这种神奇的自然百思不得其解。

几十万年来，这些心灵的困惑也同样缠绕着我国南方民族的心灵，与世界各地其他不同民族一样，在其历史进程中，他们也在默默地力图解释身边的自然。当然，任何民族对自然的探索研究无不是从自身生存发展这一最基本的需要出发，其解释也无不留下本民族文化心理的烙印。因此，当人们对某一具体的自然物进行解释，并由此而生成其思想观念，形成其仪式行为与社会实践行为，就必然存在着相当大的不同，从而使得不同地域、不同民族在此基础上形成的自然崇拜也呈现出不同的文化特征和文化风韵。

概括地说，南方民族自然崇拜对象主要包括神灵化的自然现象、自然力和自然物。若稍加整理，大致可分为天体崇拜、地祇崇拜、物灵崇拜三大类。

第一节　天体崇拜

天体，在这里主要指天、日、月、星辰。学者们通常也将一些与人们生活关系密切的自然现象，如风、云、雷、电、雨、雪等归类于这一概念内，一并加以言说。在遥远的荒古，天体对于人类而言，是一种充满着神秘，也充满着幻想的事物，由此也生发出许多有关天体的神灵故事和膜拜行为，特别是与人们生活关系最为密切的太阳、雷、雨等，人们对其更是崇拜备至，并形成了一种古老而又复杂的信仰文化。

一　天神观念与祭祀

在南方民族的原始信仰文化中，存在着天神观念，但相对于汉民族而言，他们大多没有把天神提升到"至上神"的高度来加以崇拜，而只是将天神视为诸神中的一员，其主要职能在于管理天界诸物。也有的南方民族认为，天神在创造宇宙的过程中曾出过力，因此对天神的崇拜大多表现在有关天神的神话传说中，似乎并无什么祭祀习俗遗存下来。在人们遇到灾难时，人们举行特定的祭祀仪式，却很少向天神求助，而只是求助于那些与灾难相关或与人们日常生活密切相关的神灵。这一点，与中原王朝所制定的祭天典仪有着很大的不同。

1. 天神观念的差异

这种祭祀中对"天神"的遗忘，源于南方民族与中原天神观念的差异，它既非是对天神的一种否认，也谈不上是对王朝仪典的一种拒绝，而是由于南方民族的信仰文化的根基主要是建立在生存需要这一心理基础上。加之天空事实上与人们相距甚远，而人们的祭祀祈福、驱灾消难又往往是针对性很强的仪式活动，大都与天空无关或关系不大，故而导致南方许多民族出现这种"天神遗忘"的文化现象。不过这并不等于说南方民族没有天神祭祀习俗，事实上在彝族、哈尼族、苗族、纳西族等民族中，仍然还保留着"祭天神"的仪式习俗，至于天神观念的遗存更为普遍。这种风俗的差异根源于人们观念层次的差异，也就是说，南方不同民族对天神的认识、看法、评价上，都客观地存在着许多不同，其中最突出的是对天神的善恶是非的评价问题。

傣族人信仰的天神有二，即天神和天神之子。第一代天神的形成十分有趣，据说是大风为其父，气团为其母，二者的结合生下了这位天神，其名曰英叭。英叭的最大功绩是创造了天地，创造天地时所用的材料是其身上的泥垢和汪洋大水中神鱼阿巴嫩吐出的泡沫和渣滓。他用这种混合物制造了大地，而将大地上方的空间做成了天空。后来，英叭年纪老了，就又用头顶上的泥垢制造了第二代天神，其名曰玛哈捧，并认为玛哈捧虽是自己的儿子，但应该比自己强，于是便让玛哈捧住在最高一层天上（第十六层），而自己则居于第十五层天上。玛哈捧的功绩是造神，他模仿其父亲英叭，也用自己身上的泥垢搓捏出了自己的儿子捧蜡哈，捧蜡哈则捏出了双面神捧双拿。一万年后，捧双拿又捏出了三面神，三面神又捏出了四面神，四面神又捏出了无心神，无心神又捏出了没头没身、没手没脚的圆身神。于是，就这样一代一代捏下来，终于使得 16 层天上都住满了天神。又由于天神们分别都由自己的父亲所捏出，故其形状也就千奇百怪，有圆脸、方脸、尖脸、双面、三面、四面、多头、多臂、多眼、多耳、多舌等。①

从傣族神话中可见，天神之功除了给人类创造了天地外，他们就忙着为自己繁殖后代，忙着让自己的后代都住上不同层次的天空。他们既不关心天下百姓的祸福安危，也不理睬天下百姓的生存疾苦。在傣族人看来，天神是非善非恶的，他虽未给人们创造福祉，但也没有给人们制造灾祸。天神与人类之间，似乎关系并不怎么密切。大概也正是出于这样一个原因，人与天神之间的联系逐渐趋于淡化。人们虽尊它为神，但因为与自己的生存利益关系不大，在心中并不十分重视它，只是仅仅视其为神而已。

较之傣族的天神观念，苗族对天神的信仰有着很大的不同。在黔东南苗族信仰中，最大的天神是"勾蒿"，意为"天公"或"雷公"。他们认为天神中最厉害的就是雷神，并认为勾蒿无所不在、无所不知、无所不能，且主要同人类作对，是人们心灵中的凶恶之神。相传勾蒿与人类始祖姜炎是同胞兄弟，后因遭姜炎的戏弄，加之与姜炎分家时的不公平，便发起洪水要灭绝人类，并世世代代对姜炎的子孙实施报复，向人间撒下灾祸。在这样的原始信仰文化中，天神似乎并不太管理天空事务，而是存心与人类为敌的凶神恶煞。这种视天神为凶神的观念确实有自己的特色，它主要源于人们对雷电这一自然现象的惶恐。每当雷雨季节，雷声隆隆，电光闪烁，且常常发生雷电击损老树、伤毙人畜等灾难事故，这一切确实能引起人们深深的畏惧。正是在这一心理基础上，黔东南苗族信仰中的雷神

---

① 魏庆征主编：《中国各民族宗教神话大词典》，学苑出版社 1993 年版，第 86—87 页。

逐渐取代了天神，成为人们心中的凶神。

纳西族神话中的天神"遮劳阿普"与苗族天神有些类似，他们都喜欢与人类作对。遮劳阿普曾百般刁难人类始祖崇仁利恩，不让他与自己的女儿衬红葆白结婚，并发洪水淹灭人类，还因崇仁利恩与衬红葆白回到人间时带走了他的家猫和蔓青种子，对他们夫妻俩实施了惩罚。好在还有一对夫妻天神董神和塞神心地善良，处处保护人类，才使得人类终于能繁衍生存到今天。董神又称美利董阿普，是男神、阳神；塞神是女神、阴神，又叫勒琴塞阿祖。他们的功绩在于开天辟地，布置万物，惩治怪兽，重造天地，并于大洪水中拯救了人类始祖崇仁利恩，帮助他重造人类，还给自然万物分配寿命等。①

由此可见，在天神善恶这一观念上，南方民族的分歧是很大的，有的认为天神是善神，也有的认为天神是恶神，还有的认为天神非善非恶，亦善亦恶。笔者认为在南方众多的民族中，存在这种观念的分歧并不奇怪，因为各民族的地理环境、生存条件、对生存的艰难的感受、对民族自身生存发展的期盼等方面都客观地存在着一定的差异，加之各自的传统文化背景的差异等，这些都使得人们对天神善恶的评价的角度不同，因此这种天神观念善恶差别在旧时的历史条件下完全是一种客观的存在。

2. 天神祭祀

由于各民族天神观念的差异，故南方民族在天神祭祀方面有祭祀天神与不祭天神的区别。一般来说，汉文化传播较广、渗透得较深的地区，多举行天神祭祀；而本民族信仰文化保存得较完整的地区，祭祀天神的现象则比较少。即使是同样的祭祀天神，各地区的祭祀目的也不大相似。有的是出于对天神的酬谢，有的是出于对天神的恐惧，还有的是出于祈福或禳灾。

云南白族天神祭祀的记载最早见于唐代，"南诏异牟寻及清平官大军将，与剑南西川节度使崔佐时谨诣祜苍山北，上请天地水三官、五岳四渎，及管川谷诸神灵，同请降临，永为证据"②。《铁柱记》云："初，三

---

① 参见纳西族《东巴经·创世纪》《查班绍》等。
② （唐）樊绰：《蛮书》卷10，武英殿聚珍版原本。

赆白大首领将军张乐尽（进）求并兴宗王等九人，共祭天于铁柱侧。"[①]
在其后的文献中，亦有大量的有关记载："太和画卦台在苍山龙泉峰下，
武侯屯兵之地。因高丘作台画卦，世传武侯于草莱中得石，刻伏羲像，因
作八卦台祀之。土人以为祭天，因名祭天台云。"[②]

新中国成立前夕，这种祭天之俗在云南白族地区仍非常盛行。云南兰
坪、维西一带的那马人对天神的祭祀十分隆重，其祭祀的时间多在农历
九、十月间举行，具体时间由巫师朵西薄占卜决定。祭祀的地点多选择地
势较高的山坡顶上，但其山顶必须要有一根分杈的古树，称为"神树"；
也有在屋顶上祭祀的。祭品主要是经过严格选择的膘肥体壮的公黄牛，毛
色纯正，无任何损伤。据传，白族人并非将此祭牛视为牺牲，而是视其为
人间的使者，故又称"天牛"。杀牛祭天是为了让天牛上天向天神求诉，
以保佑人间五谷丰登。

白族的祭天仪式由巫师朵西薄主持，并有几位老人作陪祭，祭祀时只
能是清一色的男子，妇女不能参祭。参祭者都须带上各自的锅盆碗筷等炊
具及米、酒、盐、茶，粑粑三个，面团一个，油、花荞爆花、大米爆花各
一碗，香三炷。朵西薄与陪祭人拿着小旗帜，乐队敲锣击鼓，吹唢呐，迎
接天牛，并在天牛头上披一块红布，直送于神树下。

天神祭祀一般分三步：（1）活祭。将牛拴于神树下，主祭者朵西薄一
面烧香一面口念祷词："今天，我们用丰盛的祭品来祭祀你，送你到天上
去。你到天宫后，请你在天神面前替我们说好话，不要说坏话，求他保佑
我们五谷丰收，六畜兴旺，男女老幼无病无灾。"这种祭祀不杀牛，祭毕，
将牛赶入牛栏内。（2）牲祭。将牛吊于神树上，活活勒死，据说这样杀死
的天牛无伤口，天神乐意接受。当牛吊起来后，众人齐声呼喊："天牛上
树了！"意味着牛之灵魂沿树上天而去。朵西薄此时要赶紧烧香送天牛上
天，口中念道："你走了，不是我们要你的命，是送你上天去。因为你是
天上的牛，天神要你回去，我们只好照办。你上天后，在天神面前多替我
们说好话，求他保佑我们五谷丰收，六畜兴旺。"（3）熟祭。待牛死后，

---

① 《南诏图传·文字卷》，载尤中校注《僰古通纪浅述校注》，云南人民出版社1988年版，
第176页。

② （明）李元阳辑：《大理府志》卷2。

人们当场将牛皮剥下，开膛，取出内脏，并将其与牛肉一道煮熟，再与其他祭品一起再次祭天神，并祷告天神，保佑全村农业丰收，六畜兴旺等。祭毕，将牛肉分给全村，共同在野外聚饮，相互祝福，席罢乃散。

彝族祭天的仪式多连同日、月一道祭祀，历时三天，一般是农历正月十五日到十七日，祭品有猪、牛、羊等。祭祀的场面宏大，参加祭祀人员也很多，主祭人为老女巫萨嬷十二名，还有佛教僧人十名，男巫毕摩八名，其后是仪仗队，扛有"肃静""回避"牌及黄伞盖、金瓜锤、龙头杖、七星刀、丈八蛇矛、神像等。还有由二十名男童组成的"献水队"和二十名女童组成的"献花队"，二十名老妇组成的"香火队"，二十名长老组成的"献馔队"以及各村男女老幼的随祭队伍，声势十分浩大。

彝族祭天仪式分为三站：第一站，队伍游村，到达寨中心"天灯杆"前停下，僧人立于祭坛之西，毕摩立于祭坛之北，主祭萨嬷则在祭坛前上香叩首，闭目默祷，再将杆上灯笼的油添满。燃灯，并升起灯笼，直至顶端。此时枪炮齐鸣，烧香献馔，耍狮子，舞龙灯，跑旱船等节目亦随之展开。第二站为村东头祭坛。由十二名童子抬出十二神像供于祭坛，主祭萨嬷上香、献馔、祈祷毕，十二名萨嬷给神像换上新衣，人们再次上香献馔，叩头祝祷。第三站为山顶祭天的祭坛。坛用石块砌成，共三层，每层祭坛代表一层天。天神无偶像，以山顶神树为其象征。坛前燃柏树枝叶一堆，谓之"净火"。凡参祭者均须绕火堆三圈，以示净化自身，然后方可参与祭天。

祭天主要用羊，分献牲祭和献熟祭二步。杀羊前，须用水为羊"净身"，以解净秽污，并同时向羊耳灌水，羊摇头为"抖水"，意为神已来享祭，若羊不摇头，则谓祭司不灵，须重念《请神经》，直到羊摇头"抖水"为止。其后椎羊，剥皮、开膛、取内脏、煮肉，再熟祭天神。此时由毕摩诵《献牲经》，萨嬷唱酬神歌，跳娱神之舞。其歌主要为赞颂天神之歌。彝族祭天同样是为了谢神、祈福禳灾，其祷词多为：

> 今天，我们五个村寨的善男信女来祭天，向天神还愿吉祥！我们十二个萨嬷为大家消灾祈福，请高高在上的天神送给我们福禄，保护我们家口庆吉平安，百事顺遂！请南边的山神和西边的土主，不要让野牛、野猪、老熊、猴、獐子糟蹋我们的庄稼，伤害我们的果木，保

佑我们人畜安康！请东方的井泉龙神普降喜雨，让我们能按时播种和
插秧！请送子娘娘保佑我们的子嗣，让他们腿脚利索，长得像小水牛
一样！请四方的路神保护我们行东利东，行西利西，一路顺风！请小
庙中的牛王和马祖，保护我们的牲畜能拉能驭，不脚跛眼瞎！①

　　与白族、彝族祭祀天神截然相异的是黔东南苗族的祭天神仪式。他们
的祭祀动机不是出于对天神的酬谢，也不是祈福，而全是出于对天神勾蒿
的恐惧，出于屈服天神旨意而被迫去祭祀的。在他们心目中，天神勾蒿主
人世之祸福，持生杀之权衡，司晴雨之变化，但却处处与人作对。
　　据传说，苗族信仰中的天神有两个群体，其一是"十九个水牛天神"；
其二是"十五个黄牛天神"。相对言之，黄牛天神更为凶恶，因为从前人
类始祖姜炎戏弄勾蒿，将其黄牛骗来吃了，欠下了"黄牛债"，故其对人
总是心狠手辣。不过他们在害人之前，总是预先给人警告，或雷劈大树，
或雷劈大石。凡见此现象后，人们就得请巫师立即祭祀，否则黄牛天神就
会派三个鬼差下来捉人的灵魂，使人生病甚至死亡。水牛天神则是馋神，
他们只是在想吃水牛肉时，派三个鬼差来害人。不管是黄牛天神还是水牛
天神，人们都不敢怠慢。祭水牛天神时，要用水牛一头，酒 19 杯，肉 19
份，外加鬼差的一只鸡，一只鸭，三份牛肉和三杯酒。祭黄牛天神时，要
用黄牛一头，酒和祭肉各 15 份，再加上三个鬼差的一只鸡，一只鸭，三
杯酒和三份牛肠子。②

二　日月神话与祭祀
　　日月星辰神话是远古人类对于天体的朴素认识，其中有一部分日月神
话表现了人们企图用巫术手段控制自然的愿望，具有某种科学的和实用的
价值和意义。但是由于种种原始观念的融入、解释自然的内在需要，这些
原始的观念最终化合为充满了天真烂漫色彩的民间集体口头创作和传承，
即今天所谓的神话。这一类的日月星辰神话，虽然其目的只是在于对自然

　　① 吕大吉等主编：《中国各民族原始宗教资料集成·彝族卷》，中国社会科学出版社 1996 年版，第 52—57 页。
　　② 魏庆征主编：《中国各民族宗教与神话大词典》，学苑出版社 1993 年版，第 477 页。

现象的理解，但其所表现的却是原始人类对超自然能力的崇拜，以及对理想生活的积极追求。千百年来，随着社会的发展进步，其自身在人们心中的价值也不断地变化着，从原始信仰的需要，到征服自然的追求，再到人类审美文化的需要。直到今天，这些神话对于人类社会仍然有着深远的影响。

1. 日月神观念的形成

南方民族的日月崇拜大约起始于农耕和畜牧时代。因为太阳可以使草木茂盛、庄稼结实，自然界一切生物的生长都与太阳有着紧密的联系。这种联系只有当人类进入农耕、畜牧时代以后，才会被人们所重视。另外，太阳也可以使田地干旱、禾苗焦枯、草木枯萎，使农业和畜牧业生产遭到损失，甚至使人们直接受到饥饿的威胁。还有，离开太阳，人们就会感受到黑暗的恐惧和寒冷的煎熬，而寒冷的冬天还会导致大批牲畜冻死，而拥有太阳，人们就拥有光明和温暖。随着春夏秋冬的四季轮回，到了春天，阳光明媚，万物复苏，这一切生活的切身体验，都使得人们对太阳产生出一种由衷的敬意，同时，人类心中也升腾起一种关于太阳的内在焦虑（担心太阳的失去）。人们从灵魂观念的角度出发，认为太阳也有其灵魂，有时似乎关爱人们，给人们带来好处；有时似乎又故意与人作对，导致干旱和寒冬，都是因为太阳之灵有其喜恶爱憎的缘故。这种将太阳之灵人格化，最终形成了太阳神的观念，也逐渐产生了太神祭祀的习俗，并由此而生出一种崇拜太阳的文化来。

月神观念的形成也大致上遵循着这种原始思维的轨迹。在人们的生活经验中，经过白天太阳的暴晒，庄稼显得萎靡不振，而到了晚上，空气湿润，露珠晶莹，在月光下闪闪发亮，庄稼与百草又恢复了生机。人们便认为是月亮带来了露珠，使庄稼充满了生机，从而幻想月亮是生命的又一来源。古代巴比伦人认为"月亮生产各种植物的生命"；巴西土著人也"相信月亮创造了一切的植物"，并称月亮为"植物之母"。① 同时，人们又因为月亮有圆缺之变化，周而复始，循环无穷，便认为月亮的生命是最强的，它可以死而复生，具有不死的神秘力量；再联想到植物的春荣夏盛，秋萎冬落的自然现象与月亮不死这种神秘力量的相似性，很容易形成月亮

---

① 何星亮：《中国自然神与自然崇拜》，上海三联书店1992年版，第185页。

是生命之神这样的观念。所以北美土著部落称月亮为"永久不死之'老母'，以月为谷类及一切别的植物之母"①。墨西哥人也认为月神能够死而复生，是"植物复生的象征"②。我国南方各民族也视太阳和月亮为神，在其社会生活中，不但保留着大量的日月神话，还保留着大量的日月神的祭祀仪式习俗。

2. 日月神话

就其日月神话而言，南方民族大多认为太阳和月亮是兄妹关系，太阳为妹，月亮为兄。由于太阳是女性，胆小，又羞于见世上人，故月亮哥哥便叫太阳妹妹白天在天空行走，还送给太阳妹妹一包绣花针，对妹妹说，谁要是胆敢看你，就用这针扎他的眼睛。从此，白天太阳总是金光四射，炫人眼目，而月亮哥哥总是在夜晚出现，坦然而无畏地前行。

不过，也有许多民族的日月神话别有一番情趣。京族人认为，月亮神原本有 30 个，由于收养了一个叫"天养"的京族男孩，他十分聪明伶俐，天神想招其为驸马，但天养不忘"月宫仙子"们的养育之恩，不愿意离开月宫。"太阳仙子"便设计将天养骗来，结果天养一气之下，撞死在宫墙下。月亮仙子闻讯，涕泪交加，要天神赔人。天神发怒，命天兵天将冲进月宫，将月亮仙子砍得死的死，伤的伤，除两个躲藏得较好，未受伤之外，其余的都残缺不全。所以现在只有每月十五、十六日的月亮是圆的，其余的都有缺损。同时，太阳神又乘机进月宫抢走了大量的黄金，只剩下白银，故月亮总是银白色，而太阳宫中堆满了黄金，加之又没有受伤，所以太阳每天都是圆的，而且金光耀眼。

壮族地区流传着一则月亮神话。据说古时是有太阳而没有月亮，一位壮家姑娘决心要给黑暗的天空带来光明，于是她点上一只灯笼，照亮黑夜，以芝麻为粮，提着灯笼日夜兼程，到达一个枯海边休息，并开始打草鞋，以备明天再走。谁知她正打草鞋时，枯海中忽然被注满了水，她自己也同"枯"海一道升上天空，于是姑娘便把灯笼挂上天空，成为月亮，还把吃剩的白芝麻撒向天空，化作了满天的星星。据说月亮中的阴影就是姑

---

① 杜而未：《神州溯源》，台湾商务印书馆 1974 年版，第 149 页。
② ［苏］托卡列夫：《世界各民族历史上的宗教》，魏庆征译，中国社会科学出版社 1985 年版，第 137 页。

娘在打草鞋，人们称她为"月亮妹"。

较之独立的日月神话而言，南方民族中更多的是有关射日月的神话。大概是因为南方地近热带，对太阳的炽热体验较之北方民族而言要深刻得多的缘故。尽管南方民族中盛行着日月祭祀仪式，但较之射日月的神话来说，对日神赞颂的神话显得要少一些，要么有的民族根本就不理睬日月运行，要么就是征服日神的神话，这使得祭日仪式与射日神话之间出现了一个断层，即对日神的赞美神话的缺乏，这一现象当值得进一步研究。

在南方民族中，几乎每个民族都保存着射日的神话，而且这类神话的结构模式都趋于类同。一般都是天上突然出现了十个（也有12、6、7、9个不等）太阳，晒得大地焦枯，石头冒烟。当人们处于生死存亡之际，村寨中出了一个大英雄，用弓箭将太阳射下来。最后一般都剩下两个，即现在的太阳和月亮。这类神话与汉族地区"后羿射十日"的神话十分相似，大约是汉文化传播的结果："尧之时，十日并出，焦禾稼，杀草木，而民无所食。猰貐、凿齿、九婴、大风、封豨、修蛇皆为民害。尧乃使羿诛凿齿于畴华之野，杀九婴于凶水之上，缴大风于青邱之泽，上射十日而下杀猰貐，断修蛇于洞庭，擒封豨于桑林，万民皆喜，置尧以为天子。"① 所不同的是太阳的数目和结局，后羿将十日皆射落，而南方民族的射日神话总是会剩下二个。另外，南方民族射日神话中很少有凶兽猛禽之类乘机作恶。据我们推测，汉族神话中的凶兽猛禽当为原始部落的图腾物，故南方民族在本民族有关射日神话中故意隐没不言，其用意很明显，即为先人避讳。

只是南方民族中还流传着射月神话，这在汉民族神话中却无记载。在瑶族中有"雅拉射月亮"的神话：

> 传说古时天空中只有太阳，没有月亮和星星，晚上墨一样黑。突然有一天出现了一个热烘烘的月亮，发出热的光，把田里禾苗晒得枯焦，人们晒得睡不着觉。尼娥让青年丈夫雅拉射下月亮救大家。雅拉爬上屋后高山，鼓足力气，挽弓搭箭向月亮射击，因弓力不足，箭到半空落下来了。忽然身后的大石块像门一样打开，一位白胡子老人走

---

① （汉）刘安：《淮南子·本经训》卷8。

出来告诉他如何制虎尾弓、虎筋弦、鹿角箭，可以射得月亮。……雅拉拿虎尾做弓，虎筋做弦，鹿角做箭，登上高山顶。他拉弓搭箭，射中月亮，火星散布在天空成了星星。鹿角箭碰着月亮弹回来落在手里，他一连射了一百次，把月亮的棱角射掉了，满天散布着星。可是毒热的光仍照晒大地，禾苗仍枯焦，人脸仍瘦黄。尼娥便将织的一幅家庭装饰给雅拉绑在鹿角箭头，射上月亮，遮住了月亮光。月亮不再毒热，发出清凉的白光。雅拉在山顶上望着月亮笑。突然，锦上的人和动物活动起来向尼娥招手，尼娥飞上了天。雅拉正着急，尼娥放下一条长辫，垂下山头，雅拉抓住长辫爬上月亮。从此他俩一个在桂花树下织锦，一个在草地上看护白羊白兔。①

就整个世界而言，射月神话资料比较稀少，我国这方面的资料也很稀缺，故瑶族的射月神话弥足珍贵，只是笔者在此并非专一作神话研究，故仅作一介绍，以待来者。

从南方民族日月神话来看，似乎人们很少将日月视为神灵（除开屈原《九歌·东君》），大多数是将日月视为自然天体，当然也有一些神话将日月视为人化的物体。如壮族的"月亮妹妹"，布依族的夫妻化日月神话（丈夫当万化为太阳，妻子蓉莲化为月亮），彝族兄妹化日月神话等。这种神话本身似乎很难直接引发出人们对日月神的祭祀仪式来，然而南方民族中又确实盛行着日月祭祀。笔者认为，出现这种祭祀与神话脱节现象的原因比较复杂。只是由于笔者手头掌握的资料较少，只能对此做一些推测：

（1）可能南方民族原本存在着视日月为神灵的原始神话，这一点从至今仍存在着大量的有关日月崇拜的崖画可以证明。但可能在民族自身的历史进程中，经过民族的大动荡大融合，再加上后来汉文化的广泛传播，导致其原始神话的变异或丧失。（2）由于南方气候炽热，原始人类对太阳的毒热的恐惧或憎恨，导致其射日月神话的畸形发展，反过来压抑了视日月为神灵的神话的生长。（3）也许南方本来阳光充足，对阳光的需要远不及北方民族那么迫切，故而一直未曾特别注重太阳，以至于将其神化。当然，我们也不拒绝存在着别的可能性问题。总之，南方民族日月神话与日

---

①　魏庆征主编：《中国各民族宗教与神话大词典》，学苑出版社1993年版，第654页。

月神祭祀仪式之间似乎并不十分融洽，它缺乏那种原生的自然性。笔者在此提出自己的一些疑虑，希望能引起同仁们的研究兴趣，以便能寻找到一个比较合理的解释。

3. 日月祭祀仪式

日月神祭祀是古代世界各民族一种比较盛行的传统祭祀习俗，在我国南方，这一习俗也普遍存在，有的还一直遗存至今。概括地说，我国南方民族的祭祀日月神仪式大致可分为两种类型。

巫术仪式。这种仪式的最大特点就是它不重于向日月神的跪拜祈祷，而强调通过人们的巫术力量达到控制日月神灵，使之能更好地为人们"服务"。这是一种很古老的原始祭祀仪式，一直还保留在古代的崖画之中。广西宁明花山崖画中就有崇日的巫术仪式图像，画像中的圆圈有的有光线、有的无光线，有的圈中则有"十"字符号，这些都是太阳的形象。太阳的下面，有一个画得较大的人领队，其头顶上露出两只角状物，大约是巫师或酋长，腰间横插一支杖形物"9"，双手高举，在他的身后是一队稍小的人物图像，每个人的双手高举着朝向太阳，似乎在欢呼日出，又似乎在向日神祈祷。

类似这种崖画，在南方很多。如江苏连云港将军崖岩画就画有很多日月的图形。李洪甫先生在《连云港将军崖岩画遗迹调查》一文中就曾说："岩画 B 组有四处可能与星云有关的图案。其中一处长达 6.23 米，由上而下刻在坡面上，好像一条银河系的星带。……长条状星云图案中还有一些表示太阳和月亮的图形。B61、B63 的太阳图形与郑州大河村新石器时代遗址出土的彩陶片上的太阳纹饰近似。B3、B8、B12、B37 似乎都是月亮图形，有画□的，有画□的，可能是表示月亮位置的变动情形。……将军崖岩画的制作者显然还找不出天体运行的规律，粗疏的构思只能说是原始社会先民们对天体崇拜的反映。"①

除了这种天体的崇拜与祈祷的崖画外，在云南沧源县崖画发现的第一地点第 5 区中还有一幅很奇特的崖画形象。崖画中有一舞蹈者一手执武器（长矛？），一手执盾牌，其头部为一太阳图案。崖画的发现者汪宁生先生

---

① 李洪甫：《连云港将军崖岩画遗迹调查》，《文物》1981 年第 7 期。

认为，这幅图像"似原为一个反映某种活动（宗教性质舞蹈？）之画面"①。至于是什么内容的宗教舞蹈，汪先生没有明说。笔者认为，这一图像就是一位装扮成太阳神的巫师形象，他一手执矛，一手执盾，正表达了太阳神既可以"攻击"人类（矛）、伤害人类，同时又可以保护人类（盾）的这种两面性功能，这种奇特的形象也比较含蓄地表达了人们对太阳的崇拜与恐惧的复杂心理。

更具有巫术仪式内涵的是四川省珙县岩画中的一幅图像，它的具体位置在麻塘坝龙洞沟人工开凿的长方形洞穴中。图像为一人头上伸出两只手臂，右悬一轮太阳，左悬一轮月亮，而两腿生于口部。图像本身无躯干，类似于今日两三岁的儿童所画的人像，这表明图像的绘制者尚处于古老的原始时代。就这幅图像的内涵而言，笔者认为是一幅古代巫师的图像。双手高举，并持日月，表明此巫师的巫术法力十分高强，可以直接地控制日月运行（日月在其掌握之中）。而两脚长于口部，则表明巫师可以以口代足，说走到哪里，就可以走到哪里，即言巫师行走速度迅疾如风，这正是巫术仪式中常见的现象。

有关巫术仪式中祭祀月神的崖画不多见，但并不能因此就断定南方无祭月的崖画，也许是因为年代久远，其画已经剥蚀，或者也可能是我们尚未发现罢了。不过，清代的《清稗类钞》中还记载过贵州思南的这类崖画："贵州思南沿河司东岸有月崖，苗人以漆画一月于上，夜有光，而日间黯然，周三丈余，拜之为神。汉人既有是地，相聚而谋曰：'是苗人之以术制我也'。遂圬之。今惟白色一团而已。"② 从上述记载而言，似乎这一崖画的形成时间最早不过明代，但我们完全有理由可以这样说，这种拜月的崖画之俗远不止于明代，它很可能是人们远古拜月崖画习俗的遗留，且其图像巨大，"周三丈余"，还有一定的神秘性，"夜有光，而日间黯然"，以至于让当时的汉人觉得其有强大的巫术力量，"是苗人之以术制我也"。如果我们换一种角度来思考这一问题，就会发现这种拜月崖画习俗在当时的确属于对月神的一种巫术祭祀仪式习俗。

就日月神的祭祀仪式来说，在南方民族的信仰习俗文化中至今仍有大

---

① 汪宁生：《云南沧源崖画的发现与研究》，文物出版社1995年版，第28页。
② （清）徐珂：《清稗类钞》第一册，中华书局1994年版，第115页。

量遗存，如阿昌族、白族、侗族、哈尼族、汉族、彝族、壮族、土家族、水族、佤族等均有日月神祭祀习俗。只是有的作为一种日常祭祀，有的纳入生产祭祀，其间最有代表性的是彝族的日神祭祀和壮族的月神祭祀。

据彝族撒尼支宗教祭司家族张福先生的回忆，彝族先民有朝拜日、夕拜月的习俗。早上红日初升时，人们便捧上一炷香，取下帽子，解开衣领，跪地向天空求祷；夜晚明月东升，给农作物带来露水，人们便在院子中心设一炉香，奉祭月神，向它求愿。太阳祭祀最隆重的仪式是与祭天仪式一同举行的，在祭天仪式的第一天，人们主祭太阳星君，设三个祭坛，第一坛为佛教阿叱力僧十人；第二坛是毕摩八名；第三坛是女祭师萨嫫十二人，纷纷在各自祭坛上念经。而主祭女祭师萨嫫则主念《太阳经》："太阳经！太阳经！太阳出来满天明，晓夜行来不住停。行得快来催人老，行得迟来不留存，家家门前都走到。天上少我无昼夜，地上少我无收成。……太阳冬月十九生，家家念佛点明灯。有人传我太阳经，全家大小免灾星；每日清晨念一遍，永远不进地狱门。一门男女增福寿，七代祖宗早超升。"诵经毕，萨嫫们便带童男女数十人到山顶献祭太阳星君，老人们在祭坛旁用三块石头支起锅，煮羊肉。祭坛正中插一株三台三杈的幼松，称"天地松"，代表天神。十二名萨嫫分立祭坛四周，东南西北各跪三人，再次唱颂《太阳经》，每唱一段，叩头三个。坛上供米一碗，酒三盅。主祭萨嫫杀鸡祭山神，鸡血洒在神坛前，鸡毛粘在松树上；羊肉煮后，将羊肝及心肺各一碗献祭天神，一面不断地向松树撒米、泼酒、增添供品，一面不断地磕头祝祷：

　　长生的天！造世的主！高高在上的天神呀，今天我们来祭你，有米、有肉又有酒，有大山羊、红羽鸡；我们五个村寨的十二个老萨嫫来祭你，带着120个童男童女。求你该下雨的时候就下雨，该刮风的时候就刮风；让田里的稻穗像狗的尾巴一样长，让山地的苞谷一样能背三个穗……①

---

① 吕大吉等主编：《中国各民族原始宗教资料集成·彝族卷》，中国社会科学出版社1996年版，第53—54页。

从上述彝族人的祭日仪式来看，明显夹杂着对天神、山神等的祭祀内容。那么，为什么会出现这种混杂的祭祀仪式呢？笔者认为，彝族祭祀仪式中这种混杂现象本身就已表明，彝族的日神祭祀正处于由日神崇拜转向天神崇拜的过渡阶段。这很可能是汉文化中的天神观念传入彝族地区以后，导致彝族传统的日神崇拜仪式因与其相互融合而发生的不可避免的变异。但从整个仪式过程而言，日神崇拜仍然处于祭祀的主流地位，也就是说，这种祭祀习俗的变异尚未达到完全改变自身的地步，即日神崇拜还没有完全成为天神崇拜的配角。

壮族人祭月仪式多于农历八月中秋节前后举行。据广西《宜北县志》载："八月十五日，中秋节。买办猪肉、月饼、鸡鸭、米粉供神座毕，举家欢饮。夜间，皓月当空，用柚子插竿尖，向空高举，名为'望月'。男女唱歌，欢乐一场，鸡鸣方罢。或请法童做夜禁，众人环围法童于中间，齐声诅咒，使之降阴间神，唱歌互答，将曙方休。此举涉邪，今已严禁。"① 这种被严厉禁止的祭月神仪式被称为"请囊亥"，汉语语义为"请月姑娘"。整个仪式过程分四步进行：请月神、神人对歌、神算、送神。

壮族这种祭月仪式一般以村寨为单位，以妇女为主体。届时推举一位有威望的老年妇女为主持人，两三名中年妇女为祭师或司仪，另有两支歌唱队伍，所唱的歌称为咒歌，有请神咒、迷魂咒、送神咒三种。祭月前，选一宽敞的露天平地，能看到月升月落。主持人及女祭师用清水泡上柚子叶，一边念咒语"坏的远走，好的进来"，一边用叶蘸水洒扫场地，谓之"刷晦"，目的在于驱逐妖孽及一切污秽。然后在场地中央设一供桌和一椅，供月神下凡后打坐。

请神时先唱请神咒，不久月神下凡附灵于一两位妇女，谓之月神替身。"替身"会神志恍惚，目光迟滞，四肢渐冷，或麻木倒下，或狂跳类叫，如痴如醉。此时，司仪为其"刷晦"，防野外鬼魅侵袭其身，接着唱迷魂咒，大意是请替身之魂出外休息，让月神之魂进入体内暂居。替身不知不觉地在迷魂咒歌中走向供桌后的座椅盘腿而坐，双手蒙面，左右旋摆起来，后入定。司仪为其整理衣服，使其衣冠整肃。继而给替身敬茶敬

① 《中国地方志民俗资料汇编·中南卷》（下册），书目文献出版社1991年版，第932页。

烟，献上花扇与花手巾。当替身接受以后，请神仪式完毕。

这时，围观者及歌唱队可以向月神替身以唱歌的形式提出问题，这叫人神对歌。大致上有盘歌、情歌、估解歌（谜语歌）等，内容既有生活难题，也有逗趣、情骂之类。但无论人们提的问题有多难，也不管替身以前会不会唱歌，从来也没有一次能难住替身的。对歌大约三小时，经过歌唱队反复请求，月神替身方压制住唱歌的欲望，于是仪式转入"神算"阶段。神算即月神替身据人们所关心的祸福吉凶、人生疑难等给出回答，据说月神的回答比较灵验，但月神替身不涉及巫术禳解，仅回答而已。解答完乡亲们所提出的问题后，仪式进入最后一步——送神。送神要唱送神歌，歌词大意是告诫护送月神灵魂回天上的众人之魂，不要贪恋天上美景，不要留恋月神的挽留。同时也劝告月神不要私下将姐妹们的灵魂留在天上，以免她们魂不归体，惹出病来。这种送神歌须一直唱到月神替身不再旋摆，身体已经入定时方可停止。①

南方民族的月神祭祀，多将月神视为生殖（生命）之神来加以崇拜的，这一点从《宜北县志》的记载和前述祭祀习俗中都有所显示。在祭祀中，有用柚子叶洒扫的"刷晦"仪式，这与县志中所载"夜间，皓月当空，用柚子插竿尖向空高举，名为'望月'"十分吻合。"柚子"在祭祀习俗中有着举足轻重的地位，因为柚子即"育（西南方言读为 you）子"，二者谐音，又因柚子这种水果本身亦多子核。人们用柚子插竿尖，举空望月及以柚子叶"刷晦"，都包含着月神有繁殖人类或强化人们生殖能力的神秘力量这一深层含义。在其他地区，亦有用柚子祭月之俗，但却更普遍地盛行着中秋月夜偷瓜送子的习俗：

八月"中秋节"，市多鱼。各家具月饼、肴果等物，待月上时，饮桂酒以玩月，其少年或摘瓜以送艰嗣者，亦饮燕以为乐。

——（清）光绪《黎平府志·风俗》（贵州）

望日为"中秋节"。亲友以瓜饼，梨藕相馈，设酒食赏月。少年

---

① 详见凌树东 1990 年搜集整理，引自《中国各民族原始宗教资料集成·壮族卷》，中国社会科学出版社 1998 年版，第 501—503 页。

取瓜涂五色，鼓乐送艰嗣者，彻夜交驰，最宜禁。

——（清）嘉庆《南溪县志·风俗》（四川）

仲秋之月月十五日为"中秋"。开尊赏月，制月饼，燃柚子灯，以酬佳节，儿女向月剥熟芋、蕉、柚之属，谓之"剥疵癞"。

——（清）宣统《从化县新志·风俗》（广东）

"中秋"，……是夕，以线香环插于柚，用高竿竖而燃之，圆如星球，谓之"柚香"，并陈饴饼、瓜果以祀月。凡少妇未育子者，其妯娌于是夕更深时潜入人家园中，摘瓜抱还，以小儿衣裙裹之，送入少妇床间，谓之"送子"。俗谓瓜须偷来者方吉。

——中华民国《全县志·风俗》（广东）

无论"偷瓜"还是以柚子祭月，都暗示着月神在人们心中是一位司生殖之神，具有增强人类繁殖的神秘能力，故各地祭月都以妇女为主祭。美国著名神话学家 M. 艾瑟·哈婷说："按照极为原始的人们的信仰，月亮的存在是一种福惠，其光对生产不仅有益，甚至还必不可少。月亮是具有非常广泛效能的丰产能源，它使种子萌芽，植物成长……没有它的惠助，动物不可能生产，女人则不可能有子。"[1] 在我国古代南方，由于生存环境的艰苦，人们寿命很短，为了维护部落族类的生存与发展，生殖繁衍问题受到人们的高度重视，故而人们请月神下凡，解答生存疑问，或以柚子祭月，或偷瓜送子，其最终目的仍然是部落的生存与发展、家族的繁荣与兴旺。

三　风雨雷神

风、雨、雷都属于自然现象，远古时代人们不了解它们的本质，觉得这些自然现象充满着神奇。另外，风、雨、雷又在不同程度上给人们带来灾祸。大风拔木，摧枯拉朽，足以使人们的一切努力化为乌有。雨就更让人捉摸不定了，无雨天旱，赤地千里；雨多成涝，一片汪洋，都让人悲痛

---

① ［美］M. 艾瑟·哈婷：《月亮神话——女性的神话》，蒙子等译，上海文艺出版社1992年版，第20页。

不已。雷则以其震耳的声音，骇人的闪电，殛人的后果等令人心惊胆战。

是雨，与人们的农耕生产的丰歉紧密相连，风调雨顺，则给人们带来五谷丰登的好年成；如果雨阳不调，则旱涝交加，农耕生产将遭受巨大的损害，故人们在雨神祭祀仪式中，总是怀着一种惴惴不安的恐惧感。这种内心的恐惧，加之人们在自然面前的无能为力及强烈的生存欲望，促使南方民族对这些自然现象生发出一种崇敬的情绪，并由此蔓延成对这些自然现象崇拜的文化来。

1. 风神

我国南方早在战国时期就有关于风神的记载。屈原《楚辞·离骚》："后飞廉使奔属。"王逸注："飞廉，风伯也。"洪兴祖补注引应劭曰："飞廉，神禽，能致风。"又引晋灼《汉书集注》曰："飞廉鹿身，头如雀，有角，而蛇尾豹文。"今天的哈尼族、土家族、瑶族、景颇族、黎族、傈僳族、纳西族、水族等仍保留着风神的观念及祭祀习俗。

盘瑶人认为，风是由天上的风神爷掌管，风的大小、时机、冷暖都由风神爷操纵，且风直接与农作物的收成相关，如在水稻扬花之际或成熟之时，狂风阵阵，会影响稻子的传花授粉，或使成熟的庄稼倒伏，直接影响产量。因此人们每年正月初十都要祭风神，这天天刚亮，村寨头人要穿整洁的衣服，洗净手脚和脸，到社公庙燃香禀告社公："今日是请风神的吉日。"然后跑到村外的岔路口，插香九炷，用茅草结成草标，向天叩迎风神。继而须屏住气息将茅草标上压一块扁平的石块，草标头须直指村寨，以示给风神引路。待风神进寨后，全寨人不得议论风灾虫害，不得讲风的坏话。十天之内，各家均须请风神上桌就餐。到了正月二十日，家家要烧香三炷，纸钱适当，为风神爷送行。村寨头人则要在黎明时，屏住气息去岔路口按岔路分岔多少压上相应数量的草标，草标头一律指向村外，并祷告风神爷保护庄稼，不要造成风灾。①

贵州黔东梵净山土家族则于正月初一祭祀风神，其仪式由妇女主持，男子一般不得参加祭祀。祭祀前夕，由村中妇女负责收集钱资，届时带上肉、酒、香纸，到避风的山坳窝里祭祀风神。且每年夏季望日，妇女们再

---

① 覃陟康：《正月压风》，载胡德才等编《大瑶山风情》，广西民族出版社 1990 年版，第325—326 页。

次筹钱，到避风山窝里祭祀。敬神时，主祭妇女与参祭妇女一起，跪于神坛前默祷三遍："祈求风雹大神，慈悲万民众生，莫刮大风，莫降冰雹，保佑地方平安！信妇某某跪拜。"①

云南纳西族认为风神是善神，能驱走阴魂鬼怪，能使人畜清洁平安。旧时多于农历三月祭祀风神。四川盐源县的纳西族则于农历十月祭祀风神，届时各家带上松明、公鸡、母鸡各一只，到固定的树林中去祭祀风神。祭时由东巴巫师念《祭风经》，以祛灾求福。②

傈僳族的祭风神仪式叫"梅黑嘎"，意为"驱风"。这种仪式有两类，一类为巫术仪式，当大风吹来时，人立于风中，对着风向吹响牛角号或羊角号，据说角号可以阻止风力或改变风吹的方向；另一类为祭祀仪式，由氏族长老主祭，主祭人用酒一碗，树叶一片，用树叶将酒撒向四方，并口中祈祷山林之神，阻住大风，保护好庄稼。其祭词是："管岩石的神，管树林的神……我将花花的碗盛着我没有喝过的酒，先给你喝，你别吹倒我的庄稼，你要保护我的庄稼。风吹到山上去吧！酒中无毒，酒味很好。"③傈僳族人对这两类风神仪式的选择，依据农业生产的需要，一般是在一年开始，多为祭祀以祈年；而在大风劲吹之际，则多采用巫术仪式以驱走"邪风"，保证农业生产不受损失。

2. 雨神

当人们进入农耕时代和畜牧时代后，对自然界中雨神的祭祀也日渐繁盛起来。大旱之期，人们渴盼雨水；久雨为涝，人们又恐惧雨水。正是在这种爱与恨之间，织出了不同的雨神形象，也演示着复杂的求雨仪式。就雨神而言，由于人们情感的复杂性，纵是同一个民族、同一地区中，也往往有多个雨神出现。譬如在湘西地区的土家族人的心中，有关雨神的观念就十分复杂，有的认为天神司雨，有的认为雷神司雨，还有认为洞神、龙神、河神、塘神、井神司雨，更古老一些的则又认为祖先神司雨、石神司雨，等等。这种一职多神的现象突出地表现了人们对雨神的既敬爱又恐惧的复杂情感。

---

① 贵州省志民族志编委会：《民族志资料汇编·土家族卷》，第152—153页。

② 王承权等：《云南四川纳西族文化习俗的几个专题调查》，1981年内部铅印本，第175、256页。

③ 《傈僳族历史调查》，云南人民出版社1981年版，第71页。

雨神观念的多样化，势必导致相关祭祀仪式的复杂化。南方民族众多，各族乃至各村寨都有着自身独特的祭祀仪式，纷纭复杂，形式各异，让人目不暇接，大致可将其归纳为两大类：巫术仪式与祭祀仪式，且多于旱灾发生之际举行。

南方民族更多的是举行巫术求雨仪式，这种古老的巫术观念认为，人完全可以凭借自身的巫术力量来控制雨神，达到"天遂人愿"的效果。据《水经注》载，夷水（今湖北清江）沿岸的古代巴人部族多举行巫术求雨仪式："夷水自沙渠县人，水流浅狭，裁得通船，东经难留城南。城即山也，独立峻绝，西面上里余，得石穴。把火行百许步，得二大石磕，并立穴中，相去一丈，俗名阴阳石。阴石常湿，阳石常燥。每水旱不调，居民作威仪服饰，往入穴中，旱则鞭阴石，应时雨；多雨则鞭阳石，俄而天晴。相承所说，往往有效。但捉鞭者不寿，人颇恶之，故不为也。"[①] 巴人这种鞭石求雨的巫仪在清代乃有遗存。"大旱或召巫祷于洞神，巫戴杨枝于首，执凫吹角，跳跃而往。众鸣钲击鼓随之，名曰'打洞'。"[②]

湖南古代洞庭湖一带的村民中存有一种名曰"刺泉"的求雨巫仪也十分奇特：

> 岳州崇阳县村巫周狗师者，能行禁祷小术，而嗜食狗肉，以是得名。最工于致雨。其法，以纸钱十数束，猪头鸡鸭之供，乘昏夜诣湫洞有水源处，而用大竹插纸钱入水，谓之刺泉。凡以旱来请者，命列姓名及田畴亩步，具于疏内，不移日，雨必降。惟名在祷疏者得雨，他或隔一塍越一堑，虽本出泉处，其旱自若。[③]

四川彭县一带民族的求雨巫术则重于符咒之力。"五龙山在彭县，有神溪水……山麓有洞。旱时祷雨巫山者，初人握火烛之行，少顷跂足而望，悬崖中有斧凿痕。如井深数十百丈，……谓之天生眼。至此稍偃息，复入第三四五六洞，洞下重渊，深不可测。盛夏，水冷如冰。以竹编筏寝

---

① （后魏）郦道元：《水经注·夷水》卷37。
② （清）同治《来凤县志·风俗》卷12。
③ （宋）洪迈：《夷坚志支乙》卷3，中华书局1981年版，第816页。

其上，逡巡蚁附而入，抵第七洞，龙所穴也。始用符咒，取水盛竹筒而出。离洞口，即有风雷随之而雨作焉。间值洞中水壅，巫者多不得出。"①

云南、广西一些民族又多采用厌胜压龙的巫术以求雨。剑川下沐邑村白族人在天旱之时，多前往"龙塘"或"龙潭"（民间以为有龙居处）边举行厌胜巫术。他们用柳枝扎成一条"柳龙"，头上装有眼睛，披有红布。然后众人举起柳龙，掷于龙潭中，使其与龙潭中的龙搏斗。无论胜败输赢，只要二龙相斗，必有大雨倾盆而下。② 傈僳族人则多用毒药毒死江中的扁头鱼，据说扁头鱼是龙的嫡亲，这样龙就会下雨以冲淡江水中的毒性。另外，他们有时直接采取射龙之巫术，即用弓箭向龙潭发射箭矢，以触怒龙神，这样就有可能下雨了。③ 广西的毛南族求雨时，请巫师念咒，并将笼中的一只猫和一只狗投入深潭，投猫狗时，巫师声泪俱下，念咒不已。全村村民亦表情严肃，态度虔诚。据说，投猫狗于潭，务必使虎、犬与龙相斗，迫使龙王降雨。④ 广西环江壮族也有投猫狗的厌胜求雨巫术。⑤

南方民族也同样有祭祀雨神以求雨的仪式习俗，不过这些祭祀仪式大多数还掺杂着一些巫术的因素，如云南基诺族在天旱时所举行的祭祀仪式——先整修水塘，各户家长集中到"周巴"（祭司、寨父）家门前，其门前栽三根竹竿，中间挂一个达溜，叫天梯。并在周巴门前杀三头猪，挂猪头于天梯上。周巴门前还搭有一小祭台，上放祭品。周巴跪于祭台前，头戴草帽，身披用白叶树叶做的蓑衣一件，口中祈祷天、地、云神，求其快快下雨。祝毕，将供品移于竹桌上，抬到水塘边放好。周巴再次跪于塘边祈祷，并作祈雨的象征性动作。尽管水塘早已干涸，周巴仍模拟下水之状，高高卷起裤腿，下到水塘作挖捞泥土之状，众人亦相随入塘，用锄头、撮箕把塘内泥巴挖出，仪式即告结束。⑥

贵州水族的祭祀仪式名曰"敬霞"或"拜霞"。霞神为一人形石头，是司雨水的雨神。各地祭期不定，有 2、6、12 年一祭的，但多选择在插

① （清）陈祥裔：《蜀都碎事》卷 4。
② 《白族社会历史调查》，云南人民出版社 1983 年版，第 98 页。
③ 《傈僳族社会历史调查》，云南人民出版社 1981 年版，第 71 页。
④ 蓝树辉：《毛南族原始宗教初探》，《广西民族研究》1989 年第 4 期。
⑤ 《广西壮族社会历史调查》第 2 册，广西民族出版社 1985 年版，第 317 页。
⑥ 宋恩常等：《基诺族宗教调查》，《世界宗教研究》1982 年第 1 期。

秧结束后的阴历五六月。祭坛设于水井旁，其上供猪肉、牺牲、祭品。坛前立一粗大竹竿，上悬一装有公鸡的笼子。届时，男人们列队前往霞井。队首为长者，他们头戴四耳帽，身着长衫，打着雨伞，手摇羽毛扇。长者后是打击乐队，乐队后为抬祭品的青年。吉时一到，祭师手持一根带叶的小竹子，蘸着从霞井打来的水，洒水念咒，祈神降雨。咒语声中，竿端公鸡啼鸣。据目击者言，待鸡啼三声时，万里晴空会骤然乌云密布，大雨倾盆。在场人等收起雨伞，竹笠，沐浴于"神雨"中。此后又将猫与蛇放进水塘或水田里，任其打斗。再让人们以竹片、竹竿在田间或潭边打泥水仗，有的则让青年人下稻田互相摔跤，使之变作泥人。最后各村抬着酒坛去浇"霞神"——人形石头，人们从头到脚往其上淋酒，直到使石头基地湿软而发生倾斜倒地，才算祭祀成功。人们认为只要心诚，"霞神"就会醉倒，就会永远留在这一带，保佑人们风调雨顺，五谷丰登。[①]

湘西苗族则有"抬狗求雨"的祭祀仪式。"天旱无雨，田地龟裂，正当求雨，仍属罔效，于是乡人乃有抬狗求雨之举。其法，用大狗一只，穿人衣人裤，绚放轿中，两人抬之。凡属求雨之人，头戴杨柳或野藤，以蔽太阳。手上捧香于烈日炎天之下，游行受旱田地，并鸣锣鼓，鱼贯而行。如落大雨，杀猪祭之。"[②]

从上述所举的巫术求雨与祭祀雨神事象而论，南方民族的雨神似乎主要集中在三类对象上：石神（如鞭石求雨巫术与"霞神醉酒"仪式）、图腾祖先神（"抬狗求雨"）和龙神，其中尤以龙神祭祀最为多见（这自然与汉文化的传播不无关联）。他们对不同的雨神采取不同的方式，如对石神则鞭之、醉之，对图腾神则晒之，对龙神则厌之、攻击之。在这种种不同的仪式中，既蕴藏着深厚的文化历史背景，也包含着复杂的文化内涵。据胡炳章先生研究，石神是作为巴人的祖先神的象征物出现的，那么鞭石求雨这一巫术仪式便具有"恨其不灵，畏其酿灾"的复杂情感。至于贵州水族人的以酒浇石，直至"霞神"醉倒方休，则是敬祭为主，祈求辅之，同样也渗透着人们复杂的感情。苗家人的"抬狗求雨"，则可以视之为祈

---

① 潘朝霞：《水家祈雨活动"敬霞"试探》，《贵州民族学院学报》1989 年第 4 期，载黔南布依族苗族自治州编《黔南民族节日通览》，第 97—101 页。

② 石启贵：《湘西苗族实地调查报告》，湖南人民出版社 1998 年版，第 543 页。

神仪式的巫术化。将图腾祖先置于烈日的暴晒下，并行走于田间地头，目的在于让神灵了解其子孙后裔们当前所遭的灾害程度，以唤醒神灵的同情心和护佑子孙的责任感。只是对龙神的祭祀则多杂有一种愤激之情，或刺之以竿，或投之以毒，或掷猫狗于潭中，向龙发起挑战、或深挖塘泥、惊动龙神，等等。这是因为南方山地民族心中，多将山中或溪潭中的蛇视为龙的化身，这一类的"龙神"自然野性难驯，故人们在祭祀中，多以厌胜、攻击为主。

诚然，无论采用何种形式，人们的目的只有一个，就是快降甘霖，泽润苍生。因此，在人们看来，只要能达到这一目的，纵然是冒犯神灵、亵渎神灵，甚至是攻击神灵也在所不惜。也正是在这种强烈的目的欲望激励下，人们才一反平日那种对神灵谦恭膜拜的常态，不顾一切地进行种种大胆的仪式，从这里，我们再一次清楚地看到了南方民族为了生存与发展、奋发图强、刚强进取的精神闪光。

3. 雷神

费尔巴哈说："甚至在开化民族中，最高的神明也是足以激起人最大怖畏的自然现象之人格化者，就是迅雷疾电之神。"[1] 雷神在南方民族中，大多数都是一种恐惧的象征，这主要是因为南方夏天多雷雨，且雷声隆隆，震耳欲聋，电光闪闪，炫人眼目，再加上雷电经常造成森林火灾，还偶然击死人畜，这一切都在人们心头留下了深深的畏惧。故侗族人认为"天上雷公最大，地上'萨岁'最大，人间舅爷最大"，他们称雷神为雷祖，既管天又管地。水族、哈尼族、壮族、瑶族、苗族、土家族等还认为雷神是人间善恶的最高审判者，并实施对恶行的惩罚。因而人们在进行争讼之际，多须对天发誓赌咒："我若欺心骗人，天打雷劈！"土家族小孩在吃饭时不小心将饭粒掉于地上，被人踩踏时，老人们也会劝骂小孩："不爱惜米饭，要遭雷打的！"同时人们还相信，雷神不仅惩恶扬善，还能判断人间的讼争：

> 唐开元中，漳、泉二州（今福建省境内）分疆界不均，互讼于台者，制使不能断。迨数年，辞理纷乱，终莫之决。于是州官焚香，以

---

[1] ［德］费尔巴赫：《宗教本质讲演录》，林伊文译，商务印书馆1937年版，第30页。

祈神应。俄而雷雨大至，霹雳一声，崖壁中裂，所竞之地，拓为一迳，高千尺，深仅五里，因为官道。壁中有古篆六行，二十四字，皆广数尺，虽约此为界，人莫能识。①

这段文字记载的事件确实十分神奇，雷神不仅为人间主持公道，而且竟然"霹雳一声，崖壁中裂，所竞之地，拓为一迳，高千尺，深仅五里"，足以让人们心惊胆战。由于雷神威灵赫赫，人们对其祭祀一般都不敢采用巫术仪式，并总是对其保持一种十分谦恭的态度。如广西瑶族特别重视雷神祭祀，凡有村寨，即设"雷庙"。"雷庙"其实并不是庙，而是一棵树。每年农历九、十月间，各村定期举行祭雷神仪式。祭庙事宜由管庙人负责主持，供祭的猪、羊及其他费用则由全村分担。经过祭祀的猪、羊肉被称为"雷庙肉"，只能由老人吃，传说青壮年若吃了"雷庙肉"，将不再生小孩或生畸形儿。甚至妇女走路，见了雷庙树也要远远绕开，不能从树下经过。② 广西这种对雷神的祭祀敬畏，宋人周去非也曾有过记载：

> 广右敬事雷神，谓之天神，其祭曰"祭天"。盖雷州有雷庙，威灵甚盛，一路之民敬畏之。……其祭之也，六畜必具，多至百牲。祭之必三年，初年薄祭，中年稍半，末年盛祭。每祭则养牲三年而后克盛祭。其祭也极谨，虽同里巷亦有惧心，一或不祭，而家偶有疾病、官司，则邻里亲戚众忧之，以为天神之灾。③

墨江县布朗族祭雷仪式举行时，须用一只白公鸡作为牺牲，并以米一碗、酒半斤作为祭品。仪式由巫师"白摩"主持，家长或一小孩参祭。祭祀地点在寨旁或村前的树下。先以活鸡生祭，后以煮熟的鸡再祭。祭时，白摩焚香念咒祝祷。祷毕，就于树下煮食鸡和粥，焚纸钱或用鸡血将纸钱粘贴于树干上。④ 湘西苗族尊雷神为大神，其祭祀仪式名"希送"。凡人生

---

① 《太平广记》引《录异记》卷393。
② 杨成志等：《都安瑶族自治县七百弄乡瑶族社会历史调查》，载《广西瑶族社会历史调查》第5册，广西民族出版社1986年版。
③ （宋）周去非：《岭外代答》卷10。
④ 《布朗族社会历史调查》第一册，云南人民出版社1981年版，第77页。

病或天旱无雨，或久雨不晴时祭之。大祭用牛，小祭用猪，由巫师主祭。祭时，须剪白纸两大束，备供桌一张，上摆酒肉饭碗各 7 个。巫师敲竹筒，摇法铃，焚纸燃香，念咒祝祭。在祭雷神时，有一大禁忌，即不能于祭肉中放盐，亦忌说"盐""鸡"等词，据说雷神十分厌恶这两样东西，违者会遭雷劈之灾。[1]

从上述材料而言，南方民族的雷神祭祀多由内心的恐惧、敬畏而生，一般亦多在家中或村寨中出现一些异常现象或疾病灾害之际举行。尽管雷神似乎与人们的农耕、渔猎生产关联不大，但他更多的是作为人间正义之神的形象出现，锄奸惩恶，催人为善，从而在维护社会生活秩序方面，确实存在着一种强大的威慑力。同时，笔者认为，这种雷神观念并非完全是汉文化濡染的结果，其间亦有着南方民族自身的集体经验的积淀，因此他们才会如此心甘情愿地对其加以祭祀，并视其为天神、正义之神。

除雷神崇拜的信仰习俗之外，在南方民族信仰文化中，还存在着星辰崇拜，云、虹崇拜等现象，只因此类习俗缺乏普遍性，祭祀仪式也较为简陋，有的仅仅只保留于神话传说之中，其仪式已湮没无闻，如彝族的"祭星"主要化为"祭秋（千）架"，成为一种娱乐习俗；土家族人祭虹仪式也已化为一种小孩游戏，即摘草茎弯成弧线，从中断开，以使虹不能成形。至于云神崇拜，仅留下传说而已。故在此仅作提要，不再赘述。

第二节　地祇崇拜（上）

地祇，在此处主要指山神、土地神、石神、洞神、河神、火神等神祇。人类生存于大地上，他们的生活资料全来源于大地，连绵的群山，深密的林莽，是狩猎部族生存的依赖；土地的肥沃是农耕部落生存的根基；江河溪流，鱼虾蚌蛤，是渔业民族的食粮；幽深的洞穴，也曾经为人类遮风避雨，以避虫兽；至于漫山遍野的石块，曾是人类生存的工具和攻防的武器；而火的发明则给人类带来了光明和温暖，也曾极大地推动过人类社会文明的飞跃发展。由于它们与人类生存紧密相关，既给人带来生存的必需品，也给人的生存带来威吓，自然也就成为人类崇拜的对象。

---

[1]　石启贵：《湘西苗族实地调查报告》，湖南人民出版社 1986 年版，第 480 页。

一　山神的威灵

对于世代居住于崇山峻岭的南方民族而言，山神是一位大神。有的民族认为他不仅主管山林野兽，还负责田地庄稼的收成、家畜家禽的兴旺以及人间的疾疫祸福，故而人们对山神的崇敬是十分虔诚的。但山神崇拜并非是人们早期的信仰，因为神的观念形成总是基于灵魂观念之上，多带有一定的抽象意味。根据人类宗教意识进化规律来看，其神的职能越广泛，神的品位越高，其形成期往往越晚。那么在山神信仰之前，人们信仰什么呢？笔者认为是山鬼或山的精灵（山神）。

人类与高山密林相处，所产生的感觉绝非是山的慈祥、和蔼，更多的则是对山林的恐惧。阴暗幽黑的丛林密菁，古木参天，枝柯纵横，野藤如网，杂草如织。林中怪禽鸣啼，野兽咆哮，毒虫长蛇，穿梭于眼前足间，令人毛骨悚然。况且当人们行走劳作于深山之中，蛇咬虎伤是难免的事，人的生命时时受到巨大的威胁。在这种阴森恐怖的山林环境中，山林给人的感受更多的只能是恐惧，而由恐惧情绪生成的信仰往往是邪恶的精灵。于是首先浮出人类意识层面的便是山鬼观念。

1. 山鬼

有关山鬼的记载很多，不仅野史闲谈中多有涉及，正史中也屡有记录。《史记·秦始皇本纪》中就曾载："秋，使者从关东夜过华阴平舒道，有人持璧遮使者曰：'为吾遗滴池君。'因言曰：'今年祖龙死。'使者问其故，因忽不见，置其璧去。使者奉璧具以闻。始皇默然良久，曰：'山鬼固不过知一岁事也。'"在此之前，楚大夫屈原的《九歌》中也有《山鬼》之歌。至于其后有关山鬼的记载更多，亦更奇诡：

> 山有夔，其形如鼓，一足。
>
> ——（晋）张华：《博物志》

> 山之精如小儿而独足，足向后，喜来犯人。人入山谷，闻其音声笑语。其名曰"蛟"，知而呼之，即不敢犯人。
>
> ——（晋）葛洪：《抱朴子》

南康有神，名曰山都。形如人，长二尺余，黑色，赤目，发黄被之。于深山树中作窠，窠形如坚鸟卵，高三尺许，内甚光泽，五色鲜明，二枚沓之，中央相连。土人云：上者雄舍，下者雌室，旁悉开口如规。体质虚轻颇似木筒，中央以鸟毛为褥。此神能变化隐身，罕睹其状，盖木客山缫之类也。

——《太平御览》引《述异记》卷884

上述记载表明，山鬼在不同的地区、不同时代其名多有变异，如山缫、山都、山精、夔等。其实有关山鬼的称呼还有山魈、木客，闽越一带，还有称之为"五通""木下三郎""独脚五通"，等等。对此，宋人洪迈曾有一种解释："大江以南地多山，而俗祀鬼，其神怪甚诡异，多依岩石树木为丛祠，村村有之。二浙、江东曰'五通'，江西、闽中曰'木下三郎'，又曰'木客'，一足曰'独脚五通'。名虽不同，其实则一。考之传记，所谓木石之怪，夔、魍魉及山獠是也。……变幻妖惑，大抵与北方狐魅相似。或能使人乍富，故小人好迎致奉，以祈无妄之福。……人绝畏惧，至不敢斥言，祀赛唯谨。尤喜淫，或为士大夫美男子，或随人心所喜慕而化形，或止见本形，至者如猴猱、如龙、如蛤蟆，体相不一，皆矫捷劲健，冷若冰铁。"① 总之，从古人的记载中，山鬼是一种邪恶的精灵，不仅体形怪异、变幻迷人，还常给人家带来灾祸。只是由于它变幻莫测，令人防不胜防，故人们对其祭祀十分谨慎小心。

在南方一些民族中仍保存着对山鬼的邪恶记忆，如独龙族称山鬼为"齐不朗"，是一种邪恶的精灵，能使人全身酸痛。② 贡山怒族叫山鬼为"木里不拉"，认为它是人间主要的不祥之鬼，能使人生病和死亡，还能使庄稼遭灾，因此人们每年都要祭山鬼。③ 湘西苗族人心中有关山鬼的类型较多，有"罗孔山鬼""五鬼""白虎鬼"等。布朗族的山神——"叭呀底卡"是最大的神，主要会变成老虎来吃人和使人生病。仡佬族心中的山神是主宰人间吉凶祸福的大神，不祭祀它就会招惹祸灾。傈僳族信奉的山

---

① （宋）洪迈：《夷坚志丁志·江南木客》卷3，中华书局1981年版，第695页。
② 《云南怒江独龙族社会调查》，1964年内部铅印本，第118页。
③ 《怒族社会历史调查》，云南人民出版社1981年版，第114页。

鬼叫"米斯"，也是主管人间和世间万物的大鬼，若不祭祀，会作祟使人生病惹祸。

据有关学者考证，人们对山鬼的祭祀盛行于汉、晋、唐、宋时期，明清以降，随着人们对自然界（山、林、兽、禽等）的了解逐渐加深，理性日益占据意识的主流，有关山鬼的祭祀亦日益减弱消亡，并逐渐被山神观念所取代。清代福建松溪县令潘拱辰对此有诗记之："遥岭起悲风，东望寒云碧，下凿青莲池，引水回溪石。昔人崇魑魅，画栋祀木客。一朝毁其宫，举头秋月白。此理本易通，闽俗疑余癖。但愿后来者，莫使千古惑。"[①]

但是，在一些偏远山区，人们仍然相信山鬼、害怕山鬼，一直到新中国成立前夕，仍保持着对山鬼的祭祀习俗。如云南拉祜族人就有祭祀山鬼的习俗，他们认为，人若身体不适，头晕肚痛、眼红，就是碰上了冷饭鬼或山鬼。祭法是用冷水冷饭到岔道上去送鬼，送鬼时有"送鬼词"，大意是先取媚于鬼，说用马把它们送走、用轿把它们送走。然后用天神的威力把它们吓走："桃棍打你三千，柳棍打你八百，千茅草戳你三千，金刚鞭打你八百。天神来了，杀你三百万，地神来了，杀你三百万。"[②]念完诵词后，将冷水冷饭泼于地上，参与送鬼的人头也不回地连忙跑回家中。

土家族最害怕的鬼叫"麻阳鬼"，就是山鬼。相传麻阳鬼居住于阴僻的山沟或岩脚，俗称"五洞麻阳"，专门兴灾降祸。麻阳鬼有五姊妹，叫童子麻阳、白虎麻阳、阴阳麻阳、地府麻阳、天师麻阳。其作祟的结果是使人瘫痪、抽搐、神经错乱、口眼歪斜，使人身上长无名肿毒、恶疮烂疮等。对麻阳鬼的祭祀必须请巫师梯玛主持，但民间认为巫师的法力无法制住麻阳鬼，只能祭祀，不能施行巫术。其祭法，在山沟阴僻之处，打狗杀羊，以血祭之。祭毕，须将狗或羊煮熟，全部吃掉，不能有任何剩余，然后再将食用碗具摔破，筷子扔掉，悄悄离开。这种祭祀仪式完毕后的逃遁和静默，透露出人们内心对山鬼的恐惧，也传递着人们何以长期祭祀山鬼的原因——生存畏惧。

2. 山神

山神在一些南方民族的俗信中为善神，且司职面较广，既管理山林野

① （清）康熙《松溪县志·艺文志》卷10。
② 魏庆征主编：《中国各民族宗教与神话大词典》，学苑出版社1993年版，第374页。

兽，又主司人间雨水、田间庄稼，有的甚至认为山神主宰人间的祸福，是人们的保护神。

永宁纳西族将狮子山的干木女神称为最大的山神，认为她既管山林土地，又管禽兽庄稼，还主管人丁兴旺、婚姻和生育，甚至连怀的是男是女也归她管。[①] 彝族人则认为山神是自然界诸神中最有力的神，风雨雷电、年景好坏、狩猎收获、社会秩序的动荡与安定都与山神有关。[②] 鹤庆白族认为，山神是管理一方的神灵，这一地方的山、水、树、虎豹豺狼及人畜的吉凶都属它管辖，还有风雨的调和、庄稼的好坏、人畜的安危都与山神有关。[③] 可以这么说，凡南方的山地民族没有哪一个民族不崇拜山神的，所异之处只是山神职能的高低，管辖范围的宽窄而已。

这种对山神的普遍崇拜自然会引发出各自崇拜山神的祭祀仪式来。又由于山神祭祀与历代封建王朝祭祀山川神灵的典仪较为同步，很少像其他"淫祀"那样受到朝廷的禁毁，故保存下来的有关祭祀山神的习俗较为丰富。另外，南方山地民族对山神的祭祀还有一个比较突出的特点，就是除个别地方还保留着某种程度的恐惧心理之外，大多数人都是怀着一种酬谢山神恩赐的心情来进行祭祀的。人们认为自己砍山神的树、烧山神的柴、捕山神的兽、喝山神的水、吃山神管辖的土地长出的粮食，得到了众多的恩惠，理应诚心祭神、以报神恩，否则就不好意思再获得山神的恩赐了。在这种"报神恩"思想观念的推动下，人们对山神的祭祀一般比较虔诚，有的地区的山神祭祀仪式还十分隆重。

南方山地民族所祭祀的山神一般无神像，或立一石头为山神之象征，或指一棵大树为山神，或立一石碑，刻其神位，有的干脆奉山为山神。当然也有一些地区立有山神庙，庙中也有供山神之像。如云南云龙县的白族普遍祭祀山神，旧时没有神像，也无庙宇，后来民建乡只夏村修建了山神庙，还塑了一座山神像，其像为一慈祥的老者骑一只老虎。据传，某天有位老人在树下敬山神（旧时他们以树为山神），忽然见一位白发苍然的老者前来向他讨饭吃。他分给老者一半后，拜别山神树回家。没走多远便见

---

① 《宁蒗纳西族调查材料之三》，1964 年内部铅印本，第 273 页。

② 卢央：《彝族星占学》，云南人民出版社 1989 年版，第 182—186 页。

③ 张海福等：《鹤庆白族祭山神活动》，1989 年 5 月调查。

到一只老虎正在吃人，祭山神的老人却平安地回到家里。事后他把这件事告诉给村里人，人们说那位要饭吃的老人是山神现身来考验他的。于是人们便于村中建起了山神庙，并塑上山神的塑像。再后来，庙毁，村中人又以一棵奇异的大树代表山神，至今祭祀香火不绝。①

广西东兰县壮族则以石头为山神的象征，每年年初，全寨捐钱捐物，购买山羊、酒肉、香火等祭品来祭山神。他们的祭祀仪式颇有特色，仪式由巫师魔公主持，并作为山神的代言人与祭祀人员进行"对话"。魔公来到石头前，先向山神讨平安，其余男女老幼围坐四周（孕妇不参祭）。祭仪开始，魔公代山神言："你们山丁百姓来讨钱财富贵，我已开口答应过，怎么又来呢？"众人则俯首答曰："得过钱财富贵，还要安乐吉祥。"魔公又问："安乐吉祥也赐你们过了，还要什么？"众人说："我们要谢你大恩，报你大德！"接着众人敬香献香，杀羊就餐。②

贵州镇宁县新房乡比弓村的仡佬族是以树为山神，每年农历三月三日为其祭山神的日子。这一天清早，全寨男子要一齐上山去打猎，若猎获野羊，即用此献祭山神；若未获野羊，则用买来的山羊献祭。献祭时，祭司先牵羊绕寨三周，边走边念祭词。再围绕山神树边走边念祭词，绕树三圈，然后砍下羊头，供于山神树下，最后祭司占卜，按吉方将羊头埋下。为了卜算来年的吉凶，还要用陶罐到井里打一罐洁净的井水，谓之"金银水"，密封好埋于山神树下。第二年"三月三"再取出察看，若水依然很满，则来年吉利，否则多灾祸。③

彝族人也普遍祭祀山神，红河、元阳一代的山神祭祀多要念专门的《山神经》，其经文大意是感谢山神的大恩大德。现摘录如下：

> 山神的老爷！山神的老娘！你的大恩大德，你的大恩赐，我们永不忘你的恩，我们永不忘你的情。……尊严的山神爷，尊严的山神娘。我们彝家的命，是山神爷给的。我们彝家的大地，是山神娘开

---

① 王承权：《云龙白族山神土地祭》，载《中国各民族原始宗教资料集成·白族卷》，中国社会科学出版社 1996 年版，第 470—471 页。

② 覃剑萍：《立石为神设祭》，载《中国各民族原始宗教资料集成·壮族卷》，中国社会科学出版社 1998 年版，第 513—514 页。

③ 魏庆征主编：《中国各民族宗教与神话大词典》，学苑出版社 1993 年版，第 149—150 页。

垦。人间的五谷种，是山神爷赐予。世间的牲畜禽，是山神娘所生……山神挤出自己的醇乳，大地就有清泉。山神拔下自己的胡须，大地就有花草树木。山神献出鲜血。大地就有江河湖泽。……我们彝家人，一代传一代，一年复一年，托山神的福，享山神的禄。五谷获丰登，养育子女子孙。日日月月里，村中无瘟疫，寨里无疾病，人人都安康。这是山神庇护的。牛羊满山冈，鸡群满村跑，鸭鹅水中嬉。青砖大瓦房，路铺石头平，男女又老幼，全身红绿束。无有穷模样，都是山神给的，都是山神降赐。

今天是吉日，现在是良辰。鲜肉端上桌，香饭盛碗里，米酒倒盅里，全都供山神。祈求山神爷，永远保佑彝家，全都供山神。祈求山神爷，永远保佑彝家，过上好日子，我们彝家人，世世代代呵，感谢山神爷，感谢山神娘。我们彝家人，一年又一年，永祭山神爷，永祭山神娘。①

表面看来，山神似乎在南方山地民族心中是慈祥和蔼的神灵，他给了人们的许多生存必需品，而又无须人们的回报，善良慷慨，文质彬彬。但笔者认为，在这种山神观念与山神祭祀中，仍然隐含着人们内心深处对山神的某种恐惧感。因为在原始信仰文化中，祭祀本身就是"屈服"的一种表现。人们祭祀山神，从某种意义上说就是对山神的屈服。无论白族的为山神塑像、壮族的人神对话，还是仡佬族的祭祀占卜及彝族的《祭山经》，从其中我们都可以发觉一种恐惧的意味。如果不是因为"老虎吃人"，云龙白族就不会建庙塑像；如果不是担心自己现有的生存条件可能会发生不好的转化甚至失去它们，东兰县壮族和红河彝族就不会对山神连声酬谢不迭；同样，贵州仡佬族人又何必在祭祀中去占卜吉凶祸福呢？所以我们说，祭祀本身就意味着屈服，而屈服现象本身则是人们内心恐惧的曲折反映。

这种对山神的恐惧，起源于人们对其自身所处的严峻的生存环境的畏惧。如前所述，南方山地民族长期生活于崇山峻岭之中，终日与高山峡谷

---

① 龙保贵搜集整理：《祭山经》，载《中国各民族原始宗教资料集成·彝族卷》，中国社会科学出版社1996年版，第87页。

为伴，与毒虫猛兽为邻，所遭受的意外伤害自然不少，故而容易产生对山的畏惧情绪。另外，山神观念与远古时代的"山鬼"、山灵之类的观念有着一定的联系。而人们对山鬼、山灵的畏惧感也势必会在人们心中得以延续下来，纵然随着社会文明的进步，人们对大山的认识日渐趋于理性化，但日常生活中的意外之不幸却不会因此而减少，人们对大山的畏惧感形成的心理基础依然存在，因此说，南方民族的这种畏惧心理自然也不会完全消失，只不过它通过一种更为隐晦曲折的方式表现出来了而已。

二　土地神崇拜

如果说山神崇拜主要形成于人类的采集和渔猎时代，那么关于土地神的崇拜则形成于人类进入农耕时代以后。在农耕时代，人们生存物资的主要来源是农作耕地，"春种一粒粟，秋成万颗籽"，以此来维持自己的生存。但是人们却不能正确地认识春种秋收这种现象，在他们看来，春天种下的一粒粟，在秋天之所以能成万颗籽，是因为土地有灵魂，谷物也有灵魂，由于这两种灵魂都同时发挥自己的超自然力，才使得春天的一粒粟变成秋天的万颗籽。如果这两种灵魂都不以自己的超自然力来帮助人们，或者只要有其中一种灵魂不愿意帮助，那么春种一粒粟，到了秋天就什么都没有，人们就会陷入大规模的饥荒状态。这种思维认识与客观现实的偏离，最终导致了土地神及谷神观念的诞生，同时又在这种观念的推动下，其社会生活中便很自然地生发出形形色色的土地神与谷神的崇拜文化。

除此之外，原始人类从自己的农耕生产实践中，还发现种子种在不同的土地里，其庄稼的长势不一样，收成也不一样。在肥沃的土壤里，庄稼长势茂盛，生产的粮食很多；而在贫瘠的土壤里，庄稼长势不好，生产的粮食也很少。另外，播种的时间节令的差异也直接影响着粮食产量。但是，长期的生产实践观察与经验，并没有使当时的原始人类认识到土壤肥瘠、播种季节与粮食产量之间客观存在着的必然联系，反而由于土地有灵观念的牵引，使他们的认识再一次偏离了正确轨道，又一次得出了错误的认识——土地之灵（后来发展为土地神）像人一样，有着同样的喜怒哀乐情感。贫瘠土地上的庄稼产量低，是因为土地神灵不高兴或动怒了；而肥沃土地上庄稼产量高，是因为土地神灵心情愉快而乐于助人。在这种观念的作用下，人们可能会这样思考：要使土地产出更多的粮食，就得让土地神灵高兴起来，而使土地神灵高兴的最好方法莫过于用美酒佳肴来祭祀土地神灵。

从上述情况而论，土地神灵产生于人们对土地丰产的渴盼。在人们心目中，土地神最早的职司就是土地的丰产，人们祭祀土地神的初衷也就是为了土地的丰产。现在，让我们从另一角度来看问题。古时人们因为从事农耕生产，生活资源有了基本保障，再不用过"逐水草而居"的游牧生活，也不用为追赶野兽或捕捉鱼虾而四处奔走，而是逐渐定居下来。在定居的过程中，人们总是将自己的住屋建于自己田地的附近，以节约生产中的行走时间，同时也便于照看庄稼，这就在无形中使得土地之神灵与人们在地理上有了一种邻近感。久而久之，这种地理上的邻近感逐渐演变为人与土地神之间情感上的亲近感。于是，人们不仅认为土地神仅仅司土地的丰产，而且把自身生活中许多难题与希望一股脑儿都交托给土地神，这样土地神在人们心目中又渐渐地演化成了人们的保护之神。又由于后来土葬习俗的兴盛，人们于是又产生了新的观念，既然人死之后都要埋入泥土，那么其灵魂自然得与土地神灵打交道。这样，土地神又多了一项神职，即主管阴司中的鬼魂。以上所说的有关土地神灵的三种职能：丰产、保护、管理鬼魂在南方一些民族的信仰文化中也各有体现。

随着汉文化在南方民族地区的广泛传播，汉民族"社神"观念也就自然地融合于南方民族土地神灵的观念之中。因为汉民族的社神自身就是其民族的土地神，而且社神在其职能方面，与南方民族的土地神也有相似之处，因而社神与南方民族的土地神灵观念的融合便显得十分自然。这一点，我们也可以从南方民族对土地神灵的称谓中看出来。南方民族对土地神的称呼比较复杂，有的称为土主，有的称为社王菩萨，有的则称为地母神或社主、社神，还有的则直接称为土地神。

土地是人类的生存根基，没有土地，就没有庄稼，也就没有农耕民族的存在。自从人们形成了土地神灵的观念以后，南方以从事农耕为主的民族对土地神的祭祀就十分普遍。这些祭祀现象因为民族、地域的差异而显得十分复杂多样，但是如果从祭祀的形式上去归纳，大致可分为埋祭、血祭和普通祭祀三种。

埋祭，即将献祭的牺牲埋入土中，直接向土地神献祭。有关这种祭祀方法，我国古代亦多有记载。《尔雅·释天》："祭地曰瘗埋。"《礼记·祭法》："瘗埋于泰折，祭地也，用骍犊。"孔颖达疏："瘗埋于泰折，祭地也者，谓瘗缯埋牲祭神州地祇于北郊也。"陈澔注云："瘗埋牲币，祭地之礼也。泰折，即方丘。折，如盘折折旋之义，喻方丘也。"这种埋牲祭土地神的古俗在景颇族中尚有保存。

景颇族旧时的农耕生产方式以"刀耕火种"为主，故他们对土地神（景颇族称其为"斯滴"，是主司五谷丰收、六畜兴旺的地鬼）的祭祀每年举行两到三次，乌帕寨景颇族则祭祀三次。第一次在农历正月"砍地之日"祭祀；第二次在"烧地"之前祭祀；第三次则在谷子成熟时祭祀。这三次祭祀中都要由巫师菩萨念祭地鬼词，大意是求地鬼保佑农耕人员平安顺利，保佑庄稼长得好，粮食丰收，不要让野禽野兽来糟蹋等。且每次祭祀，都要埋一部分所献的牺牲，尤以第三次埋祭的牺牲为重，一般是猪、牛之类的物品。① 瑞丽户育部落每三年以部落酋长名义，杀牛一头，以祭土地神灵。先将牛杀死。洗净五脏，然后埋于部落酋长所居住的地方，作为直接献给土地神的牺牲。②

血祭也是一种古老的祭祀土地神习俗，即以人或动物的鲜血来祭祀，其祭祀方式有三种：一是将鲜血滴淋于土地中；二是将血直接淋洒于土地神的神像或象征物之上或四周；三是将鲜血供奉于土地神庙之前。

血祭土地神之俗，最迟发生于周代，且多用人血祭之。《春秋·僖公十九年》："夏六月，……己酉，邾人执鄫子用之。"《公羊传》注云："恶呼'用之'，用之社也。其用之社奈何，盖叩其鼻以血社也。"《穀梁传》亦注云："用之者，叩其鼻以衈社也。"除了以鼻血祭土地神外，古代亦有杀人取血祭土地神的记载。《管子·揆度》："轻重之法曰，……自言能治田，不能治田者，杀其身以衅其社（以血涂社主的祭祀）。"血祭土地神是南方各民族较为普遍的祭祀习俗，但以人血祭祀或杀人以祭的习俗在南方民族中尚不多见。旧时云南佤族与中国台湾高山族的泰雅人和布农人尚保留着这种习俗。佤族旧时的猎头血祭仪式一般在春播前进行，仪式分猎头、接头、祭头、送头等。他们认为所猎的人头，最好者当是胡须浓密者，以象征庄稼像其胡须一样长得茂盛。当人头猎到后，置于村寨的木鼓

---

① 桑耀华等调查整理：《景颇族的鬼魂崇拜与祭祀》，载《云南民族民俗和宗教调查》，云南民族出版社 1985 年版，第 205 页。

② 宋恩常：《景颇族的原始宗教形态》，载《中国少数民族宗教初编》，云南人民出版社 1985 年版。

房旁的人头桩上，由酋长主持"接头"仪式。酋长对人头说："我们这里酒美饭香，请你饱餐一顿。希望你今后把你的父母姐妹也请来饮酒吃饭，保护我们的村寨安全、庄稼安全。"佤族人还视人头滴下的血水为"生命之水"，故在人头桩下和人头上置放火灰，让人头流出的血水与火灰合在一起，仪式完毕后，每家分一些。待播种时，同谷种拌在一起撒到地里。①高山族泰雅人和布农人的猎头祭与佤族一样，也是为了祈求丰收。泰雅人和布农人猎得人头后，鸣枪报捷，置于木臼上祭土地神灵。布农人则将人头置于会所广场，大家环绕人头肃立做撒祭。曾猎过人头的英雄们则依次给人头口里喂猪肉少许，表示敬意和慰问。随后剥皮，剔肉，去脑浆，投入锅内蒸煮，取出刮净。且全村狂欢六天，男女环绕人头，挽手顿足，宴飨歌舞，通宵达旦地举行"嘎洛厄"祭。②

土地神灵祭祀的一种更为常见的血祭是以牲畜或家禽的血来进行祭祀。云南巍山县母沙科一带的彝族每年正月初一就祭地母"米斯"。米斯以树枝为象征，敬献鸡血和鸡毛，祈地母保佑丰收。③西双版纳的基诺族则于播种前祭祀地母，他们先挖三个坑穴，将铁渣和竹鼠头骨置于坑穴中，其上置三根野酸枣树干，干上刻画龙的图案，此干为地母神灵的象征物。他们认为铁可以逐走地上邪鬼，可保庄稼丰收。木干前摆设三个竹筒，中间垫芭蕉叶，叶上再放三片槟榔叶和三堆米饭。接着杀鸡，将鸡毛鸡血沾一点在树干和竹筒上，以祈丰收。④

广西罗城的仫佬族每年于农历二月或八月祭祀土地神社王，村寨中或立有社王庙，或于树下摆几块石头作为社坛。到了"社日"那天，全村集于社坛前，杀猪以血盆供祭于坛前，让社王菩萨享用"血食"。另外，还用猪头、猪脚、猪尾巴及内脏各一部分和一只鸡分别煮熟后陈于坛前，焚香酹酒，烧纸以祭。⑤湘西土家族人则于每年农历二月初二日（相传为土地神的生日），各家各户在土地庙（用几块薄石块搭成小石屋，一般无神

---

①　宋恩常：《农业祭祀》，载《云南少数民族研究文集》，云南人民出版社 1986 年版。

②　魏庆征主编：《中国各民族宗教与神话大词典》，学苑出版社 1993 年版，第 140—141 页。

③　何耀华：《彝族的自然崇拜及其特点》，《思想战线》1982 年第 6 期。

④　宋恩常等：《基诺族宗教研究》，《世界宗教研究》1982 年第 1 期。

⑤　张有隽等：《民主改革前仫佬族的宗教》，载《中国少数民族宗教初编》，云南人民出版社 1985 年版。

像）前，焚香烧纸，杀鸡、淋鸡血于土地庙四周或土地庙上，以祭神灵，祈求风调雨顺、人丁兴旺、五谷丰登、六畜兴旺。

普通祭祀，指人们用煮熟的家禽家畜的肉、菜，焚香烧纸，奠酒祭祀土地神的祭祀习俗。这是一种更为普遍的祭祀土地神的习俗，如哈尼族、德昂族、布依族、瑶族、白族、彝族、傣族、布朗族、仡佬族、壮族、苗族、土家族、纳西族等都部分或大部分采用这种祭祀的方式。这种祭祀仪式一般都比较简便易行，参与祭祀的人多为一家之主，时间多在逢年过节时。祭祀时也多只是将酒菜之类置于土地庙前或田边地头，焚香烧纸，奠酒祝词以祭。

随着社会历史的发展进步，人们对土地与农业丰收的关系的认识较之原始时代前进了一大步，逐渐导致土地神的地位在人们的心目中日渐下降。有许多南方民族将土地神看成人们日常生活方面的小小保护神，尤其是随着农业先进技术的推广普及，农药、肥料及良种的广泛使用，更是如此。目前各民族地区的土地神祭祀之俗多只停留在老一代的农民心中，许多有文化知识的年轻农民基本上已不再相信土地神灵。而在老一代农民心中，土地神的地位也正在下降。这种神灵的"降级"表现在其祭祀仪式上，就是日渐简单化，这大概也是土地神灵祭祀习俗在今天日渐消散、衰退的主要原因吧。

三　石神文化

顽石何以能在中华民族（自然也包括了南方民族）心目中成为神灵？这得从人类与石头的关系及石头自身的特性说起。

第一，石头以其硬度和得来容易成为人类最早的劳动工具和武器。人类生存于自然界，既无爪牙之利，又无奔走之速，其敏捷不及大多数动物，其体力亦比不上虎豹熊罴，相对而言，人的生存能力是比较弱小的。在原始时期，由于人们发现了石头，并将石头为自己所用，结果人类在自然界开始由弱小走向强大。人们用石头打制或磨制成石刀石斧、石锄石镰等石器，不仅大大地提高了生产效率，也大大地提高了自身的生存能力及自我保护能力。他们用石器狩猎捕鱼，也用石器从事原始的农耕生产，还用石器砍伐树木、构木为巢。而在原始部落战争中，石器又成了人们从事社会和生存竞争的重要武器，它能够帮助人们保护自己生存和部落生存，还有可能给竞争对手以致命的打击。

第二，石头可以在相互撞击时爆发出火星，有了这种火星，人们不用再为如何保存火种而焦虑，只要用两块石头相互敲击，火就燃起来了，于是，人们有了熟食和健康。特别是在漆黑的夜晚，有了石头的敲击，就有了光明，就能将毒虫猛兽阻隔于火光之外；而在寒冷的冬日，有了石头的敲击，人们也就有了温暖，使严寒不得不退避三舍。我们甚至可以这样说，人们从石头撞击的火星中，不仅增加了自身的生存能力，同时也看到了生存的希望之光。所以恩格斯说："就世界性的解放作用而言，摩擦生火还是超过了蒸汽机，因为摩擦生火第一次使人支配了一种自然力，从而最终把人同动物界分开。"[1]

第三，石头对于原始人类而言，它的奇特形状也足以让人们感到惊讶。尽管原始人类经常与石头打交道，但他们并不清楚石头为什么总是那样奇形怪状。它们有的巨大得如一座山，蹲在那里，任凭多大的力量也无法移动它一分半毫；有的则又怪模怪样，像人、像兽、像禽、像物，栩栩如生；有的颜色五彩缤纷，还生出各种各样的花纹图案；有的质地粗硬如刀斧；有的质地光滑如肌肤，让人顿生出可惊、可叹、可怖、可喜、可亲等复杂的情绪来。

第四，石头本来是静止不动之物，然而在大千世界无奇不有，不动的石头说不定又动起来了。这种石头运动现象，在原始人类的心中不知会掀起怎样的轩然大波。如"飞来石""飞来峰""飞来山"之类足以让人感叹千载，流传万古。另外，天上也有可能飞下陨石来，对此人们也同样惊诧莫名，直到唐宋时代，人们依然惊异不已："雷州之西……每大雷雨后，多于野中得黑石，谓之雷公墨，叩之锵然，光莹如漆。又如雷霆处或土木中，得楔如斧者，谓之'霹雳楔'，小儿佩戴，皆避惊邪。孕妇磨服，为催生药，必验。"[2] 有关这种石头运动现象，史书中不乏记载，现略举数例。《汉书·五行志》云："元凤三年（前78）正月，泰山莱芜山南匈匈有数千人声，民视之，有大石自立，高丈五尺，大四十八围，入地深八尺，三石为足。石立处有白鸟数千集其旁。"《新唐书·五行志》载："元

---

① 《马克思恩格斯选集》第3卷，人民出版社1972年版，第154页。
② （宋）李昉等：《太平广记》卷294引《岭表录异》。

和中（813），资州有石方丈，走行数亩。"《宋史·五行志》载："乾道二年（961）三月丙午夜，福清县（今福建省福清县境）石竹山大石自移，声如雷。石方可九丈，所过成蹊才四尺，而山之木石如故。"

第五，石头还有一种重要特性让人们惊羡不已，就是它永远不死。从来没有人见过石头的死亡，无论过了多少年月，从爷爷的爷爷小时候起，直到孙子的孙子年老力衰，人世不知已换过多少代，可石头却依然如故。如此漫长的寿命让原始人类为之感叹和钦羡，故古人以"海枯石烂"来表示永恒，甚至有些方外之士还认为石头之髓是人的长寿之药，有关这一点，至今还流传着许许多多得道成仙的传说故事。

关于上述这些"石头现象"，原始人类是无法破译其中的奥秘的。于是，人们便认为石头有灵，而且石头的灵力很大。随着人类"造神运动"的推进，石头自然也就在人们的心目中成了神圣之物，甚至成了神本身。

作为神的神石或者石神，在南方民族的信仰文化中也同样有其重要的席位。一般来说，南方民族中有的视石头为祖先之神，有的视之为生育之神，也有的视其为避邪、驱魔之神和人们的保护之神。视石头为祖先，典型的例证是四川羌族人的信仰习俗。相传，古羌人被迫迁徙，一支追兵赶来，幸得天神和羌人祖先神木吉卓从天上抛下三块白石化为三座雪山，阻住了追兵，使之得以顺利南下。而南迁至茂县时，与当地土著戈基部族发生大战，结果羌人再一次在白石头的保护下获胜，最终得以安居乐业，故羌人尊白石为祖先神。而将石头视为生育之神的现象则十分普遍，笔者认为大概是有的石头的形状与男女生殖器官有某种相似性，从而导致生育之神的观念由此附着。至于视石头为辟邪驱魔和保护神的观念之产生，也可能是因为石头在旧、新石器时代于人类生存发展的道路上所起过的作用而演化而来。

视石头为祖先的观念至今仍保留在南方一些民族的神话传说中，但有关祭祀仪式却已淡化，有的地区已基本上消失。如云南普米族人的《久木鲁》神话，就视石头为人。相传天降下吉泽乍玛女神，在山洞中与石头"巴窝"成婚，繁衍了人类。所以，普米族人将石头巴窝尊为"久木鲁"，意即石祖，称女神为"阿移木"，即女始祖神。普米族人至今仍在火塘边供一块石头，即祖灵石，平时就餐前与年节时令都要加以祭祀这块祖灵石

"括鲁"。清人张庆长在其《黎岐纪闻》中也有关于黎族人奉石为祖灵石的记载：

> 有石之最细润者，黎人谓之石精。大如枣栗，五色皆有之，黎中珍而藏之以为宝，谓可镇家。猎者藏诸身边，获禽兽独多。有大如拳者另为一种，用水磨之以食犬，则有力而能追逐山兽，可以捷获。石即产于黎内，幸者无心辄得之，否则寻之不能一遇也。①

此虽未直言黎族人奉石为祖灵，但从其"镇家""助猎""神遇"之类的记载而言，可知其确实有将石头奉为祖灵的习俗。乌丙安先生也有此种观点："黎族也供奉石祖神。"② 中国台湾高山族多流传石头裂开生人的神话，泰雅人传说远古有巨石迸裂，生出男女一双，繁衍了泰雅人。中国台湾东南部的阿美人、卑南人也认为自己的始祖是由一块大石所生。卑南人又传说大石先生出女始祖拉宁，拉宁与鲁凯人的一个男子成婚，繁衍了卑南人。雅美人则相信自己的始祖是由巴布特山顶上的一块巨石迸裂后生出的男神，这男神的左右膝盖上生出一男一女，他们分别与大竹裂开后出生的另一男神的子女成婚，繁衍了雅美人。排湾人也相信他们的始祖男神是石头，始祖女神是竹子，男女始祖神被今人称为"那克玛迪"夫妇。

将石头奉为生殖之神的习俗在南方民族中较为普遍，在我国北方民族中也十分普遍，其中最典型的要算古代的"高禖"崇拜了。高禖之神，即石神，宋人郑樵的《通志》对其有比较详细的记载：

> 周制，月令仲春，元鸟至之日，以太牢祠于高禖。天子亲往，后妃率九嫔御，乃礼天子所御，带弓韣，授以弓矢于高禖之前。汉武帝年二十九，乃得太子，甚喜，始立为高禖之祠于城南，祭以特牲。后汉因之。……惠帝元康六年，高禖坛上石中破。博士议：礼无高禖置石之文，未知设造所由，即已毁破，可无改造。束皙议：以为石在坛

---

① （清）张庆长：《黎岐纪闻》一卷本。
② 乌丙安：《中国民间信仰》，上海人民出版社1996年版，第57—58页。

上，盖主道也。礼制：器敝则埋而置新，今宜埋而更造，不宜遂废。后得高堂隆故事，诏更镌石，令如旧，置高禖坛上，埋破石入地一丈。①

据此可知，（1）我国至迟在周代已有高禖祭祀的礼仪习俗；（2）高禖祭祀的主要对象为石神；（3）祭祀高禖的目的在于求得子嗣；（4）高禖石神的废与立深受朝廷重视。事实上，这种将石头作为生殖之神的观念及习俗在我国南方民族中多有遗存：

> 广平府城东庄有二石妇，俗呼为"石婆婆"。其一折腰，庄人相传，夜有一妇人入人家窃饮水浆，防者以刀中之，亦不知为何物也。明旦，视石人，其一腰下两断，遂以为异，咸来祈子。元旦浓抹胭脂，焚香拜祷，颇有验，遂构亭以居之。
>
> ——（明）朱国桢：《涌幢小品》卷 15

> 乞子石在南溪县马湖南崖，东石腹中流出小石，西石腹中怀之，僰人乞子于此。有验，因号"乞子石"。其石有二，夹青衣红，对立如夫妇。古老相传，东石从西乞子将归。
>
> ——（清）陈祥裔：《蜀都碎事》卷 2

> 成都江桥门外沼城有石一块，亦不甚巨，方圆丈余，曰："臭石头。"耆老相传，昔城内妓女每于四月十九，浣花遨游，必拜此石，方敢经过。良人子女，凡出游必避此路，耻看此石耶。
>
> ——（清）陈祥裔：《蜀都碎事》卷 3

类似的求子于石的习俗在近现代南方民族中亦不少见。广西环江毛南族求子时，要祭圣母石，吃仙桃。圣母石在下南圩的马山峰之间，其高丈余，如若一位背负小孩的妇女。圣母石的中央有一个洞，像人的肚脐或阴部，洞里还长了一棵桃树。每到夏天桃子成果之际，求子的毛南族妇女就

---

① （宋）郑樵：《通志·礼二》卷 44。

带上红鸡蛋、粽子等来此拜祭圣母石，摘吃"仙桃"，以乞生子。[1] 云南峨山县太和村彝族信奉石神，认为石神掌管儿女生育之事，故久婚不孕的夫妇往往前来此石前祭祀，以祈子嗣。[2] 贵州雷山县苗族地区的一些岩石亦被人们视为生育之神，无子人家多前往叩拜，以求生子。求子时必须在节日那天去，带上一只大公鸡，一个鸡蛋和酒、饭、香、纸去供祭，明确地向石神提出自己的生子要求并许愿。一般是许一只大肥猪。此后无论何时，只要生了儿子都认为是石神赐子，并要在孩子满月或周岁时前来还愿谢神。[3] 云南剑川下沐邑村白族非常崇拜神石"阿央白"。阿央白是白族语音译，意为女性生殖器。此石为人工石雕，被供奉在剑川县石宝山上石钟寺的第八石窟内，四周均为佛像。农历每年正月和七月庙会时，白族妇女来此烧香叩头，祈求生儿育女。[4]

将石神视为保护神或驱邪避灾之神的习俗古亦有之，其中最突出的当为"石敢当"习俗：

> 人家门户，当巷陌桥梁之冲，则立小石将军，或植石碑，镌字曰："石敢当"，以厌禳之，不知起于何时。按石敢当见史游《急就章》，颜师古注曰："卫郑周齐，皆有石氏，其后固以命族。敢当，所向无敌也。"据此，其名始于西汉。《五代史》载刘知远为晋押衙，高祖与悯王议事，知远遣勇士石敢，袖铁椎，侍晋主以虞变。敢与左右格斗而死，今立门首以为保障，似取五代之石敢。其曰当者，或为唯石敢之勇，可当其冲也。或《急就章》之石敢当也。刘元卿《贤奕》，陈眉公《群谇录》，俱以石敢当为五代时人则误矣。
>
> ——（清）褚人获：《坚瓠四集》卷3

宋王象之《舆地碑目记》：兴化军有石敢当碑，注云："庆历中，张纬宰莆田，再新县治，得一石铭，其文曰：'石敢当，镇百鬼，厌

---

① 覃永绵：《毛难（南）族的宗教观念及活动》，载《中国少数民族宗教初编》，云南人民出版社1985年版。

② 何耀华：《彝族的自然崇拜及其特点》，《思想战线》1982年第6期。

③ 参见《苗族社会历史调查》（二），贵州民族出版社1987年版，第238页。

④ 吴格言：《中国古代求子习俗》，花山文艺出版社1995年版，第106页。

灾殃，官利福，百姓康，风教盛，礼乐张。唐大历五年县令郑押字记.'"今人家用碑石，书曰"石敢当"三字，镇于门，亦此风也。

——（清）俞樾：《茶香室续抄》卷19

这两个材料告诉我们：首先，石敢当是一块石碑，民间相信其功用可以"镇百鬼，厌灾殃"，保护人们生活平安吉祥；其次，这种石神崇拜至迟见于西汉时期；最后，石敢当习俗在当时民间是一种普遍的习俗，并直接对地方政府官员有一定的影响作用。

石敢当之俗，今在南方民族的一些地区仍有遗存。四川《简阳县志·风俗志·石敢当》："石敢当，《蜀语》：见汉黄门令史游《急就篇》。又《淮南毕万术》曰：'埋石四隅家无鬼。'庚信《小园赋》亦云：'镇宅神以埋石，'倪注庚赋引《急就篇》曰：'石敢当，颜师古注：敢当，言所当无敌也'。……今按县属人家，少埋石者，多于门中直钉一虎头匾，中书'泰山石敢当'，或立石刻此字，尤有古意。"四川《万源县志》对石敢当为虎头匾代替之俗做了解释："虎头，俗名之曰'吞口'。"意为石敢当与虎头吞口匾的含义一样，均具有镇宅护家之功能。

也许石敢当古时多立于交通要道之处，具有阻挡邪魔、驱逐鬼魅之灵力，一些南方民族则又将其转化为"挡箭碑"。他们相信小儿夭折多因恶人施放"阴箭"射杀小儿之魂所至，故立一挡箭石碑，以避"阴箭"。"或竖小石碑于三岔路口，刻左走某处，右走某处，上镌弓矢状以指路，谓之'将军箭'。"[1] 而在湘西土家族地区则谓之"挡箭碑"或"指路碑"，除了指路之外，其石碑背面还刻着"开弓弦断"四字，意即恶人在施放阴箭之时，只要一拉开巫弓，其弦即断，其阴箭不仅射不出来，反而还会射伤自己。这虽然具有很浓的巫术意味，但也表明了南方一些民族确实将石头视为人们的保护神来加以崇拜。

在贵州水族人的观念中，石神有很多功能，其中就有保护功能，他们认为石神可以保佑财源滚滚，还可以保佑人们平安吉祥。云南的纳西族则视石神为家神，认为石神像自己的祖先神灵一样，可以守家护院，保护家

---

① 中华民国《巴县志·风俗志》（四川省），载《中国地方志民俗资料汇编·西南卷》（上册），书目文献出版社1991年版，第50页。

庭人口平安兴旺。湘西苗族也视石神为家神，多将石块供于火塘的一角，每日就餐前都要先祭石神，方可就餐。湘西土家族还认为石头之灵可保家人旅行平安，"若需出远门者，于出门前一日，找一块石头置于自己枕边，与之共眠。翌晨远行时，将枕边之石夹于屋外的篱笆或树丫上，勿使松动脱落，相传此石可保旅行者平安"①。

由于南方一些民族崇信石神的镇妖驱邪、保佑人们平安吉祥的功能，故人们在其社会生活中又形成了一种特殊的俗信。如云南路南县彝族支系撒尼人认为，石神能保护孩子不受病魔侵犯，小孩子多拜祭石神。当孩子生病时，父母常带领孩子去祭献一块石头，并常常以石头来做小孩的姓名。② 类似现象也广泛地存在于湘西地区，这里的人们为让小孩健康成长，多以寄拜干爹的形式来拜祭石神。寄拜之时，须用红纸书写告神之书帖，讲明寄拜石神的原因（主要是子女较少、小孩身体不健壮等），再用红纸剪成鞋子两双，一并粘贴于所拜之石上，然后以酒肉香纸之类进行祭祀。祭毕，将小儿以岩为姓，起一个乳名，如"岩宝""岩生""岩富""岩香""岩翠""岩秀"等，相信这样就已经将小儿寄托于石神保护，便于易养成人，且以后每逢年节、小儿生日，寄拜之家都要前往祭祀石神，以示酬谢。③

如果说，南方民族关于山灵信仰文化主要是源于内在的恐惧，而土地的信仰则是出自于对农业丰收的渴盼，那么人们对于石神的崇拜则更多出自于对石头的钦羡和感激。那千古不变的形态、万古不衰的生命、百病不生的体魄都让原始人类为之惊叹和渴慕，也很容易让人们产生这样一种念头：石头之所以能不畏灾病百鬼，定是其自身拥有一种不可知的巨大的神秘力量，如果能让它充任自己或家庭的保护之神，获得它所具有的那种神秘力量，所有的邪魅鬼灵自然会远远退开。于是，人们纷纷投向于石神的怀抱，以期获取那刚强坚韧、永恒不灭的灵力。于是，石神也便成为人们的祖先神、保护神。

另外，石头对人总是温驯的工具，既增强了人们生存活动中的攻击防

---

① 胡炳章：《土家族文化精神》，民族出版社 1999 年版，第 85—86 页。
② 何耀华：《彝族的自然崇拜及其特点》，《思想战线》1982 年第 6 期。
③ 胡炳章：《土家族文化精神》，民族出版社 1999 年版，第 85 页。

御能力，又可给人们带来光明和温暖，石刀、石斧成了人类数十万年来形影不离的忠实伙伴，较之于自然界中的其他事物，石头似乎显得最为忠实，也最为人类所爱，由此而导致原始人类对其产生了一种真挚的感激之情。久而久之，这种感激自然会逐渐转化为一种亲近，在万物有灵观念的催化下，又由亲近转而形成崇敬之心。正是在上述两类情感的作用下，人们对石神的崇拜才那么坦诚，那么真切，那么执着。尽管南方各民族均未保留有关石神的盛大祭祀的遗韵，但人们对石头的崇拜心理却一直延续了数十万年。

第三节　地祇崇拜（下）

　　南方山地，沟谷纵横，水系密布，江、河、湖、溪随处可见。俗话说，"一方水土养一方人"，可见水与土是人们生存的基本条件之一。何况没有水的土地，长不出庄稼与植物，人们自身也难以生存。但换一个角度看问题，水多又容易成灾，几乎各地人类都遗存着古老的洪水神话，就是一个明证。南方民族多生活于溪河两岸，一旦暴雨连日，山洪暴发，冲毁房屋田地、桥梁要道，就会直接给人们带来巨大的损失，有的甚至是生命威胁。因此，人们对于水又具有一种爱恨交加的复杂情感。人们爱水，起因是水可以解渴、维持人类的生存；人们恨水，则是因为水能够毁坏人们的幸福，破灭人们的希望。正是在这种爱恨交织的情感中，慢慢衍生出了水崇拜的原始信仰文化。

四　河神、井神

　　水崇拜在南方民族那里，常常表现为龙神崇拜和对故乡的河水、井水的崇拜。人们喜欢家乡的河，是因为它给人们带来了交通的便利，也为人们的渔业生产带来丰收。同时，河水还可以供人饮用，为其生存繁衍带来巨大的利益。当然，人们也害怕家乡的河，譬如说，村寨的大人小孩在河里洗澡时，偶然间也有溺水而亡者；连日暴雨，洪水泛滥，也会冲决堤坝，淹没田地庄稼，冲毁房屋，给人们带来巨大的灾害。

　　同样的道理，也导致人们对井泉的爱、恨与恐惧的心理，只是人们的这种心理所掺杂的情感因素更为复杂罢了。一方面是井在天旱季节，人们迫切需要水的时候，往往枯竭、无水可用，这会引起人们的懊恼与愤恨；另一方面是由于井的深度，尤其是年代久远的古井，四壁长满了苔藓，映得井水绿幽幽的，由此很容易产生一种神秘莫测的恐惧。其实，从根本上说，无论是对河、溪或是对井的爱和恨以及恐惧情绪都是同人类最基本的焦虑——生存焦虑紧紧相连，它们所表现的也正是这种生存焦虑感。

综上所述，河流井泉在某种程度上都将可能威胁到人们的生存，也足以引发出人们内在的生存焦虑，同时，原始人类在当时的历史条件下，又无法对这些现象给出一种科学的解释，他们只能将这些现象视为神秘莫测的图景，并错误地认为这些现象的背后都存在着某种超自然的灵或神的作用。于是，在人们的心中便逐渐形成了河神（或水鬼）、井神（或其他精灵）的观念。

1. 河（水）神祭祀

南方民族单独的河神观念多来自于汉文化的传播。在此之前，更多的是对水神的崇拜，即对一般的水神及塘、潭、泉、河等神的崇拜，有的则是与龙神崇拜相混合。从笔者掌握的材料来看，南方民族的河（水）神祭祀出自于以下的目的：一是为了避免和减少水旱灾害；二是为了祈求平安，消除疾病灾害与不洁之物；三是为了使水源不绝。

南方一些民族相信，水神（或龙神）主司农事方面的风调雨顺，水旱灾害、农田收成的好坏直接与水神的喜怒相关，故每至水旱灾害之际，这些民族多于有水之处祭祀水神，以祈雨水或天晴。云南鹤庆白族人相信凡有水的地方皆有水神或龙神，每当水旱不调的时候，人们便前往水潭边祭祀。清代康熙年间《鹤庆府志》载："秀台山：高不过数丈……上为坛，有斋室亭榭，岁七月祀水神于此。""隔㳠潭：治东北十五里。发源东山麓，遇旱祈祷，即风雨。""漕峰山：在旧顺州北一里，其东为杨保山，其北七里为公山，层峦耸拔，时见朝霞，土人祈雨于此。"类似于此种水神居住的龙潭在鹤庆境内很多，据顾祖禹《读史方舆纪要》介绍："府境龙潭凡十五，流入漾共江者十三，曰黑龙、曰青龙、曰白龙、曰西龙、曰龙宝、曰吸钟、曰石朵、曰香末、曰北漾、曰柳树、曰小柳南、曰赤土和、曰宣化，其流入金沙江者曰龙公，而停蓄极深者曰大龙。"[1] 这些河流附近

---

[1] （清）顾祖禹：《读史方舆纪要》第六册卷17，中华书局1957年版。

的人们都会对它们进行祭祀。

水神主司水旱，龙神也有主司水旱之职，随着时间的推移，人们逐渐将水神与龙神一并祭祀，并渐渐出现了以龙神代替水神或二者合一的祭祀习俗，这种神灵混合型祭祀在云南彝族地区十分隆重。大理巍山县的彝族群众认为，凡地上出水的地方都有龙，水塘是龙踩下的脚窝，因此他们把村子前后左右的水塘都称为"绿字喝"，即"龙在的地方"或"龙潭"。平时对水塘精心修葺保护，还用雕有龙图像的石板在龙潭上面盖一间小石屋。遇到天旱之时便前往龙潭祭祀求雨。祭时，在龙潭边设置神坛，坛上燃香，供上猪头、酒等祭品。人们一边口念求雨降福、保佑风调雨顺、庄稼丰收的祝神词，一边往潭水中扔钱币。有的村子则在夜晚祭祀：当夜幕降临之际，人们举着火把，抬着用布条扎制的龙，大喊大叫地齐集龙潭边耍火把玩龙，以祈晴雨。这里的彝族群众每年还要过"祭龙节"，时间一般是于春耕栽插结束以后，其祭祀颇有一股浓厚的原始遗风。凡参加者均为村中已婚的中青年妇女，地点多在村子附近的龙潭边上。祭龙之前，妇女们都要经过沐浴，穿上整齐的衣服，举着一条用松树枝扎制的龙，一路玩龙，前往"龙潭"边上，将"龙"丢弃，再解下各人头上长达一丈二尺的黑、蓝布包头巾，将其连接在一起，相互拉扯着围绕"龙潭"载歌载舞，用这样跳唱的方式酬谢龙神。后来这些中青年妇女还要脱下外衣长裤，在龙潭边嬉戏游玩"鱼跳龙门"和"抢老虎仔"的游戏。游戏毕，即整理衣冠，在潭边用男人事前挑来的生熟祭品设祭，烧《谢恩表》。祭毕，大家在龙潭边聚餐会饮。[①]

哈尼族认为水神是人们生活的保护之神，它使水泉清冽甘甜、庄稼丰收、家人平安吉祥，故常有一些定期或不定期的祭祀习俗。并且他们所祭的水神包括山泉、溪沟、河水、田水之神，一般举行不定期祭祀。所备的牺牲为两只母鸡，而重大的祭祀一般在农历二月与祭寨神一道进行。哈尼族水神祭祀中一个特殊之处在于他们相信螃蟹是泉神之灵物，故在祭祀时，要用竹篾编织一个如簸箕大小的螃蟹，置于泉边祭祀。届时由巫师贝玛摆设供桌，上置煮熟的祭品，还要由贝玛念祭水神词，在祭祀的过程中，严禁主祭者与前来挑水洗菜的人搭话。

---

① 王丽珠：《大理彝族原始宗教调查》，载《中国各民族原始宗教资料集成·彝族卷》，中国社会科学出版社1996年版，第90—91页。

　　据廖振华先生搜集的资料来看，广西十万大山的壮族也认为水神可使人们消灾避难。每当家中小孩患病，便要去祭水神，所备祭品为猪肉一块，熟鸡一只和糯米饭一碗。祭时要向水神许愿，求它赐小孩以圣灵的水，消除病魔。一般人还认为，所许的愿越重，病就好得越快，以至于有的富裕人家许诺用牛来祭神的。不过，待病势好转或痊愈之后，人们必须还愿，让水神如愿以偿，否则会惹水神发怒，导致更大灾祸发生。另外，这里的人们利用河水运输木材前，也要到河边祭祀水神，求神保护运木材人员一路平安，据说这样祭祀了，就可以避免发生水上事故。

　　桂西北田林县的壮族旧时几乎每月都要祭祀河神，尤其是正月初一和七月初七这两次祭祀特别隆重，而且男子不得参祭。这种河神祭祀的目的同样是祈求河神保佑老少平安、六畜兴旺。在七月七日的祭祀中，人们还得从河中取一罐水回来，谓之"七月水"，带回到鸡笼、猪栏、牛圈，意为给禽畜带回了它们的灵魂，日后养猪牛鸡犬就会顺利、兴旺。在壮族人的心中，这"七月水"是神圣的水，要是人喝了"七月水"，就会变得聪明勤劳，而且他在未来一年里的生活还将会幸福康宁、平平安安。①

　　在一些地区，人们却认为水神也有善有恶，甚至干脆认为水神是凶神，故人们又称其为水鬼，是给人们带来灾祸的邪魅。如云南拉祜族的苦聪人有这样的古老习俗，凡人面黄肌瘦、浑身酸软无力时，便认为是人的魂魄落入水鬼之手，须请巫师毕摩前往水边，献以鸡蛋、盐巴、酒药，请水鬼释放人的灵魂。怒族则干脆称水神为"独药于"，即水鬼，它是专与人们作对的恶鬼。傈僳族人则称其为"色拍"，即水妖，并认为每条河里都有"色拍"。据说一个人在河边解手或在河里洗澡时，"色拍"就会缠住人的灵魂，使人生病。

　　南方民族这种奉水为神和恨水为鬼的原始宗教观念，事实上并非自相矛盾的，而是来自于水与人之间的某些特定的情境。如前所述，水相对于人，既是人们的生存依赖，同时也给人带来危害。侧重于水的恩惠并表示感激之情的便多奉水为神灵；相反，侧重于水之危害，在其民族集体文化心理中，恐惧成分更为突出的则视其为鬼。当然，水神与水鬼观念的形成

---

　　① 吕大吉等主编：《中国各民族原始宗教资料集成·壮族卷》，中国社会科学出版社1998年版，第511—512页。

决非如此简单，它具体牵涉人们的心理感受、伦理观念、价值观念、认识和评判的角度及民族传统文化的深层背景等因素。这些众多复杂因素在各民族漫长的社会历史发展过程中，不断地相互作用而逐渐形成。但是，如果我们站在信仰与人类生存发展这一最基本的角度来看问题，上述说法当也有其一定的道理。

2. 井神祭祀

井神崇拜事实上是水神崇拜中的一个信仰支系，因其在南方民族水神崇拜中所占的比例较为突出，故特意对其单独论述。我国南方虽然河流纵横密布，但大多数少数民族都居住在水资源相对缺乏的山地，他们的生活用水也多依赖于井，故井神的地位在山地民族心中比较高。另外，井水本身给人们带来的只有利益而无灾害，它既不会像峡谷中的溪涧那样，当雨季来临时泛滥怒涨，导致山洪暴发；也不会像河流那样常常泛滥，冲毁田地家园，故井神在人们心中多为善神，其所司职能也多为保护村民平安吉祥，有的甚至被认为是司人类生殖繁衍的神灵来加以供奉。

布依族人将那些位于高山之巅，长年盈水不涸的井泉一概称为"仙井"，认为喝了仙井中的水，能添丁添子。每年农历正月，那些婚后不育或无男丁的家庭，常带上香纸来仙井求神许愿，请求仙井之神给自己赐予儿子，并许愿酬谢。所许酬神之物多为猪、羊、鸡、猪头、布匹之类。倘若家中真的添丁进口，人们将于次年正月带上所许之物还愿谢神。若所许之物为食物，全家就得带上饮食之具，供奉仙井之神，然后全家聚餐。食剩之物也不许带回家，因为已经许给仙井了，只能弃于井边，以示对井神的尊重。

云南剑川县沙溪乡白族则奉石宝山一井水为"石宝灵泉"，认为此井泉水可以疗疾，还可以赐人子嗣。清康熙年间《剑川州志》载："石宝灵泉出石宝山顶石崖中，宽尺许，深二尺许，甚寒洌。多汲不涸，少汲不盈，饮之可愈疾。"每年春节朝山会和农历七八月之交的"石宝山歌会"时，新婚的白族青年男女常到石宝灵泉祈求子嗣，不带祭品，只需烧香磕头。祭毕，夫妇俩同伸手到泉内掏摸，若摸得瓜子后，或于泉边就泉水同吃瓜子，或将瓜子置于枕头下边，据说这样就可以获得神赐。[1]

---

① 吕大吉等主编：《中国各民族原始宗教资料集成·白族卷》，中国社会科学出版社1996年版，第495页。

　　湘西侗族、土家族、苗族和广西的壮族，则盛行一种挑春水、敬井神的习俗。每年农历正月初一深夜零点之际，旧时的村民家家户户带上香烛纸钱，去井边争挑新年的"新水"。他们认为，新年的"新水"是幸福吉祥的象征，谁家挑到第一担"新水"，就意味着他们家在新的一年里康乐幸福、万事如意。村民们到达井边后，先须焚香点烛，口念祝井神词，祈求井神恩赐自己家一年饮用之水，并祝井水一年四季长流不竭。壮族人则认为一年的新水最为洁净，饮后可祛病禳灾，延年益寿，小孩饮后则聪明伶俐，故又称其为"伶俐水"。十万大山的壮族则在每年正月初二、正月十五和除夕都祭井神。祭祀时先点燃三根香火，朝井中拜三拜，然后插香于地，再摆祭品：三杯茶，五杯酒，一碗糯米饭，一整块猪肉或一只煮熟的鸡，熟鸡背上放一块凝固的鸡血。过了一会儿还要添加上茶、酒，以让井神吃饱。然后燃放鞭炮，收拾祭品，再担一担水回家。据说经过祭祀水神后的水，人喝了健康长寿，家畜饮了又肥又壮，灌溉庄稼定获丰收。[①]

　　湘西土家族人则相信一个人从生到死都离不开水的恩赐，故每年逢年过节，都须祭祀井神。当婴儿刚满一月，母亲要背孩子到井边去敬井神，焚香燃纸，并让婴儿喝一点井水，获得井神之灵，以便健康成长。若小孩命中缺水，父母须带小孩于井边，仿照拜石神为干爹的仪式，让小孩寄拜于井，并以井命名，如水井花、水井秀、水井宝、水井崽或水生、水秀、水清、水明等。若从外流浪或逃难，重归故里，也要先祭祀井神，并捧一捧井水喝，求井神保佑自己平安。纵使是老人亡故，也要用洁净的井水洗去一生痛苦烦恼，以求来生平安吉祥、荣华富贵。

　　纳西族也相信井泉之神可以给人们带来福泽和健康长寿，并为此举行一种名叫"基科"（意为泉眼）的祭祀仪式。"每年阴历正月初一，村里每户的一个男子鸡鸣即起，于四点至五点期间去村里最近的小溪边去安抚'吕母'或'纳高'（即龙王），向它求长寿，求'尼'与'窝'（即福泽）以及富裕等。去小溪边祭拜的人携带煮得半熟的米，贮在锅里未蒸发的水象征牛奶，同时带上糖果和糯米。到小溪边后，磕头叩拜，献祭食

---

　　① 吕大吉等主编：《中国各民族原始宗教资料集成·壮族卷》，中国社会科学出版社1998年版，第510页。

品。东巴在这个仪式中吟诵九册手写本（即《东巴经》）。"[1]

五 路神崇拜

至于人们路神观念的形成，也离不开这种生存焦虑。自从地球上有了路，也沟通了部落之间、村寨之间的日常联系与交流，扩大了人们的视野，丰富了人对外界的知识。但是，路也增加了人们的心理恐惧。因为路通向的远方是一个陌生的世界，对于原始人们来说，陌生几乎就等于恐惧。凡是陌生的东西都会引发人们内在的恐惧情绪，这一点就是在现代人心中也仍然存留着。另外，当单个的或少数的人踏上道路，行走远方时，本身就意味着他或他们将与自己熟悉的人群分离而显得孤独。在原始时代，孤独本身就蕴含着生存的危险。除此之外，路途中确实存在着许多难以预测的情况发生，毒蛇猛兽、部落仇杀、疾病灾祸等都足以让人一去不回。正因为如此，路对于人而言，同样友善而又凶险，故而便有了路神崇拜。

南方民族崇拜路神或路鬼，路在他们心中是有灵之物，且其灵亦有善恶之分，其善者奉之为神，主要起着保护行人平安的作用；其恶者视之为鬼，不仅危害行人，且对家居者亦会常来疾病灾祸。畲族人崇奉的路神又被称为"开路元帅"或"令神"，其主要责任是奉玉皇大帝之令，巡游天地人三界，降妖除魔，扫除邪魅，以保人间安宁。白族那马人认为路神能够消灾，他们称路神为"悉吐日"。祭路神多在晚上祭祀，由全村筹钱筹物，购买一头猪、一只鸡。天黑时，各户出一人，自带四块粑粑、酒、茶、香等祭品，到村外岔路口，由巫师朵西薄主祭。而在维西县的妥洛村，人们认为疾病与路神有关。凡肚子绞痛，经卜卦确定是碰到路神时，要用一块木板，其上放一些灶灰、苞谷面、稻花，点一炷香，到村外岔路口祭祀。若病情好转，须再用一只鸡来祭路神。云龙县白族则认为路神能阻挡邪魔野鬼，还可保佑出行平安，故他们总是定期祭祀路神。他们所祭的路神无神像，多以大树为象征。每年春种结束后，人们便祭祀路神，俗称"堵路祭"。届时各家带鸡蛋一枚、肉一片、饭一团、香三炷、纸钱数张，前往通向自家农田的路口祭祀，目的是请求路神拦住各种鬼魂，驱走

---

[1] ［英］洛克：《纳西语—英语百科词典》第2卷，杨福泉摘译，1972年罗马版，第419页。

邪魅灾星，以免危害田间劳作的人。而且小儿夜啼不止或家中有人外出前，也都要先祭路神，求其保佑平安。[1]

湘西土家族、苗族却认为路神为凶神，称之为"大路鬼"。在他们看来，路既是人的通道，也是鬼的通道，邪神野鬼多沿着道路进入村寨危害人畜，若不对路鬼加以祭祀，路鬼就会放任野鬼随意出入，作祟人间，带来疾病灾祸，故每逢除夕之夜，人们要在路口烧香燃纸，以祈路鬼不要随便放野鬼进入村寨。另外，当人们在暗夜行路，一时迷了方向，或眼见前面就是村寨，就是走不到的时候，便会认为是撞上了大路鬼，是它对人的恶作剧，这时能念咒语的就念咒语驱散大路鬼，不能念的则须大喊"祖先菩萨保佑"，据说也可以将大路鬼驱走。

六　火神崇拜

火的运用是人类文明进步的一大重要标志，人类自从开始部分地控制和运用火，就使得自身在自然万物中突然变得强大起来。火照亮了人类历史的黑夜，也推动了人类文明前进的步伐，所以《抱朴子·逸民》声称："天下……不可以一旦无火。"《初学记》卷25引潘尼《火赋》也说："火，博赡群生，资育万类。……功用关乎古今，勋绩著于百姓。"火的这种"功用"与"勋绩"主要体现在三方面：一是人类日常生活离不开火，饮食、照明、取暖都需要火；二是人类生产离不开火，刀耕火种、用火烧兽的狩猎也都需要火；三是部落征伐也多用火。另外，燃火以驱虫兽、驱病虫害、保护自身安全和庄稼丰收，都与火息息相关。同样，万事万物，相对于人类的生存发展而言都有其利弊，火也如此。正确地运用火，可为人们造福，但是运用不当，控制不好，火又可能给人们带来灾害——焚毁家室，焚毁村寨，焚毁森林……

不仅是火给人带来的利与害让人们感到神秘与恐怖，就是火的形象也让原始人类感到神秘莫测。当火燃起来时，它欻欻而动，伸伸缩缩，时而发出蓝焰，时而发出红光；一旦柴高风疾，火焰翻滚，浓烟腾起，炽人的火舌跳跃吞吐，飞扬灵动。大有席卷一切之势，且所过之处，金销石化，

---

[1]　吕大吉等主编：《中国各民族原始宗教资料集成·白族卷》，中国社会科学出版社1996年版，第518—577页。

一片废墟；倘若柴尽烟消，其蓬勃之势也随之消减，由狂热转入蔫萎，最后冒一缕残烟，倏然而灭。这一切自然现象，都让原始人类解不破、看不透。他们能做的唯一解释就是火亦有灵，像人一样有其喜怒哀乐，有其生生灭灭，并由此产生出一种对火的敬畏，产生出火神的观念来。

火神观念是人类社群中普遍存在的信仰观念，几乎世界历史上的所有民族都普遍地存在过火神崇拜的原始文化。希腊人、罗马人的屋内皆有一个祭台，祭台上常有燃着的煤块及炭块，屋主人有使此火日夜长燃的宗教职责，此火若熄，则其屋人必有不幸。他们在祭祀圣火（或火神）时，用花、果、香、酒等神所高兴之物。在他们看来，火神是神圣的灵，它可以赐人予财富、健康，也可以消灾弥难。古印度的火神叫"阿耆尼"，《梨俱吠陀》中有对火神祈祷词的记载："阿耆尼呀！你就是生命，人类的保护者！为奖励我们，给予求你的家长以光荣与富贵罢！你是个小心的保护者，你就是家长；我们的生命由你而来，我们就是你的家人！"人们可以向它祈求稼穑："使地容易生产呀！"也可以向它祈求健康："使我长久地享受光明，使我渐渐地老，同太阳渐渐西落一样。"还可向它祈求贤明："阿耆尼呀！使走向歧途的人走向正道！我们若做错了事，离你远了，求你宽恕我！"[①]

我国南方民族的一些地区，至今仍保存着一些较原始的火神信仰。他们的火神一般无神名，亦无神像，尚停留在"神就是火，火就是神"的阶段。另外，在部分南方民族的信仰世界中，还认为火神中亦有善恶之分，善者多奉为家神，祭之于火塘；恶者则目之为火鬼，驱之于野外。同时，善的火神在人们心中具有驱魅逐邪、祛病消灾的功能，是人们的保护神，并认为它还有净化功能，不管什么污秽的事物只需在火烟上旋三转，即化为洁净之物，可以用来祭祀神灵。相反，那些火鬼在人们心中只能带来灾祸，人们对其总是怀着一种恐惧的情绪，唯恐避之不及。

不同的观念自然会演化出不同的祭祀或崇拜形式，故在南方少数民族中有关火崇拜的文化表现亦十分复杂。彝族人崇火，他们的火神崇拜文化就具有这种相互矛盾的现象。他们认为火神"阿依迭古"做事全凭一时情

---

① ［法］吉朗士：《希腊罗马古代社会研究》，李玄伯译，上海文艺出版社 1990 年版，第 14 页。

绪冲动，高兴时就给人们送来光明和温暖，发怒时则给人们带来灾难。因而人们的火神崇拜也存在着祭祀和驱送这两种截然不同的形式。一般来说，"家堂火"是"衣食火"，即善良的火神，彝族撒尼人称之为"神火老母"，其神像是火塘南端一块长条形卵石。女祭师萨嬷祭家堂火神时，须双脚跪于火塘边，左手一杯清酒，右手食指沾酒弹向火塘之火。献酒毕，萨嬷开始念《祭火神经》，其经文云：

> 今天，我们献祭神火老母！火是天神送来的，火是雷神送来的，进屋求火神！出门求山神！……火是人的伴，火是人魂窝。彝人生在火塘边，鬼魂邪恶不拢身……烧火祭家神，污秽不近人；清酒祭家神，鬼魂不近人；雄鸡献家神，饿鬼不近人……我们春天种火地，荒地全靠你烧熟；夏天螟虫啃秧苗，恶虫全靠你烧死；秋天我们祀地母，祭火全靠你点燃。……有吃有穿全靠你，人丁兴旺全靠你，风调雨顺全靠你。堂屋火神坐神位，我们一家三代来祭你，一年一次来祭你，千家万户来祭你，请让火塘千年不熄，一万年不灭。①

一般说来，南方民族多视家中火塘神为善良的火神，其祭祀仪式一般比较简便一些，多半在就餐前给火塘投一点肉片或洒一点酒水，平日里视火塘为神圣之地，不准人跨越，也不准向火塘扔污秽之物或烤脚之类。

阿拉乡彝族每年农历六月二十五至二十七日为专门的"火把节"，又称过大年，一般要欢度三天。节前孩子们到各家各方收木柴，并在"火头"的带领下扎成一个大火把。太阳刚落山时，人们用明子点燃火把，而明子的火必须用火镰敲出的火星点燃。同时还要点燃四周的七堆篝火。大火把被称为"圣火"，又称"母火"，所有的火把都要到这里取"火种"，它被认为是生命的根源，圣火一旦熄灭，也就是"断了烟火"，就意味着生命的终止。因而有专人保护火种，防止它意外熄灭。且火把节期间，各家门口还要竖一个中型火把，立一根火柱（用三四尺高的松树为之），其外捆扎竹片、棉絮、麦秸和松明柴板。松树枝上悬挂许多"五色旗"和布

---

① 张琼：《撒尼支彝族的"火神祭"》，载《中国各民族原始宗教资料集成·彝族卷》，中国社会科学出版社 1996 年版，第 95 页。

袋，袋内装满五谷杂粮。当大火把燃起之时，各家门前的火把亦同时点燃。而当悬挂布袋的红丝线烧断时，布袋纷纷落地，孩子们便争先恐后地去抢夺，看谁抢的布袋中装有什么东西，则预示其家种此种粮食将获得丰收。①

"火把节"并非为彝族独有的节日，白族、傈僳族、哈尼族、纳西族、拉祜族等都有这种火崇拜习俗。一般从农历六月二十四、二十五日开始，连续过3—7天，多者达半月。节前，家家户户要以高丈余之松木制成火把并晒干，至节日夜晚点燃。由于人们相信火把能驱尽家中、村中及田中的鬼邪，确保人畜兴旺、五谷丰登，故点燃后要带着火把挨家挨户及围绕田边地角游走，边走还要边往火把上撒松香粉，使火焰不时腾冲向上，并且还要击打一些东西，以示将一切鬼邪驱走。白天，这些民族的各村寨都要杀猪宰牛祭神，有的农户还要祭"田公田母"。这里，火不仅成了驱魅逐邪的正义之神，同时也成了人们生活的护卫神，故每年节日期间，整个夜里，漫山遍野都是一片熊熊火光，一片胜利的欢歌，一片光明洁净的世界！

彝族撒尼支也同样相信火亦有善恶，故也保存着古老的"驱火鬼""扫火星"的巫术仪式。这种仪式一般要举行两天。第一天，巫师毕摩祭神念经，并驱赶一只红公鸡到屋里寻找"火星"，毕摩随后念经跟随。若公鸡信步停停走走，不时地在地上啄食三下，则表示其地藏有"火星"。毕摩立即叫人用草木灰在此地画一圆圈，把"火星"镇住，然后用符水洒上，以灭"火星"。最后还要叫房主用锄头挖，直到挖出一块燧石或一截木炭、可燃物才停，并指定此物即"火星"，毕摩还要对其进行禳解。第二天，毕摩则为全村寨作扫除"火星"的仪式。毕摩设法案于村寨中央的祭坛上，同样驱公鸡去寻找"火星"，并要在各家草房顶上扯下一把茅草，放到村前三岔路口焚烧。烧时，毕摩念《驱火鬼经》，由青壮年组成的"打火鬼队"齐声高呼："起火了，火星走了，火鬼跑了！"毕摩念完经文后，向神坛祝告："一杯酒呀拜雷神，二杯酒呀拜五方土神，三杯酒呀祭火神爷！庆吉平安，子孙繁衍。火星火鬼扫，牛瘟马病扫，不干不净扫，

---

① 张琼：《撒尼支彝族的"火神祭"》，载《中国各民族原始宗教资料集成·彝族卷》，中国社会科学出版社1996年版，第97页。

口舌是非扫，统统扫走啰！"①

真正隆重的祭祀火神的仪式，除前述彝族的火神祭祀外，恐怕洱海西山白族的火神祭祀要算比较具有代表性的了。西山白族无定期祭火神之俗，其祭祀全凭人们的预感或巫师朵西薄的预言。如某人说自己在某晚见一火球落地，一片火光，但走近一看却什么也没有。这一消息便会被人们确认火神已经降临，需及时加以祭祀。于是人们便会邀约巫师朵西薄主持火神祭祀。祭祀火神一般在村中设一祭坛，坛旁插一枝松枝，坛上设各种供品、金银纸箔。巫师朵西薄在坛前跳完祈神舞蹈后，口咬一张烧得通红的犁，四处飞奔，寻找"火神"。寻到"火神"后，将犁铧插入地下，其余村民则蜂拥而上，用锄开挖犁铧所插的地方，直到挖出某种铁器时为止。人们认为此铁器即为火神所变化之物，将其置于祭坛上，由巫师朵西薄祷神后，即主持"审火神"仪式。若判定此物即为"火神"，祭祀仪式随即举行；倘若认为它不是火神，只是凡物，则须重复寻"火神"仪式，直到找到真正的"火神"为止。找到"火神"以后，朵西薄便开始祷告祭祝，其祝祠云：

> ……用三年的大红公鸡祭你，用三年的大肥羊祭你，希望你远远走开，离开我们这一村，离开我们这一方。……今天祭坛上摆设这么多东西，你是不是心满意足了？你还需要什么？我去找，你还需要什么？我去拿。②

接下来巫师自问自答，通常需要肉、红布或绿布，银子（少许）等物，在场参祭者，此时必须认真听取并虔诚地满足"火神"的一切要求。如朵西薄当着"火神"的面，指点在场某人须拿出某物祭奠火神，谁也不能违抗。待"火神"一切要求都得到满足后，巫师朵西薄则开始用占卜的方式来决定将送火神去向何方。一旦确定了方位，即将铁器（火神）送到预定方向扔掉。

若是我们认真分析一下西山白族上述的火神祭祀习俗，就可发现这一

---

① 张琼：《撒尼支彝族的"火神祭"》，载《中国各民族原始宗教资料集成·彝族卷》，中国社会科学出版社1996年版，第96—97页。

② 赵寅松：《洱海西山白族火神祭》，载《中国各民族原始宗教资料集成·白族卷》，中国社会科学出版社1996年版，第505—506页。

习俗现象正介乎火神崇拜与驱除火鬼巫术之间，是一种过渡性仪式。就其祭祀的群体动机而言，全在于对"火神"降临的某种预感，这种预感实际上可以视为一种对火灾恐惧的预感，也就是说，只是心中突然产生对"火神"降临的一种恐惧，并在这种恐惧心理的压抑下，人们才去祭祀火神。另外，就其祭祀仪式中"寻找火神"和"审火神"这两个程序而言，其中所蕴含的深层意义还是指向人们的生存焦虑。巫师口咬一张烧红的犁铧四处奔走的场面，更加深了这种焦虑感。因为在人们看来，"火神"的突然降临，意味着火灾爆发的日期不会很远，必须立即寻找到"火神"，并及时对其加以祭祀，方可避免一场火灾。故人们在挖土"寻火神"时所表现的一种异乎寻常的热情和巫师"审火神"的仪式等，都明显地显示出这种内在的焦虑。只有马上寻到"火神"，并且是真正的"火神"，祭祀才不会落空，火灾才可以避开。另外，就其祭祀"火神"的阶段，也并非像前述阿拉乡彝族人那样出于对火神的感恩戴德，相反地却是一场人与神之间的经济交易。尽管只是通过巫师自问自答的形式，但就这种形式本身，事实上就是一种讨价还价。而在此过程中，人们虽然满口答应"火神"所需之物，但这种答应不过是人们迫于"火神"的压力而做出的无奈的选择。到最后人们送火神阶段，简直是一种驱赶，而非真正的奉送了。

阿昌族称火之灵为"康"或"腊哄"，即火鬼或恶鬼的意思。传说它生性骄横，是狂风和闪电的孩子。阿昌人对火鬼非常痛恨，每年都要驱赶一次。仪式中需用鸡、鸭蛋各一枚，仪式前还需做一根木棒，棒上画有土蜂、竹子、树、麂子、马鹿等物图案，并与另一根木棒摆成"T"形。巫师持此木架念咒斥鬼："你永世不能回来，要回来除非石头开花、公鸡下蛋、公牛下犊。"① 布朗族也每年举行送火鬼仪式，他们对火鬼既敬且畏，每次祭祀都要将茅草、树皮、草灰放置于竹箩里，请白摩念经后，将竹箩中的茅草点燃，让竹箩随河水飘去，以示送走"火鬼"。而双江布朗族则由正副祭师召色各出公鸡一只，酒一罐，全寨人出公鸡一只，每户出一碗米，一点盐巴，集体在村头祭祀，杀鸡煮稀饭，由召色致祝词："现在我们全村父老都来赎给你供品，希望火神快快离开村寨，祈求火神不要回到寨里烧我们的房子，保佑我们大家庆吉平安！"祝毕，当场分给各户稀饭

---

① 《阿昌族社会历史调查》，云南民族出版社1983年版，第69页。

一碗，一块鸡肉，带回家去，给全家老少每人吃一口，表示即可以消除火灾。[1] 基诺族人也痛恨火鬼，并举行驱火鬼仪式。火灾当天，以竹篾扎一个四方形的轿，四周用芭蕉树皮围上，将发生火灾时烧剩的木头捡几块放于轿中。届时杀猪一头、鸡一只，用猪血将轿的四周涂红并贴上猪毛和鸡毛。由四人抬着骄子，参祭者围成一圈，祭司周巴主持念《驱鬼经》，然后将轿子抬出村外，人们则跟在轿后大喊大叫，以轰赶火鬼出寨。同时，这种巫术仪式还有种火灾禁忌，即火灾当时，村中人一律不准出走外村寨，否则会将火鬼带到外村，而外村人也有权对其人实施罚款。[2]

类似驱赶火鬼的仪式在布依族、景颇族、侗族、彝族、纳西族、佤族、哈尼族、独龙族、土家族、苗族等民族地区仍有留存。有的实施镇压，将火鬼镇住，不准其肆虐为灾；有的则实施阻拦，不使之进入村寨害人；但更多的是将其驱赶遣发，不让其在村中停留。无论采用何种形式，其目的都是为减少火灾的发生，保护家庭、村寨的安全。

随着这种火神祭祀仪式的进一步演化，人们对火神的崇拜情感逐渐走下圣坛，走向日常化。尤其当人们越来越熟练地掌握取火技术和保存火种的技术以后，人们也就不再担心火的熄灭事件发生，纵使火熄灭了，人们也不会因此而产生大祸临头的恐惧。另外，南方民族的民居形式大多系木质结构，或四周夹以竹壁、树皮、芦苇，屋顶也多系茅草覆盖，故较为干燥，只需一点火星火花，都有可能酿成火灾。加之南方民族白天多上山劳作，仅留老人或小孩在家。而家中的火塘中的火却长燃不熄，这就为火灾的发生制造了条件，故而村寨多火灾，这种频繁的火灾常常将人们终身积累的房屋、财产化为灰烬，烧死人口、牲畜的事也时有发生。同时，在当时的生活、居住条件下，人们对火灾的控制力是十分弱小的，火灾的频发、惨重与人们对火灾控制力的微不足道所构成的对比，促使人们对火灾的恐惧日益加深，而基于恐惧心理所形成的对火神的善恶评判，自然就是恶胜于善了。故在南方民族信仰习俗中，火鬼的观念更为普遍，对火鬼的驱赶与遣送的巫术仪式也就更为流行。

---

[1] 魏庆征主编：《中国各民族宗教与神话大词典》，学苑出版社1993年版，第29页。
[2] 宋恩常等：《云南省景洪县巴雅、巴夺两村基诺族宗教调查》，《世界宗教研究》1982年第1期。

第四章　图腾与祖先

　　图腾（totem）一词，系北美印第安阿尔衮琴部落奥吉布瓦方言，类似于图腾意义的称谓在其他一些民族中也存在着，只是称呼不同罢了。如澳大利亚一些较落后的部落中，有称为"科邦""恩盖蒂""穆尔杜""克南扎"等，[①] 我国云南的克木人则称之为"达"，[②] 学术界为了统一、方便起见，将这些类似的称谓统称为"图腾"。

　　学术界对于图腾所下的定义很多，这里很难将其一一罗列。中国台湾著名人类学家李亦园先生曾这样说过："所谓图腾信仰是一个社会中的许多不同的群体各自认定一种动物或植物作为其代表，各群体的成员对于代表他们的图腾都经常有认同感，不但认为自己是图腾的子孙，而且觉得自己也具有该动物的各种特质。因此，图腾的成员对图腾怀有一种特殊的感情，并进而产生崇拜以及禁忌杀戮或触摸的心理。"[③] 从李亦园先生的这一定义而言，图腾崇拜与人们的精灵崇拜是两种不同的概念，其中最突出的是图腾成员之间存在某种信仰意义上的血缘关系，也就是说，图腾物被图腾成员视为自己的祖先，而将自己视为这一图腾物的子孙，这在精灵崇拜中是不存在的。既然人们视其图腾物为祖先，那么图腾祖先对其后代子孙将有着保护的功能。这一点李先生似乎有些忽略。另外，图腾物在原始部族生活中还具有标识作用，即通过图腾物的差异，将本一族群与其他族群相互区别开来。这种标识与区别，使人类终于从族内婚走向族外婚，走上了一条生存繁衍的健康大道。

---

　　① ［苏］托卡列夫主编：《澳大利亚和大洋洲各族人民》（上册），李毅夫等译，生活·读书·新知三联书店 1980 年版，第 273 页。

　　② 颜思久：《克木人的氏族制遗迹初探》，《研究集刊》1982 年第 2 期。

　　③ 李亦园：《人类文化的视野》，上海文艺出版社 1996 年版，第 267 页。

在我国南方民族的社会文明进程中，也同样普遍存在着图腾信仰现象，其图腾之繁，氏系之杂，已达到令人惊叹的地步。对此，本章将做一番粗略的梳理。

第一节　动物图腾

我们今天仍然难以说清某一种动物何以成为某一氏族的图腾物之原因，因为其间的原因非常复杂，加之有关史前的资料太少，要真正厘清这其中的原因，就今天来说，其难度仍然很大。但我们可以这样说，一种动物或植物之所以能成为某一氏族或部落的图腾物，并非仅像有的学者所说的那样，是因为这种动物或植物是人们生存的依赖。事实上，在原始社会时期，人类的生存依赖并非只是某种单一的事物，他们的衣食住行所依赖的又岂止只是某一种动物或植物？因此，用"生存依赖"一说是无法解开图腾形成之谜的。笔者认为，一种事物之所以被某一氏族或部落奉为图腾，是因为这一图腾物与人们之间存在着某种十分特殊的关系，换句话说，是在某种特殊的情境中，由于这一动物或植物的出现或被人们的远祖所发现，并使之获得了很大的利益或遭受了巨大的惊恐，人们出于感激或恐惧的心理，才认定这种动物或植物为本部落的图腾物。

当然，处于特殊情境中的不可能是全氏族或全部落成员，何以会得到部落或氏族全体成员的认同呢？原因可能有二：一是这一成员事后完全有可能将个人的特殊经历或体验讲述给其他成员，倘若他的讲述能够获得大多数成员，特别是部落中有地位的成员的认同，那么这种图腾认定就比较容易了；二是这一成员的讲述也有可能没有得到大家的认同，但是这一成员却可以将自己的经历与体验一代一代地让自己的子孙传下去，久而久之，在他的后代子孙群体中，也会对自己支系图腾物进行认定。因此，笔者认为，图腾物的认定并非完全是因为生存依赖所造成，而应该是取决于某种特殊的情境，也就是说，它带有一定的偶然性因素。正是由于图腾认定过程中存在着这种偶然性和特殊性，所以同一部落的成员中才往往有不同的图腾物存在，图腾崇拜也才显得如此斑斓多姿。

当我们弄清了图腾形成的真正根源以后，请让我们回到南方民族图腾信仰文化这一主题上来。南方民族的图腾崇拜与世界其他地区民族一样，既有动物图腾，也有植物图腾，还有一些无生物图腾，这里我们仅对其动物图腾中一些比较具有代表性的图腾做一番探究。

一 龙飞蛇舞

龙图腾与蛇图腾是南方民族中十分普遍的图腾崇拜物。关于龙图腾的实质，学术界有过一番争论。闻一多、孙作云、秋浦、李埏、刘敦愿、王昌正等人认为，龙的基形是蛇，但卫聚贤、王明达、祈庆富、王大有、何新等人则认为，龙的实质是鳄鱼。笔者不想卷入这场争论，只是在笔者看来，不管龙的实质或基形是蛇也好，是鳄鱼也罢，都是我国南方地区的动物，以龙作为图腾物最早当为我国南方民族。《事物起源》载："吴越之民，今世俗皆文身、作鱼龙……像，或为花卉文字，旧云起于周太王之子吴太伯，避王季历而之句吴，断发文身，以象龙子，避蛟龙之患。"① 《后汉书》则载哀牢夷人亦称自己为龙的子孙：

> 哀牢夷者，其先有妇人名沙壹，居于牢山。尝捕鱼水中，触沉木若有感，因怀孕十月，产子男十人。后沉木化为龙，出水上，沙壹忽闻龙语曰："若为我生子，今悉何在？"九子见龙惊走，独小子不能去，背龙而坐，龙因舐之。其母鸟语，谓背为九，谓坐为隆，因名子曰九隆。及后长大，诸兄以九隆能为父所舐而黠，遂推以为王。后哀牢山下有一夫一妇，复生十女子，九隆兄弟皆娶以为妻。后渐相滋长，种人刻画其身，象龙文，衣著尾。九隆死，世世相继。②

除上述材料外，南方的蜑人亦"自云龙种""自称龙人，籍称龙户"③。在以上诸族的信仰中，有一个十分突出的图腾崇拜特点，就是他们都相信自己是龙的子孙。哀牢夷人的九隆部族直接认龙为父亲，并以龙"舐之"为荣耀，且认为经父亲舐过的小兄弟比他们都聪明能干，因为他得到了龙更多的保护或灵力，故奉之为首领。古代越人则"皆文身，作鱼

---

① 陆树枬：《吴越民族文身谈》，载《吴越文化论丛》，江苏研究社 1937 年版，第 152 页。
② （南朝·宋）范晔：《后汉书·南蛮西南夷列传》卷 116。
③ （明）邝露：《赤雅·蜑人》卷 1。

龙""以象龙子，避蛟龙之患"。对此种特殊习俗，中国台湾的罗香林先生曾有过这样的解释："夏后氏于龙蛇一类水族，有特殊信念，其心灵生活，与龙蛇一类水族之崇拜，关系甚深。而古代越族以'文身象龙'著称，其心灵生活亦受崇拜龙蛇一信念所支配。"[1] 这种解释似乎尚未点破古代越人与龙之间的关系实质，笔者认为，古代越人之所以文身作鱼龙形，其真正的动机就是强调自己与龙具有密切的血缘关系，或者强调自己就是龙的子孙。在他们看来，龙是不会伤害自己的子孙的，故可因此达到"避蛟龙之害"的目的。

伴随着人类意识的发展，人们逐渐认识到龙毕竟是想象中的非自然生物，对龙的崇拜只不过是对某种幻想中生物的崇拜，这与周围其他民族的图腾崇拜似乎不一致，或者说这种图腾崇拜至少是介乎于图腾与神灵崇拜之间的一种晚生现象。那么在此之前，这些崇龙的南方部族的图腾物又是什么呢？据有关学者考证，当为鳄与蛇。20世纪80年代初期，人们在山西的一次古遗址发掘中发现一只绘有"龙"形的盘子，其"龙"就与鳄或蛇十分相似："龙纹在盘的内壁和盘心作蟠曲状，头在外圈，身向内曲，尾在盘底中心。……作蛇躯鳞身，方头，豆形圆目，张巨口，牙上下二排，长舌外伸，舌前呈树叉状分支，有的在颈部上下对称绘出鳍或鬐物。""从身尾、目的形状和它口吐长信的特征看，很像蛇，但从方头、巨露齿看，又与鳄鱼接近。就整体看，可谓似蛇非蛇，似鳄非鳄。"[2] 此番对出土陶盘中"龙"的图形解释，虽说是言山西之出土文物，但从古代越人的文身及越人之地亦曾盛存鳄鱼的历史事实来看，可推知古代越人所崇之龙的前身很可能就是鳄鱼和蛇。

南方多鳄鱼，唐人就有记述。著名唐代文学家韩愈被贬为潮州刺史时，就曾写过著名的《祭鳄鱼文》，文中称潮州"鳄鱼之涵卵育于此，亦固其所"。唐人李淳风对南方鳄鱼之神秘凶狠，也曾有过一番记载：

> 然淳风有闻：广州人说，鳄鱼能陆追牛马杀之，水中覆舟杀人。值网则不敢触，如此畏慎。其一孕生卵数百于陆地，及其成形，则有

---

① 罗香林：《百越源流与文化》，台湾中华丛书委员会1955年版，第115页。
② 高炜等：《关于陶寺遗址的几个问题》，《考古》1983年第6期。

蛇、有龟、有鳖、有鱼、有鼍、有蛟者，几十数类。及其被人捕取宰杀之，其灵能为雷电风雨，殆神物龙类也。①

由此可知，南方在唐代时，仍然是鳄鱼生存繁衍之地，且鳄鱼在南方民族的心目中与龙同类，这就更增加了南方人崇龙之前崇鳄的可能性。况且，鳄鱼是十分凶猛的动物，它"能陆追牛马杀之，水中覆舟杀人"，还具有极旺盛的繁殖能力，"一孕生卵数百"，所孵化出的后代神秘莫测，能化为蛇、鼍、蛟龙，使得人们对它十分畏惧，不敢捕杀，因为若捕杀鳄鱼后，"其灵能为雷电风雨"。这种对鳄鱼的恐惧心理以及不准伤害鳄鱼的禁忌，十分类似于原始民族的图腾禁忌（在原始部落中，图腾物是严禁捕杀的）。

我们不妨回过头来再看看南方民族对鳄鱼卵孵化成蛇、鼍、蛟龙的传说，这似乎是荒诞之论，但却表明了在这些民族的观念中，人们相信蛇、鼍、蛟龙等都是类似的神秘生物，或者说他们很容易将这些生物混为一谈。从这种混淆之中，我们或许可以了解南方民族古老的龙图腾、蛇图腾等之间的内在联系。既然龙的原形或基形是蛇或鳄鱼，而鳄鱼卵又可以孵化出蛇、鼍、蛟龙等物，那么鳄鱼、龙、蛇、蛟等在其信仰观念上具有同一性，故龙图腾崇拜也当为蛇、鳄鱼、蛟龙等图腾崇拜的一种演化形式。

在古代典籍中，有关鼍、蛟龙崇拜的记载不少。鼍，即今日所谓的鳄鱼。《辞源》解释为："动物名，一名鼍龙，又名猪婆龙，或称扬子鳄。"②《辞源·鼍龙》条中："鼍龙：即鼍。俗称猪婆龙。"③ 宋代著名文学家苏轼就曾在《猪母佛记》中记载蜀地百姓崇拜鳄鱼（猪婆龙）图腾的史实：

> 眉州青神县道侧有一小佛屋，俗谓之"猪母佛"。云百年前有牝猪伏于此，化为泉，有二鲤在泉中云，盖猪龙也。蜀人谓牝猪为"母"，而立佛堂其上，故以名之。④

① （元）陶宗仪编：《说郛》卷9引李淳风《感应经》。
② 《辞源·鼍》第四册，商务印书馆1983年版，第3589页。
③ 同上。
④ （宋）苏轼：《猪母佛记》，载（清）蒋廷锡编《古今图书集成·博物汇编》卷492，中华书局影印本，上海文艺出版社1991年版，第50页。

苏轼所记的"猪母佛"，即猪婆龙，也就是鳄鱼。图腾崇拜到了宋代，早已成为历史的遗迹，宋代的文化人由于不了解少数民族图腾信仰的文化内涵，只知此地百姓崇拜猪婆龙，却不知其实为远古图腾崇拜之遗风，一律以"佛"名冠之，并生出许多与其实际完全不相同的"母猪化泉"的传说。同时，他们也不了解民间信仰中的猪婆龙为何物，仅望文生义，一厢情愿地称其为"猪母佛"，以讹传讹，与实际相差甚远。但是，这则材料还是道出了四川的一些少数民族这种奇特的"猪母佛"（猪婆龙）崇拜这一历史事实。

鳄鱼图腾在浙江一带又称为"龙母"，清人蒋廷锡编的《古今图书集成·博物汇编》卷493引《温州府志》载："龙母庙，庙在瑞应乡黄塘，神姓江氏，方笄未嫁。浣纱，见石吞之，遂有娠。以父母疑，跃江溺死。忽雷电交作，其腹迸，蜥蜴成龙。入海，犹回顾其母。今其港有望娘汇。邑人因葬之，为立祠。今常熟县亦庙食。"[1]

鳄鱼在湖北亦称为"龙母"。元代刘永之亦曾有诗《题巴丘龙母庙》："天开三峡两崖丹，隔岸诸峰似翠环。神女不归龙已化，仙翁飞去鹤空还。碧坛芳草经年合，古殿苍松落日闲。万里长风起天末，如开环佩白云间。"[2] 这里所言的"龙母"即猪婆龙（鳄鱼），这一点我们从裂腹生蜥蜴的记载中可以看出。所谓"蜥蜴"，在这里只是古方志描述或记载出现的误差。因为鳄鱼幼小之时，其形颇似蜥蜴，也很容易被混淆。不然，它就不会有"成龙入海"的记载。人腹中生鳄鱼，或者生猪婆龙，其人自然是"龙"之母，自当受人立庙祭祀了。

也许，我们会对此发出疑问，按照图腾文化理论，应该是图腾物被其成员视为祖先或具有血亲关系之对象，而这里却言图腾物为人所"生"。其实，要弄清这一点并不困难，因为在原始社会时期，人们曾有过人与图腾互相转化的信仰。远古人类相信，图腾即人，人即图腾，人和图腾可以互相转化，如尼日利亚北部的卡纳库卢部落相信，图腾群体中生下一个婴儿，那么图腾动物群中也会同时生下一个兽崽；如果死去一个人，同时也会死去一只图腾动物。同样，如生下或死去一只图腾动物，该图腾群体也

---

[1]　（清）蒋廷锡等：《神怪大典》，上海文艺出版社 1991 年重印，中华书局影印本，卷493。

[2]　同上。

会同时诞生或死去一个人。① 既然原始人类相信人即图腾，图腾即人，那么图腾生人与人生图腾物的转化也并不显得荒诞了。类似这种人与图腾的相互转化，也表现在蛟（一种传说中的龙类动物，当与扬子鳄相关）图腾的信仰中：

> 长沙有人，忘其姓名，家住江边。有女子诸次浣纱，觉身中有异，复不以为患。遂妊身，生三物皆如鲩鱼。甚怜异之。乃着澡盆水中养之。经三月，此物遂大，乃是蛟子。字大者为当洪；次者名破祖；小者名揉岸。天暴雨水，三蛟一时俱出，遂失所在。后天欲雨，此物辄来，女亦知当来，便出望之。蛟子亦出头望母良久，方复去，经年后，女亡。三蛟子至其墓所哭之，经日乃去。闻其哭声状如狗号。②

> 开元中，有黄门奉使自交、广而至，方拜，舞于殿下。时国医纪周顾之，谓上曰："此人腹中有蛟龙，明日当产一子，不可活也。"上惊问黄门曰："有疾否？"曰："臣驰马大庾岭时，当大热既困且渴，固于路傍饮野水，遂腹中坚痞如石。"周即以消石、雄黄煮而饮之，立吐一物不数寸，其大如指。细视之，鳞甲俱备。③

在这些较为晚期的文献记载中，自然掺杂了许多后人的主观因素，使得原始的图腾崇拜信仰显得奇诡怪异。但是，无论是长沙女子产蛟还是黄门使者孕蛟，都至少透露出这样的信息：古代南方确实有一些地区的民族曾经流行过龙、鳄鱼、蛟图腾信仰。

根据现在保存的图腾崇拜遗俗及资料，南方民族更多的是对蛇的图腾崇拜。《山海经·海内南经》："巴蛇食象，三岁而出其骨，君子服之，无心腹之疾。其为蛇青黄赤黑。一曰黑蛇青首，在犀牛西。"《海内经》云："有巴遂山，渑水出焉。又有朱卷之国。有黑蛇，青首，食象。"巴遂山之

---

① 何星亮：《中国图腾文化》，中国社会科学出版社1992年版，第245页。
② （宋）李昉等：《太平御览》卷930。
③ 同上。

黑蛇，亦即巴蛇。东汉许慎《说文解字》卷14云："巴，虫也；或曰食象它（蛇），象形。"《说郛》（百二十卷本）引宋范致明《岳阳风土记》："《江源记》：羿屠巴蛇于洞庭，积其骨为陵。《淮南子》曰：'斩蛇于洞庭'。今巴蛇琛在州院厅侧，巍然而高，草木从翳。张燕公有《登巴丘望墨山》之诗，兼有巴蛇庙在岳阳门内，太守欧颖废之。"又："象骨山，《山海经》云：'巴蛇吞象。'暴其骨于此山湖旁，谓之象骨港。"

湖南岳阳市，古属巴陵郡。"巴陵"之名的由来，《太平寰宇记》卷113引《江源记》载："昔羿屠巴虵于洞庭，其骨若陵，故曰巴陵。"而"巴"，《说文解字》注为食象之蛇。巴蛇、巴人、巴陵，其名之首皆冠以"巴"，原始部落以其部族图腾物为标志，不仅以巴为名，也是其部族的图腾"徽章"，以志识别于其他部族。由此可知古代巴人的主要图腾物当为"巴"，即蛇图腾。

考以清人张澍辑《世本八种》卷1引《太平寰宇记》："廪君之先，故出巫蜑也。"巫蜑，即前述蜑人，蜑人自称龙种，意为龙之子孙。古时之龙，很可能即蛇或鳄，而廪君部落系巴人支系，巴人以蛇为图腾，蜑人又自称龙种（很可能是蛇种），则知廪君部落当是蛇图腾部族的支系之一。再据巴人之支系后裔的土家族今天亦有奉蛇为祖先的习俗，若家中有蛇，土家人不准打蛇和捕蛇，须焚香烧纸，求祖先蛇神护佑，并送蛇归返山野。这种严禁打家中蛇的习俗，就是古老的蛇图腾禁忌遗俗的表现。故笔者认为，古代南方巴人至少有一部分是以蛇为图腾的部落集团。

这种以蛇为图腾的信仰习俗，在古代南方极为普遍。许慎《说文解字》释"蛮"："南蛮，蛇种也。"又释"闽"："闽，东南越，蛇种也。"此言蛇种，是谓蛇的后裔，用今天的话说，就是蛇图腾部落的后裔。唐人《括地志》一书还具体地指出福建有林、黄等五姓都是蛇种；《闽杂记》亦载："福州农妇多戴银簪，长五寸许，作蛇昂首之状，插于髻中间，俗名蛇簪。……簪作蛇形，乃不忘其始之义。"[1] 所谓"不忘其始"，即不忘其祖先为蛇，不忘自己是蛇图腾的子孙。彭光斗《闽琐记》则载福建妇女喜欢盘发为髻，其髻之形如黑蛇盘曲之状，"髻号盘蛇……乃见闽妇女绾

---

① 徐晓望：《福建民间信仰源流》，福建教育出版社1993年版，第29—30页。

发，左右盘绕，宛然首载青蛇，鳞甲飞动，令人惊怖"①。这种"盘蛇髻"，当亦如蛇簪，表示"不忘其始之义"。另外，从福建新石器文物中，可看出其器物装饰花纹多水波纹、三角纹、花栗纹等，陈文华先生认为，这些图纹多数是仿蛇皮花纹，越人用这些图纹装饰器物，表明他们是以蛇为图腾的种族。②

在海南黎族的历史上，也盛行过蛇图腾崇拜，黎族人今日仍保留着这样的蛇图腾神话："在海南岛恩河的生黎峒中，有一座很高的山，……那时，这个海岛上没有人类，好心的雷公便带来一颗蛇卵，放在这座山中。有一天，雷公突然把蛇卵轰破，卵壳里跳出一个女孩子，雷公给她起了个名字叫黎母。黎母在山里生活下来，每天采摘野果充饥……有一天，一个青年从大陆游海到这座大山里采沉香。他和姑娘相识了，产生了爱情。他们结婚后，生了许多子孙后代。……子孙们为了纪念这位母亲，便把这座大山命名为黎母山，她的后代也就成了黎族。"③ 在这里，黎族人相信蛇为自己的祖先，并认为自己是蛇的后代，这正是图腾崇拜的典型特征。有关这类材料，文献中亦有不少记载：

> 定安县故老相传，雷摄一卵在黎山中，生一女，号为黎母，食山果为粮，巢林木为居。岁久，交趾蛮过海采香，因与结配，子孙众多，开山种粮。
>
> ——《古今图书集成·职方典》卷1392引《琼州府志》

> 相传远古之时，雷摄一卵至山中，遂生一女。岁久，有交趾蛮过海采香，与之相合，遂生子女，是为黎人之祖。
>
> ——（清）陆次云：《峒溪纤志》

> 刘谊平《黎纪云》，故老相传，雷摄一蛇卵在此山中，生一婴，号为黎母，食山果为粮，巢林为居。岁久，交趾蛮过海采香，与之结

---

① 徐晓望：《福建民间信仰源流》，福建教育出版社1993年版，第29—30页。
② 陈文华：《几何印纹陶与古越族的蛇图腾崇拜》，《考古与文物》1991年第2期。
③ 毛星主编：《中国少数民族文学》（中），湖南人民出版社1983年版，第244页。

婚，子孙众多，亦开山种粮。

——《岭南丛述》卷6

另外，侗族、彝族、布依族、羌族、白族、哈尼族、傈僳族、怒族、高山族等历史上都曾有过蛇图腾的支系部族。可见在南方民族的历史进程中，曾普遍存在过蛇图腾崇拜，他们中至今仍然有一部分认为自己是蛇的子孙，并在一些生活习俗中仍保留着远古的蛇图腾崇拜的遗风，这与"南蛮，蛇种也"的论断是比较吻合的。不过，需要补充说明的是，龙图腾后来成为中华民族的总图腾，它已经不再是单纯的龙蛇组合，而是多民族图腾的组合物了。

二 凤、鸟腾翔

南方多山，山多树林。生活在山林中的原始人类，自然在其日常生活中常与林中鸟类打交道，故南方民族中亦多有以凤、鸟为图腾的部族，其中比较著名的是楚人和越人中对凤、鸟的图腾崇拜。

楚人崇凤，并以凤为其图腾物。但在楚人部落中，当其建立了楚国以后，在文化上与中原各国交往甚多，那种以凤为其祖先的意识在春秋时期即已模糊。有许多谈论楚人凤图腾崇拜文化的学者亦长时间为证据不足而苦恼，但是随着考古的不断发现，为楚人凤图腾文化提供了不少的实物证据，足可弥补文献及习俗资料之不足。

在湖北江陵雨台山166号墓中，出土了一座"虎座飞鸟"（又称"虎座立凤"）的古代文物，而在湖北江陵望山1号墓中也出土了一座"虎座凤架鼓"的古代文物。据有关学者考证，此两件文物系楚人战败巴人的历史的表达。"虎座立凤"文物所表现的是一只雄健的凤昂首向天，嘴微张，似在长啸，双翼平举，其尾如鹿角，一双巨大的凤爪深深地插入虎背，而虎的形象十分矮小，匍匐于地，昂首、翘尾，似作挣扎之状。"虎座凤架鼓"则为双凤相背挺立，昂首向天，嘴亦微张，凤翼收敛，凤腿立于相背而伏的两虎之背。我们知道，巴人后裔多崇虎，以虎为图腾，而楚人则以凤为图腾，文物表现出了凤立虎背、虎卧于地的形象，实际上已明显地告诉世人：以凤为图腾的楚人征服了以虎为图腾的巴人。对与楚、巴之争的这段历史，文献中亦有类似的记载："巴人伐楚，围鄾。……三月，楚公孙宁、吴由于薳固败巴师于鄾。"① "古老相传云：楚子灭巴，巴子兄弟五人流人黔中，各为一溪之长。"② 春秋战国时期，楚巴之间时战时和，各有胜败，但最后终于为楚（一说为秦）所灭，去除了楚之大患强敌，故楚人雕塑"虎座立凤""虎座凤架鼓"等颇具巫术意味的图像，一是为了纪念；二是为了永镇巴人，以保边界安宁。

战国之际，吴、越皆为楚之强敌，而吴越民族以龙、蛇为图腾，以凤为图腾的楚人在其刺绣中对楚、吴、越、巴之间的关系亦有表现。据现已出土的文物，共发现十八幅龙凤刺绣文物，其中凤与龙俱出的十幅，有凤无龙七幅，有龙无凤者一幅，在凤龙俱出的十幅中，龙凤互斗有八幅，龙凤相安者二幅。尤其是其间有一件绣罗单衣上，出现了一凤斗二龙一虎为单元的刺绣纹样。其凤健壮伟硕，一足后蹬，作腾跃之状，另一足前伸，正攫下方一龙之颈，此龙逃窜，侧首作痛苦状。凤之一翅击中上方一龙之腰，此龙遁走，仰首曲颈张口作哀号状；凤之另一翅击中前方一虎之腰，此虎亦仰首张口作哀号之状。③ 笔者认为，此种凤与龙虎混战的刺绣图纹不仅仅表现了楚人与吴、越、巴人生存竞争的历史，同样也具有一定的巫术含意：在楚人的心目中，即以凤为图腾的楚人足可以击败以龙、蛇为图腾的吴、越民族和以虎为图腾的巴人部族。

据此我们可知，楚人虽然对凤为本族祖先或与本族具有亲密的血缘关系这种图腾意识已显得朦胧，但他们仍保留着图腾标记的意识，故在其处于与其他民族之间的社会生存竞争中，这种图腾标记意识便浮现出来，表现于他们的艺术之中。类似这种凤图腾标记，古代亦非楚人一族，如《左传》所言："我高祖少皞挚之立也，凤鸟适至，故纪于鸟，为鸟师而鸟名。凤鸟氏，历正也。玄鸟氏，司分者也；伯赵氏，司至者也；青鸟氏，司启者也；丹鸟氏，司闭者也。祝鸠氏，司徒也；鴡鸠氏，司马也；鳲鸠氏，司空也；爽鸠氏，司寇也；鹘鸠氏，司事也。五鸠，鸠民者也。五雉，为五工正，利器用、正度量，夷民者也。"④ 此所言的古代东夷部落，即少皞部落也是以凤为图腾标记的部落。其中的凤鸟氏，即是以凤鸟为图腾标记

---

① 《左传·哀公十八年》卷60。
② （唐）杜佑：《通典·州郡十三》卷183 "黔中郡"条。
③ 张正明：《楚文化史》，上海人民出版社1987年版，第178—179页。
④ （春秋）左丘明：《左传·昭公十七年》，岳麓书社1988年版，第322—323页。

的氏族。

与龙图腾一样，凤也是非生物性的一种幻想性瑞鸟，它同样也是由多种动物组合而成。其尾如孔雀（楚人的"虎座立凤"之尾则为鹿角），其羽毛如山雉，其爪如鹰，等等。事实上，凤当为百鸟之精粹的集合，由此可推知凤图腾之先该是更为原始的百鸟图腾。

原始的鸟图腾部族中，最为突出的当为越人与夷人。除了《左传·昭公十七年》的有关东夷少皞部落中的凤鸟氏、玄鸟氏、伯赵氏（亦为鸟）、青鸟氏、丹鸟氏、祝鸠氏、鸤鸠氏、鹘鸠氏、爽鸠氏、鹘鸠氏、五鸠、五雉、九扈等鸟图腾的记载外，晋人干宝《搜神记》中则有越人以鸟为始祖的记载："越地深山中有鸟，大如鸠，青色，名曰冶鸟。……越人谓此鸟是越祝之祖也。"[1] 越人不仅奉鸟为祖，还有禁止伤害鸟的禁忌，这种禁忌还影响到晋代时的地方政府。晋人阚骃在其《十三州志》中言："上虞县有雁民田，春拔草根，秋除其秽，是以县官禁民不得妄害此鸟，犯则有形（刑）无赦。"[2] 此所言，"雁民田"，即越人所崇奉的"鸟田"。《越绝书·越绝外传记地》："大越海滨之民，独以鸟田，大小有差，进退有行，莫将自使，其故何也？……（禹）教民鸟田，一盛一衰。"其实东汉王充在《论衡·偶会》中对鸟田就有过详细的解释："鸟自食草，去蹢草尽，若耕田状，壤靡泥易，人随种之，世俗则谓舜禹田。"这里值得注意的是，越人又谓鸟田为"舜禹田"，舜为东夷部落之部族首领，后南移浙江与当地土著越人融合，此言"舜禹田"，实与祖灵田同义，由此可知，越人确有将鸟奉为其图腾祖先的崇拜习俗。

另外，我们也可以从越人之地的一些考古发掘中获得进一步的证据。1986 年在浙江余杭县反山良渚墓地的发掘中出土的一件玉琮上，刻画有一神人兽面的纹饰。"脸面和冠帽均是微凸的浅浮雕。上肢的形态为耸肩、平臂、弯肘、五指平张，又向腰部。下肢作蹲踞状，脚为三爪的鸟足。……在神人的胸腹部以浅浮雕突出威严的兽面纹。重圈为眼，外圈为蛋形……宽鼻，鼻翼外张。阔嘴，嘴中间以小三角表示牙齿，两侧外伸两对獠牙，里侧獠牙向上，外侧獠牙向下。……这神人兽面复合像应是良渚

---

① （晋）干宝：《搜神记》卷20。

② 何光岳：《百越源流史》，江西教育出版社1989年版，第32页。

人崇拜的'神徽'。"所谓"神徽",即古代图腾神徽号。在发掘报告的描述中,这一种人兽面复合像的脚为"三爪的鸟足",当与鸟图腾有关,至少表明它是融合了鸟图腾的复合图腾物,类似这种图腾神徽在其他的出土文物中如玉钺,冠状饰物中也存在着。[①] 在浙江河姆渡遗址第一期发掘中,有6件有柄骨匕的柄部都刻有两组双头鸟纹,形象十分精致生动。[②] 第二期发掘中又出土有双鸟朝阳象牙雕刻,"中心为一组大小不等的同心圆,外圆边雕刻有似烈焰光芒,两侧雕有昂首相望的双鸟,形态逼真。"还有鸟形牙圆雕,"一端作鸟头,喙弯曲。一端作长尾,中间饰翅膀。侧视这一牙雕,似鹰一类的猛禽"。[③]

又,1965年出土的驰名中外的"越王勾践"剑上刻有鸟篆文,越王勾践也被人描绘成"长颈鸟喙"。1976年出土的春秋战国时期的铜钺,其正面有四个人身鸟首者泛舟图案,在江苏金坛鳖墩西周墓中也出土了盖上塑有飞鸟的吴越青瓷器。这种鸟纹,鸟形象雕刻造物都是鸟图腾崇拜的证据。[④]

在广西龙州县扶绥岜赖山、后底山、龙州沉香角的原始崖画中,发现有鸟形图画,"……总共才有四只。其中除龙州沉香角一只位于正身人像的旁侧外,其余三只均处于正身人像的头顶上。各自的形态也不尽相同,其中龙州沉香角1组的鸟类比较特殊,已呈图案化,身体作套合的双菱形,曲颈回首,尾羽作扁形展开,双足站立"[⑤]。而在广西西林县普驮铜鼓墓的发掘中,出土铜鼓四面,其中最大的一面鼓面花纹有鸟首尾相接的环形图案,还有胸部饰羽人划船纹六组,"船形两头高翘,每船各有羽人九个或十一个,多戴长羽冠,其中一人跨坐船头,一人在船尾掌舵,一人高坐于靠背台上,二人执'羽仪'舞于台前。九人一船的有四人荡桨;十一人一船的有五人荡桨,另有一人舞于船尾。船外的一端有大鱼一条,另一端有站立的长喙鸟二只。……鼓腰下部饰羽人纹十二组,每组二人,戴长

---

① 王明达:《浙江余杭反山良渚墓地发掘简报》,《文物》1988年第1期。

② 浙江省文物管理委员会、浙江省博物馆:《河姆渡遗址第一期发掘报告》,《考古学报》1978年第5期。

③ 河姆渡遗址考古队:《浙江河姆渡遗址第二期发掘的主要收获》,《文物》1980年第5期。

④ 林华东:《再论越族的鸟图腾》,《浙江学刊》1984年第1期。

⑤ 覃圣敏等:《广西左江流域崖壁画考察与研究》,广西民族出版社1987年版,第185页。

羽冠，着羽吊帔，翩翩起舞"①。崖画中的鸟形图纹及铜鼓上的"羽人"形象，都表明南方民族中确实普遍地存在着鸟图腾崇拜的原始信仰文化，尤其是"羽人"图像，其头部多插有鸟羽毛，这里的羽毛实际上完全可以作为一种图腾徽号来看，插上某种鸟类的羽毛，就意味着表明自己即是此类鸟图腾的子孙。且这种插鸟羽于头部的习俗，直到新中国成立前夕，仍流行于南方一些少数民族的生活风俗中。

对鸟图腾崇拜不仅见于崖画与铜鼓雕刻，也多见于史载。《山海经·海外南经》载："羽民国在其东南，其为人长头，身生羽。一曰，在比翼鸟东南，其为人长颊。"郭璞云："《启筮》曰：'羽民之状，鸟喙赤目而白首。'"郝懿行云："《文选·鹦鹉赋》注引《归藏·启筮》曰：'金水之子，其名羽蒙，是生百鸟。'即此也；羽民，羽蒙声相转。"《淮南子·地形训》载："凡海外三十六国。……自西南至东南方，结胸民，羽民……"晋人张华《博物志·外国》亦载："羽民国民，有翼，飞不远。多鸾鸟，民食其卵。去九疑四万三千里。"上述史料一致指证"羽民"为我国古代南方之民。不过，古代还有一些有关"羽人"的记载和解释，也很有意思。《楚辞·远游》云："仍羽人之丹丘兮，留不死之旧乡。"王逸注："人得道，身生毛羽。"洪兴祖补注："羽人，飞仙也。"袁珂先生也认为："盖古谓仙人均有羽翼，故曰羽人。"②

其实，史载中的羽民和羽人，是言我国南方少数民族鸟图腾崇拜这一信仰文化现象的古代方式。在这些记载中，羽民和羽人的特点为"身先毛羽""鸟喙赤目"，今天我们知道这并非是古代南方"羽民"的本来形貌，而是其一种"图腾"化装饰，即人们着力地将自己装扮成图腾物的模样，以让图腾能够认识自己、保护自己。弗雷泽曾认为："图腾氏族的成员，为使其自身受到图腾的保护，就有同化自己于图腾的习惯，或穿着图腾动物的皮毛或其他部分，或辫结毛发，割伤身体，使其类似图腾，或取切痕、黥纹、涂色的方法，描写图腾于身体之上。"③ 正是为了获得图腾的认同，南方鸟图腾部落（羽民）成员才纷纷将自己打扮成鸟的模样，身着羽

---

① 王克荣、蒋廷瑜：《广西西林县普驮铜鼓墓葬》，《文物》1978年第9期。
② 袁珂：《中国神话传说词典》，上海辞书出版社1985年版，第179页。
③ 岑家梧：《图腾艺术史》，学林出版社1937年版，第44页。

毛服饰，鼻戴"鸟喙"之物，并将自己的眼眶染红，其装饰惟妙惟肖，以至于让当时的目击者误认为该部落的成员真的成了"身生毛羽""鸟喙赤目"的羽民。

南方民族鸟图腾崇拜在其传统习俗及流传的民间口头文学中仍有部分的保留。陶云逵先生曾考察过彝族的社会历史，在考察中就发现彝族人亦有斑鸠图腾崇拜现象。"据獐子族的老人方向中说：'一天，一位绿斑鸠张姓从树上射下一只鸟来，原来是一个绿斑鸠，因为在枝叶间看不清楚，以为是别的鸟类。见是绿斑鸠，于是恐惧万分，趴在地下叩头，口称：老祖公，得罪得罪，请你饶我无知，以后不敢了。'"①

云南白族中有以金鸡为图腾的支系，"白族的他称中，有六种称之为鸡：阿盖、洛盖、盖候、盖特扒、腊盖、勒鸡。'盖'是白语鸡的音译，意即鸡人，鸡家。勒墨人的名字，也有译为鸡的。如者干鸡、鸡栋乍、普鸡三。……鸡氏族的人……只是说，他们祖先在大理时候就相传，他们的祖先是从金花鸡的蛋里孵化出来的，所以他们就姓鸡"②。

黎族人亦有以"纳加西拉"鸟为图腾的传说。传说黎族的祖先有个女儿，出生不久，母亲就去世了。"纳加西拉"鸟就嘴里含着谷子将这个女儿养大成人。为了永远纪念"纳加西拉"鸟的功德，后来黎族妇女就在身上刺着各种颜色的传说中的"纳加西拉"鸟翅膀的花纹，这就是黎族妇女文身来源说法之一。③

傣族人也相信鸟是自己的祖先。在他们的神话中，远古时候，一傣族猎手与山中的"雀姑娘"成婚，生下了许多儿女，繁衍了傣族。而且傣族古代先民有崇鸟之俗，至今傣族村寨中仍保留着人首鸟身的"雀姑娘"壁画，民间仍有模仿鸟类舞蹈之俗。

湖北土家族至今尚保留着鹰图腾崇拜的传说，巴东、长阳一带谭姓土家族人认为自己是鹰的后裔。传说其始祖母佘氏与神鹰梦交，生下一儿一女，并兄妹结婚，传下谭氏一族，至今谭姓人要敬鹰公公，不准伤害

---

① 陶云逵：《大寨黑夷之宗族与图腾制》，《边疆人文》第 1 卷第 1 期。

② 张旭：《白族的原始图腾虎与金鸡》，载《大理白族史探索》，云南人民出版社 1990 年版，第 59—60 页。

③ 邢关英：《黎族》，民族出版社 1990 年版，第 72 页。

老鹰。①

苗族人的鸟图腾古制今多转化为服饰中的鸟形图案。在贵州、广西苗族妇女的服饰、头饰中，有一种名为"鸟衣"的锦绣盛装，其边用白色鸟毛装饰。贵州雷山、台江等地的苗族妇女有银质鸟形头饰，且在服装上的挑花、刺绣中，有关鸟的花纹图案更多。②

三　虎啸山林

在南方民族中，以虎为图腾的民族主要是彝族、土家族、白族、纳西族、傈僳族、普米族等，他们都信奉虎为自己的远祖，与自己存在着一定的血缘关系。在古代，对虎图腾部族的记载最早恐怕是殷商甲骨卜辞，其中有"虎氏"③"虎人百"④ 等，就其传说而论，当在轩辕黄帝时代即有虎图腾氏族的记载。《史记·五帝本纪》：黄帝轩辕氏"教熊黑貔貅躯虎，以与炎帝战于阪泉之野，三战然后得其志"。此所言躯、虎均为虎类图腾部落。而高辛氏也有才子八人，又叫八元，其中就有"伯虎"，即为虎氏部落首领。⑤ 西周初年，虎图腾部落又被称为"虎方"。周成王时的《中鼎》铭文载："佳王令南宫伐反虎方之年。"后来有关虎图腾部落的记载较为详细，如《后汉书·西南蛮夷列传》载有巴人虎图腾部落的一些活动："巴郡南郡蛮，本有五姓……巴氏之子生于赤穴，四姓之子皆生黑穴。未有君长，俱事鬼神，乃共掷剑于石穴，约能中者，奉以为君。巴氏子务相乃独中之，……因共立之，是为廪君。……廪君死，魂魄世代为白虎，巴氏以虎饮人血，遂以人祠焉。"

从《后汉书》有关廪君部族的记载中可知，原以蛇为图腾的巴人部落中的廪君支系，之所以以虎为图腾，是因为廪君死后，魂魄世为白虎，故以虎为其图腾祖先。类似这种人与虎图腾互化的记载，古代文献中亦不少见：

---

① 晓玉：《从土家民俗看其族婚制变化》，《湖北少数民族》1984 年第 3 期。
② 李子和：《苗族鸟图腾刍议》，《贵州民族研究》1986 年第 4 期。
③ 《善宝斋藏片》，转引自何光岳《南蛮源流史》，江西教育出版社 1988 年版，第 415 页。
④ 《殷墟文字甲编》三〇一七。
⑤ （春秋）左丘明：《左传·文公十八年》，岳麓书社 1988 年版，第 116 页。

昔公牛哀转病也，七日化为虎，其兄掩户而入觇之，则虎搏而杀之。……方其为虎也，不知其尝为人也；方其为人，不知其且为虎也。

——《淮南子·俶真训》卷2

江陵有貙人，能化为虎。俗又曰，虎化为人，好看紫葛衣，足无踵，有五指者，人化为虎。

——张华:《博物志》卷2

江汉之域，有貙人。其先，禀（廪）君之苗裔也，能化为虎。长沙所属蛮县东高居民曾作槛捕虎，槛发。明日，众人共往格之。见一亭长，赤帻大冠，在槛中坐。因问：“君何以入此中？”亭长大怒：“昨忽被县召，夜避雨，遂误入此中。急出我。”曰：“君见召，不当有文书耶？”即出怀中召文书，于是即出之。寻视，乃化为虎，上山走。或云：“貙虎化为人，好著紫葛衣，其足无踵。虎有五指者，皆是貙。”

——（晋）干宝:《搜神记》卷12

类似这种人与虎互化的传说，隋唐以降更为人们所盛传。《太平广记》卷431载：“荆州有人山行，忽遇伥鬼以虎皮冒已，因化为虎。”卷432又载：“涪陵里正范端……化为虎，村人告之。”卷427又载：“唐开元中，有虎取人家女为妻，于深山结室而居。经二载，其妇不之觉。后忽有二客携酒而至，便于室中群饮。戒其妇云：‘此客稍异，慎无窥觑。’须臾，皆醉眠，妇女往视，悉虎也，心大惊骇而不敢言。久之，复为人形，还谓妇曰：‘得无窥乎？’妇言：初不敢离此。后忽云思家，愿一归觐。经十日，夫将酒肉与妇偕行。渐到妻家，遇深水，妇人先渡，虎方褰衣，妇戏云‘卿背后何得有虎尾出？’虎大惭，遂不渡水，因尔疾驰不返。”

在古代不仅存在着众多的人虎互化的亚图腾神话，而且至今那些以虎为图腾的民族仍还保留着虎图腾崇拜的遗俗和民间传说。如彝族古代自称“罗罗”，“罗罗”在彝语中意为“虎”。彝族的男人则自称“罗颇”，女人自称“罗摩”，所谓罗颇即雄性的虎，罗摩即雌性的虎。而古代许多部落也冠以"罗"的称谓，以示自己是虎图腾部落。如罗部、罗婆部、罗伽部、罗雄部、落兰部、落蒙部、落温部、鹿卢（即罗罗）部、白鹿（罗）部等。甚至在人的姓名中也夹有"罗"字，如古代彝族的南诏王室中就有细奴逻、逻盛、盛罗皮、皮逻阁、阁逻凤等国王就是以虎命名的。

彝族不仅以虎命名自己的部落、人名，还相信虎是自己的祖先。哀牢山区的彝族过去每家均供奉"涅罗摩"的祖先像，"涅罗摩"意为母虎祖灵。他们举行祭祖活动时，常在门楣上悬一画有黑色虎头的葫芦，表示正在祭祀祖先。且旧时彝族首领和巫师在祭祖仪式中还必须披上虎皮，唐人樊绰在《蛮书》中对此也有过记载："大虫（虎），南诏所披皮。"[1] 贵州彝族直到中华民国年间，其巫师主持仪式时仍披着虎皮，据贵州毕节县龙场区三官寨彝族毕摩巫师陈作珍1984年（时年90岁）回忆说：他祖父使用的毕摩法棍尚垫一块虎皮。在他中华民国二十三年（1934）亲自参与主持的当地彝族土官丧事活动中，为土官家主持"点主"仪式的杨仿岩毕摩还"斜披虎皮"。[2] 据滇南旧时的纳楼茶甸长官司土司后裔普梅夫先生回忆，他们普姓宗族子孙的"脑子里对虎有一种神秘观念"，感到"祖先与虎之间有某种内在联系"。他们在祭祀清朝初年的祖先普向化时，必须在其塑像上披一张虎皮，因为普向化是其母感虎而生，生后尚能化成虎，亦可以虎化为人。[3]

纳西族亦世代相传"虎为人类始祖"[4]，相信自己是虎的子孙。在纳西族的《东巴经》的卷首绘有一黑色的虎头像，纳西人称虎为"拉"，而在纳西族的姓氏中，就有"拉"姓，光绪四川省《盐源县志·舆地山川》就载：当地么些人（纳西族旧称）"姓喇喇（拉拉），虎也"。（么些）"夷目名喇人，以别于汉。"而居住在滇、川边界泸沽湖畔的纳西族摩梭人所崇拜的女神叫"巴丁拉木"，"拉木"即"拉摩"，意为母虎。因此可以说，摩梭人对巴丁拉木的崇拜实际上就是对虎图腾的崇拜之遗意。[5] 而在云南永宁纳西族人则以虎年和虎日所生的婴儿为贵，自古以来多以虎为子

---

① （唐）樊绰：《蛮书》卷7。
② 杨和森：《图腾层次论》，云南人民出版社1987年版，第15页。
③ 普梅夫：《在护国之役中崩溃的云南彝族纳楼土司》，《彝族文化》1986年。
④ 方国瑜主编：《纳西族象形文字简谱》，云南人民出版社1981年版，第36页。
⑤ 杨和森：《图腾层次论》，云南人民出版社1987年版，第26页。

女命名，特别是女子好取虎名。在给新婚夫妇祝福时，要在新居室内画虎图，作为新婚夫妇幸福的神符。纳西人的丧葬仪式中，如"武士祭"要陈列虎皮。[①] 这些与虎相关的风俗中，同样也蕴含着纳西族古老的虎图腾意识。

不仅纳西族百姓崇拜虎图腾，旧时他们的土司也十分崇拜。据严汝娴、宋兆麟两位先生的调查，"50 年代前，在土司衙门当过俾子的人都异口同声地说：'土司对老虎是很虔诚的，像老祖宗一样供奉。'土司认为：虎是一种特殊的神，一般人看不见的，虎的骨头大，是土司的根根，所以土司禁止捕杀虎。谁打死了虎，不能自行处理，必须像抬死人似的，把虎抬进土司府。土司家如丧考妣，向老虎磕头。……平时土司把虎皮藏起来，只在每年正月初一、初二拿出来，供在土司椅子上，让属官、百姓和家奴瞻仰、膜拜，初三以后再收起来，如传家之宝，秘不示人。"[②] 同时，纳西族土司还认为自己是虎的化身，可以化为老虎，氏族成员也可以化为老虎。一些有关文献也有类似的记载："元初，丽江之白沙里夷人木都牟地……""卧子盘石子上，须臾变为虎，咆哮而去。"[③]

傈僳族的图腾崇拜与其他南方民族一样，也具有多样性的特点。仅怒江傈僳族自治州境内就有崇拜虎、熊、猴、蛇、羊、鸡、鱼、鼠、蜂、荞、竹、菜、麻、柚木、犁、霜、火等十八个民族图腾。相对而言，傈僳族虎氏族对其图腾文化保存不多。但明代景泰年间的《云南图经志》卷 4 则载："有名栗粟者，亦罗罗之别种也。"由此可知在明代时，傈僳族中的虎图腾崇拜尚十分盛行。据傈僳族虎氏族的起源神话，相传远古时一傈僳族女子上山砍柴，遇上了一只老虎，老虎变成青年小伙子与姑娘交配，后生一子，儿子长大后即以"虎"（腊）作为自己的名字。另一说是老虎变的青年小伙与傈僳族女子成婚，生下的子女就是虎氏族腊扒。凡虎氏族成员不准猎杀老虎，据说老虎也不咬虎氏族的成员。又一说是虎氏族祖先拾到一张虎皮，做成衣裳，让孩子穿了，以后就以虎作为其氏族之名。[④]

据有关学者研究，彝族、纳西族、傈僳族等主要崇拜黑虎图腾，而土

---

① 杨福泉：《纳西族的传统生育礼俗》，《云南社会科学》1990 年第 1 期。
② 严汝娴、宋兆麟：《永宁纳西族的母系制》，云南人民出版社 1984 年版，第 189—190 页。
③ 曹树翘：《滇南杂志》卷 21。
④ 魏庆征主编：《中国各民族宗教神话大词典》，学苑出版社 1993 年版，第 387 页。

家族、白族和普米族则主要崇拜白虎图腾。土家族中的一部系廪君部落的后裔，因其"廪君死，魂魄化为白虎"，故其后裔以白虎为图腾。这些白虎图腾的后裔支系相信自己系白虎的子孙，认白虎为自己的先祖。黔东北梵净山下的江口县土家族认为自己的祖先刚生下不久，被白虎劫走，用虎奶哺育成人，故其后代奉白虎为始祖。① 湘西凤凰县土家族则认为自己的一位女先祖为保护好羊群，便说："哪个能帮我赶走豺狼，守护好羊群，我就嫁给哪个。"结果来了一只白虎帮她守护羊群，于是二人成亲，繁衍了当地的土家族。②

然而在湘西地区的大部分土家族却又认为白虎有善恶之分："坐堂白虎是家神，过堂白虎是凶神。"对于"过堂白虎"（即从外面来的白虎）采用驱逐之仪式，《华阳国志·巴志》对此亦有记载："秦昭襄王时，白虎为害，自秦、蜀、巴、汉患之。秦王乃重募国中：'有能杀虎者，邑万家，金帛称之。'于是夷朐忍廖仲药、何射虎，秦精等乃作白竹弩，于高楼上射虎，中头三节。白虎常从群虎，瞋恚，尽搏杀群虎，大呴而死。""汉兴，亦从高祖定秦有功。高祖因复之，专以射白虎为事，户岁出賨钱，口四十，故世号'白虎复夷'，一曰板楯蛮，今所谓'弜头虎子'者也。"对于土家族人这种又奉白虎为图腾、祭祀有加，又驱逐、痛恨白虎的缠夹不清现象，有的学者认为是图腾崇拜中的合理的特殊变例；有的学者认为是图腾文化的发展变迁所造成。事实上，土家族本来就是一个由多种古代族系融合而成的民族群体，其中有崇白虎为图腾的廪君支系，也有"射白虎以为事"的板楯蛮支系，这种支系的差异表现于对白虎图腾的不同信仰态度上，自然也就有褒有贬了。

在那些崇拜白虎图腾的土家族中，他们确实是将白虎视为自己的祖先的。如前所言的江口县土家族人称白虎为"山王神"或"猫猫神"，忌言"虎"字，在祭祖虎神时又将其视为保护神："山王神，猫猫神，保佑人间众黎民，千年老狐归你收，又收蛇虫众孽神，蝗虫五瘟你要管，四季平安

---

① 贵州省志氏族志编委会：《民族志资料汇编·土家族卷》，贵州民族出版社1989年版，第155页。

② 杨昌鑫：《土家族风俗志》，中央民族大学出版社1989年版，第13—14页。

大有灵。"① 旧时湘西部分土家族跳摆手舞祭神时，神桌上要供虎皮，跳舞者亦要身披虎皮（其后才改披土家织锦）。而且无论是廪君支系还是板楯支系的后裔，都忌言"虎"字，他们称斧头为"猫头"，盟誓时所喝血酒亦称"猫血酒"，在一般的日常交谈中，也多避讳谈虎，多用其他事物曲折表述，这种图腾禁忌至今仍存。

白族亦以白虎为图腾。在白族方言中，亦称虎为"罗""腊""勒""劳"等。纳西族称白族为"勒布"，意为虎族；傈僳族则称白族为"勒墨"，意为母虎；勒墨白族则称自己为"腊扒"，意即虎氏族。在白族的有关虎图腾神话中，说是一位姑娘与老虎成亲后生下了本族子孙后代。② 又一说是一位美丽的白族姑娘梦与虎交，惊醒后身怀有孕，生下一个男孩，即以虎为姓，名为罗尚才（"罗"在白族语言中为虎），长大后，化身为大白虎跑进山林，但他并不伤害白族人，而是保佑他们。③ 白族人不仅认为自己是白虎的子孙，具有白虎图腾观念，在日常生活中也保留着大量的虎图腾崇拜的遗俗。一部分白族人自称是"劳之劳奴"（即虎儿虎女），平日里常把虎作为祖灵来加以供奉。大溧村罗家祖祠里还画有一只大白虎，以示所奉者为白虎祖灵，并认为白虎是本族的保护神，可以消灾弭祸，保佑风调雨顺、人畜两旺、四季平安。在建筑习俗上，他们在建筑新房时，往往要请瓦匠烧制八寸大小的虎，置于屋脊以镇宅保家，或请画师在屋墙上画虎以求祛灾避邪。在育儿习俗中，他们多用虎命名儿女，如阿虎、虎生、大虎、二虎、虎妹、虎兰等，还多给小儿制虎头帽、虎头鞋，以图小儿平安吉祥。在婚丧嫁娶习俗中，多择虎日出嫁或迎娶。而在选阴宅时，多寻找虎形之地。另外，白族人还保留着关于虎的图腾禁忌，如上山打猎决不猎杀老虎，也从不吃老虎肉，认为"吃了虎肉忘了本"。大溧村、上赤村的罗、骆二姓，自称其祖先是"一个奶头吊大的两兄弟，故两姓人家不准通婚等"④。在白族语言中，"罗""骆"均为虎，两姓不婚现

---

① 贵州省志民族志编委会：《民族志资料汇编·土家族卷》，贵州民族出版社 1989 年版，第155 页。

② 张旭：《白族的原始图腾与金鸡》，载《大理白族史探索》，云南人民出版社 1990 年版，第59—62 页。

③ 菡芳：《白族的虎崇拜》，《大理文化》1983 年第 6 期。

④ 同上。

象实际上乃是古老的图腾婚姻禁忌的遗风。

普米族亦以白虎为图腾。此"普米"之称"普"意为白,"米"意为人,即"白人"。普米人崇尚白色是与其图腾相关。"普米族的图腾为'白额虎'。……'白额虎'之所以被视为普米族的祖先,并不仅仅是动物的'虎'代表了普米族人民的气质和面貌,更主要的还在于虎的颜色——白颜色。"[①] 普米人像摩梭人一样,特别崇拜的神是"巴丁拉木"。"巴"是族称,"丁"是土地,"拉木"是母虎,意即"本族土地上的母虎"。传说中巴丁拉木是一位美丽的姑娘,穿白衣白裙,骑白骡,只喝清泉水和牛羊奶,不食五谷。又一说是普米姑娘日丽妞被老虎娶为妻,繁衍了人类,这表明普米人是将虎视为自己的先祖的。在普米人的日常生活中,喜欢用虎给村寨、山川和本族人命名,如"拉住窝"(群虎村)、"拉夺"(虎山)、"拉巴基"(虎河)、"拉木"(母虎,女子名)等。并以虎年、虎日为吉年吉日,以虎年虎日出生的子女为贵。在祭祀习俗中,他们认为巴丁拉木是本族的保护神,祭祀她,可以保人丁平安、六畜兴旺,还可消灾弭难。他们还认为巴丁拉木居于山野洞穴,故祭祀巴丁拉木需去山野洞穴之中祭祀。[②] 普米族人这种与虎相关的生活习俗及祭祀活动,实际上亦透露出远古虎图腾崇拜的遗韵。

四 盘瓠遗风

盘瓠,即传说中的犬,盘瓠作为图腾,即犬图腾。对犬图腾崇拜的记载最早当数《山海经》。《山海经·海内北经》:"……有犬封国。……犬封国曰犬戎国,状如犬,有一女子方跪进杯食。有文马,缟身朱鬛,目若黄金,名曰吉量,乘之寿千岁。"郭璞注:"昔盘瓠杀戎王,高辛以美女妻之,不可以训,乃浮之会稽东南海中,得三百里地封之,生男为狗,女为美人,是为狗封之国也。"《山海经·大荒北经》又载:"有人名犬戎。黄帝生苗龙,苗龙生融吾,融吾生弄(郭璞注:一作卞)明,弄明生白犬,白犬有牝牡,是为犬戎。"据此,我们认为,犬图腾部族最早当在我国北部一带生活,后因协助高辛氏击败"戎王",率部南迁至"会稽东南海中"。

---

① 胡文明:《普米族名称的由来》,《民族文化》1985 年第 2 期。

② 魏庆征主编:《中国各民族宗教与神话大词典》,学苑出版社 1993 年版,第 517—518 页。

今天我国东南福建省的畲族仍保留着盘瓠崇拜的古俗，在其叙述本族历史渊源的民间典籍《高皇歌》中有如下的记载：

> 盘古造天到如今，世界人分几样人，……造出王帝管天下，置下人名几样姓。皇帝名字是高辛，出来游行作百姓，……皇后耳痛三年在，挖出金虫三寸长。一日三时望长大，变作龙期丈二长。变作龙期丈二长，五色花斑尽成行，……番边大乱出番王，高辛皇帝心惊慌，便差京城众兵起，众兵差起保城墙。……当初皇帝开言时，京东门下挂榜去，谁人收服番王到，第三宫女给为妻。龙期听见便进前，撕下文榜在路边，文榜拿来口里衔，文武朝官带去见。……番王饮酒在高楼，身盖金被银枕头，文武朝官不随后，龙期咬断番王头。……咬断王头过海洋，云雾迷来渺渺茫，一时似箭浮过海，众官取头金盘装。众官取头金盘装，奉上殿里去见皇，皇帝看见心欢喜，自愿龙期作婿郎。……收服番王是呆人，爱讨皇帝女结亲，第三宫女心不愿，金钟内里去变身。断定七日变成人，皇后六日开来看，只是头上未变成。头是龙来身是人，要你皇帝女结亲，皇帝圣旨话难改，开基雷、蓝人子孙。①

畲族人民世世代代歌颂自己的始祖盘瓠的功绩，称其为"龙期"，而且还明显地避讳盘瓠为狗的历史，这种避讳其实是受到后来汉文化的影响。在畲族《高皇歌》中，畲族先民以拟人化的手法，把盘瓠描塑成神奇、机智、勇敢的民族英雄，尊崇为畲族的始祖。

瑶族人以盘瓠为图腾，在其民族古籍《平王卷牒》（又名《过山榜》）中有关盘瓠图腾的记载与畲族的《高皇歌》相似。其大意是：混沌年间，评王得一龙犬名为盘护（瓠），时外国高王得罪了评王，评王下令："如得功劳，朕将宫女配汝。"龙犬独渡海，伺机咬死高王，将其头呈献评王。评王将宫女配以盘护（瓠），并赠金银布帛，送于"会稽山内"。后生六男六女，自相配偶，传下瑶人十二姓：盘、沈、郑、黄、李、邓、周、赵、胡、冯、包、浦。

苗族亦存在着相信盘瓠为本族之先祖的支系。贵州松桃县与湘西苗族

---

① 徐晓望：《福建民间信仰源流》，福建教育出版社1993年版，第21页。

地区流传着《神母狗父》的神话，大意是：神农时代，西方恩国有谷种，神农布告天下"谁能去恩国取得谷种回来，愿以亲生女儿伽价许配给他"。宫中御狗翼洛便独自去恩国，咬死了恩国国王，取得谷种回来。神农想毁约，后经人劝告，改变了主意。伽价与翼洛成亲后，生下一个大血球，神农用剑剖开血球，从里面跑出七男七女。其后，儿女长大，带翼洛上山打猎为生，后被水牛讥笑他们不知道父亲是犬。兄弟们便杀死翼洛，母亲伽价闻知昏死过去。后神农恕兄弟们无知误杀其父之罪，后来伽价去世，兄弟姊妹们商议，尊伽价为"奶"（神母），尊父亲翼洛为"媾"（狗父），并杀牛祭奠，即后来苗族杀牛祭祖之由来。[①] 上述有关盘瓠图腾神话虽各有变异，但其大意相同，且与《风俗通义》《搜神记》《后汉书·南蛮西南夷列传》所载大同小异。如：

　　昔高辛氏有犬戎之寇，帝患其侵暴，而征伐不克。乃访募天下，有能得犬戎之将吴将军头者，购黄金千镒，邑万家，又妻以少女，时帝有畜狗，其毛五彩，曰盘瓠，下令之后，盘瓠遂衔人头造阙下，群臣怪而诊之，乃吴将军首也。帝大喜，而计盘瓠不可妻之以女，又无封爵之道，议谙有报而未知所宜。女闻之，以为帝皇下令，不可背信，因请行。帝不得已，乃以女配盘瓠。盘瓠得女，负而走入南山，止石室中。所处险境，人迹不至。于是，女解去衣裳为仆鉴之结，著独力之衣。

　　帝悲思，遣使寻求，辄遇风雨震晦，使者不得进。经三年，生子十二人。六男六女。盘瓠死后，因自相夫妻，织绩木皮，染以草实，好五色衣服，制裁皆有尾形。其母后归，以状白帝，于是使迎至诸子。衣裳斑斓，语言侏离，好入山壑，不乐平旷。帝顺其意，赐以名山广泽。其后滋蔓，号曰蛮夷，外痴内黠，安土重旧。以先父有功，母帝之女，田作贾贩，无关梁符传租税之赋。有邑君长，皆赐印绶。冠用獭皮，名渠帅曰精夫，相呼为姎徒，今长沙武陵蛮是也。

　　　　　　　　　　　　——《后汉书·南蛮西南夷列传》卷12

---

　　① 龙炳文、燕宝搜集整理：《神母狗父》，见《中国少数民族神话选》，西北民族研究所编印，第627—630页。

以上所引的图腾神话，固然表明了我国南方的畲族、瑶族和苗族确实保留着远古的犬图腾崇拜的观念，然而更能说明问题的是，上述民族中还遗留着大量的与犬图腾相关的生活习俗。畲族人至今还保存着他们的"祖图"，又称"盘瓠图"，其内容是描绘畲族女始祖与盘瓠通婚及繁衍后代的神话故事和历史传说。他们对"祖图"十分敬重，视为神圣，由专人保管。每年春节、三月初三、五月初五、七月十五、八月十五、十二月十五日等节日举行祭祀时，需将"祖图"悬挂于堂中，神台前摆上供品，由巫师主持仪式，举族祭之。在祭祀盘瓠时，各家族都保存着一根"祖杖"，即一根刻有"犬首"的木杖，上饰以金箔和朱漆，平日里要与"祖图"一起装入红布袋中，不准随意挪动。有的地区每三年还举行"传祖杖"仪式"，届时，族人身穿节日盛装，擎着"祖杖"游行，伴以鼓乐，跳起"龙杠舞"，将"祖杖"传于另一乡的同族之人。

在日常生活中，畲族人旧时当孩子成人之时，要举行"做聚头"的成丁仪式。在仪式中，成丁少年在巫师的带领下，将写有自己法名的红布郑重地挂在"祖杖"上，表示已成为大人，取得祖宗的承认。① 另外，若家中所养的狗死了，畲族人要将狗的颈上扎上金纸，挖土深埋，实行土葬。为了表示自己是犬图腾部落成员，旧时畲族妇女在一些盛大的聚会和仪式活动中，要带上凤凰冠。② 据有关学者考证，此冠原系"狗头帽"的变形。据凌纯声先生研究，畲族妇女头戴的狗头冠为图腾装饰中最显著特征之一，狗头冠的形式因地域及姓氏不同而略有差异。其冠象征狗形，故均有狗头、狗身、狗尾三部分，"丽水"式的狗头在竹筒的一端，包有银皮，上镌有狗面形，狗身即为竹筒，狗尾为红布一条连在竹筒之后，拖在头后；"景宁"式全部为一长约 10 公分之三角木架，架之似轴一端包黑布，状如狗头，轴身为狗身，三角架上的上角，如狗尾向上竖之状；"福州"式的头笄，狗之头、身、尾三部分的分别最为明显。据说此种头笄样式，古老相传，不容更改。可见此狗头冠并非一般普通头饰，而是自古传下来的图腾装饰。③

① 魏庆征主编：《中国各民族宗教与神话大词典》，学苑出版社 1993 年版，第 537 页。
② 陈国强等：《福建畲族图腾崇拜》，《中央民族大学学报》1989 年第 2 期。
③ 凌纯声：《畲民图腾文化的研究》，载《历史语言研究所集刊》第 16 册，第 147—151 页。

明代邝露在《赤雅》中载："瑶名畲客，古八蛮之种。五溪以南，穷极岭海，迤逦巴蜀。蓝胡盘侯四姓，盘姓居多，皆高辛狗王之后，以犬戎奇功，尚帝少女，封于南山，种落繁衍，时节祀之。刘禹锡诗：'时节祀盘瓠'是也。其乐五合，其族五方，其衣五彩，是谓五参。奏乐则男左女右。锣鼓，葫芦笙，忽雷，响瓠，云阳，祭毕合乐，男女跳跃，击云阳为节，以定婚媾。侧具大木槽，叩槽群号。先献人头一枚，名号将军首级。予观察时，以桄榔面为之，时无罪人故耳。设首，群乐毕作，然后用熊、罴、虎、豹、呦鹿、飞鸟、溪毛各为九坛，分为七献，七九六十三，取斗数也。七献既陈，焚燎节乐，择其女子绮丽娴巧者劝客，极其绸缪而后已。"[①] 邝露这段对瑶人的祭祀风俗的记载，是对明代瑶族祭祀盘瓠图腾场面的写照。这种祭祀风俗除鼓乐相伴，彩衣飘飘，歌舞娱神等外，还有一个特点是"侧具大木槽，叩槽群号。先献人头一枚，名号将军首级"，人头祭礼的习俗现早已消失于历史烟云之中，但"叩槽群号"的习俗却至今仍存。

据陈维刚先生的调查，桂北瑶族在给满六十的老人祝寿时，要用巨木挖一长方形木槽，长一丈、宽深各一尺，还要备长五尺，一端稍粗扁的寿棒数根，用以"叩槽"。祝寿时，选本族青壮年十人各持寿棒，分列木槽两侧，奋力击槽，围观者与击槽者口中要发出"汪飞，飞汪"的象征狗叫的声音，敲击六轮结束后，主人家送鱼肉、糍粑、米酒至槽边，击槽者要接过食物，在槽口上扬三圈，以示食物取于槽中，然后人人面向木槽围拢蹲地吃喝，且口中不时发出"汪飞，飞汪"的叫声。此种习俗当与晋人干宝和宋人方凤所载无异："用糁杂鱼肉，叩槽而号，以祭盘瓠。""岁首祭盘瓠，杂揉酒饭鱼肉于木槽，群聚而号为尽祀。"广西龙胜县的盘胖、照夜、大算、琉璃、里江、同列寨和湖南道县的传索、鱼堂寨等地的瑶族在除夕祭祖之前，要用小木槽或大碗盛些节日饭菜放于饭桌下，由家长或老年人匍匐于地，吃上一口，并模仿狗叫两声，然后全家人从桌下穿过或绕桌走一圈，然后祭祖。[②] 从上面所描述的瑶族祭祀习俗来看，瑶族中确实有一部分氏族十分重视对盘瓠图腾的祭祀，同时也表达了他们内心根深蒂

---

① （明）邝露：《赤雅·瑶人祀典》卷上。
② 陈维刚：《桂林瑶族崇奉盘瓠的传统意识及祭祀情形》（未刊稿），1987 年 12 月。

固地存在着对盘瓠图腾的原始信仰。

在瑶族的社会生活中，这种远古图腾的崇拜习俗亦不知不觉地掺杂其中。从服饰习俗上看，瑶妇头帽象征狗耳，尤为明显，据庞新民先生的调查，"女人帽之尖角，象狗之两耳。其腰间所束之白布中必将两端作三角形，悬于两股上侧，系象狗尾之形。又男人之裹头巾，将两端悬于两耳之后，长的五六寸，亦象狗之两耳。……瑶人相传彼之祖先乃一狗头王，故男女之装饰，均取狗之新意"①。且瑶人男女身穿之衣，均有织成五彩花纹之布缝贴其上，盖传言其祖宗为一五彩色之狗。"瑶不穿裤，下部只以衫覆之，盖像狗之裸露其身也。"②

在其年节岁时习俗中，龙胜县部分瑶族村寨在除夕之日，由寨中老人从村中选一只白色公狗，遍体涂上红色斑点，以象征祖先与官兵搏斗流血事件，装于竹笼，众青年抬竹笼串巷游村，向各家辞旧迎新。每到一家，先抬狗入厨房围绕炉灶三圈，以示驱邪灭瘟。寨主致祝词曰：

> 从前，我们红瑶祖先搬家逃难过海，样行丢失，全靠狗带来谷本种阳春。如今，过肥年莫忘敬狗。今晚抬狗进屋赶邪灭瘟，保佑来年风雨均匀，人畜两旺，五谷丰登，家屋富有……

接着，家长欠身给笼中狗喂除夕好菜饭，给寨主、抬狗的后生敬酒，送糍粑豆腐等，并在狗笼上披挂红布条或红纸条，以示对狗的敬重和酬谢。③ 同时一部分瑶族还保存着远古的图腾禁忌，"解放前，瑶族普遍不吃狗肉，特别是在请神、还愿期间，吃了狗肉不准参加，说是亵渎祖先"④。而且瑶族不打狗，当狗死时，要举行隆重的葬礼。⑤

在婚嫁和丧葬方面，据庞新民先生调查，瑶族在举行婚礼时，须悬狗头

---

① 庞新民：《两广瑶山调查》，引自岑家梧《民族研究文集》，民族出版社 1992 年版，第 66 页。

② 刘伟民：《广东江瑶人的传说与歌谣所引》，《民俗》第 1 卷第 3 期。

③ 黄裔：《龙胜县志·民俗志》，1988 年评审稿。

④ 刘冰：《恭城县瑶族调查》，载《广西瑶族社会历史调查》第九册，广西民族出版社 1987 年版，第 159 页。

⑤ 刘伟民：《广东北江瑶人的传说与歌谣》，载广东社会科学院《乳源瑶族调查资料》1986 年 4 月。

人身之祖像于堂中，众人围而歌拜。而在丧葬习俗上，湖南零陵县的瑶族旧时尚保存着一种古老的图腾遗风，"当葬之夕，女婿三数十人集于宗辰之宅，着芒心接䍦，名曰'茅绥'，各执竹竿，长一丈许，上三四尺许犹带枝叶。其行伍前却皆有节奏，歌吟叫呼，亦有章曲。传云盘瓠初死，置之于树，乃以竹木刺而下之，故相承以为风俗。隐讳其事，谓之'刺北斗'"①。

据伍新福、龙伯亚先生所言，湘西、黔东北以及川黔交界地区的苗族先民仍保留着盘瓠图腾信仰习俗。② 这种论断是比较符合历史事实的，从考古发掘的文物来看，20 世纪 80 年代末在原属"五溪蛮"活动区域的湘西怀化市高坎垄的一座新石器遗址中，出土了一件双头合体的犬形陶塑像。该塑像的两个犬头背向，四耳竖立，昂首注视前方，而两头犬的身子连在一起，形象奇特，栩栩如生。其像有一座器，与犬身紧紧相连。据有关学者考证，"怀化高坎垄出土的这座犬型陶塑像，正好说明了早在高辛帝之前的黄帝时代，武陵地区确实存在有一支以犬为图腾的部族，也说明了'盘瓠神话'的确是武陵地区的产物"③。当然仅从这件文物中，我们尚难以判定盘瓠图腾是否真与苗族图腾信仰相关，但如果我们再联系其他材料，证据就会更充分一些。

有关盘瓠部落活动的记载，自汉以降，颇见于史籍，这些史料所指多为五溪蛮活动范围。《水经注·沅水》载："沅陵县西有武溪，源出武山，与酉阳分山。水源石山上有盘瓠迹犹存矣。"梁朝鲍坚《武陵记》载："武山高可万仞，山半有盘瓠石窟，中有一石，狗形，云是盘瓠遗像。"隋代黄闵《武陵记》载："盘瓠石室可容数万人，中有石床。在今辰州泸溪县西有武山，今按山窟前有石羊、石兽，古迹奇遇尤多。望石窟大如三间屋。遥见一石似狗形，蛮俗相传，云是盘瓠像也。"《元和郡县志》载："辰州，蛮戎所居也，其人皆盘瓠子孙。"樊绰《蛮书》载："黔、泾、巴、夏四邑苗众……祖乃盘瓠之后。"《通典》《通志》《册府元龟》《文献通考》《赤雅》、乾隆时的《泸溪县志》等均载盘瓠部落活动在五溪蛮活动区域内。

---

① 引自《中国地方民俗资料汇编》（中南卷上册），书目文献出版社 1990 年版，第 579 页。
② 伍新福、龙伯亚：《苗族史》，四川民族出版社 1992 年版，第 57 页。
③ 舒尚今：《沅水出土黄帝时代的犬图腾塑像》，《楚风》1990 年第 2 期。

苗族地区至今仍保存着盘瓠图腾信仰的祭祀习俗。在湘西的有关地方志中，载有大量的有关盘瓠和辛女（即高辛帝之女，神话中的盘瓠之妻）的祠庙，其中比较著名的有湘西麻阳县漫水乡的盘瓠庙、兰里乡的盘瓠庙、郭公坪乡的盘瓠庙、花垣县民乐镇的神女庵（祭辛女）、吉首市、凤凰县、花垣县三县交界处的盘瓠洞、吉首市城西的盘瓠庙、辰溪县船溪驿的辛女宫、辰溪辛女坪乡的辛女庙等。人们每年农历五月要举行大型的祭祀盘瓠的活动，其祭法为：先由苗族长辈带领族人于五月一日到盘瓠庙前设神案，置祭品，燃香焚纸，奠酒菜各三杯，进行叩拜；接着举行祭祖、赛龙舟活动；最后又齐聚盘瓠庙前，举杯共饮，醉饱而散，为时三至五日不等。此种祭祀习俗与隋代黄闵《武陵记》所载亦大同小异："武陵蛮七月二十五日祭盘瓠，种类四集于庙，扶老携幼，环宿其旁，凡五日，祀以牛、豕、酒、酥，椎歌欢饮即止。"旧时苗族祭祀盘瓠时亦须唱歌，其歌有《接龙歌》《参神歌》《根源歌》《谢茶歌》等，如麻阳县的《接龙歌》（即盘瓠根源歌）就有这样的神词：

> ……且艄停来慢艄停，慢慢艄停将歌论，别人划船端阳节，漫水划船有根本。盘瓠原居辰州府，辰州府内有家门，庙堂设在木官上，赫赫威灵多显神。辰州已住数百载，神心一动往上行，腾云驾雾往上走，路过新堂歇凉亭。庙湾设下龙犬庙，龚王二姓做祖神。大王休息已过后，麻邑停车一时辰……九姓村设三座庙，立即起程又动身。大王云端来观看，袁郊坪上闹沉沉……袁郊设立龙犬庙，张姓苗众喜盈盈。……眼前来到岩角坪，此地大族文姓人，……当时文家人稀少，想来田家做祖神，只从明朝永乐二年起，依车停留到如今。[①]

从上述祭祀习俗中，我们发现：（1）旧时湘西苗族地区的许多县境内确实保留着远古盘瓠祭祀遗俗；（2）这种祭祀的场面很大，苗族人须"扶老携幼""环宿五日"，参与祭祀；（3）所祭之神为盘瓠，俗称"龙犬"；（4）人们将盘瓠视为祖先来祭祀；（5）盘瓠祭祀是远古图腾祭祀之遗风。

---

① 段虞彪：《关于盘瓠与麻阳县苗族的关系》，载泸溪县民族事务委员会编《盘瓠研究与传说》，1988年铅印本（内部发行），第55页。

　　另外，湘西苗族还视盘瓠为本族的保护神，每逢天旱无雨之际，旧时的苗族人在多种求雨仪式均失效时，就要举行"抬狗求雨"的仪式，据说往往有效。据石启贵先生的调查，"每当天旱无雨，田地龟裂，正当求雨，仍属罔效，于是乡人乃用抬狗求雨之举。其法是：用大狗一只，穿人衣人裤，捆放于轿中，两人抬之，凡事求雨之人，头戴杨柳或野藤，以蔽太阳。手上捧香，于烈日炎天之下，游行受旱田地，并鸣锣鼓，鱼贯而行，如落大雨，杀猪祭之"①。这种抬狗求雨之法，实蕴含着祈求祖先或图腾神护佑子孙之意。

　　命名仪式在旧时一直都很受各族人民的关注，命名不仅意味着家族世系的延续，同时也包含着对祖先崇拜的深刻含义。湘西苗族在命名仪式习俗中也掺杂着图腾崇拜的因素，他们不仅用狗来命名山川，如湘西泸溪县上堡乡的"狗岩"，沅陵棋坪乡的"大狗山"，沅陵县张家滩的"狗公山"等，这些地方都因留下盘瓠崇拜遗迹而得名。而且苗族部分地区也多用"狗"来给自己的小孩命名，据龙正学先生的调查，贵州松桃县二区的大江村，是一个有八九十户的苗寨，"凡石姓人家祖祖辈辈，不论男女老幼的名字背后，必附加一个'狗'字，例如：男性的名字叫光德，后面就要附加一个'狗'，合成'光德狗'；女名秋英，后面也必须附加一个'狗'字，合成'秋英狗'"②。在当地苗族人民的观念中，相信在小孩的命名中附加一个"狗"字，就容易养大成人。

　　在日常生活服饰上，苗族虽无畲族、瑶族那种明显的图腾遗迹，但认真分析，笔者仍然可以发现其某些盘瓠图腾的色彩。据《后汉书》所载，盘瓠部族的服饰是"织绩木皮，染以草实，好五色衣服，……衣裳斑斓，裁制皆有尾形"。宋人朱辅也在《溪蛮丛笑》中说五溪蛮（盘瓠部落）"裙幅两头缝断，自足而入，斑斓厚重，下一段纯以红，范史所谓独立衣，恐是也。盖裸祖以裙代袴，虽盛服不去，去则犯鬼"。张永安、张永家先生注："民俗叫'桶桶裙'，后演变成'围裙'……土布制品，上半青蓝色，下段红色，有桃红、朱红两种，裙内穿有短裤……今苗、瑶山区妇女仍有穿桶裙的，不过在裙的边缘，滚以花边，腰带也是五彩绘制品。……

———————————

　　①　石启贵：《湘西苗族实地调查报告》，湖南人民出版社 1986 年版，第 543 页。
　　②　龙正学：《苗族的祭司初探》，《苗族历史讨论会论文集》（内部资料），1983 年。

过去男女均有穿裙的习惯，今男的穿裙已很稀少了。"① 从上述服饰上我们发现，苗族的桶裙无论从布料的厚重、色彩、服饰的样式与制作方式及染色技术（蜡染）等方面，都保留着远古的图腾遗意。

另外，苗族中的部分氏族还遗留着一定的盘瓠图腾禁忌习俗。如湘黔苗区每家饲养的狗，不允许任何人随意打骂，湘西花垣县、凤凰县、贵州松桃县的部分苗族永不吃狗肉，否则会遇上大祸遭雷劈，断子绝孙，永不吉利。② 湘西石姓苗族亦忌食狗肉，若违反禁忌，据说也将绝灭子嗣。

值得一提的是对犬图腾的崇拜习俗在海南黎族和中国台湾高山族中亦有所遗存，他们大多尚保留着犬图腾观念，还有一些犬图腾生人的神话，但相对而言，有关犬图腾崇拜的意识在其社会生活中已差不多淡化，故仅在此提及而已。

五　蛙图腾

蛙图腾主要是古代越人的图腾。古越人世居南国，稻作农耕至少在7000多年前就已十分普遍，这里气候湿润，水系众多，农田灌溉得天独厚，其稻作农耕发轫之早居世界之冠。蛙的生存繁殖一直离不开水源和湿润气候，南国稻田是其栖居的好地方。且蛙是消灭稻作害虫的能手，然而原始时期的稻作农耕民族不了解蛙的习性，对其消灭害虫的本能行为视之为神灵佑助，久而久之，古代越人自然会生发出一种蛙灵崇拜甚至视其为图腾祖先。这种蛙图腾意识在原始时期的越族人心中，当是根深蒂固的，尽管后来一部分越人西迁，进入今广西壮族自治区境内，融为今日的壮族，但也仍然保存着这种原始蛙图腾崇拜遗俗。

古代越人的蛙图腾崇拜可溯及新石器时代，人们在福建黄土仑新石器遗址中，就曾发现一件有青蛙塑像装饰的陶器。这种青蛙塑像的出现，我们不能简单地将其理解为原始人的审美需要或随意涂抹，它必然被注入了某种特殊的意义，其中最有可能的意义，就是对青蛙与人的某种关系的强调。首先，蛙捕捉庄稼害虫的功能给人类带来直接的利益；其次，蛙自身

---

① 张永安等：《溪蛮丛笑注释》，载泸溪民委、县办公室编《盘瓠研究》（资料），1990 年印，第 174—175 页。
② 龙正学：《苗族的祭司初探》，《苗族历史讨论会论文集》（湘西）内部资料，1983 年，第184 页。

又是多子的动物，繁殖能力强；最后，蛙的水陆两栖的生活习性及外形，与人有一定的相似性。无论是蛙的惊人的繁殖能力、保护庄稼收成的能力，还是外形与人的相似性，这些因素都有可能促使人们产生以蛙为图腾神的原始冲动。因此我们说，福建黄土仑的青蛙古塑像，很有可能就是古越人当时制作的图腾塑像。我们这一看法还可以从广西左江的岩画中获得印证："左江岩画中的人像，无论是正身人像还是侧身人像，都画成蛙的形体，人和蛙是同构关系。"① 在这种人与蛙的形象同构的原始思维中，透露出了人与蛙的血缘或图腾联系。

也许是蛙图腾崇拜太为古老，加之又多出现于古越人之地，很可能当中国文字出现时，南蛮的蛙图腾文化并没有被记载下来，但我们决不能因此就断定南方民族不存在蛙图腾崇拜。据学者的考证，中国古代蛙、娃、黾、娲相通，娲即蛙，黾是蛙的古字，在《广雅》中释为"始也"；《说文解字》："始，女之初也。"而《说文解字》释娲："古之神圣女，化万物者也。"由此，蛙＝黾＝娲＝娃，蛙与娲都具有"化万物"的创世意义。傅道彬在《中国生殖崇拜文化论》一书中介绍了蛙在古文字上可作"黾"，圭表声，黾表意，表意即蛙的本义。"女黾"义同孕，女即女人，黾即娃，女黾则为人蛙合体即为孕，也就是人类的母亲。故古人把蛙与"始"相联系，蛙为人祖，即图腾，由蛙而人格化的"娲"便成为人类的始祖母。② 如果再联系到我国南方民族普遍盛传的洪水神话及女娲造人神话，我们就更有理由推断出：女娲造人即蛙生人的观点，南方蛙图腾信仰习俗的存在也就言之有据了。

越人是古代民族之一，但由于与汉民族文化交流自战国之初始，就已十分频繁，其原先的蛙图腾崇拜文化也会在民族文化的交往、融合中逐渐褪掉了其原始的外衣，而演变为一种蛙神崇拜了。从现存的古代典籍上，虽然有关蛙崇拜的文献浩繁，但真正能称得上图腾崇拜的资料却相当稀少。《韩非子·内储说上》中例有如下的记载："越王勾践见怒蛙而式之。御者曰：'何为式？'王曰：'蛙有气如此，可无为式乎？'士人闻之曰：'蛙有气，王犹为式；况士人之有勇者乎？'是岁，人有自颈死以其头献

---

① 刘锡诚：《中国原始艺术》，上海文艺出版社1998年版，第141页。
② 潜明兹：《中国神话学》，宁夏人民出版社1994年版，第288页。

者。"《伊文子·大道上》《吴越春秋·勾践伐吴外传》《越绝书》等典籍亦有相似的记载,此所言勾践见怒蛙而生敬佩之心,行"式"礼之事,表面看来,只是勾践的一种权术、一种激将法,但我们从中也可以看到在战国之际,越人对蛙的某种奇特而原始的敬意,这种敬意很有可能根源于原始的越人蛙图腾崇拜。最能表现将蛙作为图腾崇拜的文献记载莫过于元代的两则民间传说:

> 元时彭庭坚任崇安县令,"尝有蛤蟆至县厅,向庭坚鸣。视之,遣人随以出,果得一尸。盖其妻有外私而害之也,遂正其罪"①。

> 福建民黄罕之夫被人害死,黄罕"回家梦有蛤蟆跳在身旁,想那日水中之蛤蟆真个是夫魂也未可定,遂去各处石缝中寻讨。寻出有一个癞蛤蟆,拿进房中,放于桌上。谓之曰:'你是我夫危而亨,可跳三跳。'那蛤蟆跳三下,黄罕遂大哭不止。以美味嗣之,夜来亦跳上床,随身不离"②。

这两则民间传说都表现了这样一种明确的含义,即人的灵魂可以化为青蛙。人与蛙的互化观念与前述的人虎互化的观念是一致的,它们都是古老图腾意识的朦胧呈现。在原始人类看来,图腾物是人的祖先,是它繁衍了本族成员。既然图腾与人之间有着十分紧密的血缘关系,那么在他们的原始思维中,这种紧密的血缘联系也是可以在他们的大脑中形成一种异形同质或异形同构的思维方式,而在这样的思维方式的运作中,异形同质或异形同构的两种事物是完全可以相互转化的。也就是说,人的灵魂可以以原始图腾物的形式来呈现,而原始图腾物也可以以人的形式来呈现,于是青蛙可以转化为人,人之灵魂亦可以转化为青蛙。

除了上述"人蛙互化"的远古图腾外,越族部分地区在清代时尚保留着不准吃青蛙这样一种远古图腾禁忌习俗:

---

① 杨焕英编:《清流县文史资料·民间传说》,1984 年第二辑。
② 徐晓望:《福建民间信仰源流》,福建教育出版社 1993 年版,第 25 页。

龙岩州士人皆戒食蛙。七月七日为魁星诞，必买大者，祀而放之池中。……初甚不解。后读《史记·律书》有云："北至于奎。"徐广注："奎，一作畫，畫即蛙字也。"乃知因此而误，然以奎作蛙，乃假借字，而遂以畫为奎宿之神，可乎？①

这位清代文人由于不了解龙岩州人"皆戒食蛙"的习俗渊源，批评龙岩州人将神灵理解错了，其实错的是他自己。龙岩州人"皆戒食蛙"，并于七月七日买蛙、祀蛙、放蛙，并非是因为蛙是奎宿星神，更主要的是蛙乃其古越人的图腾，故不能食其肉。至于何以要于"魁星诞"日买蛙、祀蛙、放蛙，一方面可能是受汉文化影响所致；另一方面则也可能是越地民族为了掩盖自己的图腾崇拜仪式，不让外人知晓而有意为之。因为到清朝时，汉文化已成了越地民族文化的主流现象，出于担心外人嘲笑或来自官府方面的压力，他们也只能通过这种曲折隐晦的形式来表达自己内心深处对本族远古图腾神的一种崇拜礼仪了。

从古代越族至今遗存的风俗资料来看，广西壮族的祭祀习俗中所保存的蛙图腾信仰较之其他越族支系更丰富，也更贴近图腾文化的信仰习俗。据覃剑萍先生的调查，广西东兰县红水河西岸 200 余里的壮族农村，从古至今，一直保存着盛大的蛙婆节祭祀习俗。东兰壮族称青蛙为"蚂拐"，在每年的"蛙婆节"（又名"蚂拐节"）中称青蛙为"蛙婆"。婆即祖母，蛙婆即青蛙祖母，这种特殊的民间称谓已表露出远古蛙图腾崇拜意识。同时，在蛙婆节祭祀活动中，首先要"请蛙"，即寻找青蛙，时间一般是每年的正月初一日，这一天第一个寻找到青蛙的青年被称为"蛙郎""蛙父"，并被推为祭祀蛙婆的首领，"具有与蛙神婚配的姿（资）格"②。也就是说，这位第一个寻找到青蛙的青年，从其找到青蛙的那一时刻起，至蛙婆节结束期间，他在人们的心目中，已经步入了祖先神灵的领域，成为青蛙图腾的附身或化身，从而便完成了人与图腾的互化的仪式过程。

当人们请回蛙婆后，由巫师将青蛙夹于带叶的桃枝杈间，用竹鞭打

---

① 徐晓望：《福建民间信仰源流》，福建教育出版社 1993 年版，第 26 页。
② 潜明兹：《中国神话学》，宁夏人民出版社 1994 年版，第 295 页。

死，一边还要念祝词："正月蛙婆节，蛙性交自灭，不是人害死，你可问桃叶。"长江乡的祝词是："今早我下河，见到古怪多，蚂拐咬蚂拐，蛙血流成河，我收起死尸，供它为蛙婆。"[①] 笔者认为，壮族百姓先盛情地请回蛙婆，后又处死蛙婆，打死蛙婆后，却又怕蛙灵的惩罚。这种十分矛盾而复杂的心理现象，所蕴含的内涵是十分复杂的。他们打死蛙婆，并非简单的担心青蛙可能会逃走，使祭祀难以继续下去，而是表明他们所祭祀的对象并不是自然生物界中的一只普通的青蛙，乃是祭祀青蛙图腾物，或者说是青蛙的神灵。处死青蛙，可以使蛙的灵魂与人的祭祀更好的融洽、和谐，使祭祀更好地发挥作用，至于打死青蛙后所念的祝词内容，则主要是担心图腾物的发怒并能避免图腾物之灵降灾于个人。类似现象在世界各地都较为普遍，它是较为典型的图腾崇拜意识的反映。

接下来的蛙婆节的祭礼仪式是"唱蛙婆""孝蛙婆""祭蛙婆""葬蛙婆"，这种蛙婆节活动一般为期20多天，场面盛大，只是其后的仪式基本上已由蛙图腾崇拜演化为蛙神崇拜和群众性的歌舞娱乐活动，如在"唱蛙婆"的仪式中，由"蛙郎"率领全村小孩去游村串户，给各家各户以祝福。每到人家门前，孩子们就齐唱《蛙婆祝贺歌》："咯—呀！蛙婆来祝贺，你家喜事多。云在屋上转，雨在你田落。一禾生九穗，一穗七百颗。种棉变银花，种树结甜果。养鸡变金凤，养牛生龙角。病灾风吹散，全家享安乐。姑娘美如花，老人高寿多。"[②] 各家户主听了蛙婆的祝贺，皆喜笑颜开，纷纷拿出好吃的东西分赠孩童，以示同喜同乐。

壮族除保存了祭祀蛙婆的信仰习俗外，在其著名的铜鼓文化中，也普遍存在着蛙图腾信仰。铜鼓上多蛙纹装饰，有的铜鼓正中还塑有蛙的塑像，如果再联系左江岩画中的蛙形象来看，他们在旧时对蛙图腾的崇拜是十分流行的。另外，据覃剑萍先生言，广西东兰壮族严禁捕捉青蛙，更不许伤害青蛙。偶尔有人抓了青蛙，也会被旁人勒令放走或出高价买回，再放回田里。壮家还有这样的古语："手不抓蚂拐，不怕雷公劈。"这种禁止伤害青蛙的习俗，也是蛙图腾崇拜之遗风。

---

① 吕大吉等主编：《中国各民族原始宗教资料集成·壮族卷》，中国社会科学出版社1998年版，第541页。

② 魏庆征主编：《中国各民族宗教与神话大词典》，学苑出版社1993年版，第775页。

南方民族的动物图腾远不止上述寥寥数种，而是十分庞大的图腾群团，仅怒族就有虎、熊、麂子、蛇、蜂、猴、鼠、鸟、狗、野牛等图腾崇拜；纳西族则有虎、豹、猴、蛇、母羊、猫头鹰、猪等图腾崇拜；彝族就更多了，有虎、獐子、绵羊、崖羊、水牛、绿斑鸠、黑斑鸠、白鸡、蛤蟆、黑甲虫、蜂、鸟、鼠、猴、黄牛、凤、蛇、龙、狼、熊、蚂蚱、鸡、犬、鹰、孔雀、雁鹅、石蚌、狗、毛辣虫、鸭等。[1] 面对如此复杂而庞大南方民族的图腾群团，笔者的相关研究仅仅只是沧海一粟，由于个人的精力有限，只有留待广大同行们努力探索。

第二节　植物图腾

在南方民族的信仰习俗中，仍然保留着一定数量的植物图腾崇拜遗迹，但相对于动物图腾而言，在数量和崇拜规模上，崇拜植物图腾的部落远不及崇拜动物图腾的那样多。据马学良先生统计，武定县彝族有两个图腾为植物图腾。[2] 陶云逵先生认为新平鲁魁山各寨和元江三马头及大明庵各宗族中，有五个宗族分别以交瓜、细芽菜、榕树、香苕菜、芭蕉果为图腾；[3] 克木人有两种植物图腾：象蕨和细白花树。[4] 傈僳族有竹、荞、柚木、麻、菌、菜六种图腾。[5] 据何星亮先生的统计，南方民族的植物图腾有：彝族的交瓜、细芽菜、香苕草、榕树、芭蕉果、梨、草、松、柏、竹等；傈僳族与前人统计同；普米族有草；阿昌族、仡佬族、德昂族、布朗族都有葫芦图腾，布依族有竹图腾，布朗族有树图腾，德昂族有茶叶图腾，苗族有枫木图腾等。[6] 面对这样多的植物图腾，因其篇幅所限，这里我们只能探讨一些具有普遍代表性的植物图腾，譬如葫芦、竹、枫树等。

---

① 何星亮：《图腾文化与人类诸文化的起源》，中国文联出版公司 1991 年版，第 150—151 页。
② 马学良：《从彝族氏族名称中所见的图腾制度》，《边政公论》1947 年第 6 卷第 4 期。
③ 陶云逵：《大寨黑彝之宗族与图腾制》，《边疆人文》1943 年第 1 卷第 1 期。
④ 高立士：《克木人的图腾崇拜与氏族外婚制》，《思想战线》1986 年第 2 期。
⑤ 杨毓才、杨光民：《傈僳族的氏族图腾崇拜》，《民族文化》1981 年第 3 期。
⑥ 伺星亮：《图腾文化与人类诸文化的起源》，中国文联出版公司 1991 年版，第 150—153 页。

一 葫芦文化

在南方民族的创世神话中，葫芦起了很大的作用，尤其是关于人类起源的神话，大多数南方民族都有涉及葫芦生人的传说。闻一多先生对此早有论述，认为葫芦是造人的重要素材，共有六种造人的形式："一、男女从葫芦中出；二、男女坐瓜花中，结实后，二人包在瓜中；三、造就人种，放在鼓内；四、瓜子变男，瓜瓤变女；五、切瓜成片，瓜片变人；六、播种瓜子，瓜子变人。"①

不过，宋兆麟先生却认为，南方民族的葫芦崇拜不属于图腾崇拜范畴，因为"所谓图腾是有特定含义的，有若干特点，如有关于女始祖与图腾之间的感生神话，相信图腾与本氏族有一定血缘，把图腾作为本氏族的标志和徽号，对图腾有一定的祭祀和禁忌，等等；如果联系到前面所谈的一些葫芦传说，不难看出，尽管其中也有葫芦生人，葫芦变人的传说，但缺乏图腾感生神话的特点，没有葫芦与女始祖的姻缘关系，而所有生育传说中的葫芦都是女性，这显然与图腾性质相矛盾"②。宋先生的这一置疑，显示了一种研究者的睿智和洞见，但笔者也想大胆地说一句，睿智与洞见是每个真正的学者必备的研究条件，然而仍需要在研究过程中，对具体问题作具体的分析，不能太拘泥于前人所定下的条条框框。当某种文化事象与前人所定的框框不相吻合时，如同古代削足适履一样，我们既不能以刀削足，也不应盲目改履，而应冷静地想一想，到底是"履"不适于足，还是"足"本身是畸形？只有经过认真反复的思考权衡以后，再依据人们的社会习俗的具体事象，做出实事求是的选择。

葫芦崇拜是否构成图腾崇拜的问题，宋先生的质疑集中在这样一个焦点上："缺乏图腾感生神话的特点，没有葫芦与女始祖的姻缘关系，而所有的生育传说中的葫芦都是女性。"其实对这一置疑的回答，宋先生自己已经找到，即"所有的生育传说中的葫芦都是女性"。正因为葫芦是女性的象征，因此这种葫芦图腾自然就难以与人类女始祖发生姻缘关系，也自然谈不上与人类女始祖去"感生"了。在这里，我们认为，原始人类的图

---

① 《闻一多全集》第 1 卷，生活·读书·新知三联书店 1948 年版，第 6、57 页。
② 宋兆麟：《洪水神话与葫芦崇拜》，《民族文学研究》1988 年第 3 期。

腾物自古以来大多数并没有什么雄雌之分，为什么我们硬要做出一种硬性的规定，非雄性图腾物不得作为图腾去加以信仰呢？由此看来，并非是南方民族葫芦图腾之"足"长成畸形，而是宋先生所持之"履"的样式号码不对。

至于说到南方民族对葫芦没有作为"本氏族的标志与徽号，也无一定的图腾禁忌"的质疑，笔者认为葫芦图腾作为某一氏族的氏族图腾的现象的确不太普遍，更多的是作为较大的原始部族群落的图腾，故而才有前述的阿昌族、布朗族、仡佬族、彝族、德昂族等南方民族都信崇葫芦为其始祖这样的远古图腾崇拜的历史事实。不过，有关葫芦图腾的禁忌确实尚未发现，但未被发现并不等于没有存在过，这一问题还得等到以后方能证实。总之，笔者认为葫芦崇拜应该而且事实上也是南方民族中的一种图腾崇拜现实，其主要原因就是：在南方一些民族的信仰文化中，葫芦往往是作为人类的保护者，甚至被人们视之为"母亲"或祖先。

其实，关于葫芦的感生神话也并不是不存在，晋人常璩在《华阳国志·南中志》中就有记载：

> 永昌郡，古哀牢国。哀牢，山名也，其先，有一妇人名曰沙壶，依哀牢山下居，以捕鱼自给。忽于水中触一沉木，遂感而有娠。度十月产子男十人。后，沉木化为龙，出谓沙壶曰："君为我生子，今在乎？"而九子惊走，惟一小子不能去，陪龙坐；龙就而舐之。沙壶与言语，以龙与陪坐，因名曰"元隆"，犹汉言"陪坐"也。沙壶将元隆居龙山下。元隆长大，才武。后，九兄曰："元隆能与龙言，而黠有智，天所贵也。"共推以为王……①

这一神话与《后汉书·西南夷传·哀牢夷》所记的九隆神话大同小异，但《后汉书》中其母名为"沙壹"，以后陈陈相因，直到唐人樊绰在其《蛮书》中才恢复过来。"沙壶"与"沙壹"虽一字之差，但其含义则完全不同。刘尧汉先生认为，当以野史为准，在他看来，《华阳国志》是"近闻录"，《蛮书》是"见闻录"，所记当更接近于事实，由此，刘尧汉

---

① （晋）常璩：《华阳国志·南中志》卷4，巴蜀书社1984年版，第424页。

先生便认为"沙壶"的原型乃是"成熟的葫芦"。① 既然"沙壶"是葫芦，而又与龙在水中相触，怀有身孕，产十子，繁衍了哀牢夷，那么这则神话当视为典型的图腾感生神话。

南方民族中的葫芦图腾崇拜可推自 7000 年前的新石器时代。据考古学家们在浙江余姚县河姆渡村的发掘，其中就发现距今 7000 年前的母系氏族遗址中确实有葫芦，② 而且我国南方的葫芦长得很大，据唐人樊绰《蛮书》卷 2 中的记载，云南滇西一带出产的葫芦："瓠长丈余，皆三尺围。"属于巨型葫芦。此外在云南、广西、贵州、四川等我国西南各民族所分布的地区所发掘的青铜器及铜鼓上，都见有葫芦及葫芦笙的图像。王孝廉先生认为，这些考古发现和文献记载"说明了我国西南各民族，自远古的时代就在宗教信仰及现实生活上与葫芦有密切的关系"③。

据陆耀华先生的考古报告，在浙江嘉兴大坟遗址中，还出土过作为祭祀用的人像葫芦陶瓶，瓶呈三节葫芦形，上小下大，顶部塑一人头像，人头像的造型为小头长颈，脑后有一竖向小孔，可能用以插戴冠帽。耳上有小穿孔，可能为佩戴耳环用。后脑有外凸微上翘的发髻，从塑像造型看，可能为一象征母性的陶偶。④ 这种陶偶将人与葫芦融合为一，不仅仅是为了造型奇特，而且也是一种图腾意识的表达。在这尊陶偶中，人变化成了葫芦，葫芦也变化成了人，或者说，人就是葫芦，葫芦就是人。人与葫芦的同形同构，意味着人与葫芦在原始宗教意义上具有血缘—图腾关系。

人与葫芦的血缘关系更多地表现在南方民族的一些创世神话中，在众多的这类神话中，人们相信，人是从葫芦中"走"出来的。在云南傣族神话中，远古时候，洪水泛滥，从洪水中漂来一个大葫芦，后来从葫芦中走出了八位男子，一位仙女让其中的四个男子变成了女人，他们结为夫妻，繁衍了后代。佤族神话说洪水时代，水中漂来一个大葫芦，后来是黄牛将葫芦舔开，葫芦籽流入海中，化成一座高山，叫西岗（即葫芦），不久，"西岗"又结了一个大葫芦，一只小米雀将其啄开，从葫芦里走出了不少

---

① 刘尧汉：《彝族社会历史调查研究文集》，民族出版社 1980 年版，第 221、229 页。

② 李子贤：《傣族葫芦神话溯源》，《光明日报》1978 年 5 月 19 日第三版。

③ 王孝廉：《西南民族创世神话研究》，载马昌仪编《中国神话学论文选集》（下册），中国广播电视出版社 1992 年版。

④ 陆耀华：《浙江嘉兴大坟遗址的清理》，《文物》1991 年第 7 期。

的人。在拉祜族神话中，远古时候没有人，河边青藤上结了一个大葫芦，后被老鼠咬破葫芦，从中走出两兄妹，就是拉祜族的祖先。德昂族神话中人也是从葫芦中走出来的，但走出的人不分男女，后经仙人帮助，才分男女，后繁衍出德昂族。楚雄彝族神话则是：洪水时代，兄妹成婚，生了一个葫芦，后来天神用金钥匙打开葫芦，从中走出许多人，就是我国各民族的祖先。而傈僳族神话中的洪水退下去后，兄妹为婚，种了一个大南瓜，不久听到瓜内有孩子在哭，打开南瓜，从瓜中走出不少小孩，有男有女，他们就是傈僳族的祖先。基诺族、阿昌族、布朗族也有类似的创世神话。

还有一类神话，则是说葫芦变成了人。在云南剑川白族神话中，古时候没有人烟，后来在剑川东西山上各长一株瓜，并各结了一个大瓜。瓜成熟后自行脱落，从山上滚到坝子里，却变成一男一女，他们后来结为夫妻，繁衍了白族人。而碧江怒族的神话说："欧萨"造了地以后，没有造人，只是把种子种到地里，后来长出一株南瓜，这个南瓜变成了人，他就是怒族始祖"牟英亚"。类似的神话在南方民族中流传甚广，因地区不同而出现许多异文，致使这类葫芦（瓜）生人或葫芦（瓜）变人的神话数量繁多，形成了母题相近的葫芦图腾神话群落。南方民族的葫芦图腾神话群表达了一个统一的神话观念，就是葫芦或瓜与人类具有异质同构的图腾关系，瓜或葫芦不仅可以生出人类，而且也可以变成人类，这一神话也影响到他们的生育观念和生育习俗，其中最为普遍的一种生育习俗就是八月十五日夜的"偷瓜送子"习俗：

> 八月"中秋"，是夕陈月饼、枣、梨及新摘向日葵子于阶以献。是夕……艰于子嗣之家，好事者阴察他人园中长形南瓜而密取之，钻一孔，出瓜瓤少许，灌水瓜中，以竹筒塞瓜孔，筒之他端另物塞之，使童子负之，伴以锣鼓，送置艰嗣者榻上，覆之以被，去筒端之塞，水流出泻榻上，而谓艰嗣者已有子，且小遗也。于是主人出酒食享亲友。谓之"送瓜"云。

> 八月十五日"中秋"，制月饼相馈遗。夜分，妇女陈瓜果，祀月于中庭，好事者潜摘园瓜，以鼓乐奉遗亲友，谓之"送瓜"，为诞子兆。

> ——四川嘉庆《华阳县志·风俗》

八月"中秋",团饧为饼,曰"月饼",……于瓜田探瓜,曰"摸秋",送至祈子之家,置卧榻上,出吉语征兆,盖取绵绵瓜瓞之义也。

——湖北光绪《咸宁县志·风俗》

八月十五日为"中秋节",作月饼相饷。……楚俗以中秋送瓜,祝人有事,永州尤盛。人有艰嗣者,戚友取南瓜,以一父母俱存,兄弟众盛之稚子着衣冠乘马捧瓜,后以一人持枣树枝挂香数百炷,鼓吹送至其家。

——湖南道光《永州府志·风俗》

上述川、黔、鄂、湘民间中秋之夜偷瓜送子之俗,是南方民族葫芦图腾的一种遗风,这种习俗建立在瓜或葫芦即人,送瓜即送人、送子嗣这样一种原始的图腾观念基础之上。如果仅将这种习俗视为生殖崇拜习俗,就难以解释清楚了,因为仅仅是生殖崇拜意识的反映的话,送鱼或送蛙,其表意将更为强烈,祝福亦更为深沉,但民间却普遍以送瓜为送子,而不以送鱼或蛙来表现,这至少说明"送瓜"之俗不仅仅只是表现生殖崇拜之意(当然其间确实也包含着这样一层意思在),而是还隐含着更为深层的内涵,即图腾崇拜的文化基因。

20世纪60年代中期,何耀华先生在云南的调查发现了彝族不仅有葫芦图腾祭祀习俗,而且亦有将葫芦作为氏族图腾标志或徽号的信仰习俗,摘录如下:

1966年2—3月间,我随云大历史系师生赴云南红河县进行民族调查,途经建水时,见一彝老胸前挂一皮面光亮的葫芦,问之何由?答曰:"这是我们彝族的祖公。"我不解其意,追问之,他说:"彝族是从葫芦中生出来的。"后来才知道这是彝族图腾崇拜的一种,在云南不少彝区都存在,哀牢山区的彝族有供奉"祖灵葫芦"的习俗。"凡供奉祖灵葫芦的家庭,其正壁(土壁或竹笆壁)的壁龛或供板(或供桌)上,通常供着一两个葫芦,一个葫芦代表一个祖先(父母、祖父母),到第三代(曾祖父母)祖灵葫芦,就请巫师来举行送祖灵大典，把它烧掉。……在'罗罗'彝语中，葫芦和祖先这两个词儿完全等同，都叫作'阿普'，即葫芦就是祖先。"当地彝族有"人畜清吉求葫芦，五谷丰收祈上主"的谚语。这反映了他们平时虔诚地崇拜葫芦的心愿。在这个山区南华县属的摩哈苴彝村，解放前有鲁、李、罗、何、张、杞六个汉姓的彝族，按照他们制作祖先灵位的质料分成不同的宗。如鲁姓分为竹根和棠梨树两宗，分别叫"竹根鲁"、"棠梨鲁"。李姓分为青松、棠梨树、葫芦三宗，分别叫"青松李"、"棠梨李"、"葫芦李"（见刘尧汉《彝族社会历史调查研究文集》，第225页）。这种称谓，当为古代图腾制度的遗风。由于以青松、棠梨树、葫芦为图腾，故他们的民族即以其作为标志和名称，改用汉姓以后，这种原始的图腾名称仍以汉姓其用。[1]

需要说明的是，彝族将葫芦作为祖灵加以崇拜，当是彝族葫芦图腾崇拜的一种演化形式。因为图腾崇拜文化中本身就有图腾部族成员视图腾物为始祖，并与图腾物有着血缘关系的情形。随着历史的演进，葫芦图腾演化成葫芦祖灵本是十分自然的事。类似这样的演化在南方民族中也非少见，如湘西土家族称蛇为祖先神，广西壮族称蛙为蛙婆，瑶族、畲族称盘瓠为祖先，等等。美国人类学家 H. 斯宾塞就曾说，图腾崇拜是祖先崇拜的第一个阶段。[2] 苏联人类学家托尔斯托夫也认为，人的祖先崇拜是由图腾祖先崇拜发展、过渡而来的，并指出："人类祖先崇拜的形成过程，是作为图腾崇拜晚期的图腾人格化的过程。"[3] 既然祖先崇拜是由图腾祖先崇拜演化而来，那么何耀华先生调查中所发现的彝族葫芦祖灵崇拜也应当是葫芦图腾崇拜这一古老信仰习俗之遗风。

综上所述，南方民族的历史上确实存在着葫芦图腾崇拜文化。在他们的创世神话中有葫芦感生神话，认为是龙或木与葫芦（沙壶）相感而生人，其远古遗物中有"人像葫芦瓶"，暗示着葫芦与人的血缘关系是十分亲密的，在其习俗中至今仍保存着"偷瓜送子"这一远古图腾意识，而且

---

[1] 何耀华：《中国西南历史民族学论集》，云南人民出版社1988年版，第436页。

[2] 何星亮：《中国图腾文化》，中国社会科学出版社1992年版，第64页。

[3] ［苏］托尔斯托夫：《土库其人的图腾文化残余和两合组织》，《前资本主义社会历史诸问题》1935年第9—10期，第26页。

他们还有以葫芦为族徽，以作为区别于他族的标识物；彝族人还有"送祖灵"之类的葫芦祭祀仪式。由此，我们可以说，中国南方民族确实普遍存在着葫芦图腾崇拜这一远古文化意识。只是相对来说，由于文明的进步，这一远古崇拜之风渐趋于模糊和淡化，譬如说我们至今尚未发现南方民族中有关葫芦图腾方面的禁忌文化就是一例。

至于说到南方民族图腾崇拜文化的形成，除了在本章前所陈述的理由之外，还有以下几个重要的原因，这就是：（1）葫芦的形象与人十分近似，尤其是与怀孕的女性形象相似；（2）葫芦多籽；（3）葫芦的生命力很强，无论什么土壤，它都能生长。葫芦与人在形象上的近似，在今天已不能使人们感到惊奇了，但对于原始的南方先民而言，这种"形似"很容易使他们产生一种十分强烈的心灵震撼。很可能在他们看来，这种像人的葫芦就是人的化身。加之葫芦多籽，生命力强，也就意味着其繁殖、生存力非同一般，从而很容易使人产生一种新近感、崇敬感。在这样一种特殊的心理基础上，奉葫芦为祖先、为始祖、为图腾，以获得葫芦图腾的某些特异的能力，如旺盛的生殖能力和顽强的生存能力等，当是一种自然而然的事了。

二 竹王系统

竹图腾文化也是南方民族中比较普遍的图腾文化之一。南方山岭多竹，而且往往连山连岭都是竹林。竹与南方民族的生活息息相关，竹可以用来做燃料，供人们生火饮食；竹筒可作为锅，烧烤出香味扑鼻的"竹筒饭"；燃竹可以照明，破竹可以为竹刀、竹签、竹弓、竹箭，用来捕杀野兽；将竹竿削尖，它又是锐利的武器。竹还可用来编制各种家用器具，背笼、凉席、竹床、椅、桌、凳、篮、竹碗、竹筷、筛子、簸箕、撮箕；竹亦是建筑材料，可建造竹楼；竹缆可以作为纤绳，可作吊桥；竹筏可以助人渡过河流溪涧……可以说，南方一些地区人民的日常生活无不与竹发生着联系。更重要的是，竹的生命力特别旺盛，不怕刀砍火烧，"野火烧不尽，春风吹又生"。而且春风起时，它总是成千上万的从地中冒出来，又长成一片青青竹林！面对这砍不"死"、烧不尽的竹子，面对竹的无穷无尽的生命力，原始人类除了惊叹之外，剩下的就只有羡慕了。而这种惊叹与羡慕的情感，在当时的历史条件下，很容易转化为对竹的一种宗教情感，从而绵延成远古的图腾崇拜。

从现有的文献史料记载来看，南方民族的竹图腾崇拜主要出现在古代夜郎国。东晋常璩的《华阳国志》对其有较为详细的记载：

> 有竹王者，兴于遁水，有一女子浣于水滨，有三节大竹流入女子足间，推之不肯去，闻有儿声，取持归，破之，得一男儿。长养，有才武，遂雄夷濮。氏以竹为姓。捐所破竹于野，成竹林，今竹王祠竹林是也。王与从人尝止大石上，命作羹，从者曰："无水。"王以剑击石，水出，今竹王水是也，破石存焉。……后西南夷数反，……武帝转拜唐蒙为都尉，开牂柯，以重币喻告诸种侯王，侯王服从。因斩竹王，置牂柯郡，以吴霸为太守。及置越西、朱提、益州，合四郡，后夷濮阻城，咸怨诉竹王非血气所生，求立后嗣。霸表封其三子列侯。死，配食父祠，今竹王三郎神是也。①

类似记载见于《后汉书·南蛮西南夷列传》《水经注》《异苑》等典籍，这类文献记载大多都具有图腾性质的诸种特征：（1）竹能生人；（2）人以竹为姓（图腾标志）；（3）竹都与女人相触（意味着人与竹的交合、姻缘）；（4）竹王（竹图腾的人格化）受到本氏族的祭祀。这表明古代夜郎族人将竹视为本族的图腾，并加以祭祀和崇拜。

另一类文献记载却认为竹中可生人，但生的人比较小。如《太平御览》卷963引《异苑》："建安有篡笪竹，节中有人，长尺许，头足皆具。"湘西土家族民间传说《覃垕王》中亦言竹节中生人的事，大意是覃垕准备造反，有老者告诉他须苦练三年六个月武功，结果练功三年后，其嫂子欺骗他，说练功期已满，覃垕便取弓箭向东方射去，此时后山上所有的竹节中都蹦出一位身骑骏马的武士，见风即长，呼啦啦成千成万，惜乎火候未到，竹中的兵士们纷纷倒地死去，而覃垕亦被官府捕捉，造反归于失败。尽管这类记载和传说不属于图腾的范畴，但也说明竹生人的图腾观念在南方民族的历史中有过十分广泛的影响。

据笔者掌握的资料来看，现今仍保留着竹图腾崇拜的南方民族主要有彝

---

① （晋）常璩：《华阳图志·南中志》卷4。

族、傈僳族、布依族和瑶族，其中尤以彝族的竹图腾崇拜最为突出。彝族中一部分氏族至今仍然相信自己的祖先是从竹而生，如滇桂交界地的彝族神话：太古时候，汉水有一节楠竹筒流到岸边爆裂了。从竹筒里出来一个人，生来会说话，后与女猕子婚配，繁衍了彝族。① 黔西北彝族的神话与此大同小异："古时有个在山上耕牧之人，于岩脚边避雨，见几筒竹子从山洪中漂来，取一筒划开，内有五个孩儿，他如数收养为子。五人长大之后，一个务农，子孙繁衍成为白彝；一人铸铁制铧口，子孙发展成为红彝；一个编竹器，子孙发展成为后来的青彝。因竹子从水中取出时是青色，故名曰青彝。"② 广西那坡彝族也有类似的神话：远古时，有一株金竹突出爆开，飞出一对有手脚有眼睛的人来。后来，这一对人生下四兄弟，其中之一便是彝族的祖先。③ 傈僳族亦有类似的神话，认为自己的祖先是从竹筒中出来的，号称"竹王"。④ 瑶族也认为自己是"竹王三郎"的后裔。

彝族人不仅相信自己的祖先是从竹中生长出来的，还相信人死以后，灵魂会化成竹，这一点在其彝文经典中亦有记载：

> 古昔，牛失牛群寻，马失马群寻，人失竹丛寻。古昔世间未设灵，山竹节蔬朗，生长大菁间，菁间伴野竹；生长玄崖间，玄崖伴藤萝。未设灵牛食，未设灵马食，未设灵禽栖，今日设灵祖得依，设灵妣得依，设灵获子媳，保佑诸子裔。古时木阿鹿桌海，天鹅孵幼雏，鹊雁生幼子；散至松梢间，松梢请灵魂，孵入竹壳中。麻勒巫戛，狗变狼口黑，猪变牛胡长，牛变鹿尾散，鸡变野鸡美，彼变非其类，祖变类亦变，祖变为山竹，妣变为山竹。⑤

此段经文言祖先灵魂在竹中"孵"化成人，由竹生出，故而，人死以后，祖先的灵魂将再次化变为竹。在这里，人与竹的关系在时间的洪流中形成了一种无限的生存循环，人出于竹，死后又归于竹或化为竹，或者也

---

① 雷金流：《云南澄江倮倮的祖先崇拜》，《边政公论》第 3 卷第 9 期。
② 何耀华：《中国西南历史民族学论集》，云南人民出版社 1988 年版，第 439—440 页。
③ 《广西彝族、仡佬族社会历史调查》，广西民族出版社 1987 年版，第 61 页。
④ 魏庆征主编：《中国各民族宗教与神话大词典》，学苑出版社 1993 年版，第 387、653 页。
⑤ 马学良：《宣威倮族白夷的丧葬制度》，《西南边疆》1942 年 12 月第 16 期。

可以这样来看，竹生为人，最后又"还原"为竹，人与竹之间事实上形成了一种异形同质的结构关系，也就是我们所说的图腾血缘关系。

彝族的竹图腾崇拜也渗透于他们的生育和丧葬习俗中。竹图腾氏族的彝族如云南澄江的彝族妇女，若长期婚后不孕，就会"到徐家渡竹山上向'种神'（一丛金竹）去求子，求子的妇人向'种神'礼拜祷祝后，即'在庙里面睡宿'①。在她们看来，金竹是"种神"，专司本图腾成员的子嗣，而且子嗣的有无、多寡、男女均由"种神"在冥冥之中安排。如果向"种神"祈祷，"种神"就会赐子嗣于求子者，彝族这种以竹为生殖之"种神"，请竹赐儿的生育习俗，也是人与竹图腾血缘关系在生育方面的一种表现。

在广西隆林，那坡及毗邻的云南富宁等县的彝族，当妇女快要分娩之际，她的丈夫或兄弟就砍一根长约二尺的楠竹筒，孩子生下后，把胎衣胎血放一些进筒里去，然后塞以芭蕉叶子，拿到"种场"吊在楠竹枝上，以显示他们是楠竹的血裔。②云南澄江松子园的彝族以"金竹"为祖神，并称之为"金竹爷爷"。他们的家人死后，以金竹代表灵位。据何耀华先生调查，川、滇、黔、桂彝族都有供祭"竹"灵牌的习俗。③

中华民国时期《宣威县志》记载黑彝之丧葬风俗："黑夷：死则覆以裙毡，罩以锦锻，不用棺木，缝大布帐，用五色帛裁为云物，谓之'远天锦'。生前所用衣物悉展挂于旁。……事毕，焚帐及附帐各物，打猪、牛、羊以祭。三五日举而焚之于山。……捡骨于器，藉以竹叶草根。用必磨裹以锦，缠以彩绒，置竹筒中，插箦篮内，供于屋角深处。"④将遗骨与竹叶同置，并盛于竹筒，插于竹篮内，表示人死之后，魂归于竹，这是彝家竹图腾崇拜的核心内涵。

以竹为图腾的彝族还保留着隆重的竹图腾祭祀习俗。广西隆林、那坡及云南富宁等县彝族村中都会有一块空地，空地的中央种一丛楠竹，竹四周围有五尺左右高的石墙和高约丈余的竹栅栏，平时严禁砍伐和毁坏这丛楠竹。村人每年于农历四月二十日要举行祭竹大典。届时，人们除去竹栅

①　雷金流：《云南澄江倮倮的祖先崇拜》，《边政公论》第 3 卷第 9 期。
②　雷金流：《滇桂之交白罗罗一瞥》，《旅行杂志》第 18 卷第 6 期。
③　何耀华：《中南西南历史民族学论集》，云南人民出版社 1988 年版，第 438 页。
④　《中国地方志民俗资料汇编》（西南卷下），书目文献出版社 1991 年版，第 780 页。

栏，于竹根前搭一祭台，先由祭司毕摩作法诵经，继而由领导跳舞的长老（又称跳公）率村中男女跳舞，男子出左手与女子牵持盘旋，而以右手握木矛，边跳边将其投给对面来往的男子。这样历时约三时许方止。最后将木矛插于楠竹脚下，再用新竹枝重做栅栏。祭者相信这丛楠竹的荣枯象征族人的兴衰，为谋族人兴旺，而时时对它诚敬顶礼，并以上述隆重的祭礼向它乞灵。否则，族人必遭厄运，以至衰退灭绝。① 竹荣人旺，竹衰人绝。竹的荣衰就成了族人命运的象征，或者说竹即是人，人即为竹，正是在这样的古老图腾观念中，这里的彝族百姓才隆重地祭祀这丛非同寻常的楠竹。

另外，彝族地区也有一些关于竹图腾方面的禁忌习俗。譬如严禁砍伐村中央所种的那丛楠竹，也不准有任何伤害它的现象发生。旧时，彝人刻木为契，但绝不能刻竹为契，因为竹是不允许用刀刻的。

三 枫木崇拜

以枫木为图腾，仅见于我国苗族地区，这里我们将其作为南方民族图腾崇拜中的一个较具特殊性的个案作一番分析。最早关于枫木的记载是《山海经·大荒南经》："有宋山者，有赤蛇，名曰育蛇。有木生山上，名曰枫木。枫木，蚩尤所弃其桎梏，是为枫木。"郭璞注云："蚩尤为黄帝所得，械而杀之，已摘弃其械，化而为树也。"郭璞又注："即今枫香树。"以古人看来，枫木是约束蚩尤的桎梏所化生，与夸父逐日未果，"弃其杖，化为邓林"相似。蚩尤系古时三苗、九黎之首领，曾与黄帝大战于冀州之野，后兵败被杀。苗族视蚩尤为远祖，故亦有祭祀枫木之古俗。

但是，在苗族的口传古籍《苗族史诗》和《苗族古歌》中，却直接陈述了本族与枫木的血缘关系，视枫木为本族的图腾物。

> 远古的时候，山坡光秃秃，只有一棵树，生在天角角，洪水淹不到，野火烧不着。……枫树在天家，枝丫漫无涯，结出千样种，开出百样花。各色花相映，天边飞彩霞，千样百样种，挂满树枝丫。②

---

① 雷金流：《滇桂之交白罗罗一瞥》，《旅行杂志》第18卷第6期。
② 田兵选编：《苗族古歌》，贵州人民出版社1997年版，第5页。

砍倒了枫树，变成了千万物，锯末变盆子，木屑变蜜蜂，树心孕蝴蝶，树丫变飞蛾，树疙瘩变成猫头鹰，……树叶变燕子，变成了高飞的鹰鹞……假如是现在，爹妈生你我，生就生下了，有啥值得说？回头看当初，枫树生榜留（即妹榜妹留），有了老妈妈，才有你和我。①

苗族先民的这些古歌，表明了苗族的始祖是"榜留"（即是妹榜妹留，又称之为"蝴蝶妈妈"），而蝴蝶妈妈又是枫树生的，故枫树是其族人的图腾始祖。有关这类枫树生人的神话传说，古代文献中也有不少的记载，但大多数是从枫树中直接生出人来，不需经过"蝴蝶妈妈"这一环节的转换。如晋人嵇含《南方草木状》中曰："五岭之间多枫木，岁久则生瘤瘿。一夕遇暴雷骤雨，其树赘暗长三五尺，谓之枫人。越巫取之作术，有通神之验，取之不以法，则能化去。"②《太平广记》卷447引唐人张□《朝野金载》："江东、江西山中多有枫木人，于枫树下生，似人形，长三四尺。夜雷雨即长与树齐，见人即缩依旧。曾有人合笠于首，明日看，笠子挂在树头上。旱时欲雨，以竹束其头，楔之即雨。人取以为式盘，即神验。"这种枫树所"生"之人，仅仅只是一种枫树灵性的展示，并非苗族图腾崇拜意识中的那种"生人"，但唐人冯翊在其《桂花丛谈》中所录一事则是真正的"生人"：

王梵志，卫州黎阳人也。黎阳城东十五里有王德祖者，当隋之时，家有林檎树，生瘿大如斗，经三年，其瘿朽烂。德祖见之，乃撤其皮，遂见一孩儿抱胎而出，因收养之。至七岁能语，问曰："谁人育我？"及问姓名。德祖具有实告："因林木而生，曰'梵天'，后改为志。我家长育，可姓王也。"作诗讽人，甚有义旨，盖菩萨示化也。③

---

① 过竹：《中国苗族文化》，广西民族出版社1994年版，第101页。
② （清）俞樾：《茶香室丛抄》卷14。
③ （元）陶宗仪：《说郛》（百二十卷本）卷26。

尽管此则材料只是说"林檎"树生人，似与枫树生人无关，但我们至少可以明白，在古代南方，人们曾经有过树木生人的观念，而苗族人的枫树图腾观念与此定有一定的联系。事实上，在苗族古歌中，也并未直言本族系枫树所生，而是妹榜妹留（蝴蝶妈妈）所传，"还有枫树干，还有枫树心，树干生妹榜，树心生妹留，这个妹榜留，古时老妈妈"。"枫树生榜留，有了老妈妈，才有你和我，应该歌唱她。"① 根据苗族口传史料可知，从枫树到苗族始祖姜央，再到苗家十二支，还存在着一个复杂的世系：

枫树——妹榜妹留（蝴蝶妈妈）、鱼子、蜜蜂、飞蛾、猫头鹰，再由蝴蝶妈妈——姜央、蛇、虎、雷、龙，再由姜央——肉团——苗姓十二支。

从这一世系宗谱来看，枫树不仅是苗族的始祖，也是其他支系（包括雷、龙、虎、蛇、猫头鹰、飞蛾、蜜蜂、鱼子）氏族的始祖，苗族仅是众多支系中的一个支系。但不管怎么说，枫树仍然是苗族远古的植物图腾，这倒是毋庸置疑的。

枫树图腾崇拜，在部分苗族地区，已深深地植根于人们的心理深层。湘西的苗族称枫木为"道密"，黔东南苗族称枫树为"道莽"。"道"为苗族音译，其意为树；"密""莽"亦为苗语音译，意为母亲；"道密""道莽"用今天的汉语来说，就是"枫树妈妈"或"枫树祖母"，这种直接以"母亲"或"祖母"的称谓来称呼枫树，本身就表明自己与枫树之间是有着图腾血缘关系的。据伍新福先生调查，在黔东南苗族语言中，"一棵枫树"一词同时还包含有"一个祖先""一根支柱"等语义内涵。换句话说，在黔东南苗语中，枫树即祖先。

据刘敬叔《异苑》载，魏晋时期仍有枫树祭祀祖先习俗："乌伤陈氏有女，著屦上大枫树颠，了无危惧。顾曰：'我应为神，今便长去，唯左苍右黄，当暂归耳！'家人悉出见之。奉手辞诀，于是飘耸轻越，极睇乃没。人不了'苍黄'之意，每春辄以苍狗，秋黄犬设祀树下

---

① 伍新福：《略论苗族的宗教信仰和崇拜》，载《苗族文化丛》，湖南大学出版社1989年版。

也。"① 这种枫树祭祀似乎是由人们对"神旨"的误解而产生，如果我们换一种角度：人们先祭祀枫树，而后人在采风之时，由于误记、误解的原因，而曲解了古祭枫树之俗，也未可知。不过，就现在苗族的祭祀习俗中，并无祭祀枫树图腾之仪式庆典，这大概是此种祭典年代太久远而失传的缘故，或亦有可能在长期的文化交流过程中，民俗在自身演变中发生了变异，以至于今日我们只能从苗家祭礼习俗中看到一些朦胧的图腾崇拜的遗迹。

在黔东南苗区隆重地祭祖活动"鼓社节"中，我们可以寻找到一些枫树图腾崇拜的成分，这一活动在湘西苗区称为椎牛祭祖。在这项祭祀活动中必备一面大木鼓，苗族人相信祖灵就栖息在这木鼓之中，而这木鼓必须用枫木凿成，如果换成其他木料，祖灵就不会栖息其中了。另外，椎牛的木棒、牵牛杆和捆牛的木桩都必须用枫木制作。在苗家人看来，始祖蝴蝶妈妈是枫木所生，故祭祖活动必须要用枫木，否则蝴蝶妈妈会不高兴的。在祭祖活动中，人们往往要对古理、古法、古规做一些修订，修订完毕后，各支族需要刻木为证，以使让大家都能共同遵守修订后的古理与古法。而所刻之木，必须是枫木，只有枫木刻证，才真正具有神的效力。平日苗族村寨均喜欢村寨前有一棵巨大的枫树，他们将枫树视为"寨神树"，认为这棵枫树是村寨的保护神，旧时每年均要定期祭祀，若村中有人生病或者家里牲畜发瘟，人们就会给枫树（寨神树）烧香、披红，向它祈祷，请它除瘟驱邪，保佑家庭人畜平安。

根据过竹先生的调查，那些以枫树为图腾的苗族地区对枫树非常尊敬，尤其是对那些古老的枫树更是敬若神明，不准砍伐，亦不准损伤枫树的枝丫。"就是古枫树枯死了，也无人敢冒犯，一些崇拜枫树的苗族地区，在一九五八年大砍森林烧炭'大炼钢铁'和一九六八年'文化大革命'邪火冲天的时候，也无人敢冒大不韪去碰一碰古枫树。"② 这种对枫树的崇敬很大部分表现的就是枫树图腾禁忌的古老观念。

枫树图腾崇拜意识同样地渗透在苗族民居建筑习俗之中。苗族以房屋的中柱为祖先安身之处，在黔东南，人们修建房屋时，总要选枫树作为房

① 引自《太平广记》卷293。
② 过竹：《中国苗族文化》，广西民族出版社1994年版，第106页。

屋的中柱。在他们看来，有枫木做的中柱，祖先也就有了自己的居处，就可以保佑子孙兴旺、全家安康。而在迁居的时候，他们必须用枫树来选择屋基宅地，即在新屋前后栽上枫木树，如果所栽的枫树成活了，则认为是吉祥之地，就定居下来；如果枫树未成活，纵使宅基地再平坦高旷，也会举家再迁。在他们的意识中，一块地如果枫树不能成活，这就是祖先给自己的一种警示，表明祖先不愿意生长在这里，也就意味着此地居留凶多吉少。据雷山县西江区开觉村的人们传说，他们的祖先原住台江巫脚山寨，有一天，两个青年上山打猎，路经开觉，见这一带长满浮萍，认为是个好地方。于是折一枝枫木树倒插于地中，请祖先指示他们能否居住。数月以后，枫树不仅活了，而且长得很茂盛，他们便迁到这里定居下来。① 类似的传说在黔东南苗族地区普遍地流行着，并形成这一地区奇丽的民居习俗。

第三节　祖先崇拜

原始时期人们在其社会生活中逐渐认识到，本部落的老人经验丰富，常常可以预示危险的到来或率领人们避开生存灾难，而且老人们的经验也直接地指导着部落成员的生存斗争实践，使之在生存竞争中获得许多益处。而当这些老人死后，在人们内心中灵魂观念的作用下，老人们昔日的功绩或事迹也将在人们的口头传播过程中得到无限制的渲染和扩大，祖先就被人们神秘化了。在这种"神秘化"的过程中，昔日经验丰富而亦普通平凡的老人的灵魂逐渐被升格为祖灵，成为祖先神，并由此引发出后代子孙们对其祖先的顶礼膜拜。而当"祖先即神灵"这种观念形成以后，祖先崇拜这种信仰文化也将随之在全人类中逐渐传承、激荡、融化开来，呈现出缤纷繁杂而又瑰丽奇异的色彩。

一　祖灵的两面性

在中国，祖先崇拜意识根深蒂固，其起源亦远超人类有文字的历史。据考古发现，人们在龙山文化的遗址中，就曾发现了象征祖先崇拜的陶且

---

①　杨正伟：《试论苗族始祖神话与图腾》，《贵州民族研究》1985 年第 1 期。

（祖）的塑像，其后的夏商周各代，祖先崇拜文化日渐繁盛，以至于成为中国信仰文化的主色调。谈到中国殷代信仰文化从自然（天神）崇拜转向祖宗崇拜的变化时，陈梦家先生就曾这样说过：

> 殷人的上帝或帝，是掌管自然天象的主宰，有一个以日月风雨为其臣工使者的帝廷。上帝之令风雨、降福祸是以天象示其恩威，而天象中风雨之调顺实为农业生产的条件。所以殷人的上帝虽也保佑战争，而其主要的实质是农业生产的神。先公先王可上宾于天，上帝对于时王可以降祸福，示诺否，但上帝与人王并无血缘关系。人王通过先公先王或其他诸神而向上帝求雨祈年，或祷告战役的胜利。①

1. 善意的保护神

在我国南方民族信仰文化中，祖先神灵不仅仅代替自己的后代子孙向自然神祈求吉祥，而且祖先神自身就能在冥冥之中影响或支配本氏族的一切事情，包括战争、狩猎、农耕种植、人口繁衍、生死疾病，等等。故而人们在重要的活动之前或者发生灾祸之际，都要祈求祖先神灵的保佑，以祈福禳灾。从这一角度来看，祖先神灵是本族的保护神、善神。

如云南怒江白族的家里虽无供祖先牌位的家堂或神龛，但在他们的心灵中仍然存在着比较原始的祖先观念。据詹承绪先生等的社会调查，这里的白族人将火塘和三脚架视为祖先灵的居住地，并认为火塘和三脚架就是管理整个家庭的家神或家鬼，尤其是三脚架的三只脚在管理家庭中有各自不同的作用：一只脚管全家人的生命，一只脚管全家人的财物，正对大门的一只脚则负责守卫家门。好的、吉祥的东西不让它们出门，坏的、凶恶的东西不让它们进来。② 由此可知，怒江白族心中的祖先神不仅是善神和家庭的保护神，而且还是决定家族生命、财产等一切事情的重要神灵。

根据黄世杰先生对广西武鸣县、马山县部分壮族社区的调查材料显示，壮族人也将祖先神视为家庭的保护神，认为它管理着家庭人口、牲

---

① 陈梦家：《殷墟卜释综述》，中华书局1988年版，第580页。
② 吕大吉等主编：《中国各民族原始宗教资料集成·白族卷》，中国社会科学出版社1996年版，第540页。

畜、各种器物及家运的兴衰和家庭的安全，并且有阻挡恶鬼上门扰人的责任和能力。① 这一点，我们也可以从壮族人祭祀祖先的祭词中看得出来："父亲和母亲，曾祖和高祖，大年三十到，请你'根新老'（壮语音译，意为过春节）。杀年猪祭你，宰公鸡祭你。茶酒白米饭，酥肉花生米，豆腐长粉条，不吉远远流，好事年年有，钱财日日进，鬼神均回避；种豆结大豆，种瓜结大瓜，经商赚大钱，鱼鸭样样齐。诚心来敬你，开怀尽享用，吃了保儿孙，无病又无痛；五谷装满仓，六畜挤满厩，今年吃不完，明年又丰产，种棉开大花。养儿女要孝，读书中状元，不求金玉富，但愿儿孙贤。保福多保佑，永过太平年。"② 云南曲靖地区壮族的这份祭祖之词，包含了一个家庭或家族的农业丰收、财产商贸、生命健康、子孙前途和子孙们道德修养的纯正等诸多方面的愿望，表明他们的祖先神灵对后代子孙的保护面也是十分宽泛的。我们甚至也可以这样说，在南方民族的原始信仰文化中，祖先神都具有美善的一面，他们往往都是以家族的保护神的姿态呈现，并时时刻刻地关心和照顾着自己的后代子孙们。

中国台湾著名人类学家李亦园先生对中国祖先神的仁慈的一面曾这样说过："在整个中国人复杂的祖宗崇拜仪式中，无疑亲子关系的表达与投射应该是最基本的，儒家思想中所强调的伦理精神最需要在这里借仪式行为来表达而得到肯定，这是中国社会有异于英国人类学家描写下的非洲土著社会之处。因此在这里亲子关系原则中的支持、疼爱、保护等种种因素都得到充分的表现，所以我们所看到祖先的形象是像日常生活中的双亲、祖父母那样的仁慈而无所不应。"③ 在李亦园先生看来，祖先神的仁慈是中国社会伦理精神在民间信仰文化中的一种直接投射，是中国人父慈子孝的家庭关系在祖先崇拜中的直接表现，这话说得不无道理。在人们的宗教观念中，死去的祖先似乎并没有真正的离开人间，他们仍然以灵魂存在的形式生活在我们周围。这种以灵魂形式存在的祖先自然也会以他们生前的面貌、个性呈现于人们的心理空间中，再加上人们对死去亲人的怀念情绪的作用，往往会使祖灵的存在形式具有了更多的想象中的优点，从而变得更

---

① 吕大吉等主编：《中国各民族原始宗教资料集成·壮族卷》，中国社会科学出版社 1996 年版，第 534 页。

② 同上书，第 537—538 页。

③ 李亦园：《人类的视野》，上海文艺出版社 1996 年版，第 216 页。

加的完善和美好。

2. 让人恐怖的祖先神

但是，在南方民族的祖先崇拜文化中，也并非像许烺光先生所认为的那样，祖先神灵全都是永远仁慈而保佑子孙、从不会对子孙做任何有害的行为。即使是祖先之灵，偶然也会降下灾祸，但也只会危害他人，而不会致祸自己的子孙，甚至有时会为自己的子孙向神灵求情。[①] 事实上，南方部分民族对祖先神的认识与此恰恰相反，祖先神灵并非只有"慈祥""善良"的一面，有时它们也常常展示自己恐怖的一面。也就是说，南方民族的祖先神多以正反两面的形象出现在人们的心灵世界或信仰世界中。

基诺族认为，当祖先神想要其后代祭献牺牲或是让后辈们的心中时常想到祖先时，他们便事先托梦给后辈，若是不满足祖先们的要求，家中人就会遭到祖先的惩罚。对此，杜玉亭先生曾做过这样的调查：

> 木拉孜（戛勒氏族，1990 年 73 岁）的父亲 1956 年去世，1957 年他在名叫"才洛"的山地劳动时，父亲的形象一再在脑子里出现。传统认为这是父亲的灵魂来到身边的象征。他晚上又梦到死去的父亲，不久，弟弟木拉者又生头痛病。按传统信仰，这是去世的父亲来向儿子要黄牛的预兆……
>
> 沙本（科卜洛氏族，1990 年 72 岁）讲述他 11 岁时经历的上房预兆是：隔壁的不勒车阿美盖新房时，……沙本的妹妹杰票在竹堆上玩时，头部被竹子夹伤，经巫师杰目米卜后说："你家去世的父亲来到了，等着来拉牛了。"[②]

海南黎族的祖先观念则属于前述的第二类，他们认为祖先是可怕的，不仅毫无保佑子孙的心情，反而只是专门作恶、危害后代，故他们对祖先鬼十分恐惧。"黎族人认为祖先鬼比其他鬼还要可怕，平时禁忌念祖先的名字，怕祖先回到人间，招致家人生病。甚至有的还认为始祖和二、三世

---

①　李亦园：《人类的视野》，上海文艺出版社 1996 年版，第 214 页。
②　吕大吉等主编：《中国各民族原始宗教资料集成·基诺族卷》，中国社会科学出版社 1996 年版，第 847—848 页。

祖先鬼是最大的恶神，严重疾病或生命处于垂危状态，都是这些祖先鬼作祟的结果。"①

　　贵州瑶族（白裤瑶）对祖先灵魂也十分害怕，他们尤其害怕自己的灵魂被祖先神灵留住不放，在其丧葬仪式中，有一种送死者灵魂的仪式，即亲属灵魂陪同亡灵去到祖先神灵居住地。当仪式结束时，鼓师要用点名的形式将亲属灵魂招回。有一次，陆老年家举行丧葬仪式，鼓师因多喝了酒，忘了召唤亲属灵魂重返人间这一仪式，"据说首当其害的是和死者最亲的舅家，因为他们的灵魂会被祖先留住，因之将活不长了。为了这个失误，陆老年的舅家谢××与鼓师大吵一场，几乎导致一场械斗"②。这一事件表明，在部分瑶族的内心中，祖先神灵也同样具有可怕的一面，它们可能会给人们带来灾祸。

　　土家族对祖先神的恐怖则属于第三种情况。在土家族人的祖先神中，有一部分并非是自己的血统祖先，如土司王就是如此。"土司们生前对百姓横征暴敛、刑杀任意，导致百姓对其有深深的畏惧。当他们死后，其灵魂势必转换成狰狞的厉鬼，故而人们在祭祀他们时，心中无不惴惴不安。"③当地的地方志对这种恐惧祖先的行为也曾有这样的记载："……二月祭于家，既毕，则男女皆入山峒，曰'避鬼'。其家不举火，不饮食，道路不偶语，盗攫物不敢问，夜卧不敢转侧，蚊蚋噆不敢动，惧鬼觉也。"④

　　祖先神之所以会让人感到恐怖，原因大致上有三种：第一，由内疚、自责、愧对祖先的心理因素作用促成。可能是因为后代子孙没有履行对祖先神应尽的责任，没有按时祭祀或者在祭祀仪式、世系延续上触怒或冒犯了祖先，祖先神会以惩罚者的身份出现，责备和惩罚子孙，促使他们补偿或改正。第二，受人们本身的内在死亡焦虑或家长旧时威严所导致的心理定式影响。人们可能出于对死亡本身的恐惧，或者是祖先生前十分严厉，子孙后代对其有一种长期的心理压力，从而扭曲或夸张了祖先的形象所造成。第三，有些民族的祖先崇拜并非仅限于本族本宗的血亲祖先，而是包

① 邢关英：《黎族》，民族出版社1990年版，第71页。
② 杨庭硕：《月亮山地区民族调查》，载《贵州省少数民族社会调查之一》，第170页。
③ 胡炳章：《土家族文化精神》，民族出版社1999年版，第173页。
④ （清）光绪《龙山县志·风俗》卷11。

括了除此之外的一些神灵，出于对其的畏惧而被迫将它们一律作为祖先神来加以供奉，这些异族的"祖先"神自然就不会以仁慈善良的面貌出现，而多为凶恶狞厉的形式存于人们的信仰之中。

二　祖灵泛化

南方民族的祖先崇拜有一种较特殊的地方，就是他们所崇拜的并非全是真正意义上的祖先。有的虽然被赋予了"祖先"的名义，也纳入祭祖的祀典之内，但却与祭祀者并无真正的血缘关系，换句话说，这种祖先崇拜严格地说起来，只能是一种"泛祖先崇拜"。如果我们仅仅站在人伦关系的角度，观照南方民族的祖先崇拜这一普遍的民俗事象就会发现，其中有许多"祖先"属于"伪祖先"，但如果你去调查，又会发现人们在祭祀这类"祖先神"时，其情感的真诚程度和投入程度均与血亲祖先祭祀无异。那么，为什么这些民族真心实意地要将"非祖先"神灵视为自己的祖先神，并虔诚地对其进行祭祀呢？

关于这一问题的答案，应该到人们生存竞争的区域里去寻找。笔者同意胡炳章先生关于原始人类信仰文化形成基础的看法，他认为："人类原始信仰文化的萌生、发展、延续的全过程，从某种意义上说，只是写满了人类生存的无奈。它既不是人类经过冷静的理性思考而做出的选择，也不是人类先天的基因遗传，而是人类生存环境与其自身强大的生存意志相互作用的产物。也就是说，是人类在无数次生存挫折的经验基础上逐渐形成了一种扭曲的、无可奈何的文化。"[①] 如果我们从这一角度去审视南方民族祖先崇拜文化中的一些"非祖先"或"泛祖先"的现象，就比较容易理解了。

不管南方民族的祖先在其心中的投射影像是神还是鬼、是善还是恶，"祖先"对于他们来说都具有崇高的地位，他们也总是全情投入地去敬畏和祭祀祖先。在他们看来，祖先是与人们关系最为亲近的神，将某些神灵视为祖先是最能讨得神灵欢心的一种媚神方式。因此，对于那些神通广大、亦正亦邪、经常给人们带来灾难的神灵，便一概以"祖先"视之，这样就可以从主观上拉近人与这些神灵之间的距离，增强相互间的情感联

---

① 胡炳章：《土家族文化精神》，民族出版社 1999 年版，第 118 页。

系，从而达到减少或避免灾祸，并更多地获得福祉的目的。正是在这样一种集体文化心理的基础上，南方民族祖先崇拜文化中才出现了这些"非祖先"神灵，呈现出"泛祖先"崇拜的文化杂色。

当然，南方民族的"泛祖先"崇拜也并非毫无限制条件，也就是说，并非所有的超自然神灵全划归于祖先范畴中，而往往会根据各民族对神灵自身性质的认识和神灵与人们之间的某种联系来决定。譬如说，神灵要具有爱人之心，纵使作恶的神灵，一旦享受到人们的祭祀，也能弃恶从善。另外，神与人之间原本存在着某种血缘的或社会的关系，或对本族立下过大功，或在某个历史时期给人们带来过好处等，否则人们是不会将其纳入祖先的行列加以祭祀的。具体来说，南方民族祖先崇拜大致上有以下几种类型。

1. 图腾祖先类型

将图腾视同祖先来加以祭祀，在世界各民族的原始信仰文化中都是一种普遍性存在，这是因为图腾本身总是被人们视为远祖或始祖。在图腾盛行的历史时期，人们也普遍地相信自己是由图腾所繁衍的后代，并认为没有图腾也就没有氏族，就更没有自己，因此，在人们的心中，图腾实际上是祖先的祖先。故而学者们也一致认为，"最早的祖先，应当是图腾祖先"[1]。

如瑶族对盘瓠图腾的祭祀就是一种古老的图腾祖先祭祀。晋人干宝《搜神记》卷14载：瑶人"用糁杂鱼肉，叩槽而号，以祭盘瓠，其俗至今。故也称'赤髀横裙，盘瓠子孙'"。刘锡蕃《岭表纪蛮》载："狗王，惟狗瑶祀之。每值正朔，家人负狗环行灶三匝，然后举家男女向狗膜拜。是日就餐，必扣槽蹲地而食，以为尽礼。"[2] 张有隽《瑶族原始宗教探源》亦载："每年除夕、尝新节，要举行祭狗仪式。祭法有的是在家中祖先神龛前摆一张方桌，上列诸般供品，由家主向祖先祷告，并模仿狗的动作从桌底下钻过去，吃一两口饭，有的是用狗食槽盛猪肉、豆腐、米饭，陈于堂屋中祖先神龛前，一边祭祖，一边请狗来吃供品。祭祀完毕，全家才吃

---

① 杨堃：《女娲考》，《民间文学论坛》1986年第6期。
② 刘锡蕃：《岭表纪蛮》，商务印书馆1934年版，第81—82页。

年饭。"① 类似这种图腾祖先的祭祀，在南方民族中比较普遍，如彝族的虎图腾祭祀、苗族的枫树图腾祭祀、德昂族的蛇图腾祭祀、白族的海螺图腾祭祀，等等，都属于这类祭祀习俗。

2. 文化英雄类型

这一类的祖先神可以是本族的英雄，也可以是异族的英雄，但他们都有一个不可或缺的特点，即必须是给本族人的生存带来巨大利益，他们或开疆拓土、保卫家园，或拯救本族人员于灾难之中，或通过自身的努力创造发明新的技术以及将新的文明传播给本族，推动了本族文明向前发展等。一句话，就是为本族人民的生存与发展做出杰出贡献的人。由于他们的功绩改进了人们的生存状态，人们出于对他们的感激，而将其纳入祖先崇拜的范畴，如侗族的"萨岁"崇拜就是如此。"萨"是侗语的音译，意为祖母；"岁"亦为音译，有"先""大""已经逝去的"等意；"萨岁"即为先祖母、大祖母，已经逝去的祖母。侗族关于萨岁的传说很多，但大多数传说都是说萨岁是抵抗外来侵夺，保护侗家生命财产的大英雄，而并非自己的血缘祖先神。相传古时候，入侵者把萨岁所在的侗族村寨围起来，由于敌众我寡，萨岁和村民们被逼到一座悬崖的顶上。此时的萨岁身负重伤，仍坚持战斗，几次率众突围失败，便带领子女和丁众跳崖，宁死不屈。正在这危急时刻，突然萨岁变成了身披铠甲的天将，回头率领众乡亲杀向敌人。刹那间，晴天霹雳震响，飞沙走石，敌人被杀得溃不成军，侗家人大获全胜。人们为了纪念她宁死不屈的英雄气概，尊其为"萨"，建萨堂来纪念她，还编了《神女歌》来歌颂她："跳下悬崖，她就变样，变成神女走侗乡。路路都有神女带，寨寨都见神女身。官府知府都害怕，全军败下往回爬。"②

土家族祭祀的"火畲神婆"则属于发明农耕技术的文化英雄祖先，她在土家族人的心中是一位类似于神农烈山氏一样的原始农耕之神。是她带领人们进行刀耕火种，使人们进入到原始的农耕时代。在湖南的土家族民间社会，还流传着有关火畲神婆的神话故事：相传远古时候，人们还不会种植农作物，有一位姑娘（即火畲神婆）教人们开荒种地，先将荒山上的

---

①　张有隽：《瑶族宗教论集》，广西瑶族研究学会 1986 年版，第 116—117 页。

②　张世珊、杨昌嗣：《侗族文化概论》，贵州人民出版社 1992 年版，第 114 页。

树木杂草砍倒，再放火烧山，挖地点种。后来在一次烧荒时，由于风大火急，将这位姑娘烧死了。人们为了纪念这位传播刀耕火种技术的姑娘，便尊其为神，并视之为本族祖先。旧时，每年除夕之夜，湘西土家族人都要在深夜来祭祀她老人家。

3. 血缘祖先类型

血缘祖先是指与人们具有血缘联系的先人，他们是人们真正的祖先，这一类型的祖先崇拜是各地祖先崇拜文化的核心与主流。随着灵魂观念的产生，人们认为祖辈们虽已离世，但他们的灵魂仍然关注着子孙后代，并给其子孙提供着直接的保护，因此人们祭祀自己的祖先，以求他们的在天之灵庇佑自己家业兴旺、平安健康。另外，祖先与子孙之间的血缘亲情亦是一种重要的因素，先人亡故后，他们的音容笑貌以及对自己的关爱守护的行为仍一直长留在后代子孙的心中，人们出于慎终追远、缅怀先人的情感需要，亦容易形成祖先崇拜的信仰习俗。

在南方民族中，大多都在自己家中设置神龛、家堂以专门祭祀本族的历代祖先，这一习俗主要是在汉文化传播影响下逐渐形成的。有的南方民族或用木、竹牌刻上先人的姓名，或用某种象征物来象征祖先灵魂，如彝族的"祖灵葫芦"和"竹灵牌"；有的南方民族则以火塘及三脚架来象征祖先神灵，如苗族、土家族、白族等都是如此；而羌族人则多以白色石头来象征祖灵。不管各民族采用哪一种形式，他们心中崇拜自己的祖先这种情感都是一致的。

4. 征服者祖先类型

这是一种十分特殊的祖先崇拜类型，这类祖先常常是异族，只是由于他们的势力十分强大，征服了某一地区，并长期统治这些地区，因此人们虽然对他们十分愤恨，但苦于自己力量单薄，难以与之对抗。后来这些征服者们又不断地对被征服民族施加高压或软硬兼施的手段，强迫人们将其视为自己的祖先加以祭祀。为了自身的生存，被征服民族只得将这些异族纳入本族祖先行列来加以崇拜。湘鄂渝黔边区土家族的土司王崇拜就属于这种强行楔入的祖先崇拜。

以湘西地区土家族土司王崇拜为例。湘西第一任土司王，名彭瑊，江西吉水县人，早在唐代中晚期进入湘西。"其先有老蛮头吴著冲，今邑之本城，洗罗、辰旗、董补、洛塔、他砂诸里，皆其世土。因延江西吉水县彭氏助理，彭氏以私恩结人心，日渐强盛，至彭瑊，谋逐吴著冲，著冲败走猛峒，瑊复率众击之，遂匿洛塔山。时有漫水司土官弟向伯林，骨肉不和，归瑊。瑊令伯林攻吴著冲，著冲困毙于洛塔石洞，瑊以洛塔之地酬向氏，余土归瑊。又有惹巴冲者，与吴冲著结为兄弟，今邑之明溪、五寨、坡脚、捞车、二梭、三甲、四甲诸里皆其世土，后亦为瑊所并。"① 彭瑊兼并了吴著冲、惹巴冲的土地后，又逐渐向四周拓展，以至于今日湘西的永顺、保靖、古丈、桑植等县均为其辖地。到了宋代，彭氏成为当时北江的最大蛮首。"北江蛮首最大者曰彭氏，世有溪州。州有三，曰上、中、下溪。又有龙赐、天赐、忠顺、保静、感化、永顺州六；懿、安、远、新、洽、富、来、宁、南、顺、高州十一，总二十州，皆置刺史，而以下溪州刺史兼都誓主，十九州皆隶焉，谓之誓下。"② 彭氏土司在湘西的统治一直延续到清代雍正初年的改土归流方告结束，时近八百年。

在漫长的土司统治时期，人们不仅承受着土司的沉重政治压迫和经济剥削，而且在宗教信仰方面，亦受到来自历代土司政权沉重的压力。在这些压力下，人们被迫接受历代土司王，将其视之为祖先，并在一年一度的祭祖仪典（摆手祭祀）中祭祀土司王神灵。"土民赛故土司神。旧有堂曰'摆手堂'，供土司某神位，陈牲醴。至期，既夕，群男女并入，酬毕，披五花被锦，帕首，击鼓鸣钲，跳舞歌唱，竟数夕乃止。其期或正月，或三月，或五月不等，歌时男女相携，蹁跹进退，故谓之'摆手'。"③ 旧时土家族人们不仅要在祭祖仪典中"供土司某神位"，而且在自己的家中的神龛上亦要供土司神位，而将自己的祖先神位置于门后，悄悄地祭祀。

> 每逢度岁，先于屋正面供已故土司神位，荐以鱼肉，其本家神位设于门后。
>
> ——（清）乾隆《永顺县志》卷6

> 土人度岁，……是日，土民供土司某神位于堂上，除以酒醴鱼

---

① （清）符为霖等：《龙山县志·兵防》卷6，光绪四年续修本。
② （元）脱脱等：《宋史·蛮夷一》卷493。
③ （清）符为霖等：《龙山县志·风俗》卷11，光绪四年续修本。

肉，而置已祖先柱于门后。

——（清）嘉庆《龙山县志·风俗》卷7

从上述材料来看，湘西土家族人旧时将自家的祖先神位置于门后的祭祀习俗本身就包含着一层忍辱含羞的集体意识，他们不敢堂堂正正地将自己的祖先神位置于正堂的神龛，也不敢将其与土司王神位并列于神龛上，而只能藏于门后，偷偷地祭祀。从另一角度来看，这一习俗也反映了土家族人对土司统治的仇恨和潜在的反抗。土司不让人们祭祀自己的祖先，人们却仍然要偷偷地祭祀，哪怕是藏于门后也要祭祀一番，以表达后代子孙们对祖先绵延不绝的亲情和缅怀之情。同时，这一习俗还说明了土司王这一"祖先"是凭着其异族的实力强行楔入的，尽管后来的土司后裔们也早已同化为土家族之中，成为这个民族的一个组成部分，但这种强行楔入的痕迹却永远也擦不掉。

三　祖灵祭祀

我国长江以南，地域广大，民族众多，各民族的祖先祭祀仪式各有特色，有的民族又因其居住区域的差异、支系的不同或家族的相异，在祭祀祖先的仪式上呈现出种种区别，故整个南方民族的祖先祭祀文化，闪射出一种缤纷斑斓的色彩。在这里，笔者仅选择一些特点鲜明的祭祀仪式作为代表。

1. 因亲近而祭祀

晋人常璩在《华阳国志·巴志》中曾对巴人的古老祭祖习俗有过这样的记载，这段记载是一首祭祀歌，其词曰："惟月孟春，獭祭彼崖。永言孝思，享祀孔嘉。彼黍既洁，彼牺唯泽，蒸命良辰，祖考来格。"这首古代巴人的祭祀歌记述了当时巴人祭祖场面：孟春二月，巴人在村寨前河崖之侧，设坛祭祖。他们陈列着丰硕的谷物和肥美的牺牲，在吉祥的日子里，虔诚地祭祀自己的祖先，以表心中对祖先的"孝思"之情。诗歌中所言的"獭祭"，按《辞源》的解释是："獭祭，獭捕得鱼陈列水边，犹如祭祀。"也就是说，巴人将祭品一一陈列于河畔崖侧的祭坛上，请求祖先神灵前来享祭、品尝。从这首歌词中，我们尚无法判定巴人祭祖时有无祖先神位之类的灵牌，但我们知道巴人祭祖在村郊野地，祭时须念祝神之词，"永言孝思，享祀孔嘉"，且还要高声赞美自己的祭品，呼唤祖先之灵降临祭坛享祭，"蒸命良辰，祖考来格"。同时，我们还可以看出巴人在祭祖时的心情是十分恭敬虔诚的，并且还带有几分迫切之意。

祭祖仪式在彝族地区十分隆重而庄严，但各地祭祖仪式各有差异，现以凉山彝族"做灵牌"仪式为例。在凉山彝族地区，除家庭贫困或无儿女之户无力做灵牌外，一般家庭都要在亲人亡故后数日、数月或数年，由儿女请毕摩选定吉日，到火葬地点做灵牌，然后再带回家中供奉，使死者灵魂从此得到寄托，彝族人称这种仪式为"马都跌"。在举行"马都跌"仪式前，要准备好鸡、猪、荞面、燕麦面和鸡蛋；三种不同类的树枝各三百根，不带杈，笔杆粗细，三尺长短；还要五寸长的带杈树枝五十对。人们来到火葬之地，将树枝分四行插于地，每行前拴鸡猪各一。毕摩一面念经，一面做灵牌。灵牌的做法是：用手指粗细的青冈树枝一根，截成五寸长，一端用刀劈成一寸长的缝，内放一点竹根和小钱、碎银，上盖少许七月份剪的羊毛，然后男用绿线缠好，上端扎成英雄结状；女用红线缠好，理成披发状。做好后，杀三猪三鸡献祭，以水、酒等分三次洒于地上，并绕坟地，男顺时针转九次，女逆时针转七次，然后将灵牌和其余各物携带回家。这种祖灵牌被安置在锅庄左侧的墙上，毕摩一面念经，一面祈求神灵保佑全家平安兴旺。灵牌在凉山彝族家庭中处在极受尊敬的地位，平日神圣不可侵犯。过年过节或家人患病时，要向灵牌敬献酒食。分家时不能迁移，以后连同房屋由最小的儿子分得并于原地供奉。[①] 据毛筠如先生调查，凉山彝族尚有一年祭三次祖的习俗：

> 保彝祭祖，每年正常为三次。第一次系三四月禾稼种完时，以忙碌已过，稍事清闲，由家长聚集家人，打猪或打鸡，并以酒献于马都前，即为祭祖。第二次系六月下半月内，任择一日，聚集家人，仍以酒肉祭祖，谓之过节。第三次为十月过年节，团集欢喜过年。大醉大饱，并以酒肉献于马都表示过年不忘祖先。除此三次之外，其他和婚

---

① 胡庆钧：《凉山彝族奴隶制社会形态》，中国社会科学出版社1985年版，第406—407页。

丧嫁娶之事，亦以酒肉献祖，但为不常之事也。①

有些地方志中亦对彝族祭祖习俗有所记载：

八纳山，在州治东北七十里，高二十里。土俗相传，以土酋益智藏其祖宗魂筒于崖穴间。子孙十年一次，登山祭之。每登必椎牛羊，持刀弩噪而往焉。

——（明）嘉靖《贵州通志》卷2普安州条

此所言彝族"祖公洞"祭祖习俗，至今在彝族部分地区仍然保留着。据蔡家骐先生调查，寻甸地区的白彝将家族亡灵按辈分顺序写于一幅绸缎上，放入樱桃木的木筒或木匣中，送入山洞收藏。隔一段年月，家族长就择吉日遣人将祖灵请出来晒太阳，拜行祭祀。隔十年以上，由家族长主持大祭，家族内各户分担祭品，请毕摩或西波念经，并将近十年死亡的家族成员姓名按照辈分的排列，写入绸缎上，再放回山洞。祭祀祖灵时，在"祖公洞"前宰牲，由家族长先代表整个家族祭祀，其后各家依次向祖灵烧香焚纸、敬酒献饭、叩头作揖，祈求祖灵庇护赐福。最后，全家族聚餐欢饮。师宗地区白彝旧时有用铁或铜片剪成三角形（彝语称"叟睹"），代表男性祖灵。若死者生前做过官，则剪成着有衣冠的人形；女性祖灵常用一枚头饰挂珠（彝语称"策柏"）代替，也有用青冈树或栎树叶包以小块白麻布作为祖灵的象征，放进竹筒（彝语称"维贝"）中，用樱桃木剜的筒盖盖紧。未放入祖灵石洞（"发享"）前，由家族长保管。每个家族各有自己的祖灵洞，常设在陡峭的山崖上，较难攀缘，以期贮藏安全。②

2. 因畏惧而祭祀

黎族人由于畏惧祖灵，故他们对祖先的祭祀中既敬奉，也有驱赶。据潘先樗、李其芬的调查，海南省陵水县黎族有祭祀祖先的习俗，但一般是在家中遇到一些不祥之事，并认为是祖先鬼作祟时，才祭祀"祖先鬼"，

---

① 毛筠如：《大小凉山之彝族》，四川省政府1947年版（复印本），第107页。
② 蔡家骐：《云南曲靖地区彝族调查》，1989年（未刊稿）。

而与汉族相邻的黎族人亦在传统的年节中祭祀祖灵，[①] 这大概是汉文化传播影响的结果。而在其他黎族村寨中，年节之时，多举行"赶鬼"的祭祖仪式，时间多在大年初二、初三或初四进行。届期，雄鸡啼鸣，家家户户便进行"赶鬼"，其仪式由各户家长主持。"赶鬼"时，全家男女老少一齐出动，手拿粽粿叶，从居家的厅堂内开始，一路驱赶，且边赶还要边叫喊："老人（祖灵）啊，快快起来梳妆啰，别家老人早出门了，你们也赶快起身出门啰！把有咳嗽、哮喘的病魂都统统地带走！"在家中驱逐完毕后，人们走到大门口燃放小鞭炮，再继续边赶边喊，直到村寨路口方罢，人们扔掉粽粿叶，再次大声地对祖灵们说："老人啊，快去黎安，桐海（均属沿海村庄）吃大鱼大肉！"接着再次燃放鞭炮，以示"赶鬼"仪式结束。[②]

怒族相信人也有不死的灵魂，很重视葬礼，但却尚无祖先崇拜的习俗，家中无供奉祖先的灵牌，安葬后除第一年垒坟、上坟以外，以后均不祭扫墓地。若老年男子死，怒族则吹竹号，竹号的数目据死者的身份和年龄而增减，一般未婚的死者只吹一个，有儿女的吹两个，头人、巫师则需吹六七个。吹竹号的目的有二：一是向全村寨报丧，二是为死者的灵魂"开路"。只是妇女和小孩死亡不吹竹号，因为已死的父兄已在前面等着替他们"开路"了。当人们听到竹号响起，全氏族甚至全村社的人立即停止劳动三天，为的是避免撞上刚死去人的灵魂，使庄稼生长不好，且每家都要有人带一小瓶酒前来死者家吊唁一番，与死者一道吃"离别酒"，即由巫师将亲友的酒倒一杯给死者，以示与死者分离。死后两三日，便抬至公共墓地埋葬。出丧时，由三位老人挥舞长刀，在灵前开路，葬后在墓前放死者生前的用具，如男的有弓弩、兽皮箭包；妇女则有用以煮饭、织麻的工具，意为死者在阴间还会像生前一样生活，还要照旧使用这些生活用具。有些富裕人家的老人死后，不抬至公共墓地，而是葬于住宅后面的园地内。据说这是一种古老的丧葬习俗，这样的葬仪可以使家中老人的灵魂不离开自己的家，可以时时保护家中人的平安吉祥。[③] 不过，在停葬期间，

① 潘先樗、李其芬等：《陵水黎族风土见闻录》，载《陵水文史》第4辑，第178页。
② 同上。
③ 参见《中国少数民族宗教概览》，中央民族大学出版社1988年版，第292—293页。

怒族人也有杀牲献灵，求灵保佑家人和谷物、不要作祟于人的仪式，还有跳"雄登"祭祀舞蹈的习俗。这表明怒族人具有一定的祖先崇拜观念，处于从灵魂崇拜到祖先崇拜的过渡阶段。

上述祖先祭祀仪式分别代表了南方民族对祖先神灵的三种不同的态度：土家族、彝族人对祖先的尊敬与缅怀；黎族人对祖先神灵的惧怕；怒族人对祖先神灵的"遗忘"与怀念。其实，无论是对祖先灵魂的尊重、惧怕还是遗忘，都无不反映着南方民族内心深处共同的追求——为了生存。尊重祖先是为了请求祖先保佑、降福消灾，以利家人的生存发展；而畏惧祖灵，则是从人生的另一面的内在体验出发，即从害怕死亡的角度来表达人们强烈的生存愿望；同样，采用对祖先神灵的遗忘态度也是出于对死亡的恐惧，这种遗忘实际上是因为畏惧而不得已采取的强制性遗忘，以期回避这个让人恐惧的问题，其所隐藏的深层内涵仍然是渴望生存。

因此，笔者认为，对祖先的祭祀文化，或者说祖先崇拜文化，尽管是人们内在伦理道德意识的曲折反映，但其在更深层处，仍然是人类生存欲望的载体，说穿了，它仍然是追求生存这一根本目标的一种文化演绎。如果我们能从这样一种理性角度来观察南方民族，乃至整个人类信仰文化的创造和运行，那么一切神秘的浓雾都将会变得透明起来，也将会被我们的理性所澄清、所理解、所接纳。

第五章　巫师与巫术

巫术，是人类原始信仰文化中最为重要的组成部分。在人类发展的初期阶段，它曾主宰过全人类生活的几乎各个方面，成为人类生存发展的精神支撑和应付自然挑战的重要手段。直到今天，无论是繁华的都市，还是偏僻的乡村，巫术的一些残余思想观念仍然在不同程度地影响着人类的社会生活。

笔者认为，所谓巫术是指原始人类从维持自身生存发展这一根本目的出发，试图通过自身的力量去征服自然或改变自然生存条件，使之适合于人类生存发展而采取的一系列的法术或仪式行为。在原始社会阶段，由于原始人类自身生产力的低下，加之又不了解自然和人类社会的发展规律，很容易将自己在日常生活中遭受的不幸和灾难，如生老病死、天灾人祸、兴衰成败等统统归结为是某种超自然力与自己作对的结果，并相信自己生活中的任何不安、恐惧、疑惑等都与某种超自然力有关。为了生存，原始人类不得不在其生存挫折的痛苦中，努力寻求这种种变故的缘由和应对的措施，而最初的应对措施就是依凭自身的力量去努力征服和控制对象，于是巫术便得以产生了。

所谓巫师，简单地说，就是巫术的实施者和仪式的主持者，他们一般都是各原始部落中生活经验比较丰富、对本部落的历史及生产等文化知识了解比较多的人，头脑灵活、聪明、多才多艺，故而受到部落成员的尊重。每当部落中成员或全部落遭遇某种不测时，人们总是相信他们具有某种神秘的能力，可以使部落或自己转危为安，于是总要请他们施行巫术或主持巫术仪式。倘若偶然获得成功，人们便更加钦佩他们。长此以往，巫师便成了职业性的施术人和仪式主持人。而人们对巫术和巫师的信仰也就更加坚信不疑，这就为巫术主宰人类社会生活，打下了十分坚定的心理基础。对于这一点，法国著名人类学家列维－施特劳斯曾经说过，巫术信仰具有三个相通的要素：一是巫师相信自己的巫术效力；二是患者或牺牲者相信巫师本身的能力；三是社会集团需要、信赖巫术。三者缺一，巫术也就不存在了。①

第一节 奔走于人神之间

当社会历史发展到一定的阶段，巫师形象在人们的心中有了进一步的发展，即人们相信他们不仅具有某种征服或控制自然力的神秘法术，而且还具有与神灵沟通的灵力。人们相信他们的灵魂可以上达于天上的神灵，下通于阴间的鬼府，既可以直接诉求神灵帮助人类战胜邪恶势力，又可以直接运用法术为人们降妖除魔、消灾避难。无所不至，无所不能。

《山海经·海外西经》载："巫咸国在女丑北，右手操青蛇，左手操赤蛇。在登葆山，群巫所从上下也。"袁珂先生注："此所谓'群巫'也，则巫咸国者，乃是以巫咸为首之一群巫师组成的国家。'上下'指缘登葆山'上下于天'。"②《国语·楚语下》亦对古代巫师这种通天达地之能力，有这样的记载："昭王问于观射父，曰：'《周书》所谓重、黎实使天地不通者，何也？若无然，民将能登天乎？'对曰：'非此之谓也。古者民神不杂。民之精爽不携贰者，而又能齐肃衷正，其智能上下比义，其圣能光远宣朗，其明能光照之，其聪能听彻之，如是则明神降之，在男曰觋，在女曰巫。'"观射父在这里虽否定了巫师能上天下地的能力，但却认为巫师"精爽不携贰"，精诚所致，故能"智""圣""明""聪"，还可以降明神、知祸福。由于巫师在人们心中的地位十分崇高，故部落及邦国之大小事件多听命于巫。

一 巫师与部落

在南方民族的历史中，巫师的地位同样也是十分崇高的。荆楚、巴

---

① ［日］祖父江孝男等：《文化人类学事典》，乔继堂等译，陕西人民出版社1992年版，第230—231页。

② 袁珂：《中国神话传说词典》，上海辞书出版社1985年版，第193页"巫咸国"条。

蜀、吴越、川滇黔等地都有过崇信巫师的历史时期，宋人周去非就曾对诡异的南国巫风发出这样的感叹：

> 祝融之墟，威灵所萃，其间异法，亦天地造化之流也。巫以荆得名，岂无自而然哉？尝闻巫觋以禹步咒诀，鞭笞鬼神，破庙殒灶，余尝察之，南方则果有源流。盖南方之生物也，自然禀禁忌之性，在物且然，况于人乎？邕州溪峒，有禽曰灵鹊，善禹步以去窒塞，又有鸩鸟，亦善禹步，以破山石，有蜮十二时能含毒射人影以致病。以是观之，南人之有法，气类实然。然今巫者画符，必为鹤顶之形，亦可见其源流矣。是故愈西南愈多诡异。茫茫天地，法各有本，必有精于法者，亦云自然而然，非人所能力也。①

在南宋学者周去非看来，南国之所以巫风极盛，是法乎自然，因为南国的鸟兽虫鱼均能巫术，或"去窒塞"，或"破山石"，或"含毒射人影以致病"，所以南人信巫，"自然而然，非人所能为也"。周去非的这种看法在今天看来并不科学，我们也不会相信南国的鸟虫之类真的擅长于巫术的传闻。不过，从周去非的这种解释中，我们却可以了解到，旧时南方民族对巫与巫术是非常相信的，巫风在其社会中也是非常普及的。

其实，这种巫风之盛，亦反映了巫师在部落中社会地位之崇高。弗雷泽在其名著《金枝》中，曾这样评价过巫师的社会地位："不论在什么地方，只要见到这类为了公共利益而举行的仪式，即可明显地看出巫师已不再是一个个体巫术的执行者，而在某种程度上成了一个公务人员。"他还说："这种官吏阶层的形成在人类社会政治与宗教发展史上具有重大意义。当部落的福利被认为是有赖于这些巫术仪式的履行时，巫师就上升到一种更有影响和声望的地位，而且可能很容易地取得一个首领或国王的身份和权力。因而这种专业就会使部落里一些最能干的最有野心的人们进入显贵地位。"② 在我国古代，巫的地位也确实如此。春秋战国之际，人们就已形成了十分深刻的观念：国之大事，唯祀与盟。祀，即祭祀神灵，以祈神

---

① （宋）周去非：《岭外代答》卷10。
② ［英］弗雷泽：《金枝》（上），徐育新等译，中国民间文艺出版社1987年版，第70页。

佑；盟，相当于今日的国际外交，具体亦指国家间友好条约的签订。在这种关乎国家安危兴亡的重大事件中，无论是祭祀神灵还是结盟友邦，都离不开巫师的参与。

《周礼·春官·宗伯》载："大宗伯之职：掌建邦之天神、人鬼、地祇之礼，以佐王建邦保国。以吉礼事邦国之鬼神祇，……以凶礼哀邦国之忧；……以宾礼亲邦国；……以军礼同邦国；……以嘉礼亲万民；……以九仪之命正邦国之位。……凡祀大神、享大鬼、祭大祇，帅执事而卜日，宿，视涤濯，莅玉鬯，省牲、镬，奉玉粢，诏大号，治其大礼，诏相王之大礼。若王不与祭祀，则摄位。凡大祭祀，王后不与，则摄而荐豆笾，彻。"此所谓大宗伯，事实上是当时国家之大巫，不仅掌管神灵祭祀，而且协助国王兴国安邦。有时若王与后未参与祭祀，他还可临时替代国王与王后，可见大巫在古代邦国中的地位是何其崇高了。至于邦国中的其他巫师，地位也十分显赫：

> 司巫：掌群巫之政令。若国大旱，则帅巫而舞雩。国有大灾，则帅巫而造巫恒。祭祀，则共匰主及道布及蒩馆。凡祭事，守瘞。凡丧事，掌巫降之礼。

> 男巫：掌望祀、望衍授号，旁招以茅。冬堂赠，无方无算。春招弭，以除疾病。王吊，则与祝前。

> 女巫：掌岁时祓除、衅浴。旱暵则舞雩。若王后吊，则与祝前。凡邦之大灾，歌哭而请。①

由此看来，古代之巫与部族、邦国的联系是十分紧密的。大到邦国、部族之间的战争与和平、水旱与饥饿，小到部族、邦国中的家庭疾病与不顺、个人的生养婚丧与日常生活，都离不开巫师的劳动，巫师事实上成了部族与邦国的一种依赖。

对于部落间的战争，巫师不仅负责预测战争的吉凶胜败，还负责给战士们一种心理上的激励，甚至还直接通过巫术手段参与战争。如《山海经·大荒北经》所载的黄帝、蚩尤部落之间的战争："蚩尤作兵伐黄帝，

---

① 《周礼·仪礼·礼记》，岳麓书社1989年版，第70页。

黄帝使应龙攻之冀州之野。应龙蓄水，蚩尤请风伯雨师，纵大风雨。黄帝乃下天女曰魃，雨止，遂杀蚩尤。"其间的应龙、魃、蚩尤等都以巫术参与战斗。应龙之术难敌蚩尤的暴雨倾盆，而魃之术更为高强，风停雨止，"遂杀蚩尤"。整则神话中记载的战争，主要是巫术之战。对当时作战双方而言，巫师的胜败事实上是军队胜败的象征，故神话仅仅言巫师胜败，而不言其他。巫师与部族间战争的联系，直至新中国成立前夕，在南方民族中仍保留有一些遗风：

> 战斗开始之前，笔母（毕摩）在前几分钟，在队伍的前面去入阵地，由一个兵牵着羊牛，笔母抱着鸡，坐在"断口嘴"的主子旁边，面向敌方，烧起松柴火，面对烟火祈祷。一预祝胜利；二咒敌人，如牛羊早死；三将敌人所诅咒者全部奉还。所有在场的战士就嗨呲嗨呲高声的呼叫，鸣放着枪炮，由人将笔母怀中之鸡取出，与牵羊的人围着主子与笔母疾跑三转，再将鸡交给笔母。笔母即时将鸡打死，所有牵来的牛羊也一齐打死，笔母将鸡头抛出去又抛出去再抛出去凡三次，头向敌人，流血鲜而又多，则主胜主财喜。然后把鸡放在火上烧烤，剖其心肝，笔母先诊祝鸡头，察看财喜与死亡的数字，并将心与肝奉献主子吃食少许，然后全体战士高吼三声，奔赴前方。①

在这则材料中，彝族巫师在"打冤家"、械斗前所施行的巫术主要是有三种作用，一是预测战争的胜负和财喜的多寡；二是激励战士们参战的勇气和信心；三是用巫术来攻击敌方，并防止对方的巫术攻击。可见巫师在这场战斗中发挥的作用，确实很重要。

旧时，土家族巫师梯玛在军队与对手战斗前夕，往往要进行战斗胜负的预测：（将士出征前）"系牛于神前，以刀断牛首测胜负。牛进则胜，退则败；而复进者先败而后胜，以此为胜。"② 黎族巫师亦如此："凡是与别村发生械斗，出战之前，都要举行鸡卜。届时，全村准备出战的武士个个手持粉枪或弓箭，集中在村前的空地上，围成一个圆圈，由执行占卜的人

---

① 白荻：《保罗的宗教和他们的巫师》，《京沪周刊》1947年第1卷，第21页。
② （明）陈光前等：《慈利县志》卷17，万历元年刻本。

（指巫师）手持一只雄鸡静立当中，口念咒语，求鬼保佑把敌人打败。接着把雄鸡杀掉，将鸡血滴满摆在地上的五个酒碗，用火烧去鸡毛，从鸡腿中抽出两根股骨，用木签插在两边股骨上的孔中。以左边股骨代表我方，右边股骨代表敌方，若左股骨上的木签高于右股骨的木签，则表示我强敌弱，出战必定获胜。反之，是失败的预兆，当天就不出战。"①

巫师不仅在军事方面发挥着重要作用，当族有大灾，邦有大患，人们的安危存亡在一线之间时，巫师的巫术同样发挥着巨大作用。《淮南子·览冥训》云："往古之时，四极废，九州裂，天不兼覆，地不周载，火爁焱而不灭，水浩洋而不息。猛兽食颛民，鸷鸟攫老弱。于是女娲炼五色石以补苍天，断鳌足以立四极，杀黑龙以济冀州，积芦灰以止淫水。"袁珂先生认为"女娲补天，其目的无非治水。'积芦灰'明言'止淫水'。其余三事：'断鳌足''杀黑龙'，乃诛除水灾时兴波逐浪之水怪；而'炼石补天'所用之'石'，亦堙洪水必需之物。故谓女娲补天神话最初所传，当亦系治水。"② 清人褚人获《坚瓠广集》卷 3 引《碣石剩谈》，更直接点出了女娲补天是一种巫术实践的记录：

> 女娲炼五色石以补天漏，人多置疑。予见道家祈雨有斩虹之事，念咒作法，麾剑于下，而虹即断于天。即此则知女娲非亲上天隙以石补之也。观"炼"字之义，想以火炼石于下，而天遂合隙于上，即如斩虹，又或如救护日食月食之说欤！即此而观，则古之奇迹，亦皆常理，又何异焉？③

笔者有理由认为，女娲炼石补天这一环节事实上当为祈晴巫术的实录。直到今天，荆楚巴蜀，黔桂滇等地民族还仍然将连日雨水称为"天通眼"，女娲补天，即"补天漏"，也就是祈晴。正因为"天漏"，暴雨连绵，故才有"水浩洋而不息"的洪水之灾，而要治水，自然应先祈晴。雨止天晴，水量自然减少，"积芦灰""断鳌足""杀黑龙"等治水巫术方可

---

① 中南民族大学编辑组：《海南岛黎族社会调查》（下卷），广西民族出版社 1992 年版，第 144 页。

② 袁珂：《中国神话传说词典》，上海辞书出版社 1985 年版，第 44 页 "女娲" 条。

③ （清）褚人获：《坚瓠广集·炼石补天》引《碣石剩谈》卷 3。

奏效。故《女娲补天》神话当包含两大巫术内容：祈晴与治水。同时笔者还认为，《女娲补天》神话的发源地很可能在南方民族地区，女娲在这里亦很可能是南方民族的大女巫。因南方地近海洋，雨水充足，故多水灾，祈晴与治水巫术当应用得十分普遍，而且大多数学者同意女娲的原型当为"蛙"，很可能是南方民族的蛙图腾物。第三，洪水神话多在南方发现，神话中亦多有伏羲、女娲兄妹成婚的内容。

当然，巫师们也不仅仅只在重大事件中发挥作用，在部族的农事、渔猎等经济生产方面，甚至在部族内部的日常生活中的各个方面，巫师都发挥着十分重要的作用。"因而，我们尽管可以正当地不接受巫师的过分自负，并谴责他们对人类的欺骗，但作为总体来看，当初出现这类人组成的阶层，确曾对人类产生过不可估量的好处。他们不仅是内外科医生的直接前辈，也是自然科学各个分支的科学家和发明家的直接前辈。正是他们开始了那在以后时代其后继者们创造出如此辉煌而有益的成果的工作。"①

正由于巫师们的历史作用，故在南方民族中，巫师旧时的地位是相当崇高的，就是今天一些南方民族的巫师仍然充任着村寨百姓宗教或精神领袖。如瑶族中山子瑶村寨，其巫师已分解为三：一为村老兼祭司；二为"唉瓜"；三为"唉巴"。唉瓜巫师专负责占卜、预测吉凶之事；唉巴巫师则专行驱邪赶鬼之巫术，这两类巫师主要职能是为人驱鬼治病。作为村老兼祭司的巫师则是"既能管人，又能管鬼的人"，人们称村老或祭司为"抱导"（保头）、"甲头"（粤语为合伙头）、"管鬼公""禁鬼公""赶鬼公"。从这些称呼中，我们可以看出村老既是村寨的头人，又是生产的组织者，还是村民中的宗教领袖，村中的一些重大事件和祭祀活动，都由村老主持。具体地说，村老在宗教方面有六大职能：（1）负责祭祀社火，祈求神灵保护村寨安宁；（2）主司村中人丁生死的灵魂接送，谁家添丁进口，村老要接其生魂，谁家有老人亡故，村老要送其魂归另一世界；（3）若村中有瘟疫，村老负责驱邪逐鬼，主持大型的"跳盘王"，请愿还愿活动；（4）主持社祭；（5）主持其他重要祭祀活动，如求雨、筑路、架水枧、巫师授徒等仪式；（6）主持封村仪式，在除夕之夜封村，以防邪鬼进

---

① ［英］弗雷泽：《金枝》（上），徐育新等译，中国民间文艺出版社1987年版，第95页。

村作祟人间。①

彝族地区的巫师分为两类，即毕摩和苏业。苏业的宗教地位较毕摩要低，他们没有经典，不识彝文，不会书写符咒，主要职能是跳神禳鬼治病，有时还须毕摩协助。毕摩的地位在彝族地区很高，最早时的毕摩由兹莫担任，他被汉人称为"鬼主"。据唐人樊绰《蛮书》卷1载，今云南东部、贵州西部、四川南部的乌蛮及两爨大小部落，各有鬼主。"一切信使鬼巫，用相服制。"彝家谚语亦云："土司富人两兄弟，毕摩兹敏（兹莫的古称）两亲家。"兹莫是黑彝中的掌权者，毕摩由兹莫兼任，事实上毕摩就成了彝族地区的行政长官和宗教的领袖。后来由于某些历史原因，毕摩由一般贵族（黑彝）担任，又转由白彝（曲诺）担任。尽管曲诺在彝族社会中地位较低，但在担任毕摩后，仍普遍地受到人们的尊重，被人们视为神的代言人，视为军师、教师、医师，以及主持神判的主持者（相当于法官）。当他们给土司家作法事时，土司亦待之为宾客，纵使在部族打冤家时，他也可以自由往返于战斗双方之间。一般的百姓多愿与毕摩家结亲，逢年过节还要给毕摩家送礼等，平时也能得到群众的热情照顾。如果被人打死，索取的命价也较普通曲诺要高。②

独龙族的巫师则有"乌"（又称龙萨）和"南木萨"之分。乌是一种较古老的巫师，多为女性担任，现在亦有不少乌为女性。乌主要是祭祀崖鬼和主持一年一度的年节"卡雀哇"的祭鬼仪式，届时祭祀天鬼，祈求来年的平安与丰收。南木萨则多为男性担任，其宗教地位较乌要高。他们的主要职能是驱鬼治病，营救人畜的灵魂"卜拉"，驱斩恶鬼，从事占卜和祭祀活动。另外，在独龙族人的心中，南木萨是天界的"南木"和地上的人之间的联系人，因此会受到人们更多的尊重。

不过，应当指出的是，巫师的辉煌毕竟属于历史，他们的社会地位、声誉、声望等也同样属于历史。随着社会文明的发展与传播，就是在今天的南方民族地区，巫师的社会地位也已经一落千丈，尤其是在年轻的有文化知识的一代人心目中，巫师几乎成了骗吃骗钱者的代名词。只是在上了年纪的老人们心中，巫师尚还有一些活动的余地，但其影响也已大不如从

① 张有隽：《十万大山山子瑶原始宗教残余》，载《瑶族宗教论文集》，1986年4月。
② 胡庆钧：《凉山彝族奴隶制社会形态》，中国社会科学出版社1985年版，第412—414页。

前。人们觉得现在的巫师长期荒废了自己的功课（文化大革命期间的文化扫荡），他们的灵力已大大减弱。这种对巫术和巫师信仰的降低，从另一方面反过来又加速了巫师地位的下降。当然，在这里我们还不能对南方民族中巫与巫术的消失日期做出准确的预测，但我们相信巫术和巫师们的前景将是非常暗淡的，他们已不可能寻找或重铸昔日的风光了。

二　巫师的传承制度

巫师并非严格意义上的宗教人员，故其成为巫师的过程较之宗教人员而言并无什么严格的程序，他们既不需要像基督教的神父那样进专门的学校苦读《圣经》，也不需要像佛教的和尚、尼姑一样踏入山门，受戒苦修。他们实际上大都是不脱产的业余人员，除非其家中富裕而无须劳动。因此，他们在世系传承上往往因其民族、地区、原始宗教观念等方面的差异而呈现出各不相同的色彩，然综合观之，南方民族巫师传承的途径大致上有以下几种。

1. 父子世袭制

在整个南方民族地区，巫师的这种承袭制度在各个民族地区均有存在，如彝族的毕摩，纳西族的东巴，土家族的梯玛等多父子相传。父子世袭，主要是指作巫师将自己有关巫的各种知识、经文、符咒、仪式规则、法术等全部传授给自己的儿子（一般传子不传女），做儿子的则必须学会、掌握父亲所传授的东西并能熟练地运用它们。通常传授的过程是：一是父亲口传（若有经文则需教读），儿子认真记忆，直到能记住为止；二是观摩，即父亲每当给别人家作法或主持祭祀时，儿子须现场观摩，甚至跟着父亲一道模仿，直到学会为止。

这里有两点需要指出，一点是父亲传授给儿子，仍然要通过选择，其选择的标准首先是看儿子有无"灵性"，这是十分重要的。如果缺乏"灵性"，纵使记得所有有关巫的全部知识和技能，运用起来，也不会灵验、收到效果。其次看儿子是否有过什么奇特的际遇，一般是指与神灵相交的际遇，若有过这种经历，则可传子，否则就不能传授。另一点是承袭也要自愿，即儿子是否愿意从事巫师这一职业。在南方大多数地区，人们往往相信从事巫师这一职业，不利于子孙后代，所以如果儿子不愿意，也不能强行传授给自己的儿子。

当儿子学成之后，还必须像一般学徒那样，得通过一定的仪式方可获得单独设坛行法事的资格。这种仪式各地叫法不一，其仪式的繁简差异也相当大。如瑶族巫师在弟子满师后，选一个吉日，由徒弟备酒肉各一斤、封包一元二角（白银）、鲜鲤鱼一尾和鸡一只敬献师父，再备香烛纸钱及祭品，由师父领去山上偏僻之地（不能让人看见），仪式举行时徒弟向师父跪下，师父则念经通知各方鬼神，让其知晓授徒之事。告祭完毕后，师徒（父子）二人就地将祭品吃喝干净后方才回家。从此以后，弟子便获得了巫师的资格。不过，作弟子（儿子）的还需跟师父（父亲）实习一段时间，让众人知道这件事，若后来有人请，使可单独从事巫师这一职业。①

土家族巫师梯玛多存在父子承袭现象，有的巫师有 25 代从事梯玛巫师职业的历史。在土家族地区，儿子学成之后，要举行的仪式叫作"牵街"（迁戒），其程序比较复杂而隆重。在举行"迁戒"仪式的前一年，就要确定下迁戒仪式的具体日期。届时，由师父遍请同道，在三清大帝前立合同文书，并公推威望高、法力大的道友问卦，以确定主持迁戒仪式的掌坛师，然后由掌坛师对邀请来的诸同道授以仪式之职掌，其职有总督师（掌坛师自任）、引见师、接法师、喝度师、证明师、保荐师、执符师、授法师、锣鼓师、三皇母、十二花娘姊妹、封牌师等。在整个仪式中，这些担任各职的巫师要按仪式的要求各执其事，一般要连续进行五天至七天。

在迁戒仪式中，要请神、酬神、上熟、游城和求签。还要在神灵许可下，为迁戒者（称接法人）订立保状，迁戒者还须具保宣誓："……法名×××，国学教三载，功业未遂，舍身入门，永无他顾，奉教为生，永不叛教，拯救黎民。"在开坛前，迁戒者须备三猪、三羊、三禽献祭；在开坛后，迁戒者要"跑云踏雾过三关"，然后用一个特制的小布袋请师父传法，即由掌坛师传符、咒、诰、决、印。师父每念一道咒语，手挽一个诀法，迁戒者都用小布袋接住，口中还须念道："师父送我一道诀，徒弟今日口来接，师父传法传到底，心口合一又合一！"然后，师父将食物嚼烂，徒弟用口接住吞下，以示得师父真传，永志不忘。其后，迁戒者将接法的口袋背上游坛，以示已得其法。游坛即游拜各大祖师坛和神位，求取祖师

---

① 吕大吉等主编：《中国各民族原始宗教资料集成·瑶族卷》，中国社会科学出版社 1998 年版，第 319 页。

神灵的允许，须游完三十六坛，方告完毕。最后一种仪式是在老君坛前求签，求签时切忌跪错地方，若跪在"行坛"，则预示日后有求必应、神灵香火旺盛；若跪在冷坛，则预示出师后无人邀请行法、神坛香火冷清。[①]不过这种迁戒仪式对巫师要求较高，经济耗费也大，一般巫师多未经迁戒，而经过迁戒的巫师的宗教地位也较未经迁戒的巫师要高。

2. 师徒承传制

所谓师徒承传制乃是一种通常的巫师传承制度，即通过拜师求学，以得其传，最后通过某种认定满师的仪式，即可从事巫师之职业。师徒承传同样有一种选择的程序，除了前面的选择标准外，有的地区巫师的选择还有一些比较奇异的条件。如壮族巫师的选择条件首重人的"八字"，所谓"八字"就是将人的生辰年、月、日、时用天干地支形式所表述的八个字，巫师先将人的八字进行推算，并认为八字轻的人才符合入选条件，因为这种人容易被巫的祖师之灵"巴"神所附身，从而容易与鬼相通。这里所谓"八字轻"的人，一般是指具有神经质的人，他们自孩童时代起就多有一些异常的超自然的举动，成年后，若患病并经巫师占卜，认为是"巴"神附身，巫师首先对其实施"封八字"巫术，以便在三五年内解脱其病状，症状消失后，一般都要为他们举行仪式，让他们投学某巫师，最后成为正式的巫师。[②]

白族巫师传承亦有选择条件，据杨铠先生的调查，白族巫师女的叫朵兮婆，男的叫朵兮子，其选择条件重那些患过慢性病的男女青年，不过也不是所有的这类人都可以成为"朵兮"，还要看他们能否把"需哩芝妈无别利，无那背，班（儿）哪嘛，需即利"这一咒语背诵出来，并唱起来婉转动听，字准腔圆。当然未生过慢性病者亦可成为"朵兮"，但必须是自愿的，而且纵使成了朵兮，在同行也容易被人歧视，人们称他们为"干朵兮"。一位年已77岁的白族朵兮婆曾回忆自己的经历时说："我二十三岁那年，害了头晕的病，我师父说我命头该吃'福饭'，

---

① 贵州省志民族志编委会：《民族志资料汇编·土家族卷》，贵州民族出版社1989年版，第164—165页。

② 吕大吉等主编：《中国各民族原始宗教资料集成·壮族卷》，中国社会科学出版社1998年版，第585—586页。

病好就一心一志跟她学；后来我也收了几个该吃福饭的徒弟。"①

入选以后，大多数徒弟都是一边生产劳动，一边在空闲期间跟师父学习。如纳西族东巴教的徒弟多利用晚上到师父家火塘，由师父给徒弟一字一句地讲念《东巴经》，徒弟则跟着师父念，直到念熟、背诵为止。同时师父还要传授东巴象形文字，东巴画的画法等。待徒弟基本上学会并掌握后，要由师父带到各种法事道场中进行实地观察，接受师父指点，并帮助师父摆设祭品、布置道场等。有的师父还让徒弟在祭场中诵读一些东巴祭祀经文，从事实习、操练，时间一长，徒弟们便逐渐熟练了东巴巫师的各种技能和知识，成为独立的东巴。

类似于东巴传授过程的是彝族的毕摩授徒方式。毛筠如先生在1946年时对此曾做过调查："如其父兄非笔（毕）摩而自愿习笔摩者，则年龄在十二三岁时，即由父兄觅定之笔摩家中长住，付给笔摩学习费银大约十两，称笔摩为比某，即汉人所谓师父之意，笔摩则呼学者为毕日，即汉人所谓学徒也。平常除帮助比某做工外，有暇即由比某教以诵经念咒，画符画令，一遇有人延请，即随同前往。工作时坐于笔摩之旁，随声诵念，听笔摩指挥，做帮助工作。事毕后，主人所给代价，笔摩亦可分给少数，但不分亦不能自动要求。若是者久之，则技艺纯熟，倘笔摩认为其已学成时，则令其回家，自立门面，即成为正式笔摩矣，大概学习期间至少亦在五六年，有多至十年者。"②

3. 阴传与灵传

这种传承带有较浓厚的神秘色彩，它既不需要跟着师父学习，也无须有人指点，只要是有过某种在大家看来比较神秘的经历（一般均为做梦），说自己获得某某已故巫师之灵，社会也就承认他是巫师了。我们认为这类传承倒更接近原始巫师的传承现象，故称之为"阴传"或"灵传"。据学者们调查和考证，这类传承现象在各民族地区均有存在。

基诺族巫师有"白腊泡"和"牟培"之分，"白腊泡"主司占卜，"牟培"则主司驱鬼之职。在基诺族地区，一个人是否成为白腊泡，就在于他是

---

① 杨铠：《鹤庆县白族巫教调查》，载云南编辑组编《云南民族民俗和宗教调查》，云南民族出版社1985年版。

② 毛筠如：《大小凉山之彝族》，1946年完成于成都，第103—109页。

否遭遇一些奇异的事。他们往往都会说一些离奇的故事，譬如说自己打猎安套，但套子里所扣住的不是山中的野兽，而是一条鱼；如果他上山狩猎到了一只活蹦乱跳的麂子，可麂子的肉里却有蛆虫在蠕动；他在吃饭时，饭里却出现了贝壳之类的东西，等等，于是他就会认为自己所遇到的所有奇异现象都是因为有一种精灵——"白腊泡"内附在自己的身上，是这种精灵（即巫师的灵魂）与他的灵魂结合产生的，这样他便成了白腊泡。

牟培的产生也同于白腊泡。他们也往往会宣传自己所遇到的一些奇事，如在刀耕火种期间，砍山时却砍出了地上一堆堆稻谷；在山中箐沟或山坡上埋上地弩打猎时，弩绳下却出现许多贝壳或出现一条很毒的毒蛇，但这毒蛇却不咬他；有时蒸饭，打开蒸笼，饭里却会飞出一只鸟来；打猎时已将野兽野禽打死，可背回家后，这些猎获物却又都复活跑走了；有时明明打落的是鸟，可一落下地来却成了石块或一截木头，等等。这时他们就会认为这些怪现象是"牟培"巫师之灵"牟培内"与自己的灵魂结合所出现的预示或象征，他自己便成了"牟培内"的化身，即巫师牟培，当然他们也要供奉"牟培内"这种巫师的灵魂。[①]

但是即使是阴传或是灵传的"白腊泡"或"牟培"，也须经过一些仪式和学习一些巫师的技能。这种仪式，基诺族人称其为与鬼女结婚的"婚礼"，十分复杂，主要有如下程序：

（1）先打黄牛祭祀祖先，并择吉日定下鬼女婚嫁的日期。

（2）备办祭品和巫师鬼女房，祭品有水牛一头，猪六口，狗一只，鸡四只，鸭一只及植物制作的仪式礼品；鬼女房高约50厘米，四壁木板须用蜡黏合，扎花人像四个及其他祭祀所需物品。

（3）请祭司、巫师和长老等。

（4）祭司祭雷鬼。

（5）接巫师鬼女花像，并迎巫师，长老等，设置鬼女房祭鬼女。

（6）求福祭祀。

（7）在鼓上打鸡蛋和祭鼓仪式。

（8）巫师进鬼女房。

---

① 宋恩常等：《景洪县巴雅、巴奇村基诺族宗族调查》，载《云南民族民俗和宗教调查》，云南民族出版社1985年版，第180—181页。

（9）巫师剽水牛。

（10）驱未满月婴儿野鬼。

（11）向巫师鬼女献水牛。

（12）夜宴求福。

（13）大巫午夜举行"蒙贝"仪式（即与鬼女成婚之仪式）。

（14）向鬼女献水牛头。

（15）口含燃着的黄蜡烛，并将其含熄（此当为与鬼女结合之象征）。

（16）与巫师鬼女共饮酒。

（17）三个代理人围绕鬼梯跳叫，并扮老祖母逗笑与祛邪。

（18）吃早饭前举行三口饭祭祀仪式。

（19）送巫师，整理收拾祭场，"婚礼"仪式结束。①

白族的巫师灵传过程较为简单，只需有过某些奇异之事，其后行施巫事灵验就能得到社会和同行们的承认。当然这种巫师一般不主持法事，也不跳神，其主要职司是察看民间灾病的起因，人们称这类巫师为"降相"。降相的形成条件主要是要患一场大病或昏死之后，获得某个神灵的依附。下面是一位女巫形成过程的自述材料整理：

> 字七妹，白族，女，40 岁。自述 28 岁那年，她突然浑身疼痛，四处看病治疗，中西医药均未能治愈，身体一天不如一天。1981 年，本地实行包产到户，丈夫与同族远房兄弟争土地，殴打起来，字七妹去劝架挨了骂，心里十分激愤。没过几天，她突然一阵心痛。晕死过去。待家人将其救活，她就开始代表观音老母讲话，要人们讲良心，各人做各人的田地，等等。此后，有些人就去找她求神问事，求神治病，据说很灵验，遂成为附近白族公认的"降相"。②

类似于南方民族巫师这类"灵传"之法，早在唐代即见于记载："久视年中，襄州人杨元亮，年二十余，于虔州汶山观佣力。昼梦见天尊云：'我

---

① 吕大吉等主编：《中国各民族原始宗教资料集成·基诺族卷》，中国社会科学出版社 1996 年版，第 960—966 页。

② 吕大吉等主编：《中国各民族原始宗族资料集成·白族卷》，中国社会科学出版社 1998 年版，第 614 页。

堂舍破坏，汝为我修造，遣汝能医一切病。'瘄而悦之，试疗无不愈者。赣县里正背有肿大如拳，亮以刀割之，数日平复。疗病日获十千，造天尊堂成，疗病渐无效。"又"如意年中，洛州人赵玄景病卒，五日而苏。云见一僧，与一木长尺余，教曰：'人有病者，汝以此木拄之即愈。'玄景得见机上尺，乃是僧所与者，试将疗病，拄之立瘥。"① 上述两则材料所记皆为"灵传"，一言神灵附体，使一位根本不懂医术的"佣工"一夜之间不仅知医病之术，且内外科皆为精通；二则言人病重死亡而复生，且得一僧杖，任其疑难杂症，"拄之立瘥"。由此可见，南方民族中巫师的灵传承袭制度事虽近乎荒诞，但似乎亦有其一定的历史源流，故仍能获得社会的承认。

南方民族地区巫师的承传主要为上述三大类别，但在古代，却尚有别种途径。比如有的是偶遇某巫师，随缘而授之；有的则是偶然了解到某种巫术的奇异，花钱请巫师传授，不过这种方式所获得的巫术多为"黑巫术"，现略举两例，以广见闻。《冥祥记》载："魏时，浔阳县北山中蛮人有术，能使人化作虎，毛色爪身悉如真虎。乡人周畛有一奴，使入山伐薪，奴有妇及妹，亦与俱行。既至山，奴语二人云：'汝且上高树去，我欲有所为焉。'如其言，既而入草。须臾，一大黄斑虎从草出，奋越啸吼，甚为可畏。二人大怖。良久还草中，少时复还为人。语二人：'归家慎勿道。'后遂向等辈说之，周寻知之。乃以醇酒饮之，令熟醉，使人解其衣服及身体事事详视，了无异，唯于髻发中得一纸，画作虎，边有符，周密取录之。奴既醒，唤问之。见事已露，遂具说本末云：'先尝于蛮中告籴，有一蛮师云有此符，以三尺布、一斗米、一只鸡、一斗酒受得此法。'"

清人刘献廷《广阳杂记》卷1亦载："汪武曹云：无锡有妖如火，夜飞入人家摄物，乃至数百石米，亦能携之去。……戴皖臣言：此名'麻城法'，授之者发誓不传他人。书符印入墨池中饮之，而后传法。其发愿文云：'只愿今生图富贵，不顾七祖入酆都。'云习此法者，其七世祖灵皆入冥狱。"

第二节　巫术之剑

巫术世界是十分神秘而诡异的，可以说，凡是原始人类想象力所能及的

---

① （唐）张□：《朝野佥载》卷1。

地方均存在着各种奇诡的巫术,其形式之复杂,花样之新巧,仪式之神秘,类别之众多,实为一言难尽。这些巫术之所以如此繁杂,仍根源于原始人类的生存需要的复杂多样。对于巫术早期的原始人类而言,巫术是他们应对自然挑战、部族间的生存竞争、部族内部各种纠纷摩擦,以及家庭或个人生活中难以预测的种种不幸等的"万能武器"。但是"万能武器"要使它真的"灵"起来,就不可能以不变应万变,而是以变应变,也就是说,需要针对不同的问题,采用不同的应对方式,从而使得巫术随着时间的推移而慢慢地繁杂起来。另外,原始部落时代的巫术初期,职业巫师尚未形成,几乎每个部落成员都是巫师,他们都能应用各自的巫术来解决自身所处的困难情境。由于各人所面对的问题的不同,加之各人的生活经验的差异和对问题理解的差异,致使各人所采用的巫术不同,纵使后来出现了职业化或半职业化的巫师阶层,他们也应当有过"博采众长"、杂取种种巫术的过程,但这种综合与提炼仍未使巫术的形式走向系统化、规范化。因为巫术的行施首先得尽量让部落或村落成员都满意,方能具有某种集体心理效应,促进人们对巫术的信仰和对巫师个人的崇信。再加上生活每天都在变化,所遭遇的难题情境亦多有不同,故而巫术在其自身的演化过程中往往更乐于趋向复杂化。一句话,巫术的复杂根源于生活自身的复杂,也根源于人们内心世界的复杂。

正因为如此,今天我们要切入这种复杂而神秘的巫术世界时,就只能对这一庞大的系统做一番概括性的扫描。笔者打算从巫术目的的角度入手,尽量梳理出几条线索,以尽可能地向读者展示南方民族巫术世界的全貌。

一 巫祠祭祀

自古以来,南方民族就以巫风淫祠著称,汉代王逸就曾对此有过记载:"昔楚国南郢之邑,沅湘之间,其俗信鬼而好祠。每祠必作歌乐、鼓乐,以乐诸神。"[①] 唐宋以降,类似记载,不绝于文献典籍。在今天遗留于南方少数民族社会生活的一些远古信仰文化习俗中,我们仍然可以看到南方民族古代巫祠祭祀的朦胧面影。

综观整个南方民族的巫祠祭祀文化,其祭祀对象之多之杂足以让人瞠目结舌。所谓祭祀对象之多,是说其祭祀的神灵无所不有,天神地祇、图

---

① (汉)王逸:《楚辞章句·〈九歌〉序》。

腾祖先、善灵恶鬼，林林总总，类别万千；所谓祭祀对象之杂，是言其所祭祀的神灵有佛教、道教、基督教、伊斯兰教和本地区本民族原始宗教等各种神灵仙佛，无不一一加以崇拜祭祀，也正是因为其所祭祀的神灵太多太杂，故常被中原王朝视之为淫祀。《礼记·曲礼下》载："非其所祭而祭之，名曰淫祀。淫祀无福。"[1]《左传·僖公十年》亦言："神不歆非类，民不祀非族。"[2]与这种正统的王朝祭礼中所表现的思想不同的是，南方民族的巫祠祭祀却是从另一角度来看待祭祀的：礼多人不怪，祭繁神亦欣。在他们看来，无论是何方神圣，只要多多祭祀，都会高兴的。因此，多一场祭祀，就少一番灾祸，也就多了一重生存的保障。正是基于这样一种宗教心理基础，南方民族的巫祠祭祀才日渐繁杂起来。

1. 巫祠

巫祠，在这里是指那些不在祀典的祠庙，祠庙中所供奉的神灵也是一些非正统祭祀中的荒神野鬼。它们既未曾"以劳定国"，也未能"御大灾""捍大患"，同样也非"以死勤事"、为百姓做过贡献，但它们在人们心中却能播撒恐惧、散布惊惶。因此，南方民族出于对它们的恐惧而不得不祭祀它们，有时这种祭祀甚至到了十分可笑的地步：

> 会稽石亭埭有大枫树，其中朽空。每雨，水辄满。有估客携生鲤至此，辄放一头于朽树中。村民见之，以鱼鲤非树中之物，或神之。乃依树起室，宰牲祭祀，未尝虚日，目为鲤父庙。有祷请及秽慢，则祸福立至。后估客复至，大笑，乃求鲤臛食之，其神遂绝。[3]

仅因一估客无意间于朽木洞中投放一鲤（shàn，同鳝），就令浙江会稽百姓惶惶不可终日。在他们看来，树中不可能有鲤，鲤亦不可能在树洞中生存，可是眼前却明明有一条鲤生活在树洞中，这条鲤肯定不是普通的鲤，一定是神灵。于是一座"鲤父庙"便凭空依树而立，甚而愈传愈灵，愈灵愈祭，以至于"宰牲祭祀，未尝虚日"，这大概正是南方为何多淫祀

---

① 《周礼·仪礼·礼记》，岳麓书社1989年版，第294页。
② （春秋）左丘明：《左传·僖公十年》，岳麓书社1988年版，第60页。
③ （宋）李昉等：《太平广记》卷315引刘敬叔《异苑》。

的一则典型实例。

此类巫祠并非仅限于会稽一带，整个大江之南，在旧时亦多如此。就文献史载而论，古代南方巫祠最具典型的是荆楚和吴越地区普遍盛行的"五通神"祭祀。宋人洪迈曾这样说过："大江以南地多山，而俗机鬼，其神怪甚诡异，多依岩石树木为丛祠，村村有之。二浙、江东曰'五通'，江西、闽中曰'木下三郎'，又曰'木客'，一足者曰'独脚五通'，名虽不同，其实则一。考之传记，所谓木石之怪，夔、罔两及山獯相似。或能使人乍富，故小人好迎致奉事，以祈无妄之福。若微忤其意，财又移夺而之他。遇盛夏，多贩易材木于江湖间，隐见不常，人绝畏惧，祀赛惟谨。"[1] 在洪迈看来，南方所祭的"五通"神虽然各地称呼不一，其实是一类东西，即山魈，在屈原的《九歌》中则又各为"山鬼"。在《夷坚支癸》卷 3 中，洪迈还详细地记录了舒州宿松县百姓祭祀五通神的过程：

> 吴十郎者，新安人。淳熙初避荒，挈家渡口，居于舒州宿松县。初以织草履自给，渐至卖油……才数岁，资业顿起，殆且巨万。……会豪室遭寇劫，共指为盗，执送官。困于拷掠，具以实告云："顷者梦一脚神来言：'吾将发迹于此，汝能谨事我，凡钱物百须，皆可如意。'明日，访屋侧，得一毁庙，问邻人，曰：'旧有独脚五郎之庙，今亡矣。'默感昨梦之异，随力稍加缮葺。……凌晨起，见缗钱充塞，逐日以多，遂荣建华屋。方徙居之夕，堂中得钱龙两条，满腹皆金，自后广置田土，尽用此物。今将十年，未尝敢为大盗也。"邑宰验其不妄，即释之。吴创神祠于家，值时节及朔日，必盛具奠祭。杀双羊，双猪，双犬，并毛血粪秽，悉陈列于前。以三更行礼，不设灯烛，率家人拜祷讫，不论男女长幼，皆裸身暗坐，错陈无别，逾时而退。常夕不闭门，恐神人往来妨碍。妇女率有感接，或产鬼胎。庆元元年，长子娶官族女，不肯随群为邪，当祭时独不预。旋抱病，与翁姑相继亡。所积之钱，飞走四出，数里之内，咸有所获。吴氏虔启谢罪，其害乃止，至今奉事如初。[2]

---

① （宋）洪迈：《夷坚丁志》卷 19，中华书局 1981 年版，第 695—696 页。
② （宋）洪迈：《夷坚志·夷坚支癸》卷 3，中华书局 1981 年版，第 1238—1239 页。

在南方其他地区，五通神祭祀亦不亚于此地，甚至有用人作牺牲以献五通神者："扬州僧士慧，素持戒律，出外云游。未至江州，一程，值日暮，不逢寺舍，适在孤村林薄间，无邸舍可投歇。栖栖逮暗，得路左小庙，乃入宿。过夜半，见恶少年数辈舁一人来，就杀之以祭，旋舍去。僧惴恐不敢喘息。才晓即行，甫数里，望一庙甚雄，榜曰：'护界五郎'。引首视其中，堆积骨无数。……僧知为妖鬼，持锡柱杖去偶像，碎其头。"① 五通神到了明清时代，其神已不再是木客、山魈，而是阵亡的将士之灵。"旧传明祖既定天下，大封功臣，梦兵卒千万罗拜殿前曰：'我辈从陛下四方征讨，虽没于行阵，夫岂无功？请加恩恤！'高皇曰：'汝固多人，无从稽考姓氏，但五人为伍，处处血食足矣。'因命江南家立尺五小庙祀之。俗称'五圣祠'。是后日渐繁衍，甚至树头花前，鸡埘豕圈，小有萎靡，辄曰五圣为祸。吾吴上方山，尤极淫侈。娶妇贷钱，妖诡百出。吴人惊信若狂。箫鼓画船，报赛者相属于道，巫觋牲牢，阗委杂陈，计一日之费不下数百金，岁无虚日也。"② 从这一记载来看，五通神虽然已从木客、山魈改为人之灵，但其邪魅精灵的本性并无多大变易，"娶妇贷钱，妖诡百出"。江南百姓既出于对五通神的畏惧，也部分地出于对财贷的贪恋，故明清之际，其巫祠祭祀仍十分繁盛，"巫觋牲牢，阗委杂陈""岁无虚日也"。

南方森林丛莽，地候阴湿，故多蛇。其蛇巨而且毒，人们于山间溪谷耕作，多遇蛇灾。唐代柳宗元《捕蛇者说》中就曾这样描述过永州（今湖南省永州地区）的蛇害："触风雨，犯寒暑，呼嘘毒疠，往往死者相籍也。曩与吾祖居者，今其室十无一焉；与吾父居者，今其室十无二三焉；与吾居十二年者，今其室十无四五焉。非死则徙耳！"当然，这里的"非死则徙"的结局并非全因蛇害，还出于朝廷宫府的压迫盘剥，但我们仍然可以从这样悲惨的生活中看出蛇害的猛烈。正由于毒蛇的危害，人们很早就对其产生了强烈的畏惧之心，且在这种心理基础上，形成了蛇神的巫祠祭祀。甚至到了宋代，南方仍盛行杀人祭蛇神的祭祀风俗。"祈门汪氏子，自番阳如池州，欲

---

①　（宋）洪迈：《夷坚志三补》，中华书局1981年版，第1803页。

②　（清）钮琇：《觚剩》卷1。

宿建德县。未至一舍间，过亲故居，留与饮。行李已先发，饮罢，独乘马行，遂迷失道，与从者不复相值。深入支径榛莽中，日且曛黑，数人突出执之。行十里许，至深山古庙中，反缚于柱。数人皆焚香酌酒，拜神像前，有自得之色。祷曰：'请大王自取。'乃扃庙门而去。汪始知杀人祭鬼，悲惧不自胜。……中夜大风雨，林木震动，声如雷吼，门轧然豁开，有物从外入。目光如炬，照映廊庑。视之，大蟒也。……天欲晓，外人鼓箫以来，欲饮神胙。见汪依然，问故，具以事语之。相倾曰：'此官人有福，我辈不当得献也。'解缚谢之，送出官道，戒勿敢言。"①

除了五通神、动物神的祭祠外，南方民族的巫祠亦多有对历史人物建庙祭祀之俗，所祭人物多无一定的规定，故显得十分驳杂。"吾杭清泰门外有时迁庙，凡行窃者多祭之。济宁有宋江庙，为盗者尝私祈焉。汲县有纣王庙，凡龙阳胥祷于是。颖之卫灵公庙，闽之吴天保庙，亦然。涌金门外有张顺庙，赤山埠有武松庙，石屋岭有杨雄、石秀庙，闽楚多齐天大圣庙，黔中多杨老令婆庙，此皆淫妄之祀。"②另外，温州有杜十姨庙、伍子胥庙，雍邱有范郎庙、孟姜女庙、蒙恬庙，湘黔一带多关羽庙、张飞庙，云南则多孔明庙，等等。由此，我们可以这样说，在南方的巫祠祭祀中，所祭的神灵人神混杂，禽兽蛇虫、鱼鳖虾蟹、草木花妖尽在祠祭之列。这种杂乱的祭祀，历代多指责其荒诞淫妄，可又有谁知道，在其庄严的钟鼓声里，在袅袅的香烟缭绕、灵钱飞飘之际，南方民族数千年来心中积压的那沉重的无奈和叹息呢？

2. 跳神

"跳神"是南方民族很有特色的一种巫祠祭祀仪式，其主要特征即"歌舞娱神"。人们采用这一祭祀仪式，所祭祀的神灵主要是祖先神或在人们信仰文化中地位十分崇高的神灵，一般神的祭祀多不采用这一隆重的祭祀仪式。在民间的信仰观念中，祖神或地位崇高的神不仅神通广大，法力高强，更重要的是它与人们的生存联系十分紧密，只有对其隆重祭祀，获得神的欢欣，人们的生存才会有保障，否则，纵使对其他神灵祭祀得再好，但若"得罪"了祖先神或地位崇高的神灵，仍然会灾难不断、遗祸无

---

① （宋）洪迈：《夷坚甲志》卷14，中华书局1981年版，第126页。
② （清）梁绍壬：《两般秋雨庵随笔》卷1。

穷。因此，为了祭祀这些神灵，人们甚至节衣缩食，省吃俭用，也要隆重地祭祀它，半点怠慢不得。正如唐代诗人元稹所记载的那样："楚俗不事事，巫风事妖神。事妖结妖社，不问疏与亲。年年十月暮，珠稻欲垂新。家家不敛获，赛妖无富贫。杀牛贳官酒，椎鼓集顽民。喧阗里闾隘，凶酗日夜频。岁暮雪霜至，稻珠随垅湮。……贫者日消铄，富亦无仓囷。不谓事神苦，自言诚不真。"[1]

作为祭祀仪式的"跳神"，不同于驱鬼仪式的跳神，也不同于还愿的跳神，因为它是一种群体性的舞蹈，而非巫师一人或数位巫师的舞蹈。其场面之盛大，人数之众多，均非其他仪式可比。在这种群体性的舞蹈中，一方面，通过舞蹈场面的热烈气氛，往往容易在人们的心灵中产生一种神灵与我共舞的幻象，从而加深对神灵的信仰与崇敬；另一方面，也可能使人更加坚定地相信，祭祀仪式中这种群体的欢乐气氛可以感染神灵，使之高兴并为之欣慰，从而更多地赐人予福，施人以恩。同时也由于这种共同的舞蹈狂欢，还可以消解人们日常生活中的某种怨气和不快，加深人们之间的相互认同和理解，增强彼此之间的亲和力与凝聚力。因此，在南方民族的祭祀仪式中，"跳神"仪式是相当普遍的，几乎所有南方民族都有自己的跳神仪式，所不同的只是舞蹈形式、祭祀对象和日期及场面大小的差异罢了。如景颇族的"木脑总戈"、黎族的"跳柴"、羌族的"牦牛原"、土家族的"摆手祭神"、苗族的"吃牯脏"、畲族与瑶族的"跳盘王"、哈尼族的"扎特勒"、彝族的"肯合呗"，等等。

土家族的"摆手舞"早已闻名于世，汉代时就曾影响到汉宫乐舞，"高祖乐其猛锐，数观其舞，令乐府习之"[2]。《华阳国志·巴志》还认为周武王伐纣之时，巴人就以其凌厉的"巴渝舞"和勇锐之师令殷人节节败退。"巴师勇锐，歌舞以凌殷人，前徒倒戈，故世之称曰：'武王伐纣，前歌后舞也。'"[3] 这里所言的巴渝舞即土家族摆手舞之前身，后来的土家族人跳摆手舞所祭之神为"八部大神"和"土王神"。人们跳起摆手舞祭神，兼有迎春祈年之意。至于最早的舞蹈所祀之神，惜乎已湮没难考了。

---

① （唐）元稹：《赛神》，引自赵杏根选编《历代风俗诗选》，岳麓书社1990年版，第28页。
② （南朝梁）萧统：《文选·蜀都赋》注引《风俗通》。
③ （晋）常璩：《华阳国志·巴志》卷1。

八部大神为祖先神,而土王即土司王,即已故的历代土司的神灵,也兼有土家族祖先神的意思。整个跳摆手祭祀的内容,主要是礼赞祖先神艰苦创业的功德,酬谢神灵之重建家园、开疆拓土之功勋。摆手舞有大小摆手之分,以村寨宗姓为单位,祭祀土王的叫"小摆手";而以邻近几十里土家的山寨联合举行,祭祀八部大神的叫"大摆手",有时参加"大摆手"祭神人数可达数万人之多。

"摆手舞"祭神的时间少则五、七日,多则十数日,多于夜间举行。其舞蹈的主要节目有"排甲起驾""闯驾进堂""纪念八部大神""兄妹成亲""迁徙定居""农事活动""自卫抗敌""饮酒庆贺""送驾扫堂"等。每一个大节目又由许多中小型节目组成,如"农事活动"中就包含有"唱十二月""打猎""钓鱼""接新娘""教书""生产"等项,其间亦歌亦舞,间杂有原始戏剧性舞蹈"毛古斯"、祭神活动等。规模庞大,内容复杂,舞姿多变,动作刚柔相济,是以让参舞者如痴如狂,流连忘返。

乾隆《永顺府志·杂记》载:"每岁正月初三至十五,土民齐集,披五花被,锦帕裹头,击鼓鸣铳,舞蹈唱歌。舞时男女相携,翩跹进退,谓之'摆手'。往往通宵达旦,不知疲也。"光绪年间的《龙山县志》亦载:"土民赛故土司神,旧有堂曰'摆手堂',供土司某神位,陈牲醴。至期,既夕,群男女并入。酬毕,披五花被锦,帕首,击鼓鸣钲,跳舞歌唱,竞数夕乃止。其期或正月,或三月,或五月不等。歌时男女翩跹进退,故谓之'摆手'。"①

苗族"吃牯脏"祭祖仪式的规模场面也同样十分浩大,时间短则三日,长则十数日。仅仅从造鼓到把鼓抬回"停鼓祠"行洗鼓之仪就包含着九种仪式过程,在每一项仪式中,也都有歌有舞。这些歌舞的目的在于使新鼓获得灵性,即能将旧鼓里的祖灵移进新鼓。而当"吃牯脏"仪式正式开始后,邻近苗家人民汇集到一起,先观看群牛大战,然后从中选出最优秀的牛向祖灵祭献,于是新鼓中的祖灵复活了!在木鼓的"咚咚"声响中,人们应着鼓声翩跹起舞,为祖灵复活而狂欢。

云南德宏景颇族人的"木脑总戈"大型祭祀舞蹈,在旧时主要是祭祀天神"术代",多在丰年、出征、打胜仗或大喜事时举行。传说百鸟应邀

---

① (清)符为霖等:《龙山县志·风俗》卷11,光绪四年刻本。

到太阳国参加"木脑会"，景颇族大英雄宁贯娃在人间主持了第一届"木脑会"，后世相沿成俗。木脑祭祀舞蹈有一个突出的特点，就是对鸟的崇拜，景颇人也认为这一舞蹈主要起源于鸟类舞蹈。故在舞场的立柱上档的两端设有木刻的犀鸟、孔雀各一只，外围以竹篱笆。典礼开始时，鼓乐齐奏，人们在两位头戴孔雀羽毛篾帽的老人率领下入场。礼炮齐鸣，欢声四起，各村寨的景颇人互相赠物敬酒，翩翩起舞。男子多执长刀，或横挎象脚鼓，女子持手绢、纱巾、花扇、树叶等物，列队绕场表演舞蹈。旧时，各村寨族人还需送上祭品，以祭神灵，其祭品多为牛、谷物、酒等。祭祀舞蹈一般为期二天，亦有四天、六天的。

南方民族"跳神"祭祀活动当然也缺不了巫师的主持和参与，可以说旧时的所有跳神祭祀活动都是在巫师的主持和引导下进行的，尤其是祭神仪式，巫师们更是主要的祭祀者，而一般群众只是陪祭。正是因为有了巫师的参与和主持，"跳神"祭仪才更为庄严神圣，也才与人们一般的娱乐性舞蹈区别开来。清人朱颖在其《苗祭神》一诗中就记载了巫师与群众一道歌舞祭神的热烈场面：

> 沙锣镗其鸣，铜鼓坎其鼓。杂沓召巫觋，缤纷饰猫虎。束腰垂红巾，齐头裹青组。野僚掷叉跳，洞瑶掉臂舞。雄猛作将军，褴褛跪翁姥。村女花裙钗，山童草缠股。纸旗曳筤铛，瓦缶罗酱蒟。喧笑献豕头，蟋蟀焚鸡羽。香烟郁紫云，符水洒白雨。侏僚语难听，醉饱神或吐。……安得洗蛮烟，采入《豳风》谱。①

从诗中所记的"跳神"场面来看，旧时南方民族在仪式中还有"缤纷饰猫虎"的仪式情节，这一仪式情节与景颇人头戴孔雀羽毛跳舞祭神的场面十分相似。他们共同的目的是把自己打扮成神灵的样子，努力在主观上去争取神灵的认同，缩短人神之间的情感距离，以获得更多的福祉。同时，有了这种外在的装饰，在狂热的舞蹈过程中，更易于加深神灵的体认，也更易于加强人神之间的神秘的"灵性"交流，获取更多的"灵气"，以保生存的平安吉祥。

---

① 赵杏根选编：《历代风俗诗选》，岳麓书社1990年版，第220页。

3. 游神

游神即将神像或神的象征物抬出来，组成浩浩荡荡的游神队伍，游祭大街小巷，这是南方民族巫祠祭神的又一大特色。

游神一般在各地区神灵诞辰之日举行，平时人们邀集结社，各凑银两，借贷生息，或买田置地，租与他人耕种以生利。亦有人们在赛神之前由各家各户筹集钱物，以作赛神之资。游神仪式中所赛神灵，各地区各民族亦不相同，有城隍、土地、妈祖、驱蝗神、观音及其他神灵。人们采用这种仪式的目的，除了祭祀神灵之外，更主要的当是请神巡视各地民间之生活状况，并借助神威以警吓邪鬼妖灵，使之不敢兴祟作怪，另外也还兼有祈报之意。而且人们举行游神仪式，也包含着一层娱神和娱人的含意，故在游神活动中，多掺杂有许多民间娱乐活动。

旧时南方蝗虫为害惨烈，因蝗虫数量众多，有时遮天蔽日，所过之处农田庄稼荡然无存，故南方百姓对驱蝗之神刘猛祭祀唯谨。每年正月十三日，民间以为是刘猛将军诞日，多举其偶像进行"游神"仪式。据《清嘉录》记载，清朝苏州一带地区祭"刘猛将军"的场面就十分热烈。"相传神能驱蝗，天旱祷雨辄应，为福猷亩，故乡人酬答尤为心愫。（正月十三日）前后数日，各乡村民击牲献醴，抬像游街，以赛猛将神，谓之'待猛将'。穿窿山一带，农人舁猛将，奔走如飞，倾跌为乐，不为慢亵，名曰'赶猛将'。"[1] 又载："是时，（七月）田夫耕耘甫毕，各醵钱以赛猛将之神，舁神于场，击牲设醴，鼓乐以酬，四野遍插五色纸旗，谓如是则飞蝗不为灾，谓之'烧青苗'。"[2] 而早在宋代时，地方官吏还要在游神活动中宣读驱蝗虫之文，以加强祭祀之效果："……且县令受天子命，来宰是邑，其治以抚养百姓为事，则蝗虫之与县令又不得并居此土也。……今与蝗虫约：三日北归，三日不能五日，五日不能七日，若七日不归，是终不肯归矣。是狃蕃夷之余习，以害我圣朝之善治……与傲天子之命吏，不听其言而为民害者，其罪皆可杀。县令则取诗人去螟之语，唐相捕蝗之命，以与蝗虫从事，必尽杀之乃止，无俾遗种于兹邑！蝗虫有知，其听县令言。"[3]

---

① 王景琳等主编：《中国民间信仰辞典》，中国文联出版公司1992年版，第228—229页。
② 同上书，第229页。
③ （宋）刘昌诗：《芦浦笔记》卷9。

这类驱蝗虫的告文，透露出凛凛杀气，带有强烈的巫术色彩。

广东潮州旧时游神更突出神灵警吓百鬼之功能，在游神仪式中，多穿插巫师镇压百鬼之巫术，使整个游神仪式更添几分森严肃杀之威。据胡朴安先生《中华全国风俗志》载："潮民酷信神权，每值元旦，无论贫富，胥集里中。旷场筑棚，从庙中捧泥塑金雕之木偶置其上。像如齐天大圣、三山国王（三山国王据谓初为妖魁，以其屡拯人于濒危间，民德之，故勒像为礼，以垂不朽云。其事实渺不可稽，姑妄听之）、七圣娘娘等。逾时，一人身披红衣，头围赤布，隐语喃喃，跳跃而至，自言为某神某仙。男女一惟其言是听，争询疾病休咎，及年禧财运，摩肩接踵，恐后争先，事讫皆旁立，肃噤无声。自号神者，遽以剑割舌使破，取血涂书符咒，镇压四境。迨毕，但闻响拍数声，称神者徐靡其眼作呵欠状，若恍然而醒。数辈男子，乃将偶像捆载一兜，而以四人肩之，一人执大旗为先导，遍历里中大小各巷，始返之原处。及夜则家家出稻草于巷前或场中，堆而焚之。每堆相距二丈余，火光熊熊，烈焰高腾数丈，使肩神像及执旗者跳跃逾其上，偶或失足堕火，众弗顾也。既竟，阖里出斜方形之糖方（即米泡糕）祀神。糕以层垒最高者为胜。继燃放爆竹焰火以为娱乐，二鼓后，才四散归宿。"[①]

广西地区的游神赛会亦不亚于吴越，且其纸扎神像千姿百态，尤有过之。据中华民国《同正县志》载："（七月）至二十四日为'城隍诞期'。如遇三年大醮会，则请纸扎预于六月间扎马武、岑彭两大将，身戴弓箭、盔甲，手持铜杆、钱（铁）尺等，高与檐齐，以为门神，又有两马夫牵两马匹立于楹前。大门之内，左右扎十王。殿中庭东边，则扎分衣施食一大法相，亦穿盔甲，而面目狰狞，左手持幡，右手持龄（铃），有观音大士化身出于背后，面前则立有四小鬼。另有五大功曹摆于中间。西边则有四老爷查街，身穿官衣纱帽，面前立差役四名。此外，如东西辕门，大门神座，均扎有花坛，夜间燃灯，与各色灯彩光如白昼。于二十四日出路，锣鼓仪杖，拥挤满街。所有纸扎入醮则陆续焚之，四老爷最先，而两大将最

[①] 引自《中国文化精华全集·风俗地理卷·中华全国风俗志》，中国国际广播出版社1992年版，第498页。

后。斋醮既散，则又演戏或十日、八日不等。"①

南方民族巫祠祭祀之俗有着悠久的历史传统，因其所祭之神灵，绝大多数不在祀典之列，故每每被封建王朝视为淫祀而屡遭严禁和焚毁。自西周以来，历代王朝均屡有禁令，"虽岳海镇渎，名山大川，帝王先贤，不当所立之处，不在典籍，则淫祀也。昔之为人，生无功德可称，死无节行可奖，则淫祀也。当斧之火之，以示愚俗，又何谒而祀之哉？神饭在理宜拜受，其他则以巫觋之饷，可挥而去也。为吏宜鉴之"②。由于历代朝廷有禁，加之各地方官吏的引导或镇压，南方民族巫祠之风亦日渐衰微。

前述三类大型巫祭仪式活动，所祭多为善神，其祭祀之法亦多近于汉族祭祀习俗，使我们今日尚能从一些文献中窥其大概。其实，各民族所祭之神灵，当有其自身的祭祀理由，这些祭祀最初大多形成于人们对自身生存与发展的渴望，在人类文明之风尚未吹散其蒙昧之云雾时，他们只能凭着对各自神灵的信仰，以解答其生存中无法解释的种种难题，抚慰其痛苦焦虑的心灵，倘若离开这种信仰的支撑，他们生存历程中所遭受的苦痛当更剧烈和深刻。今天，古代南方的种种巫祠祭祀早已消失，但从古代典籍残留的只言片语中，我们仍然可以感受到南方民族先民们生存的重压及其内在的顽强性格。

二　预测与占卜

人类似乎本能地存在着这样的思维倾向，即当其遇上不幸和挫折之时，总是有意或无意地想要去寻找造成这种不幸和挫折的原因。一旦找到了这类原因（无论是在事实上找到还是仅在主观幻想中找到），人类都会采取一系列的相应措施以努力减轻痛苦，并在今后的生活中，尽可能地避免再遭类似的挫伤，所谓"吃一堑，长一智"正是这个道理。但是，在原始时期，人类的生存条件太差，生产力水平也太低，在这样的物质基础上，人类的思维能力无疑得不到充分的、正确的发挥，因而也就几乎无法真正地找到事件背后的真实原因。然而，由于人类自身强烈的生存渴望和降低及避免灾害的内在需要，他们又非得要"找出"其原因不可。在这种

---

① 引自《中国地方志民俗资料汇编·中南卷下》，书目文献出版社1991年版，第913页。

② （唐）赵璘：《因话录》卷5。

强烈的内在需要的驱动下，人类依赖于自身的生存经验与神秘的万物有灵观念杂交的产儿，开始逐步地建立起自己的占卜巫术，并在此基础上，进一步建立起了自己的预测巫术，以应付生存环境的种种严峻挑战。

所谓占卜，在原始部落中，主要是从神秘主义角度对已发生事件的种种互相联系的现象进行分析，借以查找出这一事件产生的原因的一种古老巫术。尽管在这种分析过程中杂有太多的神秘主义成分，但笔者认为，这些神秘主义的迷雾仍难以全部掩盖其理性思考的光辉。预测则主要是在事件发生之前，原始部落的人们根据出现的种种征兆进行分析，以求发现这些征兆所预示的真实内容，并借此来指导自己未来的行为实践的一种古老巫术，它本质地包含着人类的某种理性思考的因素。预测的目的是为了趋福以避祸，而占卜的目的则主要是为了查找不幸事件的形成原因、降低痛苦和损失，以阻止不幸与灾祸的蔓延。这两种巫术对原始人类的生存发展而言都是十分重要的，故千百年来，这类巫术一直深入到每个民族和个人的社会生活中，成了人们某种生存的依赖，并且至今仍然未见衰颓之势。只是为了叙述方便起见，笔者在下面将其一律称为"占卜巫术"。

如果说中原民族占卜文化主要表现为以龟蓍占卜为核心的聚焦形式，那么南方民族的占卜文化则主要呈现为某种散点分布形式，其占卜方式之繁多纷杂，也同样让人叹为观止。如湖南苗乡的牛卜、中国台湾高山族的鸟占、南方的走阴术、杯珓卜、云南的米卜、广东的鸡蛋卜、吴越一带的鬼卜、广西的茅草卜等。有的一个地区或一个民族就有数类或十数类占卜方式，如独龙族就常用水卜、酒卜、刀卜、蛋卜、鸡卜、谷卜、竹卜和叶卜等，而彝族的占卜巫术则同样复杂多样：阿依物（鸡骨卜）、胆卜、木刻卜、胛骨卜、羊骨卜、羊角卜、铜钱卜、竹筷卜、松木卜、鸡蛋卜和掌布卜等均为其常用的占卜巫术。

占卜在旧时南方民族的社会生活中起着十分重要的作用，在其日常生活中，人们只要遇上一些与其生活常识相异的事物，如梦中异相、乌鸦啼叫、狗上屋梁、老树怪声，甚至是眼皮跳动、喷嚏之类，也常常令人心神不定，必须占卜一番。至于遇上疾病、灾祸这类严重变故，则更得请巫师占卜。另外，巫师祭神或驱鬼之先，亦非得进行占卜不可，因为要驱逐邪神妖魅、祛病禳灾，就必须事先弄清是何种鬼灵作祟，方可决定采用何种巫术，否则其法事活动将无法进行，或者纵使实施了巫术，也必定徒劳无功。因为在南方民族的观念中，人们生活中一切寿夭祸福，冥冥之中全由神灵主宰，故当其遇上一些异常现象或不幸事件时，就必须通过占卜的方式，查找出祸福疾难的根源，或借助巫师的神力，或祈求神灵的护佑，以保自身生存顺利、平安吉祥，或者尽可能地减轻痛苦、避免灾患。

换一种角度说，人类在其生存过程中，经常会遇上许多难以意料的情况，就是在科技文明日益发展的今天，许多突发事件的产生也是不可避免的。在过去，这类突发事件有时会严重到改变一个部族、一个地区或一个村寨的历史的地步。为了应对这种事故的发生，也为了尽量能提早预防或减轻其灾变的损害程度，人们只有通过占卜。由此可知，占卜巫术在旧时的部族生活中所发挥的作用是何等重要了。为了便于叙述，我们将南方民族的占卜巫术按其巫术目的和占卜形式分为日常占卜、危机占卜和神秘性占卜三大类。

1. 日常占卜

日常占卜的一个最大特点，就是由百姓自己所进行的占卜，并不邀请巫师进行。这类占卜所涉及的大多是人们日常生活中遇到的一些疑难问题，相对来说这些疑难问题对人们的生活影响尚未严重到令人惶惶不安的地步。例如水族新过门的媳妇对自己未来所做的预测性占卜，就属此类。当新媳妇首次在夫家村寨的水井里挑第一担水时，总是在凌晨时便早早起床，将煮熟的鸡蛋剖为两半，平心静气地投入井里，以观其俯仰来占断吉凶，若一俯一仰，为上吉之兆，全仰或全俯则主吉凶对半，这时便要请娘家巫师做法事禳解，以求幸福。独龙人的刀卜亦属日常占卜，多由当事人自己主持。占者蹲于地，用线系刀柄，两手各握其线端，缓缓将刀从地上提起，观刀的摇摆之状。譬如占卜在狩猎中自己的套卡是否套住野兽，若刀前后摇摆，则获兽；若左右摇摆，则未获兽。拉祜族的"阿布泥"（鸡卦与猪卦）总是在一年的除夕之夜和正月十五日夜进行，主要预测一年的吉凶。鸡卦看鸡骨上的某些形状，猪卦则看猪肩胛骨上的某些形状，且多以看鸡卦为主。

宋人周去非《岭外代答》对岭南一带民族的"茅卜"之占，曾有过详细的记载和分析：

> 南人"茅卜法"，卜人信手摘茅，取者左手自肘量至中指而断之，以授占者，使祷所求，即中摺之。祝曰："奉请茅将军，茅小娘，上

知天纲，下知地理"云云。遂祷所卜之事，口且祷，手且掐，自茅之中掐至尾，又自茅中掐至首。乃各以四数之，余一为"料"，余二为"伤"，余三为"疾"，余四为"厚"。"料"者雀也，谓如占行人，早占遇"料"，行人当在路，此时雀已出巢故也；日中占遇"料"，则行人当晚至，时雀至暮当归尔；晚占遇"料"，则雀已入巢，不归矣。"伤"者声也，谓之"笑面猫"，其卦甚吉，百事欢欣和合。"疾"者"黑面猫"也，其卦不吉，所在不和合。"厚"者滞也，凡事迟滞。茅首余二，名曰"料贯伤"，首余三，名曰"料贯疾"，余皆仿此。南人此卜甚验，精者能以时辰与茅折之，委曲分别五行而详说之，大抵不越上四余。而四余之中，各有吉凶，又系乎所占之事。当卜之时，或遇人来，则必别卜，曰：外人踏断卦矣。余以为此法即易卦之世应揲蓍也。尝闻楚人筹卜，今见之。①

2. 危机占卜

危机占卜主要是人们面临危机之际，请巫师主持的占卜巫术，其目的在于查找危机形成的主要原因，以求禳解。壮族米卦当属此类，米卦即投米入水盆，观其盆中米粒的分布之形，以占吉凶，据近人刘锡蕃《岭表纪蛮·迷信》所载，巫师先问病人年庚及得病时日，继而焚香化纸，口念咒语，请神降临，然取数粒米投入水盆中，如米沉底成团，则神灵尚未到达，需依法再请。若米在盆中呈"∷"形，则为丧神，因其形似棺材也。若呈"∴"形，占卜者在前门占卜，则此形占为家神作祟；占卜者在后门占卜，则此形占为外鬼作祟。若呈"∴"形，在前门占卜为外鬼作祟，在后门占卜则为家神发怒。如呈"×"形，则为家神与外鬼相互勾结作祟。②

云南部分民族亦有米卜。先备白米一碗，米上放一只鸡蛋、一块生姜、一块盐巴。巫师或卜师祷神后，抓一撮米投向另一只空碗，视米粒散布之形以占。若米粒相连主吉，四散不相连主凶，两两相连则大吉。若查致病之鬼，每口乎一鬼名，便投米一次，若米粒散开则非此鬼，相连则即此鬼作祟。查出后再依据有关巫术进行驱逐或祭祀。

---

① （宋）周去非：《岭外代答》卷10。
② 刘锡蕃：《岭表纪蛮》，商务印书馆1934年版，第184—185页。

基诺族查找危机之因的占卜术有"雅乌勒"(滚鸡蛋卦)、"雅乌兜"(立鸡蛋卦)、"奇叟粹"(米卦)、"伊叟粹"(贝壳卦)四种。"伊叟粹"只能由巫师白腊泡主持,先由白腊泡请神祈祷,后在碗口上沿或大拇指甲上立贝壳,一边立,一边呼唤鬼的名字,若连呼三遍,贝壳都能立起,则占为此鬼作祟。此类危机占卜术在古代南方十分普遍,唐人段公路在其《北户录》中也曾对南方民族这种危机占卜术有过这样的记载:

> 邕州之南有善行术者,取鸡卵墨画,祝而煮之,剖为二片,以验其黄,然后决嫌疑,定祸福,言如响答。据此乃古法也。《神仙传》曰:人有病,就茅君请福。煮鸡子十枚,以内帐中。须臾,茅君掷出,中无黄者病多愈,有黄者不愈,常以此为候。愚又见卜者流《杂书传》:虎卜、紫姑卜、牛蹄卜,灼骨卜、鸟卜,虽不干于蓍龟,亦有可称者。[①]

战争对参战双方都意味着极大的危机,故旧时彝族在战争前多由巫师毕摩主持战争危机占卜,这种占卜术多用火炙烤羊肩胛骨,视骨上出现的裂纹而占吉凶。据何耀华先生的调查,凉山彝族在出征之前都要由巫师进行这种占卜。如骨上呈"一""丨""入"等形状时,则战争无胜负之分,双方平安无事;若呈现"丫""十"形状时,则战争不利,会遭败绩;若呈现"f"纹时,则极佳,战争将获全胜。[②]

3. 神秘性占卜

神秘性占卜多属于危机占卜,只是巫师在进行这样的占卜时,场面最为隆重,所掺杂的神秘主义色彩最为浓厚。神秘主义占卜又分两类:一类是祭祀中的占卜,主要占卜这场祭祀是否为神所接受,其法主要为巫师打筊来占定,因其法极为普遍,这里不再赘述;另一类则为巫师亲自去"实地"勘察,即巫师遣自身的灵魂去阴府或天堂查找危机原因,在这种情况下,巫师往往处于某种迷狂状态,其所言语多借神灵之口道出,故最为群众所深信。现以湘西苗族流行的女巫降仙走阴为例:

---

① (清)汪森:《粤西丛载》卷18。
② 何耀华:《彝族社会中的毕摩》,《云南社会科学》1988年第2期。

　　仙姑走阴，属于社会迷信之一，尽人皆知。倘行驳杂厄运，不论有无知识者，心为之惑，皆深信也。室有病者，命在垂危，全家眷属急如星火，于是仙姑决疑，特问津焉。其法用小桌子一张，上摆香米，金钱及酒杯三个。有将桌上铺布桥①亦有不铺布桥者。仙姑正坐桌之上方，其面以青帕遮之。开首便请仙妹仙女，七姑娘娘，口唱歌曲，头摆左右，两足"登车"，上天寻找病者祖先。良久觅着。有准验者，概知病家祖先之姓名别号，说话如死者生前之口气然。首先可告病者情状，怕与不怕，吉凶祸福。又告是何神鬼作祸，有何神鬼救济，俾便求祈禳祷祭之。……通常仙姑，多属女人，求得真传，本知过去未来祸福。惟以今日世道日衰，人心败坏，有借此业者，不学无术，故以骗人为生活。……上为仙姑走阴情况矣。②

　　《礼记·曲礼上》言："卜筮者，先圣王之所以使民信时日、敬鬼神、畏法令也；所以使民决嫌疑、定犹与也。"③《礼记·表记》亦言："昔三代明王皆事天地之神明，无非卜筮之用，不敢以其私亵事上帝，是故不犯日月，不违卜筮。"④这两段文字既指出了卜筮在古代先民社会生活中的重要作用，即"决嫌疑，定犹与"，也指出了人们对占卜巫术的充分信赖，"不犯日月，不违卜筮"。因为人们已将卜筮之过程和结果都视为神明的参与和神明的旨意，故不敢稍有违犯。无论是日常占卜、危机占卜，还是神秘性占卜都是如此。又由于占卜过程总是被视为神灵的参与过程，占卜的结果又总是被视为神灵的旨意，故人们总是在吉凶莫测、是非难分之际，依赖这种占卜巫术，以"决嫌疑"、定吉凶、判祸福，纵然是后来的生活现实与占卜结果毫不相关，人们对此仍然毫不怀疑，更不敢加以否定，倘若是占卜的结果与后来的生活现实偶有相合，则人们对之更是崇信有加。如此，占卜巫术便自然在人们的社会生活中逐渐蔓延开来了。

---

① 铺布桥：放几尺布料于神桌上，以供"走阴仙姑"架桥用。
② 石启贵：《湘西苗族实地调查报告》，湖南人民出版社1986年版，第564—565页。
③ 《周礼·仪礼·礼记》，岳麓书社1989年版，第287页。
④ 同上书，第507页。

三　白巫术

白巫术是巫术的一个重要组成部分，是最能表现人类应战生存环境压力的进取精神，是具有积极性意义的巫术。凡是幻想凭借某种神秘的超自然力，试图以人类某种仪式行为和巫术咒语的神秘力量去控制自然环境条件、影响鬼神，从而实现某种正当愿望和目的的巫术都是我们所称的"白巫术"。除了前述占卜巫术之外，它还包括祈禳求福、驱邪避灾、医疗疾病等方面的内容。由于白巫术所含内容太过繁杂，这里我们重点讨论巫师通灵、治鬼、疗病等方面的问题。

1. 通灵巫术

作为一名巫师，要想在社会中获取较高地位，就必须在主观上相信自己确有某些异常的力量（通灵便是其中的一种），同时也必须让公众相信自己具有这种灵力。因此灵力成了巫师在其社区范围内能否立足的主要条件，倘若失去或不具备这种灵力，他的一切巫术都等于零，他也就无法成为巫师。而灵力的具体表现就是巫师与神灵的沟通，或者说降神，而能否与神灵沟通，则关键看他们是否在降神时进入迷狂状态。

其时众声齐息，寂静如死，神巫正在深思默想中，众目都不瞬地齐向他注视。在几分钟后他的全身便渐颤动，面皮稍稍扭动，手足渐起痉挛，这种状态渐加剧烈，直至全身搐搦战栗，犹如病人发热一样。有时或兼发呻吟呜咽之声，血管涨大，血液的循环急激。此时这种巫已经被神附身，以后的言语和动作都不是他自己的而是神所发的了。神巫口里时时发出尖锐的叫声："咯咦嗷，咯咦嗷，……"意思说"那是我，那是我！"这是神灵自己报到的话。当应答大众问话的时候，神巫的眼珠前突，旋转不定，他的声音很不自然，脸色死白，唇色青黑，呼吸迫促，全身的状态像个疯癫的人。其后汗流满身，眼泪夺眶而出，兴奋的状态乃渐减。最后神巫叫声"我去了"，同时突然倒地，或用棒捶击地面。神巫兴奋的状态过了些时，方才完全消失。①

---

① 林惠祥：《文化人类学》，商务印书馆1991年版，第265页。

　　这是斐济岛国巫师通灵时的现状描述，它与我国南方巫师通灵降神状态相差无几。

　　一些巫师通灵之术更为高强，甚至只要睁开眼睛观察一番，或者念几句咒语就可直接与神灵交流。《太平广记》便有如此的记载："永泰中，牛爽授卢州别驾。将之任，有乳母乘驴，为镫研破股，岁余，疮不瘥。一旦苦痛痒，抑搔之，若虫行状。忽有数蝉从疮中飞出，集庭树，悲鸣竟夕。家人命巫卜之。有女巫颇通神鬼，巫至，向树呵之，咄咄语。诘之，答：'见一鬼黑衣冠。'据枝间，以手指蝉以导，其词曰：'东堂下，余所处，享我致福，欺我致祸及三女。'巫又言：'黑衣者，灶神耳。'"①

　　南方巫师通灵之术也同样有达到如此境界的，他们不仅可与鬼灵相通，而且可于谈笑之间，识别鬼灵，甚至驱逐或惊吓鬼灵。唐人张读在《宣室志》中为我们保留了这样的资料：

　　　　吴郡任生者，善视鬼，庐于洞庭山，……尝一日，里中三四辈，相与泛舟，俱游虎丘寺，时任生在舟中。具话及鬼神事，杨生曰："人鬼殊途，故不得而易见矣。"任生笑曰："鬼甚多，人不能识耳，我独识之。"乃顾一妇人，衣青衣，拥婴儿步于岸，生指谓曰："此鬼也！其拥者乃婴儿魂也！"杨生曰："然则汝何以辨其为鬼邪？"生曰："君第观我语。"即厉声呼曰："尔鬼也，何窃人之子？将安往乎？"妇人闻而惊慑，疾回步，未十数，遽然无见矣。杨生且叹且异，及晓还。去郭数里，岸傍一家陈斋设供，有女巫鼓舞于其左，乃醮神也。任与杨往问其故，巫曰："今日里中人有婴儿暴卒，今则苏矣，故设斋以谢。"②

　　在南方民族信仰中，巫师之所以令人敬畏，首先就因为他可以"通灵"，因而可以借助神灵的力量来做一些平常人无法做到的事。比如祈神禳灾，驱鬼疗病，预测吉凶祸福，帮助人们生存平安，人丁兴旺，等等。因此，在人们看来，巫师能否具有"通灵"的能力，具有这种能力的大与小等，对巫师而言都是十分重要的，因为它事关全部落人们的生存与发

---

① （宋）李昉等：《太平广记》卷337。
② （唐）张读：《宣室志》卷4。

展、繁荣与衰退，故人们对其十分重视。

2. 驱鬼与禳解巫术

当巫师与神灵相沟通并获得神灵的灵力时，巫师就可以凭借这种灵力去控制自然环境、影响鬼神，为公众排忧解难、治疗伤病，从而也为部族的生存发展提供了一种有效的保障。对于旧时民众而言，最让人头痛的莫过于邪鬼作祟所构成的灾病了。因此治鬼驱鬼便成了各地巫师一项首要的公务，尤其是在南方那些缺医少药的偏远乡村，治鬼之事更为频繁。

旧时南方各民族几乎一致认为，人们生活中的一切不顺之事，都是因鬼灵作祟所致，只要驱逐或捉住甚至是杀死鬼灵，人们才能过上平安吉祥的生活。如普米族人就认为，有一种叫"由三格塞呀"的鬼最为凶恶，它的头像葫芦，脖子只有草根般粗细，肚皮却有茶桶一般圆，脚长得像树干一样长。它作祟的范围很广泛，年轻人头上长白发，眼睛里面进泥渣，肚子里生蛔虫，脚板底下成病壳，粮米酒食不够吃，衣服裤子不得穿，等等，都是这"由三格塞呀"害人的证据。独龙族则认为与人为难的鬼太多，有让人肚子疼的"勃母郎"鬼，使人眼痛、头痛的野鬼"塞郎"，使人身上痛的"岂不郎"鬼，等等。总之，在南方民族的信仰观念中，"鬼"大多数是专门与人作对的，是人类生存不幸之根源，只有与鬼灵进行艰苦地征战，或给鬼灵献上祭品，否则人们是难以顺顺当当地生存发展的。

在古代，有关南方民族这种人鬼之战的描述多见于笔记、野史、方志之类的书籍，其战斗的结果大多以巫师获胜，邪鬼逃亡或被擒斩告终。洪迈《夷坚丙志》卷6就有这类记载：

> 福州有巫，能持秽迹咒，为人治祟、蛊甚验，俗呼为"大悲咒"。里民家处女，忽怀孕，父母诘其故，初不知所以然，召巫考之。才至，即有小儿盘辟入门，舞跃良久，径投舍前池中，此儿乃比邻富家子也。迫暮不复出。明日，别一儿又如是。两家之父相聚，诟击巫，欲执以送官。巫曰："少缓我，容我尽术，汝子自出矣，无伤也。"观者踪至，四绕池边以待。移时，闻若千万人声起于池，众皆辟易。两儿自水中出，一以绳缚大鲤鱼，一从后篓。曳登岸，鲤已死。两儿

扬扬如平常，略无所知觉。巫命累瓶甃于女腹上，举杖悉碎之。已而暴下，孕即失去，乃验鲤为祟云。①

此言巫师借神之灵依附于孩童之身，与邪魅激战，终将邪魅擒杀，为处女洗雪不白之冤的故事。在这场人鬼之战中，以巫师为代表的人类终获全胜。若当邪灵之势强大，巫师仅凭自身的灵力难以制服时，则往往需要设坛行法，请动大神灵和众神兵神将前来帮助，共同擒杀邪魔，据说，巫师所请的神兵神将，有的人还可亲自看见，并可与之对话。

> 隆兴二年秋，比邻沈氏母病，宣遣子沄与何氏二甥问之。其家方命巫沈安之治鬼，沄与二甥皆见神将著戎服，长数寸，见于茶托上，饮食言语，与人不殊。……时从女之夫家苦魈怪，女积抱心恙，邀安之视之。执二魈焉，状类猴而手足不具。神将曰："其三远循，请得追迹。"俄甲士数百，逮旗来前，旗章画三辰八卦，舒光烨然。器械悉具，……请击之。遽发卒数万，且召会城隍五岳兵，侦候络绎。既而告败，或有为所劓刖窜而归者，曰："通郡郭为战场，我军巷斗不利。"又遣铁帻将率十倍之众以往，亦败。安之色不怡，烧符追玉笥三雷院兵为援。会日暮，不决。后二日，始有执旗来献捷者，如世间捷旗，而后加"谨报"二字。得一酋，冕服而朱缨，械之。②

如此惊心动魄的人鬼之战，今日已不可闻，所可闻者，多为巫师数辈于堂前披发仗剑，禹步呵祝，奔腾跳跃，四方砍杀而已。据白荻先生和毛筠如先生的调查，彝族人旧时患病亦不信医，须请巫师送鬼。巫师毕摩先占卜，查知何鬼作祟，便举行送鬼巫术。扎草人数个，叫"日姆"，手足俱备，以象征鬼灵。草人大小不一，大则2尺，小者仅1—2寸高，将棉线系于病人之颈（男红线女蓝线），牵出预备的猪或羊绕病人一圈，叫病人朝猪或羊吹一口气，再将猪或羊缚之于地。巫师毕摩喃喃念经，俄顷即打猪羊，打猪后，剖开猪腹，查视其心肝脾肺上的黑点，以知病在何处。打

---

① （宋）洪迈：《夷坚丙志》卷6，中华书局1981年版，第417页。
② （宋）洪迈：《夷坚丙志》卷1，中华书局1981年版，第364—365页。

羊则查羊膀，打牛则查视心脏。查视毕，又复念经，目的在于咒愈患处。念诵经毕，即割下病者颈上之线系于草人之颈，并将草人送于屋外荒山之中。若送鬼无效，巫师即驱鬼。先将病者扶到深山中，毕摩取树枝数根插于地上，将圆卵石烧热与苦荞之芽一同置于冷水碗里，一女孩捧碗绕病人疾走一圈后，毕摩念经，再将牺牲（白鸡或白羊、白牛）之头砍下，令病人猛击巫师法器羊皮鼓，直到全身发汗，手脚发抖。毕摩则脱去上衣，披头持杖，跳起"天魔舞"。若病情仍未好转，毕摩将举行"打油火""烧铁链"巫术，以自己的最大法力来展开人鬼之间的征战。"打油火"就是把油放入锅内烧热（鬼会闻油香而来），毕摩一面念经，一面含着热滚滚的油喷于干枯的竹扫把上，一时烟火骤起，用以惊吓鬼灵。"烧铁链"就是将烧红的铁链盘绕于巫师头上，围绕病者跳舞，象征与鬼灵展开搏斗，直到擒杀鬼灵为止。这差不多已经是巫师最大的本事了，倘若这样的巫术仍然无效，那巫师亦无能为力了，病者只有认命。①

除了这类人鬼之间短兵相接的生死搏战外，巫师还有一种禳解巫术，即通过对鬼灵的祭祀以达成人与鬼之间矛盾的和解，或者通过某种巫术仪式，直接解开人鬼之间的仇怨，或将鬼神的注意力移向别处，使疾病灾祸远离受害人家。如怒族有人患病至神志不清、昏迷不醒、抽风、说胡话时，便认为是岩神"色兄"（又叫"米处于"）作祟，需进行禳解。地点多在空旷的野外，用牛作牺牲。届时需请两名巫师主持献祭，并用怒语念祭词，大意是：我砍了大树，得罪了岩神；我动了巨石，得罪了岩神，因此我得了重病，因此我受了惩罚。现在我献上肥牛，求岩神减轻我的病痛，求岩神免去我的灾难……

傈僳族有一种叫"斯兹色"的古老巫术仪式，就是一种转移灾病，卸下邪秽的禳解仪式。傈僳人认为，人死是"中邪"所致，当人重病时，只要将邪秽卸下来，人就可免死并康复。这种仪式要杀猪或杀鸡，备上酒饭、碎布、针线等祭品，还要扎一个茅草圈（大小可以让人钻出来）。卸邪时，把祭品置于簸箕里摆好，巫师手拿茅草圈，大声念诵《卸邪词》（据说声音越大，效果越好），边念边用茅草圈反复从病者身上套过，男套

---

① 白获：《倮罗的宗教和他们的巫师》，《京沪周刊》1947年第1卷第21期；毛筠如：《大小凉山之彝族》，1946年完成于成都，第113页。

九次，女套七次，然后将病者的外衣脱下扔掉，以示邪已卸下，并从家中驱出。接着在野外选定的树旁，边念卸词边把碎布、针线以及茅草圈挂在树上，表示树已受邪，这样病者就可以康复了。

3. 治病巫术

此所言治病巫术，与前述驱鬼治病巫术不同。驱鬼巫术的施行对象在于邪鬼，而治病巫术的施行对象则直接为伤病者。驱鬼巫术以驱逐鬼来恢复健康，主要在于一种心理安慰，而治病巫术则直接作用于伤病现象，据说类似于今日的医术，且疗效十分迅速。

最让人惊异的治病巫术当为湖南湘西一带的祝由科了。清人吴芗岸对此曾有这样的记载："祝由一科，其术甚神，凡金枪及跌打死者，顷刻能生之，系湖南破头老祖所传。其祖师北宋时人，太祖闻其名，召入禁内。时有小臣不合上意而斩，非其罪者。祖师为续其首而生，太祖怒，使武士以大斧劈祖师，去其脑而弃之。其徒潜移尸回，以术生之，遁深山穷谷间，从此不履尘世矣。逮今千余年，尚存其传。术分两派，一派非重聘不行，一派不受谢礼，见死必救。受业时，各发誓愿，如违教者，身亡家灭。故谨奉持不失。楚中惟米客习是术，多不受谢者，故其术甚神。"[1] 关于祝由科治病的实例，清人亦有记载：

> 祝由科，辰州（今湘西怀化市境内）最盛。某年本处校场阅兵，一人目集流矢，镞坚不得出，急访得一业祝由科者，乃龙钟老姬也。至，即命缚伤者于东楹，已立西楹咒之。观者环姬左右，咒移时，姬命观者少远，立即大叱一声，急侧其首，伤者目中矢立飞出返射，中西楹，入寸许，去姬鬓才数寸，众大骇，视伤者目，仍完好无创痕。又闻祝由科能咒清水，以箸挑之，凝若饴，服之，巨创即愈。[2]

这种神奇的祝由科治病巫术现在仍残存于湘西土家族、苗族地区，只是主要为咒清水巫术，可治喉头梗塞和外伤止血，起死回生之术今已失传。据凌纯声、芮逸夫二位先生的调查，土家族、苗族巫师这种画水巫术

---

① （清）吴芗岸：《客窗闲话·续集》卷1。
② （清）张培仁：《妙香室丛话》卷14。

（咒清水）多在深夜进行。其法是：用烛一对，香三枝，碗一个，内装米，肉一块，另用一杯清水，纸钱若干。巫师画水时，心中默念师父传法的场景，先燃烛，再点香，将香插于米碗内，米上须放利市钱，多少不定。然后再将水杯、酒杯及肉一一放好。巫师向香案三叩首，焚化纸钱，将水杯取下，左手以大、食、小三指交叉持杯（中、无名二指屈于掌心），右手以食、中二指相并，对水杯画符三道。画符时，默诵请师父口诀，同时想象师父传法场景，请师口诀念毕，即念画水口诀。

如饮食不慎，骨鲠在喉，所化水叫"鹭丝水"，土家人称"九龙水"，其口诀是："月出四柱起，切尽肮脏鬼，愿吾变猴出，正正变吃水，叫变就变，若有不变，弟子画起六月太阳晒变；叫融就融，若有不融，弟子画起六月太阳晒融。叫变就变，若有不变，弟子画起五百蛮雷打变；叫融就融，若有不融，弟子画起五百蛮雷打融。抬头望四方，九龙下天堂。龙来龙脱爪，虎来虎脱皮，山中百鸟脱毛衣。步步成钢，动手成划。"在画水时，巫师念至中途，须含水喷向患者，念咒完毕，所画之水让患者喝下，据说此术甚灵。

止血水咒，又名"担血水"，其诀云："动一脚，喊一声，喊得师父吴化星，隔山喊三星，隔水喊水义。大军刀，担到大洪沙；小军刀，担到小洪沙。担了长江水，海的流，脚踩龙头，担血不流；脚踩龙腰，担血不飘。子儿子儿化在乱泥之田，儿童而相连。总师教我四处勾，弟子叫我指四方。"此诀专用于止血，据说人若受伤，血流不止之时，其人紧捏伤口，巫师念咒语，化完水后，喷水一口向伤处，即可止血。[1] 由于这种祝由科巫术十分灵验，故至今在湘西一些偏远的土家族、苗族山寨的农民仍然保留着这种巫术。

四　黑巫术

黑巫术是与白巫术相对立的巫术概念，它泛指所有阴鸷邪恶的害人巫术，是人类原始巫术中消极阴暗的一面。旧时南方民族对疾病灾患的根源的认识总带有一些神秘色彩，一方面他们把疾病灾患归结为邪恶鬼灵的骚扰；另一方面则归根于巫师们的邪术加害，因而他们对巫师邪术的恐惧同

---

① 凌纯声、芮逸夫：《湘西苗族调查报告》，上海书店 1990 年影印本，第 194—197 页。

样也不亚于对鬼灵的恐惧。在他们看来，这类邪术很多，最著名的有毒蛊术、咒诅术、摄魂术、麻城法术、拆肢术、厌胜术等。

1. 毒蛊术

毒蛊之术，旧时盛行于南方，它不仅仅只是以某种蛊毒来害人，其间还掺杂了许多巫术的因素，如福建乾隆年间的《汀州府志》载："（蓄蛊者）于每年端午，探取百毒虫，形如蚕色，用金三四片、茶叶、枫香养之。择日占断，一年当用几次，依占取出虫粪，秘置饮食中，使人腹痛，死后魂魄为之力作，坐是致富，翁婿递相承受。逢朔望日，夫妇赤身拜祝云：'金蚕公，金蚕娘，我家夫妇没衣裳'等语……"据此，毒蛊之术的目的在于驾驭死者灵魂为之做工以求富。但在其他一些地区，运用毒蛊术的目的则往往各不相同，有的出于报复仇家，有的则出于自我保护的需要，也有的出于某种内心的邪恶目的有意加害别人，还有的是因受蛊灵驱使而不得不出手害人等。

对于毒蛊术，南方各地区各民族称谓不同，汉族人称其为"五海"，壮族称"拍献"，瑶族称"尔点"，傣族称"琵琶鬼"，哈尼族称"变猫鬼"，拉祜族称"扑死鬼"和"气迫"，景颇族称"阿匹鬼"，彝族称"使鬼""放歹""养药"，纳西族称"养小神子"，白族、傈僳族称"杀魂"或"养药"，瑶族、黎族等族又称之为"禁"或"禁咒"，等等。就毒蛊术本身而言，根据其所崇敬之蛊神又分为"金蚕蛊""蛇蛊""蛤蟆蛊""蜈蚣蛊""犬蛊""虱子蛊""鼠蛊""泥鳅蛊""蜘蛛蛊""蜣螂蛊""挑生蛊""蜥蜴蛊""篾片蛊""石头蛊""蝴蝶蛊""草蛊""树蛊""蝎子蛊"……

毒蛊术主要由两部分构成：一为毒，一为术，它是巫术与毒药的混合。其蛊毒的制作，旧时一般认为是"……取百虫瓮中盛，经年间开之，必有一虫尽食诸虫，即此名为蛊，能隐形，似鬼神，与人作祸"[1]。具体的做法已经无人知晓，因为每一个习练毒蛊术的人家，至今仍秘不传人。"传闻她们为了学这邪术，黎明时分便起身出门，爬上高山，选择僻静无人处，朝向东方，当太阳升起，便可学到那摄人心魂的邪术。她们把一根红绿线、一条毛毛虫用红布包起，藏在墙洞里，或埋在地下，害人时则放

---

① （明）刘文泰等：《本草品汇精要》卷30。

出去。"①

　　旧时，南方民族对毒蛊术是十分恐惧的，它犹如幽灵一样，时时威胁着人们的生命安全，同时也引起人们相互之间的猜疑，这种对毒蛊术的恐惧时至今日，仍未彻底消散。在一些传闻仍然流行毒蛊术的村寨或地区，至今仍然还有人十分恐惧毒蛊术。古代文献对此记载较繁：

　　福建诸州大抵皆有蛊毒，而福之古田、长溪为最。其种有四：一曰蛇蛊，二曰金蚕蛊，三曰蜈蚣蛊，四曰蛤蟆蛊，皆能变化，隐见不常。皆有雄雌，其交合皆有定日，近者数月，远者二年。至期，主家备礼迎降，设盆水于前，雌雄遂出于水中，交则毒浮其上，乃以针眼刺取，必于是日毒一人，盖阴阳化生之气，纳诸入腹，而托以孕育，越宿则不能生。故当日客至，不暇恤亲戚宗党，必施之。凡饮食，药饵皆可入，特不置热羹中，过热则消烂。或无外人至，则推本家一人承之。药初入腹，若无所觉。积久则蛊生，藉人气血以活。益久则滋长，乃食五脏，晓夕病焚不可忍，唯啜百沸汤，可暂息须臾。甚则叫呼宛转，爬刮床席。临绝之日，眼耳鼻口，涌出虫数百，形状不一。渍于水暴干，久而得水复活。人魂为虫，祟所拘，不得托化，翻复驱役于家，如虎食伥鬼然。死者之尸虽火化，而心肺独存，殆若蜂窠。②

　　苗妇能巫蛊杀人，名曰放草鬼，遇有仇怨嫌隙者放之。放于外则虫蛇食五体，放于内则食五脏，被放之人或痛焚难堪，或形神萧索，或风鸣于皮肤，或气瘴于胸膛，皆致人于死之术也。将死前一月，必见于放蛊人之生魂背面来送物，谓之催药，病家如不能治，不一月人即死矣。闻其法不论男妇皆可学，必秘设一坛，以小瓦罐注水，养细虾数枚，或置暗室床下土中，或置远山僻径石下，人得其瓦罐焚之，放蛊之人亦必死矣。放蛊时，有能伸一指放者，能戢二指放者，能骈三指四指放者。一二指尚属易治，三指则难治，四指则不能治矣。苗人畏蛊，不学其法，惟苗妇暗习之。嘉庆以前，苗得放蛊之妇则杀

_____

① 邓启耀：《中国巫蛊考察》，上海文艺出版社1999年版，第55页。
② （宋）洪迈：《夷坚志补》卷23，中华书局1981年版，第1761页。

之，嘉庆以后，苗不敢杀妇，则卖于民间，民间亦渐得其法，黠者遂挟术以取利。虽前经傅中丞严示禁止，此风不少衰也。①

毒蛊术伤人的特点在于"蛊"之毒，它多为一种粉末状，所需之量甚微，常在人们毫不提防时使用于茶、酒、菜肴、饭、汤之间，食之无异味。有的传说蛊为一种无形之物，更让人防不胜防。一旦中蛊，初期毫无所察，直到蛊毒发作，或疼痛难忍，或头发脱落，面色发黄，日渐萎顿。还有毒虫食人五脏六腑，若不及时救治，唯死亡而已。而一般能救治中蛊之症者，非医药、针石所能，它实为一种巫术、巫药，最好是"解铃还须系铃人"，即原放蛊者。因其他善放蛊者所畜之蛊各异，虽可救治，但无法彻底治愈，过时又将复发。

然世间之事，有矛就有盾。有洪水滔天，就有防波之堤。在南方民族毒蛊流行之地，亦多有破解、辨识之法。清代湘西苗族地区《永绥厅志》卷6对识别蛊妇、放蛊者就有这样的记载："真蛊妇目如朱砂，肚腹、背均有青黄纹路，无者即假。真蛊妇家无有毫厘蛛丝网，每日又须置水一盆于堂屋，将所放之蛊虫吐出，入水盆食水，无者即假。真蛊妇平日又必在山中，或放竹篙在云中与龙斗，或放斗篷在天上作鸟舞，无者即假。如有以上各异，杀之后剖开其腹，必有蛊虫在内，则为真蛊。"②

至于破解之法，民间亦颇有流传。如用语言破解：外乡人初进放蛊之家，须问一声："你们家不会给我下蛊吧？"据说这样一语道破，就可以解除蛊毒了。又如用佛咒破解，如中了蛊后，念《大悲咒》多遍，亦可解蛊毒，还有用药物破解、符咒破解，等等。

明代刘文泰等的《本草品汇精要》《本草新注》还记载了一些以蛊制蛊的方法："凡蛊虫疗，是知蛊名，即可治之。如蛇蛊用蜈蚣蛊虫，蜈蚣蛊用蛤蟆蛊虫，蛤蟆蛊用蛇蛊虫，是互相能伏者，可取治之。"不过民间仍相信"解铃还须系铃人"，认为一旦中了蛊，最好的办法是去放蛊之家，悄悄地弄些这家人的头发、破布、厕所旁的烂泥之类，回家烧后，用水送服即可治愈。总之，毒蛊之术在南方民族间传播十分普遍，亦十分恐怖，

---

① （清）林书勋增修：《乾州厅志·苗防志一》卷7，光绪三年续修本。
② （清）杨瑞珍等：《永绥直隶厅志·丛谈》卷6，同治七年刻本。

但它毕竟只是民间信仰文化中的一种负面现象，关于它是否真实存在，是否像所传言的那样邪恶，千百年来，依然如云如雾，似幻非幻，依然被笼罩于千古神秘之中，而一时难见其真实面目。

2. 咒诅术

作为一种巫术，咒诅术不是谩骂，尽管它也包含着许多咒骂的成分，它是通过一定的巫术仪式和咒语，以借助某种超自然的灵力，使被诅咒的对方受到某种特定的伤害甚至死亡的邪术。这种邪术根源于人类的语言魔力观念，人们认为，语言是具有一定的魔力的，通过语言的恶毒诅咒，这种魔力将会超越时空，传感到被诅咒的一方，从而使之受到相应的伤害。

其实，无论在任何时代，由于人与人之间的长期生活，相聚于一地，相互之间难免会产生许多的矛盾和仇怨。而在这种矛盾或仇怨中，较弱的一方由于缺乏为自己辩解或保护自身的实力，总会感到自己受人伤害或欺负，从而在其内心深处便自然会产生一种挫折感。随着这种内心委屈产生而又未曾及时得到化解，日渐积累，较弱方自然也想报复对方，以求得内在心理的平衡，那么他唯一的方法，便是通过语言来宣泄内心的不平与愤激。于是，带着强烈怨恨的语言往往在独自一人的时候，如长江大河般滔滔而出，这便是咒诅术的源头。

倘若是在其咒诅之后，被诅咒的一方恰恰又遭遇到某种灾祸，人们自然就会认为这是咒诅的力量所致。这种偶然性的效验，无疑会助长民间咒诅术的流行，推动其穿行于不同的历史时空。汉时，咒诅术十分盛行，其宫廷权位之争亦采用咒诅以伤害政敌。昭帝时，"胥（汉武帝之子）见上年少无子，有觊觎心，而楚地（崇尚）巫鬼，胥迎女巫李女须，使下神祝（咒）诅。"后来昭帝死，昌邑王继帝位，刘胥"复使巫祝诅之"。不久，昌邑王被废，宣帝即位，刘胥乃"复令女须祝诅如前"。后咒诅之事暴露，"胥惶恐，药杀巫及宫人二十余人以绝口"，刘胥亦自杀。[①] 咒诅之术在宫廷尚且如此盛行，其在民间的肆虐亦当可以想见。

荆楚、吴越自古尚巫信鬼，故其咒诅之风亦相当浓厚。历代以来，有关我国南方民族地区的咒诅之术的传闻流播，比比皆是。自唐宋以来，记

---

① （汉）班固：《汉书·广陵厉王传》卷63。

载尤多："宋无名氏《道山清语》云，仁宗时，梓州妖人白彦欢能依鬼神，作法以诅人，至有死者。狱上清谳，皆以不见伤为疑。梁庄肃曰：杀人以刀，尚或可拒，以诅，则可免乎？竟杀之。"① 这种咒诅之术亦有通过符咒的形式出现，也可达到同样的效果。"聂景言居衡阳，有细民欲举债，买猪蹄来献，聂受之，付厨作羹。庖婢举刀，破爪间，见小纸书符在其内，及出告。使呼其人还之，人曰：'适从屠机买来，方有求于君家，岂敢以符为厌咒？'复持以屠者，责醮之。屠者曰：'今旦方刲豕，安得有是？'取原值畀民，而携归煮食之，一家四人皆死。"② 从这类记载来看，南方的咒诅之术不仅十分灵验，而且让人感到毛骨悚然。

南方更有一种咒诅之术，据说能使人所食之物在腹中重新还原，如吃的是鱼肉，则每块鱼肉皆成为小鱼；所吃为羊肉，则变为小羊，在腹中不停跳腾，最后冲破腹腔而死。

> 有人为乡民诅死，问其状，乡民能以熟食咒之。俄顷，脍炙之类，悉复为完肉。又咒之，则熟肉复为生肉。又咒之，则生肉能动，复使之能活，牛者复为牛，羊者复为羊，但小耳。更咒之，则渐大，既而复咒之，则还为熟食。人有食其肉，觉腹中摇摇而动，必以金帛求解。金帛不至，则腹裂而死，所食牛羊自裂中出。狱具案上，观其咒语，但曰："东方王母桃，西方王母桃"两句而已，其他但道其所欲，更无他术。③

这类咒诅巫术据说还可以使石头飞出去，依附于人体较虚弱的部位；也可以使一团乱发堵在别人的体内，甚至是只需形成意念，默咒一遍，也可以使庄稼枯萎，家畜不昌，人口突生奇病，逐渐萎黄而死。"传得最神的是一个瑶族女人跟别人学唱歌，无意中被别人教会了'五海'的咒语，一想什么便有什么结果。她不想害别人，但一旦与谁发生争执，心中一恨，便会使对方受害。而这邪术一经学会就得放出去才行，否则，会反被

---

① （清）俞樾：《茶香室三钞》卷20。
② （宋）洪迈：《夷坚乙志》卷6，中华书局1981年版，第234页。
③ （宋）江少虞：《宋朝事实类苑》卷68。

自己的‘五海’所害。她请了最老的师父来杀牲祭献，用狗血淋遍全身，都没有隔除‘五海’，最后还是死于自己没有放出去的邪术。"①

咒诅巫术在南方民族中仍十分普遍，不仅民间的百姓常用此术，各民族的巫师中也大有兼者在。他们既能以咒诅之术救人，也能以咒诅之术杀人，如纳西族的"黑东巴"，摩梭人的"打巴"，傈僳族的"香通"，白族的"朵西薄"，独龙族的"南木撒"，彝族的毕摩，黎族的禁厌婆，基诺族的黑巫师，等等，都兼具咒诅之邪术。

3. 偶像厌胜术

用茅草、泥土、木料或布头、纸片制作一个偶像，在其像上写上被害者的姓名和生辰八字，制作完毕后，再施术念咒，并用针或钉子钉刺偶像。或用水浸泡，或用火焚烧，或施以种种惨烈的刑法，或用邪鬼之灵缠住偶像。总之，只要是能让人痛苦的方法都可以施行，以使被施术者遭受种种痛苦，最后死于非命。这即为偶像伤人邪术，古人又称其为"厌胜"。据说，施行这种邪术时，每当施术者口中喃喃念咒，并用钉扎针刺偶像之际，被害者就会发生疾病，甚至失去灵魂，或痛苦转侧，或神志昏迷，最后逐渐消瘦憔悴，无药医治而亡。这种邪术几乎遍及全世界，在西方，人们则称之为"魔法"。弗洛伊德对这类黑巫术曾这样分析道：

> 通常，最普通用来伤害敌人的一种魔法即是以简易的材料塑成敌人模像。塑像是否像他并不重要，只要能将它塑造成像即可。其后，对塑像的任何破坏都将连带地发生在敌人身上（对塑像身体任何部分的损害即将使敌人在相同部位产生疾痛）。类似的魔法不仅可用私人仇恨的报复，同时也可施用于帮助神明来对抗魔鬼。②

偶像厌胜巫术是一种模拟巫术，在人们的观念中，偶像在这里成了现实生活中人的一种象征物，而象征物与被象征对象之间的关系不仅仅只是象征关系，而且还具有一种神秘的对应关系，他们之间此即是彼，彼即为

---

① 孙敏、王明富：《邪魔之灵》，《女声》1989 年第 8 期。

② ［奥］弗洛伊德：《图腾与禁忌》，杨庸一译，中国民间文艺出版社 1986 年版，第 101—102 页。

此。当把一种伤害加于偶像上时，这种伤害和诅咒将会因了这样对应关系而会在被象征对象身上发生相应的作用。

偶像厌胜之术旧时在我国也十分普及，上至宫廷王侯，下至平民百姓，多有行之。《隋书》中就曾有这种宫廷厌胜之术的记载："蜀王秀渐奢侈，远法度，及太子勇废，秀甚不平。皇太子终恐为后患，阴令杨素求其罪状而谮之，又令杨素、苏威、牛弘、柳述、赵绰推治之。太子阴作偶人，书帝及汉王姓字，缚手钉心，令人埋华山下，令杨素发之。……帝乃下诏，数其罪曰：'汉王于汝亲则弟也，乃画其形象，书其姓名，缚手钉心，枷缥扭械，仍云请西岳华山慈父圣母收杨谅神魂闭在华山下，勿令散荡。我之于汝，亲则父也，仍云请西岳华山慈父圣母赐为开化杨坚夫妻回心欢喜，又画我形象，缚手取头，仍云西岳神兵收杨坚魂神，如此形状，我今不知杨谅，汝何亲也！灭天理，逆人伦，皆为之不祥也！欲免患祸，长守富贵，其可行乎？'"① 类似这种人偶厌胜，从春秋战国到晚清民国时有出现，成为官场一道邪恶的风景。

民间偶像厌胜之术多为巫师或工匠使用者居多，黎族有专门的"禁厌婆"。清人袁枚认为黎巫"禁厌婆"的偶像厌胜术的只对黎族人有效，而对汉族人则无伤："黎女有禁厌婆，能禁咒人致死。其术取所咒之人或须发，或吐余槟榔，纳竹筒中，夜间赤身仰卧山顶，对星月施符诵咒。至七日，其人必死。遍体无伤，其软如绵。但能厌黎人，不能害汉人。受其害者，擒之鸣官，必先用长竹筒穿索扣其颈项下，曳之而行，否则近其身心所禁厌矣。据婆云：不禁厌人，则过期己身必死。"②

偶像厌胜之术固然可怕，但民间相传，只要被被害人撞见，或将其所制偶像夺回，用油火煎之，则施术者反倒被人所制而丢掉性命，被害人却可以转危为安，或因祸得福。下面就是这样一则有趣的故事：

> 吴有富商，倩（请）工造舟，供具稍薄，疑工必有他意。视工将讫，夜潜伏舟尾听之。工以斧敲桥曰："木龙木龙，听我祝词，第一年船行得利倍之，二年得利十之三，三年人财俱失。"翁闻而识其言。

① （宋）李昉等：《太平御览》卷735。
② （清）袁枚：《子不语》卷21。

初以舟行商，获利果倍，次年亦如言，遂不复出。一日，破其舟，得木龙，长尺许，沸油煎之。工在邻家，登时疾作。知事败，来乞命。复煎之。工仆地，披归而绝。凡取厌胜者，必以油煎，见《便民图纂》。①

关于偶像厌胜巫术的思想基础，英国著名人类学家爱德华·泰勒说：乃是"对一件真实事物的错误联想""把想象的联系跟现实的联系错误地混同了起来"②。在人们看来，偶像在某种程度上实际上成为受伤害者的一种替代物，它在人们的这种错误思维中，已转化为受伤害者本人。当人们针刺其心脏、眼睛等要害部位，或用刀斫其头颅，或用沸水浇其全身时，都被视为对受伤害对方的一种直接加害，并相信这类伤害必须会在被伤害者的身体上产生同样的效验。而在被害者一方，也同样相信这一点，从而在其心理上形成了各种巨大的压力，以至于忧心如焚，心力交瘁，最后不治而死。也正是由于施术者和被施术者双方都有着共同的思维错误，都相信这种巫术的结果是真实的，因此当这种巫术在施行之时，其效验因双方的心理作用力的影响，往往会构成某种事实的发生，从而使古今的民族只要一谈起这类巫术总是胆战心惊。

4. 麻城法术

此种邪术民间多称为妖术，其术亦用木偶纸片，但却将自身的灵魂或邪灵依附其上，在深夜为害于人。其法是：施术者剪纸人、纸虎等物，并念咒施术，其纸人、木偶就会获得其灵力，幻变成所剪之物，并在施术者的控制下，前往被害者处，或惊人魂灵，或致人死命。所幸此类邪术，现已无闻。

据宋人洪迈记载，"沅州某邑村寺中，（有）僧行者数十辈，寺侧某秀才善妖术，能制其命。凡僧出入必往告，得赙施必中分，不然，且受祸，虽鸡犬亦不可容。绍兴三十年，客僧旦过，方解包，会邻村有死者，忽唤僧诵经入殓。时寺众尽出，唯此客独往，得钱七百以还。既而众归，知是

---

① （清）褚人获：《坚瓠余集》卷1。
② ［英］爱德华·泰勒：《原始文化——神话、哲学、宗教、语言、艺术和习俗发展之研究》，连树声译，上海文艺出版社1992年版，第121页。

事，相倾嗟愕，至暮悉舍去，客因不悟也。饥甚，入厨取食毕，自闭三门，升佛殿，以袈裟蒙头，诵楞严咒。夜过半，迅雷一声起，霹雳继之，而窗棂间月色如昼。俄闻铃铎声，若数壮夫负巨木，从上复下，如是三四反，又若失脚而堕，遂悄无声闻。天明出视，得四纸人于阶下，旁一棺亦纸为之，漫折于怀中，少顷众至，见之惊，争问夜所睹，具以本末告之，且云：'彼人习邪法，既不能害人，当自被其害。'试共往扣，则秀才果已毙，四体如刀裂。寺以告县，遣巡检索忠者，体究其事云。"①

这则材料含着一定的扬佛抑巫的成分，认为只要人们心地纯正，一心向佛，一切妖术都将对人无能为力。这种巫术也曾传播至浙江吴越之地，"嘉兴有某甲者，出游于外，学所谓辰州法者以归，盖即邪教中纸人豆马之术也。适其亲串中有与人讼而勿胜者，甲曰：'此易与耳。'乃剪纸人，夜入所仇者之家。人长数丈，持巨斧斧其屋，屋虽无损，而举家惶惧不安。如是月余，微知某甲所为。其邻有老儒笑曰：'此易与耳。'乃剪纸为虎，俟巨人至，突出搏而食之。次日，老儒自至某甲家谓之曰：'闻之有异术，请于日间角一胜，勿徒于夜间惊扰人家也。'某甲知其技出已上，弗敢较。老儒曰：'子技穷矣！请观吾技。'乃剪纸作一人，倏见于前，长十余丈，捉某甲之发，提至空中。甲大骇乞命。老儒乃下之曰：'汝此后尚敢尔乎？'甲谢不敢。……其人曰：'此但戏术耳，若行此术，骚扰人间，则天雷诛之矣！故吾能之，未尝敢辄试之也。今偶一与尔戏耳！'某甲自是不敢复行其术。"②

此种邪术，自宋以降，常常骚扰民间，也曾惊动官府，危害巨大。一些心地不良之人，常借此术夺人钱财，伤人性命，弄得社会动荡，人心惶然。

> 汪武曹言，无锡有妖如火，夜飞入人家摄物，乃至数百石米，亦能携之去。惟怕铜锣、钢叉。有人以叉击火，坠地乃一草人。朱书："仰焱夜魅"，巡视南城一带地方，又有击得者，则一纸虎，虎虽不吃人，亦能爪伤人。察之，必有一虫附体上，此必有妖人行邪术者为

---

① （宋）洪迈：《夷坚丁志》卷4，中华书局1981年版，第567页。
② （清）俞樾：《耳邮》卷2。

之。自北而南，今至无锡，行将入苏州界矣。戴皖臣言：此名麻城法。①

明代对此亦有记载：

> 戊戌夏，每夜村落有怪如狸，入人家作横，爪利甚，专伤妇人。家家鸣锣聚守，彻夜不寐。由武进而至无锡与予邑，月余始息。偶阅朱国桢《大事记》：万历壬午，湖州乌镇亦见此怪。每夜火光遍烛，中有甲士押戈状。乡民呼啸啼哭，其声震天。经旬，广数百里。有黠者见小舟中有人剪纸作人马，长数寸，报捕之，隐形矣。嘉靖三十六年亦然，自杭州过绍兴，直至宁波，有黄冠卖符于市，捕之，其妖乃息。②

这类妖邪之术害人，与偶像厌胜之术又有不同，前者主要通过一定的妖术，使其所剪的纸人纸马或草扎之物幻变成巨人恶兽，惊吓百姓，借机劫夺人家财产，虽有伤人，但往往不会致人以死命。因为施术者们自知，若造成的后果严重，影响太大，会招来官方的镇压，自取其祸。纵有一些胆大妄为者，挟其术以复仇报怨，亦多有一定的限度。从整体而言，施术者们多以炫耀自己的法术或劫夺他人财物为目的。但在民众看来，他们多为心地邪恶之人，在平时，他们多韬光养晦，深藏不露，故给人们造成的危害亦往往不太严重。只是处于乱世之际，这类邪术的拥有者们才纷纷出来，惊吓民众，扰乱社会，无所不为，正所谓"乱世多妖邪也"。

5. 摄魂与拆肢

摄魂巫术就是通过某种巫术仪式，将仇家的灵魂捉来进行摧残折磨，直至对方死亡的一种邪术。据杨福泉先生的调查，纳西族的东巴巫师亦有这种摄魂巫术，纳西族东巴称之为"杀魂"。其仪式是：扎制一个稻草人，备上火药、黑鹤肠、麝香、菖蒲、黑冷杉树枝。先画上仇家的头像，将所备之物供给仇家的头像吃，再将老鹰的胆放于稻草人的心脏部位前，于是

---

① （清）刘献廷：《广阳杂记》卷1。
② （明）李介立：《天香阁随笔》卷1。

东巴开始念涌"杀魂"经文，连续念上七天，并在稻草人的嘴部塞进食物。到了第七天，东巴用一张弓去射稻草人胸前的老鹰胆。据说，老鹰就会复仇，并把仇家视为复仇对象，摄走仇家的灵魂，而仇家将会在七天以后生病死亡。[①]

西南一带对摄魂巫术深信不疑，他们相信这种巫术确实具有实际效应，能够杀死人。山子瑶人相信，巫师有一种能禁住别人灵魂或摄走别人灵魂的巫术，凡是被禁了灵魂或摄去灵魂的人不是面黄肌瘦，就是腹胀腹痛，最终将无法医治而死亡。广西壮族巫师也有摄魂巫术，其做法有二：一种方法是暗中窃取人的头发、旧衣裤的碎布片和脚上的碎泥（三种东西缺一不可），用一块白布把这些东西包起来，再用黑线将布包缠紧后，塞进一个长约五至七厘米的青竹筒里，在晚上夜深人静之时，将竹筒放于灶里的灰烬里埋起来，或拿到山上、岔路口用大石压住，再用土埋起来。这样过三天后，即可使人生病。另一种方法是窃取仇家头发、旧衣裤的碎布片和脚上的泥块，放于纱纸上包起来，用纱纸扎成一个小纸人，然后于夜深人静之时拿到山上或岔路边，用钢针刺小纸人的胸部于树上，过三天后，也同样会使人生病。在巫师眼中，他们所窃取的头发、碎布，脚下的泥块，其实是引诱受害者灵魂的一种最好物品，当他们将这些东西收藏后，受害者的灵魂便会自然地进入他们的"圈套"中，被他们捉住。这样，当他们施行巫术时，其效果就会十分明显。

黎族地区还有一种十分奇特恐怖的黑巫术，被称为"禁术"。此种邪术伤害人时，多以巫师幻变成某种异形事物，来对人进行直接地攻击。他们认为施术者（禁公或禁母）在想吃人肉时，就会在夜晚藏身于田头村口路边，化形为木块、石块或牛羊猫狗等异形，等待来人。但无论他变成何种物体，都会浑身发出强光，并有两只大眼睛。当有人路过时，有的因见到这种邪恶的东西会立即瘫软，昏倒于地，当场死去；有的尽管不会当场受害，过后也会生病死亡。不过，对待这种摄魂巫术也有办法：

其一曰：临场搏斗。当人们在遇到"禁公""禁母"施展魔法时，立即咬破手指，口含鲜血喷向"禁母"（禁公）。然后拔出刀器来与它

---

① 邓启耀：《中国巫蛊考察》，上海文艺出版社 1999 年版，第 85 页。

搏砍，直至把它砍死断成碎块为止，然后把这些碎块抛向四面八方，杀士要头不住往回看。一直等到"禁公"（禁母）死了并埋葬后才回家，不然"禁母"（禁公）就会复活，并与杀士搏斗，直到杀士败阵为止。其二曰：杀狗隔禁。当有人被"禁母"作祟或遇到"禁母"后发病时，就要请来"山父"（法师之类）来"隔禁"。"隔禁"要用黑狗一只，把狗拉到"禁场"后，由"山父"立即砍下狗头与狗的尾巴，绕现场一圈，同时，"山父"口念符咒，请"禁仔"们都来吃狗血，"山父"就在此刻将"禁仔"一网打尽，从而使病人解除病魔。其三曰：杀害"禁公""禁母"……①

这类摄魂巫术实际上仍然属于弗雷泽所说的"接触巫术"和"模拟巫术"，弗雷泽的巫术原则认为："如果我们分析巫术赖以建立的思想原则，可将它们归结为两个方面：第一是'同类相生'或果必同因；第二是'物体一经接触，在中断实体接触后，还会远距离的互相作用'。前者可称之为'相似律'，后者可称之为'接触律'或'触染律'。巫师根据第一原则，即'相似律'引申出，他能够仅仅通过模仿就实现他想做的事；从第二个原则出发，他断定，他能通过一个物体来对一个人施加影响，只要该物体曾被那个人接触过，不论该物体是否为该人身体之一部分。基于相似律的法术叫作'顺势巫术'或'模拟巫术'。基于接触律或触染律的法术叫作'接触巫术'。"②如前所说的纳西族巫术的"草人"摄魂、壮族巫术的"纸人"（它有被害者的头发、碎布、脚下泥块）摄魂，就是依据模拟巫术和接触巫术的原理来伤害对方的。

唯一不同的是黎族巫师的"异形术"，在这种巫术的实施过程中，巫师已化为异人的邪恶物体，似乎已完成了从人到妖魔的转换。此时的巫师已不再按照一般的巫术原理，利用其掌握的某种黑巫术来伤害对象，而是通过这种"妖魔化"的手段，赤裸裸地对人们实施直接地攻击。笔者称这种巫术为"异形化"巫术，这一巫术形式在全世界的巫术文化中都是十分

① 王萍昆：《保亭地区黎族"禁公"、"禁母"的概念》，载《中国各民族原始宗教资料集成·黎族卷》，中国社会科学出版社 1998 年版，第 724—725 页。
② ［英］弗雷泽：《金枝》，林育新等译，中国民间文艺出版社 1987 年版，第 19 页。

独特的，值得人们对其进行更深入的研究。

所谓拆肢巫术又叫"易腿"，即巫术师用木或其他物体，通过某种仪式和咒语，将人的肢体"拆卸"下来，被易者只觉得某肢（手或脚）突然疼痛难忍，四肢僵直，无法行动。此种巫术是模拟巫术的一个变种，或折人手足，或以物易之，其间邪恶，匪夷所思。此术多见于旧时贵州、云南，只是旧时文人笔记对此多有记载，但今已无闻。

　　贵州地羊驿夷人多幻术，能以木易人之足。万历初，郡丞某过其地，记室二人，游于淫地。一人与淫，其夫怨，易其一足。一人不与淫，妇怨，易其一足。明日彳亍于庭，丞见骇，问知其故。逮二家至曰："汝能复其旧，否则关白诸司，治汝以採生赤族之罪。"二家各邀其人至，作法，足果复旧。及丞还，复过其地，二人复至二家，其淫与不淫犹昔，然其淫者，两足皆易，久之辗转死。不与淫者，冥然且受妇法，忽有鬼物阴教之，藉手即以其法制妇，妇两足皆自易焉。是人得归。[①]

　　云贵妖符，邪术最盛。贵州臬使费元龙赴滇，家奴张姓骑马上，忽大呼坠马，左腿失矣。费知妖人所为，张示云："能补张某腿者，赏若干。"随有老人至曰："是某所为，张姓昔日倚主人势，威福太过，故与为恶戏。"张亦哀求，老人解荷包出一腿小若蛤蟆，呵气持咒，向张掷之，两足如初，竟领赏去。"[②]

　　贵州番民杂处，多秘术。能以木易人之足。[③]

拆肢易腿之术今日已消失无闻，但摄魂杀魂的巫术却仍然广泛地留传于南方民族地区，只是各地的称谓和具体的仪式与咒语有所差异，在实质上都是以囚禁摄取对方的灵魂或杀死灵魂，致使对方生病和死亡为目的的

---

① （清）褚人获：《坚瓠广集》卷6引《耳谈》。
② （清）袁枚：《子不语》卷5。
③ （清）张潮：《虞初新志》卷11。

一种邪术。具体名目如侗家有放飞刀、放阴箭、埋狗头、扎鸡头，彝族有"孜克觉""撮日""吉觉"，白族有压魂、"偷开"，拉祜族有"放咒验"，等等。

由于人们对邪术的普遍恐惧，一旦知晓村中谁是施术者，人们对他们的惩罚也是十分无情的，轻则赶出村寨、瓜分财产，重则杀死巫师，甚至全家斩绝，其间定有许多被冤屈的人们在村民的怒火中化为灰烬。历朝历代，这种悲剧却一直都在上演。

五 禁忌

禁忌中的"禁"，在这里是"禁止""禁令"的意思，而"忌"即是忌讳，也就是不能碰、不能做，禁忌就是不准做、不能做，它是人类自我约束和自律的一种最基本、最原始的形式。但禁忌又并非完全等同于社会的行为规范或法律条文，社会的行为规范和法律起始于人类建立一种良好的社会秩序的需要，而禁忌却与其他的信仰文化一样，根源于人类对超自然力的最基本、最内在的生存恐惧。

不过，需要说明的是，禁忌也并非完全根源于这类动物性的生理上的恐惧，因为人类的禁忌大多属于宗教禁忌，所恐惧的不仅仅是肉体感觉上的痛苦，更多的是恐惧神灵的惩罚。对于原始人类而言，神灵的惩罚所带来的不仅是个人肉体的痛苦，更是无穷无尽的不幸和灾难，而且这些不幸和灾难还会牵累到自己的家庭、宗族、村寨甚至整个部族。所以他们总是诚惶诚恐地对待禁忌，小心翼翼地不去碰触它，以牺牲某种行为的自由和内心的欲望来扼守某种特定的警戒线，以换取某种平静安宁的生活。

由于某些历史和自然条件的局限，我国南方长期以来一直处于相对落后、闭塞、贫穷的状态中，他们对于原始的禁忌保留得也相对多一些。具体来说，南方民族地区的禁忌大致上可分为行为禁忌、语言禁忌、饮食禁忌、人物禁忌四个大类，其中尤以行为禁忌最为复杂，但整体来说，在这四大类的禁忌中都掺杂着或多或少的神秘主义因素。

行为禁忌包括群体行为禁忌和个体行为禁忌。就群体行为禁忌而言，如旧时白族逢初一、十五、小暑、大暑、处暑及火把节的第二天，村中死人的当天，一律禁忌从事生产劳动。侗族在三月、九月的丑日、未日不得下种，四月、十月的寅日、申日不耕地，收割时忌吹口哨。高山族在下地劳动途中忌打喷嚏，若打了喷嚏要立即转身回家或者稍事休息后才能回到农田劳动。布依族旧时每年除夕至正月十五这段时间忌生产劳动，有"正月初三以前不动土，十五以前不动刀"之说；正月二十"天乾地露"忌出门，忌做活路；杜鹃（阳雀）初叫时不出工，"红煞日""戌日""甲子日"忌出行、不生产等。

南方民族的行为禁忌中更多的是个体行为禁忌，如生育禁忌、婚姻禁忌、丧葬禁忌、岁时禁忌、日常禁忌等。在生育方面，水族忌在娘家生育，若万不得已，也只能在娘家村寨外的树林或山洞中生育；婴儿的胞衣忌随地乱扔，须埋在屋基或柱头下，有的则需挂于屋后通风僻静的树上，既不能挂得太高，防婴儿头晕，也不能挂得太低，防婴儿吐奶；平时忌夸婴儿长得可爱，防野鬼慕名作祟于婴儿。壮族也忌在娘家或别的村中生孩子。亚诺寨的基诺族既不能在娘家，也不能在自己家中生孩子，而必须在自家的粮仓中生孩子，且须过七八天才能搬回自己家中。

不准在娘家生育的禁忌当根源于原始的族内婚（血缘婚）禁忌，在南方民族的观念中，孩子生于娘家，则孩子的"来历"就不明不白，丈夫一族会有受侮辱之感，弄不好还可能会引发部族间的械斗。后来便将这一禁忌加入了一些神秘观念，认为会不利于娘家的生存发展，污染娘家的祖先神灵等。至于对胞衣的处理和对婴儿的赞美则主要出于对婴儿的生长发育的考虑，类似这类考虑在南方众多民族中还有其他种种表现，如基诺人在妻子怀孕期间，丈夫上山打猎时不准砍棕树，不能打猴子，不能割岩蜂，不准打羽毛是花的、黑的、黄白色的、红黑色的鸟类，也不能打大嘴鸟、犀鸟和叫声不好听的鸟，否则有损婴儿将来的容貌和声音；又如土家族人在妻子怀孕期间不准在家中钉钉子、移动家具，不准砍门槛，忌动针线、锥子、剪子等物，妻子不准吃姜、兔子肉，等等，都是为了婴儿的生长发育所遵循的禁忌。

婚姻是人生的大事，南方民族对此所立的禁忌也多如牛毛。侗族、土家族、苗族人在接亲时，最忌碰上抬丧的队伍，认为这是最不吉利的事。南方民族大多数都奉行同宗同姓不婚的禁忌，在婚期前夕，据《说蛮》记载：仡佬族姑娘出嫁前必须拔掉两个牙齿。清人田雯在《黔书》中说：

"（僚人）既长，皆拔去上下齿各一，以为华饰。"① 张华在《博物志·异俗篇》中亦有此说，这种婚前拔牙的习俗在于防止不利于夫家，土家族中至今还有长有虎牙（犬齿）的姑娘克夫之说。另外，南方民族大多数有婚前合八字的习俗，若男女双方尽管情投意合，但生辰八字相冲，这段婚姻也会告吹，因为这将会违犯婚姻中的生辰禁忌。

不仅如此，在整个迎亲过程中也充满着禁忌。迎亲上轿时，土家族、壮族姑娘忌脚沾泥土，故需兄弟或堂兄弟背负上轿；迎亲路上，普米族姑娘忌回头张望，畲族姑娘则忌碰上孕妇，云南红头瑶则忌遇到河沟，忌沾水。洞房之夜，南方大多数民族忌姑娘来月经，谚曰："骑马拜堂，家破人亡。"拜堂后，云南洱海东岸的白族、永宁纳西族、湘鄂西土家族忌新娘抢坐婚床，据说新娘抢先坐在婚床上于男方不利，故常有新郎抢入洞房坐婚床的场面。而怒族、普米族、彝族、仫佬族、哈尼族、侗族、瑶族、白族、苗族等有新婚之夜禁忌新娘与新郎同宿的习俗。对于新娘是否为处女，南方多数民族也有许多忌讳。《清稗类钞》对此亦有记载：

> （粤人）成婚之夕，喜娘为新郎脱靴，即授一白巾，备交合后拭秽之用也。如有新红，即为完璧，可吃烧猪。
>
> 三朝回门，即以烧猪送母家。富贵之家辄用烧猪数十头焉。故嫁女者恒惴惴于心，唯恐烧猪不至。如待之不来，则家人对坐愁叹，引为大辱。既至，则举家相庆，且迎烧猪于门，以为吾家某姑，果能不辱门户也。于是重犒来使，即以烧猪分馈戚友，腰以红色馒首若干枚，所谓麻蛋者是也。

可见旧时南方民族对新娘贞操的禁忌是多么严格。除此之外，还有许多婚后禁忌，这里从略。

尽管南方民族有着强烈的祖先崇拜意识，但死亡对于活着的人而言，始终是一种充满危机和灾难的事件，故人们在丧葬方面的禁忌也十分严格。如水族人很忌讳死亡时间逢《水书》中所载的凶日，若犯之而又不做法事禳解，就会祸事迭起，家破人亡。仡佬族和土家族人忌亡人临终前无

① （清）田雯：《黔书·苗俗》卷上，贵州人民出版社 1992 年版，第 24 页。

亲人临终扶持，仡佬族称之为"空亡"，相传这会对家人不利。停丧之际，大多数南方民族忌猫跨越尸体或蹲在棺材上，相传死尸会成为僵尸鬼魂吃人。

日常禁忌则更多，其中主要是对神灵及象征物，如火塘、三脚架、神堂、神龛、供桌、祖坟、禁山等的禁忌，在人们心中，这些禁忌对象都是神圣的事物，切忌随便冒犯。若有违禁之行为，不仅会遭到神灵的严厉惩罚，而且也会导致人们之间的仇怨。还有对时辰节令的禁忌，主要是对"凶日"的避忌。人们认为有些日子是不宜于做某种事的，这些日子或称为凶日，或煞日、破日等，一旦犯禁就会遭遇灾祸。有对人们的日常行为的禁忌，就有社会交往方面的禁忌，以及职业、等级、服饰、居住、行旅等方面的禁忌。林林总总，不胜枚举。

除了行为禁忌外，南方民族尚存在有语言禁忌、饮食禁忌和人物禁忌。所谓语言禁忌就是指对不吉利的语言禁忌，尤其是对死亡、疾病、灾难这类的语言更为慎重，往往须换一种含蓄或暗示的说法，有的地方甚至连与不吉利话相谐音的话也不准说，这主要是因为人们相信语言具有一种特殊的召唤力量，一旦说出来，就会变成现实，这也包含着人们对鬼神的恐惧意识，在人们看来，语言可能会冒犯神灵或鬼魂等，甚至有可能招来邪恶的鬼魂，故而加以禁忌之。

饮食禁忌则主要有以下几种情况：一是忌食图腾物和祭献给神灵的祭品。二是忌食各类变异的食物，清代竹柏山房《闲居杂录》曾说过下列变异食物不能食："或有感珍气形变异者，如兽有歧尾，蟹有独螯，羊一角，鸡四足是也；有形色变异者，如白鸟乌首，白马青蹄，白马黑蹄是也；有肉变动怪者，如落地不沾灰尘，经宿肉体尚暖，曝炙不燥，入水自动是也；有肠脏变改者，肝色青黯，肾气紫黑，鱼无肠胆，牛肝孤叶是也。"三是忌食不洁之物，这种"不洁"是指对神灵而言的不洁。换句话说，指神灵所认为的所有不洁或污秽之物。四是巫师等这类特殊职业人员的特定的饮食禁忌，如苗族、土家族、侗族、瑶族等巫师人员不食带五爪的动物，如蛙、猫、狗等。

人物禁忌主要是对氏族首领、英雄、巫师及特殊人物的禁忌。首先，不能直呼上述人物的姓名和长者、死者的姓名；其次，这些人所接触过的事物一般平民不能接触，如他们所穿的衣物，吃剩的食物，所用过的器具如巫师的法器，长者、首领的座位等都不准一般人去碰。《金枝》中记载了这样一种禁忌现象："有一次，一位具有广大神性的高级首长吃剩下的食物留在路旁，一个健壮的奴隶路过那里，肚子饿了，不问缘由拿了就吃。他正在吃着，旁边一个人见了吓得呆了，连忙告诉他说这是酋长吃剩的饭食。我熟识这个不幸犯了错误的人。他是出名勇敢的人，在本族历次战斗中表现非常突出，可是一听到这个不幸的消息，他马上就感到腹内绞肠刮肚似地剧疼不已，到当天太阳快下山的时候便死了。"① 南方民族对首领、长者、巫师等不平凡人物虽有禁忌，但主要是出于尊敬，尚未达到这种恐惧至死的程度。

孕妇在南方民族的大多数地区是一种特殊人物，还有寡妇也可视为这一行列，因而对于孕妇和寡妇的禁忌比较多。对于孕妇而言，有许多禁忌主要是从保护胎儿和孕妇健康的目的出发而立的，但在更多的地方，孕妇与寡妇多被人们视为"不洁"的人，无论是婚嫁、丧葬、生育，还是人们从事建房、祭祀等重大活动，都一律不准孕妇和寡妇参与。在人们看来，她们只要一到场，就会给人们带来不幸和灾祸，土家族、苗族、侗族、瑶族、白族等甚至称孕妇为"四眼"人，据说"四眼人"的眼光都是恶毒的、可怕的，凡被她们看过的东西都会包含着灾祸。故人们在进行红白喜会或重大活动时，一般都忌孕妇和寡妇参与，甚至还会有意地进行回避，而孕妇和寡妇也会自觉地避开这类大事，以免招人讨厌和嫌弃。

第三节　巫傩之风

我国大多数学者都赞同这样一种说法，即傩文化从属于巫文化范畴，傩文化主要流传于我们南方民族地区，巫文化则广布全国，对这种说法笔者基本上持赞同的态度。但是需要说明的是，傩文化虽然从属于巫文化，但它却具有自己鲜明的文化特质，这种文化特质不仅仅只是表现在地理区域方面的差异上，而是傩文化本身与巫文化之间就存在着某些质的差异。因此，当我们在探讨南方民族信仰文化的时候，南方民族的傩文化就成了

---

① ［英］弗雷泽：《金枝》（上），徐育新等译，中国民间文艺出版社1987年版，第307—308页。

我们必须面对的研究对象。

一 傩文化的本质

要弄清傩文化自身的文化特色以及它与巫文化的本质差异，我们首先就得探讨傩文化的本质是什么。只有把握好这一点，才谈得上它的文化特色以及它与巫文化的差异性。那么傩文化的本质是什么呢？或者换一种问法，傩是什么？

1. 傩是什么

傩，先秦时写作"难"（读为 nuó），两汉以后始写为"傩"。《周礼·夏官·方相氏》载："帅百隶而时难，以索室驱疫。"郑玄注："时难，四时作，方相氏以难却凶恶也。"也就是说，"难"（或"傩"）在这里作为动词用，有驱逐、驱赶、撵除等意。《礼记·月令》亦载：季春三月，天子"令国难，九门磔禳，以毕春气"。"国难"即在城内傩除恶气。傩之意在驱逐，它所驱逐的对象仅仅是"恶气"么？詹鄞鑫先生曾有过这样的说法："周代'祀'中有'厉鬼'之祭，也是为了安鬼神。而更为普遍的作法则是通过各种措施驱撵厉鬼，古代称之为'傩'。如果说，安鬼神是软的一手，那么，傩便是硬的一手了。"[1]詹鄞鑫先生认为傩的所驱者除恶气之外，还有驱除恶鬼之事。这种驱鬼的傩文化早在商代甲骨卜辞中就有所记载。在卜辞中，不叫"难"，而叫"宄寝"。"宄"字在甲骨文中像房屋之内有人持兵击"九"之形。于省吾先生将此字释为"宄"，并认为被扑击的"九"是鬼的谐音替代，击"九"就是击鬼，"宄寝"就是"搜索宅内的驱疫鬼之祭"[2]。据此笔者认为，举行驱逐疫鬼的傩是源远流长的。卜辞载：

庚辰卜，大贞：来丁亥宄寝，有艺，岁（刿）羌卅，卯（戮）十牛。十月。（前6、16、1）。

丁亥，其宄寝，宰。十二月。（后下3、13）

---

[1] 詹鄞鑫：《神灵与祭祀》，江苏古籍出版社1992年版，第396页。

[2] 于省吾：《释宄》，载《甲骨文字释林》，第48页。

这两条卜辞的意思是：由于"有艺"（"艺"即孽，即有鬼作孽），在下一个丁亥日进行"宂寝"，杀三十个羌人俘虏和十头牛为祭品。第二条的意思是在十二月丁亥日，即将举行"宂寝"，用少牢为祭品。两条卜辞的内容正好相互印证。而在较早的文献记载中，"宂"写作"究"，不仅有打鬼之义，还有驱除厉鬼之义。《诗·小雅·鸿雁》曰："虽则劬劳，其究安宅。"这里的"其究安宅"即驱除鬼魅以安宁家宅。《诗·小雅·节南山》曰："家父作诵，以究王泅。"即家父诵读咒辞，以究除王周围的厉鬼。据此可知，商代时就有索室驱疫的祭祀仪式，只不过不叫作"傩"，而被称为"究"（宂）罢了。

据上述的材料和分析，我们可以对"傩"是什么这一问题做出回答了。傩是驱逐鬼魅，寻求平安的一种原始宗教的仪式，它与人类其他巫术仪式一样，都是以驱邪求福为其基本目的的。如果再精确一点的话，我们认为傩以及傩文化的本质就是四个字："其究安宅"，或者说是"驱鬼求安"。

2. 傩的演变

周代时，正式出现"傩"，但写作"难"，并且这种傩祭仪式和场面也相对复杂一些。《周礼·方相氏》载："方相氏掌蒙熊皮，黄金四目，玄衣朱裳，执戈扬盾，帅百隶而时难（即傩），以索室殴（驱）疫。"从这一记载中，傩祭仪式已十分隆重，首先，它拥有了专职人员方相氏；其次，这种仪式场面很大，"帅百隶而时难"；最后，仪式很讲究道具的运用，有熊皮，还有面具（黄金四目），而且仪式服装需要"玄衣黄裳"，并要"执戈扬盾"，其场面、其声势较之商代的"究寝"确实要大得多，也庄严得多。

至东汉，傩祭仪式更为隆重，尤以冬季的傩更为突出。晋人司马彪在其《续汉书·礼仪志》中记载甚详。

先腊一日大傩，谓之逐疫。其仪：选黄门弟子十岁以上、十二以下百二十为侲子，皆赤帻皂制，执大鼗。方相氏黄金四目，蒙熊皮，玄衣朱裳，执戈扬盾。十二兽有衣毛角。中黄门行之，冗从仆射将之，以逐恶鬼于禁中。夜漏上水，朝臣会，侍中、尚书、御史、谒者、虎贲、羽林郎将执事，皆赤帻陛卫，乘舆御前殿。黄门令奏曰："侲子备，请逐疫。"于是中黄门倡，侲子和曰："甲作食殆（凶），胇胃食虎，雄伯食魅，腾简食不祥，揽诸食咎，伯奇食梦，强梁、祖明共食磔死、寄生，委随食观，错断食巨，穷奇、腾根共食蛊。凡使十二神追恶凶，赫汝躯，拉汝肝，节解汝肉，抽汝肺肠；汝不急去，后者为粮！"

因作方相与十二兽舞，欢呼周遍前后省三过，持炬火，送疫出端门。门外骑骑传炬出宫，司马阙门，门外五营骑士传火弃雒水中。

百官官府各以木面兽能为傩人师讫，设桃梗郁儡，苇交毕执事殿者罢。

据此可见，汉时的大傩又增加了许多环节：第一，"帅百隶"改变为"侲子"百二十（魏晋南北朝时增至240人，隋唐期间更增至500人）；第二，方相氏的力量也随之增强，增加了"十二兽"；第三，大傩逐疫成为宫廷上下、文武百官共同的大事，几乎是"倾朝出动"；第四，增添了传炬，弃炬于"雒水"的仪式；第五，加进了逐疫的咒辞；第六，各官府还有分别举行府衙傩祭的仪式。综观上述所增的环节，如果用今日的话来表述的话，其目的在于增加对鬼魅的打击力度和驱逐力度。

只是这里有一个问题被大多数学者忽略了，那就是为什么周人"帅百隶以时难"，到了东汉时，变为百二十童子时傩？也就是说，周代的"百隶"何以换成百二十"侲子"？按照一般的常规理解，百隶应该是身强力壮的男子汉，在驱逐厉鬼时，其力量当比十岁到十二岁的小孩子更强，何以在整个仪式中，其他各方面的驱逐力量都增加了，反而在这方面的力量减弱了呢？笔者认为，这种改换并非削弱了驱逐力，反而也是一种加强。因为傩重在驱逐，而驱逐鬼魅则首重发现，即敏锐的视力。在我国传统观念中，童子对鬼魅的感应或发现力都比成年人要强，只有及时发现躲藏于角落的鬼魅，才有可能驱除净尽，正因为这样，"百隶"才被换成"侲子"。

在东汉时期驱除疫鬼的整个"时傩"仪式中，一方面有了侲子敏锐的眼睛，可以使鬼魅无处藏身；另一方面又有了十二兽、方相氏及各级官员、士兵参与，这么强大的力量是以使鬼魅闻之胆寒，这样的大型驱鬼仪式的结局，自然是扫光一切邪魅，还原一方净土，人们便可以吉祥平安，如愿以偿了。

3. 傩与巫的关系

从这一点出发，反观巫与傩这两类文化，就可以发现它们内容上的差异是十分明显的。就巫文化和傩文化的内涵而论，它们都有驱鬼的内容，而且这一内容在它们各自的文化中，所占的比重都相当大。但是，傩文化以驱鬼逐疫为首要内涵，巫文化在驱鬼的同时，还包容着大量的祭祀内容；就驱鬼本身的目的而言，傩文化侧重于灾病发生之前对鬼魅的扫除，其目的重在预防，巫文化则是在遭遇灾病之后对鬼魅的驱逐与打击，其目的重在治疗；就驱鬼的力量而言，傩文化主要依赖于人本身的力量，当然也不乏借助于兽之灵（可能是图腾祖神之灵）的灵力，但仍以人本身力量为主体，巫文化则侧重神灵力量的借助，虽然其中也包含着巫师自身的力量，但相对而言，仍然是以神力为主，人力为辅。还有，傩文化中驱鬼之役是一种大众群体力量的展示与发挥，巫文化中驱鬼则主要是巫师或巫师群体"法力"的展示。

就两大文化的形式而言，其差异更为显著。就时间而言，傩祭仪式的举行是定期的，古代一般一年举行三次，即春傩、秋傩和冬傩，其中尤其冬傩为重。冬傩的时间按文献所载，定于"先腊一日"，即腊日的前一天。巫术的仪式是不定期的，多具有很大的随机性，即谁家遇上不幸或灾病之事，便及时地举行巫术仪式。就空间而言，傩祭仪式旧时以室内为主，或以村寨内为主，它极力遵守由内到外的原则，即由室内到室外依次驱逐以将鬼魅扫除净尽。巫术仪式的空间范围都具有相当的不确定性，往往多根据具体的情境需要而临时择定，或室内，或室外，或荒郊，或野地，空间范围很广。

至于仪式的主持人，两者也有较大的差异。巫术仪式的主持者必须是职业化的巫师，在一些重大的巫术仪式中，往往要求年纪较长、法力很高的巫师充任，即对仪式主持者的专业化水平要求较高。傩祭仪式中的主持人不一定是职业化的，但都要求身高体壮、力量很大的人来担任"方相氏"之职，同时又很重视面具的使用。这就相应地出现了另一种差异：巫师一般在其仪式中是不戴面具的，只着法冠祭服，有自己专门的法具；"方相氏"则必戴面具，无专门法具，但却以日常兵器为法具，"执戈扬盾"即其"法具"。尽管在着法冠祭服与戴面具之间所隐含的神灵观念是相似的，但着法冠祭服的目的除了使仪式显示出神圣肃穆的气氛外，更重要的是为了通灵；而戴上面具的"方相氏"也有类似的意义，只是巫师所通之灵大多为人格化的神灵，而"方相氏"所通之灵则为图腾之灵，甚至人们认为只要戴上面具，便会具有面具所象征的神灵的神力了。

当然，巫与傩在仪式的外在形式上最大的差异在于：巫术仪式中虽有歌舞娱神场面，却没有巫术的戏剧形式，而傩祭仪式在其发展演变的历史过程中，却拥有了独特的形式——傩戏。曲六乙先生对此曾这样说过："由掌坛师主持驱鬼逐疫的还愿傩祭，以及由他和徒弟们组成的傩坛班进行傩舞、傩戏的演出的活动，是长江流域巫傩文化的基本和普遍的酬神娱人仪式形态。云南昭通的端公戏，四川的傩坛戏，贵州各民族的傩堂戏，安徽和江西的'傩神大会'，江苏的僮子戏和香火戏，大都与西湖的傩堂戏近似。"① 在沅湘一带的傩祭仪式的戏剧演出中，一直保留着《桃源洞》《搬开山》《搬先锋》《搬土地》《请师娘》《搬铁匠》等传统保留剧目。至于在傩祭仪式中，后来也有请神的仪式，但所请的神灵主要是傩神，即傩公、傩母，尽管在后来的傩祭仪式中所请的神灵越来越多，但傩公傩母却始终是其主神，这在一般的巫术仪式中也是没有的。

诚然，在巫文化与傩文化之间，它们也具有很多的相似性，其中一个最大的、也是最根本的相似点就是二者都是原始人类为了自身的生存发展，借助某种超自然的神力，希图控制自然、主宰自身命运的强烈愿望的反映。正因为二者在根本上的相似性，所以在后来的各自文化发展过程中，它们一直在相互借鉴，相互融合，相互推动，以至于在今天，人们的巫术活动中也隐含着一些傩文化的元素，傩文化中也容纳了许多巫文化的元素，也正因为如此，一些学者干脆将其称为"巫傩文化"。

二　傩祭仪式

从人类生存发展需要的角度来看，傩祭仪式当为傩文化的主体形式。如果将傩文化比作一棵大树，那么它的主干就是傩祭，它的枝叶则是傩戏与傩舞。离开了傩祭仪式，傩戏最多只是人们古时的一种娱乐形式，其傩戏内涵的分量也将大为减轻。

---

① 曲六乙：《漫话巫傩文化圈的分布与傩戏的生态环境》，载《中国傩》，湖南师范大学出版社1994年版，第18页。

1. 古代的傩祭

南方民族的傩祭仪式在今天已与春秋时代的"乡人傩"、东汉时期的宫廷大傩有很大的不同，它不仅仅是以驱除鬼魅为首要目的，而且还掺杂了很多巫术和道教及佛教的元素，这主要表现在傩祭过程中的主持人主持的请神仪式、驱除仪式等方面都发生了许多变化。主持人已由巫师代替了"方相氏"（当然，有的地方巫师须戴上面具），所请的神灵除傩神以外，还有道教诸神、佛教诸神等神灵。在驱除仪式上除了一味地驱除外，也有了求神灵率天兵天将协助巫师一道驱除的内容，而且还有展示巫师法力的仪式表现，而原先的那种"帅百隶以时难"或百二十侲子时傩的仪式也已基本上消失。一些相关地方志所记载的傩祭仪式材料就可以充分地证实这种傩祭文化的变异性。

> 跳端公，又民间或祟或疾，即招巫师驱逐祈禳，曰"跳端公"，（行）其术曰"师娘教"。所奉之神，制二神头，一男形，赤面长须，曰"师公"；一女形，白面，曰"师娘"（引者注：即傩公傩母）。临事，各以一竹承其颈，竹上下贯两圈，衣以男女衣，倚立于案之左右，下以两碗承其足。又设一小案，右供二小神头，曰"五猖"，巫党椎锣击鼓于此。巫则披红衣，戴七佛冠，登坛歌舞。右执神带，左执牛角，或吹、或歌、或舞，抑扬拜跪，进退徐疾，衣裙舒圆，旋转生风。至夜深，大巫两手挥诀，小巫戴假面具，扮土地导引，受令而出，受令而入，曰"放五猖"。大巫则踏阈吹角，侧耳听之，谓其时必有应者，不应则再吹。时掷卦，卦得吉，谓已得生魂。故其角声所及之处，人家小儿每不令睡，恐其于梦中应之也。主家亦然。间有小儿于坐立时无故如应人者，父母不觉，常至奄奄而毙。必先斩茅作人形，衣祷者之衣，侑以酒肉，以茅舟送出门焚之，曰"送茅娘"。谓其可以替灾难事。毕，移神像于案前，歌以送之，仆则谓神去。女像每后仆，谓其教率娘主之，故其迎送独难云。[1]

---

[1]　参见《中国地方志民俗资料汇编·西南卷》（下册），书目文献出版社 1991 年版，第 657—658 页。

村民颇信巫觋，疾病不服药，多听命于神，方邑侯《竹侬诗》所谓"女萝山鬼纷勾惹，长奉巫医不信医"是也。一曰"还天王愿"。病中许之，愈则召巫酬之。植伞大门外，设天王牌位，剖牲陈酒醴，烧黄蜡香，匍匐致敬，已乃席地欢饮。……一曰"还傩愿"。延巫屠豕，设傩王男女二像，巫戴纸面具，饰孟姜女、范七郎，击鼓鸣锣，歌舞竞夕。巫之类不一，还愿皆名"跳神"。有破石打胎，捞油锅、上刀竿、降童子等术。其徒自谓能治病辨盗，驱鬼禁怪，故惑之者众。①

从上述所引的材料中，我们可以看到，南方民族的傩文化除了依然保留了驱鬼逐邪、神灵面具这两大主要遗传基因外，其他仪式形式都不同程度地发生了变化。但是我们同时也应该看到，这种变化与其他传统文化，包括民间的习俗文化的演变一样，既是文化发展过程中自身演变、发展规律所使然，也是人类生存发展需要的必然影响所致。任何一种文化在人类发展的历史洪流中，都不可能始终保持某种形式或固守某种内容不变，它必然会发生一定程度的变异，否则它只有自行消失于历史的烟云之中。变化和发展是人类所有文化形式的必然规律，不变化就不能发展，不发展就只有湮灭。因为社会在前进，人类也在前进。不断前进的人类每当进入到一种新的历史阶段，总会根据社会实践或人类自身生存发展的内在新需要，而在原有的文化基础上不断地创造出新的文化。也就是说，人类文化需要不断地吐故纳新才能适应人类生存发展和社会实践的需要，而在这种吐故纳新的文化发展过程中，文化便自然而然地改变着自身、发展着自身。

2. 傩祭的功能

纵观今日仍保留在南方民族部分地区傩文化中的傩愿仪式，其内容虽然十分繁杂，但却可以归纳为三大内容，即"还傩愿""冲傩"和驱鬼逐邪。所谓"还傩愿"就是人们在生活中遇到了不幸或灾病之事，往往会在傩神或其他神灵前许下重愿，大意是如果傩神或其他神灵能够帮助人们驱

---

① 参见《中国地方志民俗资料汇编·中南卷》（上册），书目文献出版社 1991 年版，第 448—449 页。

逐鬼魅，使之身体康复、消灾弭祸，那么病者及其家属当于平安吉祥之后，择日酬神（所酬之物视病灾的程度和所许酬神之物而定）。许愿之后，一旦病情好转，灾祸消除，人们就一定得按照自己所许之物，择定日期，请巫师举行"还傩愿"的酬神仪式。

还傩愿：祈神降幅

如果说南方民族驱鬼逐疫的仪式是古人大傩的传承形式，那么"还傩愿"仪式则可视为古傩仪式从宫廷走向民间的一种演变形式。明嘉靖《常德府志》载："岁时，岁除尽数日，乡村多用巫师，朱裳鬼面，锣鼓喧舞竟夜，名曰还傩。"还傩，即还傩愿。在这一祭礼仪式中，驱除之声势锐减，虽仍有"朱裳鬼面，锣鼓喧舞"，但更多的都是酬神还愿。就还傩愿这一仪式而言，驱逐鬼魅这一环节已交付于神灵，是神灵已将鬼魅驱逐，人们已经如愿以偿，故无须再行驱逐之事，只要感谢神恩，以求其保佑就可以了。也就是说，还傩愿的傩祭仪式事实上可以视为古人驱鬼逐疫的大傩仪式的后续与延伸，它是在神灵对鬼魅实施驱逐之后，人们对这种驱逐效果的一种仪式化的印证。因此，这一仪式中的"朱裳鬼面"不是用来驱吓鬼魅，而是象征神灵的降临。

还傩愿仪式主要盛行于苗族、瑶族、土家族、壮族、侗族等南方民族地区，其地理范围包括湖南、湖北、贵州、四川、重庆、广西、广东等省、市、自治区，覆盖面甚广。只是在一些地区不叫"还傩愿"，而称为"还坛神""还盘王愿""还天王愿"，等等。

还傩愿必祭傩神。傩神的最早记载见于唐代，唐人李绰《秦中岁时记》云："岁除日进傩，皆作鬼神状。二老人为傩公傩婆以逐疫。"此所言傩公、傩婆即傩神。据学者们考证，傩神即被南方民族多视为各自的始祖神，有的称他们为伏羲、女娲，有的则称其为东山圣公与南山圣母，还有的被称为姜郎、姜妹，等等。"长江流域各省，普遍有祭祀傩神的风俗，因为傩神是女性，又名'傩娘'，由于'傩'、'陆'系一音之转，又有称'陆娘'的。有的地方则转化成了夫妻神，称傩公傩母，又与神话混淆，认为'傩公傩母'即伏羲伏妹、姜郎姜妹、东山老人、南山小妹，等等。"①

---

① 林河等：《马王堆汉墓飞衣帛画与楚辞神话、南方神话比较研究》，《民间文学论坛》1985年第3期。

旧时沅湘土家族、苗族人还傩愿共有四种类别，若因久婚不育、久病不愈，久出不归等情状者，因向傩神许愿，祈求保佑；事后若如愿，则请巫师酬谢傩神护佑之恩，称其为"还傩愿"。其中，先因事祈求傩神保护，事后酬神者，谓之"愿傩"；因新婚之喜，请巫师做还傩愿法事，祈求早生贵子，夫妻和睦者，谓之"喜傩"；为祝福家中老人健康长寿而做的还傩愿法事者，谓之"寿傩"；而巫师在传授弟子法术时所做的还傩愿法事者，谓之"恩傩"。

沅湘还傩愿的场面十分盛大，费时亦较长，一般为三天两夜，最长者可达七天六夜。还傩愿需先建傩堂，于主人家堂屋内，以中柱为界，设三座"山门"，左右山门外悬左师、右师神像，中间山门摆神桌二张，桌上绑竹棍，上挂三师神像，桌上供傩神木雕头像。以山门为界，内则称内坛，外则称外坛，内坛上方悬"五猖""二郎"神像共六幅，"二郎"神像居中，左右板壁上各悬北七斗女神像和南七斗男神像。外坛则悬挂桃源仙洞神像和四值功曹神像，山门上方正中画天王神像，左右画八仙神像，其间还要悬挂许多对联、彩旗和不知名的神像多幅。供桌上摆有稻谷一斗，米一升，烛台一对、长明灯、茶、酒杯各一个。稻谷上摆木刻二郎神雕像，并插有黄色令旗。桌下地面摆有一撮箕稻谷，中放有糯米粑做的鱼二条，乌龟一个，蛇一条缠于龟身。

仪式前，巫师先请历代祖师神灵护坛，继而踏罡布斗，捕捉堂内五方邪鬼于瓶内以净场。接着巫师举行法事的"开幕式"（"起场"），巫师喷圣水，撒五谷于堂屋四周，再收残余邪鬼。待邪鬼收净，于是请神灵降临法坛，其中包括"接龙""谢土""发牌""铺位"（为神准备神座）、"接驾""下马"（意味众神降临）、"开洞"（迎请桃源洞神）、"接灵王""和洞"（让神灵们愉快和睦相处）、"宿坛"（即休息，结束）。

第二日，还傩愿法事正式举行。在这一天，首先做的法事叫"扫路"，继而"呈牲"（每献祭一物，巫师均须唱祝，主要有唱猪、唱鱼、唱鸡、唱酒等），"赶牲""邀猖"（邀请五猖神），"上熟""交标"（祈神保护户主家发人兴、添福添寿、六畜兴旺、五谷丰登），"出标"（装饰树立二郎神像并再次收邪鬼，藏于二郎神衣裙内，以镇之），"勾簿"（巫师戴面具扮判官，勾掉主人所许给二郎神的傩愿，以示还清），"设花园"（送二郎神于花园散心），"倒标"（在屋外稻田设火场，收邪鬼焚之）。

第三日，"接回坛驾"（重安傩神与其他神灵）、"和下洞"（请神娱乐）、"傩戏"（扮演《孟姜女》）、"开洞门""伴郎君""设喜"（上述三场法事多为娱神节目，多男女情爱之事）、"送春"（祈福）、"邀回五猖（送五猖神）、"打洞筊""勾簿"（即勾掉对五猖神所许之愿，以示还清）、"送灵王""送神"（送走群神）、"安五神坛""起霄"（送云霄娘娘）、"造铁船""庆五神""邀猖"等。①

据年已古稀的瞿湘周先生调查，沅湘一带整个还傩愿法事共有40多场，其主要内容多为祭神、娱神、谢神、祈神，其间亦有收邪仪式，一为净坛；二为祈福。在还傩愿过程中，还不时地穿插一些傩戏表演，在表演傩戏时，多为巫师扮演，并且多戴面具演出，其主要目的在于娱神和娱人。在沅湘一代的人们心中，还傩愿就是酬神谢恩。由于神灵保护，驱走了邪魅妖鬼，使人们脱离了不幸与灾祸，恢复健康，获得了平安，故在酬谢神灵时，多在献祭与娱乐。而且所酬之神除了主神傩公傩母外，还有"灵王""二郎神""五猖神"，据说这些神灵都是沅湘土家族、苗族人民的保护神灵。至于瑶族的还盘王愿、侗族的还傩愿、毛南族的还愿、壮族的还天娘愿等与此均相类似，故不再赘述。

冲傩：驱鬼逐疫

所谓"冲傩"则主要是指"冲急救傩"，其原因主要有以下两种：一是因为有人久病不愈，昏迷不省人事，胡言乱语，医药无效，生命垂危；二是有人遇上严重伤害，如刀枪所伤或坠崖、石砸等意外伤害，需要请巫师举行"冲傩"仪式，即向神发出紧急呼救信号，请求傩神或其他神灵迅速施展神力，使受害者脱离灾难和不幸。

驱鬼逐邪仪式是南方民族傩祭仪式文化的内核，除了"还傩愿"和"冲傩"中有这类仪式外，它还常常作为单独的仪式举行，一般都有固定的时间，其主要目的是扫荡村寨内的邪魅，以保村寨人口平安、五谷丰登、六畜兴旺。由此看来，驱鬼逐疫的仪式与古人的傩祭仪式具有直接的传承关系，而"还傩愿""冲傩"仪式则是古代傩文化的变异形式。也就是说，巫傩文化虽然在形式上有了很大的变化，但其最终目的依然如故，并无多大变

---

① 瞿湘周：《古老·神秘·豪放——沅陵巫教和傩文化调查纪实》（内部资料），1999年，第104—150页。

化。驱鬼逐疫的仪式在南方许多民族地区都较为盛行。这主要是因为南方地多潮湿，旧时曾被称为"瘴气"之乡，春夏之际常常瘟疫流行，人多患病，故许多南方民族的村寨每年都要进行一次驱除鬼魅的傩祭仪式。宋兆麟先生曾目睹过一次四川省木里县俄亚纳西族的索室驱疫的仪式：

> （盖房）主妇正在率领一伙人，她带着火把，有巫师和小伙子跟随。小伙子带着鹤嘴锄，先在门槛下刨一个土坑，将填有泥土的羊角埋起来。此时，巫师戴着面具，手捧一个盛有麦子的木碗，另一只手握一根树枝，一边撒麦子，用树枝打鬼，一边呼喊"胡不交，胡不交"，意为"撵走了，撵走了"。巫师如同指挥官一样，命令小伙子手持斧子、砍刀，在新房内横冲直撞，逐层追捕，一会砍门框，一会砍仓门，木屑横飞，乌烟瘴气。巫师依旧撒麦子，向各个角落泼水，使"吐"鬼无藏身之地。巫师还让一位少女捧一个炭火盆，火烟熊熊，浓烟滚滚。巫师把砍落的木屑丢进火盆内。巫师说："吐鬼附在新房的木头上，木屑上也有吐鬼，你不走，我就用火烧死你！"
>
> 撵走"吐"鬼后，巫师手持火把，对每个房间都进行烘烧，认为这是驱除残鬼，清除毒害。还命令小伙子用斧子、砍刀、木棒打门板、木梁、地板、房门、中柱，从屋中央往外丢沙子。最后，巫师把一木棒折断，抛在大门外，象征把"吐"鬼赶出家门。最后，巫师和众人拥向粪堆，挖一个深坑，将火盆内的灰烬和清扫出来的木屑埋起来，让"吐鬼"永不翻身。[①]

纳西族这种"驱牛鬼"的傩祭仪式保留着古人傩祭"索室殴疫"的重要文化内涵，如方相氏播散赤丸，五谷逐鬼；持拒火，送疫出门；传火炬弃于雒水等，都在驱牛鬼的仪式中有所表现，巫师撒麦子驱鬼，持火把、火盆逐疫鬼，最后折木棒掷于门外，埋灰烬、羊角、木屑于深坑等，都可以明显地看出古人傩祭的古俗遗迹来。

南方民族"索室殴疫"不局限于一室一户，往往是在整个村寨中进

---

① 宋兆麟：《原始雕塑人面考》，转引自萧兵《傩蜡之风》，江苏人民出版社 1992 年版，第285—286 页。

行，是"索室殴疫"的扩大化。德昂族的驱鬼仪式后来渗进了佛教成分，但傩祭仪式的原型仍未淡化。每年德昂人做大贡结束时，物色两名未婚男子，到驱鬼那一天，他们头戴竹篾帽，脸罩假面具，腿绘横纹，身披蓑衣，胸前挂两个响铃，穿宽管短裤，手持扁叉或长矛，化装成面目狰狞的魔王。当日头西斜，两位"魔王"率领一批身挂沙袋的男子一路边跳边喊："杀死恶鬼！打死恶鬼！"每到一家，"魔王"即用长矛扁叉对着屋前猛烈虚刺数下，并冲上楼，在主人家的器物上猛烈拍打数下，并冲上再撒几把细沙，表示已将恶鬼驱走。逐户驱鬼完毕，驱鬼的队伍冲向寨门，一直将恶鬼驱逐于寨门之外。这时，等候已久的长老点燃七堆草，各户人家牵牛跨过火堆，以示驱邪。然后在寨门两柱顶端各插一把木制弯刀，以表示封上寨门，使恶鬼不能回村。

明嘉靖《贵州通志》载："除夕逐除，俗于是夕具牲礼，扎草舡，列纸马，陈火炬，家长督之，遍各房室驱呼怒吼，如斥遣状谓之逐鬼，即古傩意也。"这种逐鬼之仪式被后来的傩戏所继承。贵州地戏演出前，演员戴着"脸子"换家串户驱鬼纳吉；彝族"变人戏"则挨门串户要鸡蛋，扯房草，以示驱鬼之意。[①] 彝族古傩戏"撮泰吉"（变人戏）中还有逐鬼的咒词：

> 清洁平安，不扫；子孙繁衍昌盛，不扫。口嘴扫，口舌扫，伤风咳嗽扫，牛瘟马疫扫，鸡羊病瘟满盘扫。……所有害人的一切东西，全部扫掉。走喽！走喽！[②]

这种驱瘟逐鬼的咒辞以及在其傩戏表演前夕，于各户要几个鸡蛋和一撮麻，并在每户的草房四角拔一把盖房草的风俗，都表明了其间确实是古人大傩"索室殴疫"的一种仪式化演变。

冲傩的法式

冲傩仪式，是傩文化与巫文化相互交融的产物。与还傩愿仪式不同的是，冲傩不是酬神，而是驱鬼解邪，救病扶伤。但它又与驱鬼逐疫的大傩存

---

① 曲六乙：《中国各民族傩戏的分类、特征及其"活化石"价值》，《戏剧艺术》1987年第4期。

② 杨光勋、段洪翔：《彝族古戏〈撮衬姐〉》，载《傩戏论文集》，贵州民族出版社1987年版，第187页。

在差异，大傩驱鬼重在预防灾病，冲傩驱鬼却重在救治，在这一点上，后者更近于巫文化。《桑梓述闻》中就有关于贵州布依族"冲傩"仪式的简略记载："疾稍重，则延巫跳神，曰'冲锣'（傩），又曰'背星辰'。"① 旧时贵州地方志对冲傩（跳端公）的记载既多且详，如：光绪年间的《黎平府志》、中华民国《麻江县志》《兴义府志》《沿河县志》、光绪《增修仁怀厅志》、中华民国《贵州通志》等都是如此。

贵州德江县冲傩（主要指"冲急就傩"）仪式中最重要的法事是"开红山"和"扎茅人"。当人病重时，巫师用刀划破自己额头，滴血以祭神灵，并验血滴的形状以查清病因是何鬼作祟，再用所扎的茅人作为病者的替身，将疾病转移至茅人身上，让茅人带走灾难和疾病，以使病者脱离疾苦、获得平安。同时，在冲傩中，这两大仪式正是区别于还傩愿仪式的突出特征。按照当地巫师的说法，"如果这两样法事做得不顺当，其他法事做了也枉然"。而这两种仪式也只有在"冲急救傩"，即病情危重、意外重伤的特殊情况下才举行，且也只有法术高深的"掌坛师"才会做。另外，这两大仪式也仅见于湘、鄂、川、黔四省的部分山地民族社区。

"开红山"是傩坛极其重要的仪式之一，在举行此项仪式之前，有一系列的开坛法事，如开坛、请神、发牌、敬灶神、行坛洁净（捕捉邪鬼）、立楼点兵、搭桥、安营扎寨、收兵、招魂、上熟、造船、打火（驱邪）、送神等。这一系列的开坛法事的目的在于请众神护坛，召集天兵神将，驱逐坛中邪魅，以保法事成功，此为"开红山"法事之前奏。

"开红山"，就是巫师用刀划破自己的前额，用自己的鲜血以祭傩神和其他诸神，此种仪式实为旧时以人头血祭傩神的一种演化，故极其神秘而隆重，其法事的程序也比较冗繁。首先是"参先祖"（参拜巫师的祖师神灵），"唱穿衣"（唱出巫师所穿法衣、法冠的来历和神奇功能），"迎三元法主"（迎请三元法主等诸神护坛保法），"观师"（礼请众位师尊，回忆师父传法场景，使法事获得师父之灵魂的亲临指导）。以上仪式的目的在于请师祖师父之灵亲临现场，使巫师在其后的仪式中振作精神，增强信心，获取法事的成功。

接下来是"藏魂"，巫师认为"开红山"仪式会惊动自己的灵魂，因

---

① 引自《中国地方志民俗资料汇编·西南卷》，书目文献出版社1991年版，第661页。

为它太惊心动魄了，故事先将自己的部分灵魂收藏于师坛，请师父之灵护好它们。收藏好灵魂后，巫师胆气顿壮，继而"辞神"，即告别祖师等神灵，准备与邪魅做一生死决战。"招兵"是为了战胜邪魅，巫师辞行后，广招五方神兵天将一同出征。这时插入"表打替身"法事，陈述打替身这一法事形成根由及由人祭过渡到扎茅人替灾替难的经过。这一法事结束后，即开始举行"开红山"仪式。

"开红山"的仪式是巫师血祭神灵、验证灾病根源的法事，其内容比较复杂，共有 14 套法事：

（1）劝神酒。奠酒祭神，祈福消灾。

（2）扎茅人。巫师扎制茅草人，以备替灾替难，其咒词有："……替得男来男命转，转得女来女命回。生死二字你替了，转得信人××转阳间，断了阴司生死路，阳桥路上百年春。"

（3）祭茅人（茅人即用茅草扎制的人，用来作为替人受灾病的行法道具）。

（4）给茅人开光点像。即使茅人具有灵性，乐于为人顶替灾难。

（5）保管推遣。茅人有了灵性后会在送出时带走人们的吉利福气，故做此法事让吉祥福气长留家中，病灾祸患由茅人带走一空。

（6）解标了愿。扎完茅人以替灾患，此法事在于促进心愿的达成，让主人了却心愿。

（7）开血书。这是"开红山"前的占卜仪式。

（8）造刀。赞开红山之刀，使之富有灵气，具有自动破血、封血的功能。

（9）点五方血河路。

（10）砍开五方血河路。

（11）燡雷火。

（12）观师。

（9）—（12）四个程序均为"开红山"前的准备，即希望割开头皮后，要有血流出，但又不宜流血不止。观师一节，则默念师父传法场景，请师灵护佑自己，继而划破额头，让血流出三五滴，滴于神坛前的八卦纸上，当即止血。

（13）滴血分解。验证血滴在八卦纸上的落点，以定吉凶祸福。

（14）送茅人。在送之前，须用饭菜、酒等再祭茅人，再将血滴过的八卦纸撕成三条，一条系于茅人头上，另两条待法事结束后，连同茅人一起在远离住宅的河沟或三岔路口烧化。送走茅人后，巫师急忙关紧大门，表示"祸门紧闭"，还在大门上画"闭门讳"。若为病危者冲傩，还要在患者内衣的背后加盖三颗"北极驱邪伏魔印"，以表示背了星辰，能早日康复痊愈。[①]

据笔者调查了解，贵州一带开红山仪式中的扎茅人是晚清乃至民国早期"捉生魂"邪术的一种后续仪式，旧时要用茅人替灾病，须用人的灵魂依附于茅人，这样的茅人才真正有了灵性，也才能真正顶灾替难。这一点在旧时的地方志中多有记载：

> 今民间或疾或祟，招巫驱禳，必以夜至。其所奉之神，制二鬼头：一赤面长须，一女面，谓是伏羲、女娲。……其右设一小桌，上供神曰"五猖"，亦有小像。巫党椎锣击鼓于此。巫或男装，或女装。男者衣红裙，戴观音七佛观，以次登坛歌舞，右执者曰"神带"，左执牛角，或吹或歌或舞，抑扬跪拜以娱神。曼声徐引，若恋若慕，电旋风转，裙口舒圆，散烧纸钱，盘而飞去。听神弦者，如堵墙也。至夜深，大巫舞袖挥诀，小巫戴鬼面扮土地神者导引，受令而入，受令而出，曰"放五猖"。大巫乃踏门吹角作鬼啸，侧听之，谓时必有应者，不应仍吹而啸，时掷珓，珓得，谓捉得生魂也。时阴气扑人，香寒烛瘦，角声所及之处，其小儿每不令睡，恐其梦中应也。主家亦然。间有小儿坐立间，无故如应人者，父母不觉，常致奄奄而毙。先必斩茅作人，衣祷者衣覆；至是，歌侑以酒食，载以茅舟，出门焚之，曰"劝茅、送茅"，谓使替灾难也。"[②]

后因明清以降，历朝官府明令禁止，"捉生魂"之术已消失，仅存"扎茅人"与"开红山"之仪式。

从"开红山""扎茅人"的仪式中，最能看出南方民族傩文化与巫文

---

① 顾朴光等编：《中国傩戏调查报告》，贵州人民出版社1992年版，第317—333页。
② 引自《中国地方志民俗资料汇编·西南卷》，书目文献出版社1991年版，第472页。

化交融的特点。在这种冲傩祭仪中，驱逐疫鬼的傩文化内涵已经淡化，或者说已被"送茅人"仪式所顶替，当然，"送茅人"亦可视为驱疫仪式的一种变形，因为它已附载着灾难鬼疫。但是，"送茅人"重点在于"送"，而且送中有求（求其顶灾替难），这便消失了原始人类驱鬼逐疫的刚健与豪气，至于先此的"捉生魂"之术，更是距离大傩之风甚远，而更近乎邪巫之气，此为其一。其二，"开红山"仪式更重于祈神，尤其是"开红山"之前的种种祈祷与拜跪，表现的只是巫师内心的惶恐，这种战战兢兢、畏畏缩缩的情态较之大傩之中千百人呐喊驱鬼的气势而言，更是不可同日而语。其三，尽管巫师最后划破前额，洒血以示驱邪之决心，显示出原始傩祭的豪放斗志，但却拘泥于祭神过深，使得这种豪放仅昙花一现，最终依然消溶于对神的畏惧之中。凡此种种，表明冲傩仪式更接近于中晚时期巫术祈神助己、以驱鬼魅的风格。

但是"冲傩"毕竟是傩祭文化之一，其一，它保留着傩神祭祀与面具的傩文化特色；其二，它的主要内涵是驱鬼逐疫，尽管驱逐对象成了"茅人"，但其本质仍未发生根本变化；其三，也是十分重要的一点，"开红山"与"扎茅人"仪式虽然重在依附和求祈于神灵的力量，但这里的神灵事实上是人的力量的一种超自然化，即仪式中所拜求的神灵主要是祖师之灵、师父之灵，即巫师之灵，而且这种祈神的目的也仅仅在于增强巫师的自信心和法力，以求与邪魅妖鬼做一次生死对决。换句话说，巫师祈求神灵仍然是祈求人灵，即人的力量，而这一点正是傩文化驱鬼逐疫活动的精神内核。正是在这样的意义层面上，笔者认为，冲傩仪式保留着原始傩祭文化的主要精神。

三 傩戏

傩戏是一种脱胎和依附于傩祭活动的、带有一定宗教色彩的、用以娱神与娱人的原始戏剧活动。在整个傩文化中，傩戏是傩文化之树的繁茂枝叶，是傩文化的一种世俗化形式。

1. 傩戏与傩祭的关系

需要首先说明的是，傩戏是以娱神为主，兼以娱人的民间戏剧。它虽然常常在人们傩祭仪式中插入表演，且其表演的人员亦多由巫师担任，但是傩戏的内容与宗教、巫术等并无多大关联。有的学者为了渲染傩戏的神秘性，有意地将傩祭仪式中的宗教神灵与巫术仪式（如踩刀、扎茅人、翻叉、杀铧、符咒、占卜、禁忌等因素）混为一谈，如庹修明先生在谈到傩戏的特征时，就认为傩戏具有宗教特征、巫术特征，并引用傩祭仪式中种种有关宗教和巫术方面的仪式活动作为证据。[①] 这实际上是将傩戏活动与傩祭仪式二者弄混淆了。

其实，傩戏重在演唱，有其一定的戏剧情节和故事内容，其目的在于娱神和娱人，傩祭重在祭祀和巫术法事，其目的在于祈神驱鬼、消灾降福。尽管在傩祭仪式活动中有巫师的咒语神词的唱念，还有巫师的巫术活动（包括舞蹈祭神、娱神的巫舞巫歌等）和锣鼓音乐伴奏，但这些都是基于祭祀的需要和驱鬼消灾的需要，并非单纯地为了娱乐，即它们的目的仍集中指向于祭祀和驱逐，这与单纯以娱神和娱人为目的傩戏表演是不相同的。当然，某些地区的傩戏中也有个别的带有较强祭祀仪式色彩的剧目，同时在个别地区也尚有开始由傩祭仪式向戏剧转化的原始傩戏的雏形，如贵州威宁彝族傩戏"撮泰吉"等，只是从整个傩戏的宏观角度而言，这些个别现象尚无法视为一般傩戏的表征。

如果上述的论证不错，那么在我们反观南方民族的傩戏，并将其置于南方民族原始信仰文化这一范畴内去加以考察时，就会发现傩戏更多地属于民间文艺范畴，能进入我们视野的东西就不会太多了。只是由于傩戏依附于傩祭，故而它与傩祭仪式很难分开。傩祭是傩戏的生存土壤，傩戏是这一土壤中盛开的一朵民间艺术之花。换句话说，傩祭给傩戏提供了生存空间，傩戏也使得沉重的傩祭仪式多了一些艺术的灵性和丰富的色彩，故而有必要对南方民族的傩戏做一番扫描。

2. 神力象征物：傩面具

可以这样说，南方民族的传统傩戏最具傩文化色彩的是它的面具，因为面具在傩戏中不仅仅作为戏剧的一种面部化妆，或暗示某种角色转换的道具出现，而且也作为一种超自然力的象征或角色暗示来使用的。古代驱傩的方相氏就是"掌蒙熊皮，黄金四目"，戴着十分狰狞的面具。《周礼·夏官》注云："冒熊皮者，以惊疫疠之鬼，如今魌头也。魌头，犹言假头。字亦作䫏、俱。《说文解字》字注云：'丑也'。逐疫有䫏头。"可见古人

---

① 庹修明：《傩戏的流布、类型与特征》，《戏剧》1991 年第 3 期。

戴魌头（面具）逐疫，目的在于惊吓"疫疠之鬼"。那么，在傩戏中，巫师戴上面具表演傩戏，其目的何在呢？要弄清这一问题，须将整个傩祭仪式与傩戏表演联系起来去思考，方可得出正确答案。

我们知道，傩祭的主要内容在于祈神驱鬼、消灾降福，而傩戏总是在傩祭仪式的间隙时间进行演出。在这段间隙时间里，如果人们忙于纯粹的娱乐的话，在人们心灵中，因为傩祭法事的中断，原先被驱走的鬼魅就有可能卷土重来，从而导致前功尽弃；而尚未被驱逐的鬼魅也可能会超此机会藏匿起来。另外，由于祭神的需要，当神灵们享祭完毕后也需要轻松娱乐一番，这就构成了一对矛盾。为了既取悦于神灵，又不延误驱鬼的大事，人们便想出了这样一个两全其美的办法：让巫师戴上面具去进行表演，这样既可以镇住鬼魅，使之远而遁之，同时也可以增强娱神的效果。

利普斯曾经说过："死人的头骨或骨骼也作为含有'灵魂力量'之物而受到崇拜，并且这两种类型的偶像，偶然还结合在一起出现。……从死人崇拜和头骨崇拜，发展出面具崇拜及其舞蹈和表演。刻成面具，象征着灵魂、精灵或魔鬼。"[1] 这便告诉我们，面具在原始人类心灵中，本身就成了"灵魂、精灵或魔鬼"的象征物。而在傩戏表演过程中，巫师一旦戴上了面具，就不再是一个平凡的人，而是具有了面具所象征的超自然物的灵力、起到对鬼魅的巨大的威慑作用的不平凡的人，甚至就是某种神灵。

顾朴光先生也有类似的看法，他说："原始人认为肖像和原型可以'互渗'，他们相信戴上面具后自己便不再是本我，而变成了面具所代表的角色，面具的形象愈狰狞可怖，自己的力量就愈强大有力。"[2] 人们对面具附加上这种超自然的灵力以后，便自然会戴上面具从事各种活动，傩戏便是其中的一种活动。这样一来，傩戏表演中的面具就不仅仅作为一种表演的道具，而是具有了举足轻重的地位，它使得整个傩戏活动，都改变了其纯娱乐性色彩，并使之变得同样具有驱鬼逐疫功能的傩文化的一个有机组成部分。

3. 傩戏的类型

从这样一种角度来看南方民族地区的傩戏，我们也就会有这样的感

---

[1] ［德］利普斯：《事物的起源》，汪宁生译，四川民族出版社 1982 年版，第 346—347 页。

[2] 顾朴光：《中国面具史》，贵州民族出版社 1996 年版，第 35 页。

受：傩戏的表演内容虽与前后的傩祭仪式没有什么直接的联系，但傩戏同样是原始宗教色彩较为浓厚的文化现象。从整个南方民族现仍存留的传统剧目来看，南方傩戏的内容大致可分为四大类：第一类为宗教性剧目，主要表现人们以道教、佛教、原始宗教等不同流派的信仰，以及与邪魅进行生死搏战的场面；第二类是生活性剧目，主要表现人们的婚姻爱情、生产劳动等日常生活内容；第三类是伦理教化性剧目，主要表现忠臣、孝子等英烈人士的功绩和事迹；第四类是幽默、诙谐性剧目，插科打诨，借以娱神和娱人。上述四类剧目，在表演过程中，旧时都须戴上面具演出。

（1）宗教性剧目。此类剧目所表演的内容大多与道教、佛教和原始宗教有关，如四川泸州傩戏中的《血湖报冤》就带有很强的佛教色彩，该剧所言目连救母之事，说目连为救母亲，求告无门，悲愤不已，无奈只得重返地狱，四处寻找母亲。经过许多挫折和磨难，终于在血湖之滨见到了受尽千般罪、吃尽万般苦的母亲，目连向阎王再三哀求终不得允，绝望之下，只得以死相拼。经过连番血战，终于将母亲救出了苦海血湖，重返人间。①

湖南邵阳傩戏中的《二郎记》则是一出典型的道教戏剧：太白金星差青衣童子下凡降生于南瓜中，为争南瓜，张、赵二家上告县衙。县官当堂剖瓜，中出一男孩，判归两家共养，起名为张赵二郎。长大后拜太上老君为师，师徒相见时，二郎错将"学法"说成了"斗法"，太上老君很生气，多次故意为难，都在太上老君之女撒坛小姐的帮助下渡过难关。后来太上老君见其诚实好学，便招他为婿，传其符法。在夫妻回乡途中，撒坛小姐因误会欲返家，临别时赠予二郎家传36道符、诀，约定"符到即来"，二人洒泪各归故里。②

江苏南通童子祭祀剧中的《包公审替身》则与原始宗教紧紧相连，说的是包公陈州放粮，打道南通州，在天齐王庙审理民间冤案。人们担心是假包公，想用一些离情悖理的案情试探，于是便有一童子（巫师）闯上公堂，用一些背离常情常理的谎状反审包公，但包公应答如流，童子方知是

---

① 童祥铭：《四川泸州傩戏调查》，载《中国傩戏调查报告》，贵州人民出版社1992年版，第165页。
② 向绪成等：《湖南邵阳傩戏调查》，载《中国傩戏调查报告》，贵州人民出版社1992年版，第114页。

真包公。于是人们呈上状子，告山东兖州薛金莲（女鬼）害人生病，包公便命张龙、赵虎去土地神处捉拿女鬼（纸扎的替身），并审问替身，将其发落焚烧，为病者去病消灾。①

宗教性戏剧具有很浓厚的宗教色彩，剧情大多是与宗教经典或民间宗教、传说有关，主要宣传一些宗教观念和理论以及各派宗教的神力。其中有的宗教性傩戏还具有较强的祭祀甚至是驱鬼逐疫的傩文化色彩，如《包公审替身》中的傩文化成分就十分浓厚，它本身就是驱鬼逐疫仪式的一种戏剧化表现。

（2）生活性剧目。此类剧目以表演人们日常生活现象为主，它的宗教祭祀及驱鬼逐疫的色彩要相对淡一些，沅湘一带的傩戏传统剧目《孟姜女》就是如此。清道光元年刻本《辰溪县志》就载："又有还傩愿者，遇有祈禳，先于龛焚香叩许，择吉酬还。至朝，备牲牢，延巫至家，具疏代祝，鸣金鼓，作法事，扮演《桃源洞》《神梁口土地》及《孟姜女》等剧。"沅湘傩剧中的《孟姜女》的内容，与傩祭仪式并无直接关联，主要表演孟姜女哭长城的故事。沅陵一带的剧本也有范杞良死而复生，秦始皇加封孟姜女、范杞良夫妇的情节；凤凰县一带则言秦始皇见孟姜女美貌，欲纳为妃，孟姜女假装答应，提出"滴血点骨认夫君""铺金盖玉行御葬""守服三年进宫墙"三个条件，秦始皇从之，孟姜女在祭夫、哭倒长城后投火自焚。

贵州荔波县布依族傩戏中的现存剧目有许多都属于生活剧目，如《老瑶打猎》《野猪借薯》《破瓜取子》《抢吃牲肉》《错砍樟树》等。以《老瑶打猎》为例，老瑶带妻子勒良进山打猎，发现山上猎物很多，顾不得给妻子打招呼，便开始打猎了，越打越起劲。当他冷静下来，突然想起妻子，妻子却不见了。便满山遍野地寻找，结果发现妻子被自己当作野物给打死了。老瑶丢下猎物，边哭边求卜问卦，向天地哀悔、认罪，得到神仙的同情。在神仙的帮助下，妻子死而复生，终于团圆。②

（3）伦理教化性剧目。此类傩戏侧重于伦理道德教化内容，而且这类

---

① 曹琳：《江苏南通童子祭祀剧面面观》，载《中国傩戏调查报告》，贵州人民出版社1992年版，第145—146页。

② 柏果成等：《贵州荔波县布依族傩戏调查》，载《中国傩戏调查报告》，贵州人民出版社1992年版，第269页。

剧目进入傩戏当是后来的事，它所讲述的内容大多与伦理道德、忠臣孝子有关。如安徽贵池傩戏中的《花关索》就是如此，其大意是：三国时刘备、关羽、张飞欲举大事，为摆脱家庭羁绊，三人议定，互杀对方家小。张飞杀了关羽一家 11 口，当最后杀到关羽之妻时，见其身怀有孕，不忍下手，遂放其逃生。后关羽之妻生下儿子关索。关索长大后，远走天边寻父，过鲍庄，遇鲍三娘，收王桃、王月，继而寻父西川，杀掸姚兵，关羽父子相认。① 贵州安顺地区的军傩戏目中有关这类题材的剧目较多，如其传统剧目有《薛丁山征西》：薛仁贵统兵征西，于镇阳关受困，其子薛丁山拜印西征，一路斩关杀将，终于救出薛仁贵。薛丁山继续西征，攻打寒江关，遭遇樊梨花，二人恩爱情仇，最终在程咬金的撮合下终于完婚。谁知樊梨花之父兄不允，要杀樊梨花，却被樊梨花误杀，薛丁山认为樊梨花弑父杀兄，罪大恶极，遂休了樊梨花。后来薛仁贵又被围于白虎关，其灵化为白虎下山饮水，被薛丁山误杀，樊梨花则告状到皇帝那儿，得到皇帝同情，准许成亲。薛丁山也因自己也误杀父亲，加之君命难违，二人终于团聚。其后夫妻俩协力西征，平定了西番，被封为西番王。②

　　在生活性剧目与伦理教化性剧目之间，尽管其内容和题材都存在着明显的差异，但是其剧情中都充满了一腔正气。《孟姜女》哭倒长城，凭的就是这一腔正气；《老瑶打猎》，误杀其妻，但后来向天地忏悔，终获神灵救助，也是因为其自身的一腔正气（悔过错、远邪恶本身就是正气的体现），至于刘、关、张三人为了举大事，定西蜀，舍小家，顾大局以及关索千里寻父；还有薛仁贵父子忠于朝廷，远征西番，历尽艰难，更突出展示的是忠、孝、义之正气。从表面看来，这些内容既无关宗教祭祀，又无关驱鬼逐疫，但是人们心中却有这样的信仰——邪不胜正。南方傩戏这类剧目着力地高扬人间正气，也就意味着对邪魅、邪气的抵御和驱逐，尤其是将这类剧目放在傩祭仪式之间演出，其含义更是如此。因此这类弘扬正气的傩戏剧目与傩祭仪式中的逐鬼驱邪是一脉相承的，它们同样是傩文化中不可忽视的重要内容。

---

　　① 吕光庭等：《安徽贵池傩戏调查报告》，载《中国傩戏调查报告》，贵州人民出版社 1992 年版，第 36—37 页。

　　② 顾朴光：《贵州安顺地戏调查报告》，载《中国傩戏调查报告》，贵州人民出版社 1992 年版，第 208—209 页。

（4）幽默诙谐性剧目。概括地说，大多数南方民族地区的傩戏都有这样一种倾向，即幽默与诙谐。可以说傩戏中如果少了这种幽默与诙谐，给人的感觉就好像是吃菜忘了放盐，因为傩戏的主要目的在于娱神与娱人，故各地傩戏中都程度不同地保留着一些诙谐与幽默。如泸州傩戏中《点兵》一折，不像召集神兵天将、合力驱魔，反而像是乡民们一起说笑话。其中土地上场的讲白：

> 好笑好笑真好笑，骑不得马坐不得轿，拖不得板子开不得道。三月清明去上坟，乒乒乓乓三大炮，看我土地热尿（闹）不热尿（闹）……
>
> 先锋上场白：风吹花树懒悠悠，两眼盯住冒儿头（冒尖的白米饭）。要得孤王回原去，除非豆花喷酱油。在下是个白屁股先锋，啊，开路先锋……
>
> 判官上场白：为官清到底，要钱不要米，要钱拿回去，要米我担不起。在下是桃园内焦干……①

又如贵州思南地区的傩堂戏《甘生赶考》中秦童与甘生的一段对白：

> 甘生：你们三弟兄好个人才，说一下。
>
> 秦童：说一下给他听也好。（唱）：三人弟兄都有名，大哥有名麻（也好）哎好麻……麻以好麻麻（打尿泡），麻就麻；二哥出来纠纠麻；只有三弟生得好，背又驼，嘴又歪，脑壳无毛光茬茬。
>
> 甘生：秦童，你们三弟兄都有这好的人才，怕有三个好黄狗，蓑也蓑（打尿泡）。"皇后"，不说要说，说来她们要哭。要哭，你听。
> ［引者按：应当自"蓑也蓑"起，秦童的对白。原文如此。］
>
> 秦童（唱）：大嫂出来好好扎，吆好好扎好，眨巴眼；二嫂出来眼眨巴；只有三嫂生得好嘛，扯眼扯眼萝卜花。相公，你说好不好？②

---

① 童祥铭：《四川泸州傩戏调查》，载《中国傩戏调查报告》，贵州人民出版社1992年版，第163—164页。

② 卢朝栋主编：《思南傩堂戏》，贵州民族出版社1993年版，第181—182页。

　　类似这样的插科打诨、借题发挥的诙谐内容，在南方民族的傩戏中比比皆是，有些内容甚至还掺杂有许多低级趣味的荤言荤语，无拘无束，使严肃神圣的傩坛成了乡民们的乐园。故旧时若谁家还傩愿，演傩坛戏，远近村民，男女老幼，一齐往观，乐此不疲。

　　傩堂戏中的这类诙谐内容之所以能传延至今，当与人们信仰观念有着十分紧密的联系。在人们看来，驱鬼逐疫之事，必得神灵之助方可成功。而要神灵助人，亦需让神灵乐意、喜欢，故傩祭仪式中不时地穿插一些幽默生动、诙谐逗趣的节目，在于求神之欢。当神灵在祭享中获得欢乐后，就会乐意为人们出力，以驱魔降鬼，施福消灾。诚然，我们也不拒绝承认这种娱神的傩戏中也寓含着娱人之因素。唯其如此，傩戏获得了更为广阔的生存空间，也才生长得更加枝繁叶茂。

第六章　民间原始信仰与社会生活

　　恩格斯说："一切宗教都不过是支配着人们日常生活的外部力量在人们头脑中的幻想的反映，在这种反映中，人间的力量采取了超人间的力量的形式。"[①] 在艰难的生存环境中，由于人们既不满于现实，但又无法摆脱和超越现实，从而使人们充满着对生命彼岸的向往，在其精神世界中产生种种的幻想，并借助这类幻想使自己受伤的心灵获得一种安慰，这类幻想大多是对生命的终极关怀。民间信仰也表达着人类对严酷的生存现实的不满，但它大多停留在生命的此岸世界，更多地倾向于对此岸的关注。尽管民间信仰也同样是一种超自然、超现实的幻想，也同样起到安慰痛苦心灵的作用，但它却常常与人类的现实社会生活紧紧相连，民间信仰中的诸多神灵的力量，也更多的是与人类现实生活发生关系。

　　换句话说，较之成熟的宗教信仰而言，民间信仰更侧重现实生活的功利性目的。人们崇敬神灵、恐惧邪鬼，也都是从现实的功利性目的出发。崇敬是为获得救助和福祉，恐惧则是为了消灾与避难。正因为如此，民间信仰几乎渗透了人们生活中的各个方面，从精神生活到物质生活，从生产劳动到文化娱乐，几乎无所不在，无所不包。本章仅择其要而述之。

第一节　原始信仰与农事

　　南方民族大多居住于丘陵、山地地带，主要从事农业生产。由于山地与丘陵的土壤大多十分贫瘠，山地人的耕作技术在旧时又十分原始，刀耕火种，广种薄收，生活非常贫困。加之那时水利设施根本就不存在，

---

　　① 《马克思恩格斯选集》第 3 卷，人民出版社 1972 年版，第 354 页。

耕地灌溉全凭天意，又由于山高谷深，不利于水土保持，若连日暴雨，溪涧陡涨，冲毁田园耕地、房屋，人畜，生命与财产经常受到洪水的威胁；若数日连晴，则田土龟裂，庄稼枯萎，甚至颗粒无收。如此严酷的自然生存条件，几乎将山地民族逼入绝境。在当时的历史条件下，人们为了生存，就只有将其生存希望寄托于神灵，从而形成了十分复杂的农耕信仰文化。

一　农神信仰

南方地区的农神信仰有官民之分，一般南方官府人士及城郊一些地区百姓祭祀先农，即神农氏，又曰炎帝。清人马骕《绎史》卷4引《周书》云："神农之时，天雨粟。神农遂耕而种之，作陶冶斧斤，为耒耜锄耨，以垦草莽。然后五谷兴助，百果藏实。"[①] 晋人王嘉《拾遗记》卷1亦载："炎帝时有丹雀衔九穗禾，其坠地者帝乃拾之，以植于田，食者老而不死。"由此可见神农实为开创农耕文化的英雄。

随着汉文化的传播，凡南方建有郡、府、县、厅等地方官僚机构均修建有先农坛，每年春日都于吉日隆重祭祀，有的地区还有蜡祭习俗。如云南旧时《大理府志》载："八蜡庙：在府城西北崇圣寺塔前……李元阳碑略曰：五谷者，人之司命，先王制为蜡，祭以报谷也。其神八，故曰蜡八。一曰先穑神农也，二曰司穑后稷也，三曰农田竣也，此圣神开谷之源者也。其曰邮表畷、曰水防、曰水塘，此利于谷所当谨者也，曰猫虎以祛豕鼠，曰昆虫以息蟊贼，此害于谷所当祓者也……"[②]

然而，具体就民间的农神信仰而论，南方各民族各地区的农神信仰多有不同，如奉祭山神、土地、虫神、祖先神、谷神等。根据学者们的调查研究，南方民族的农神信仰具有多样性特色，它并非崇拜某一位农神，而是崇拜与农事生产、谷物丰收、六畜兴旺等与农业生产活动有关的所有神或鬼灵。而且南方民族的农神也不全是保护神，有的甚至是危害农业生产活动的精灵，如贡山怒族主要信奉山鬼"木里布拉"、水鬼"昂布拉"、路鬼"木胡布拉"和树鬼"穷那底布"等。这些鬼都是不祥之邪鬼，能祟

---

① 袁珂：《中国神话传说词典》，上海辞书出版社1985年版，第299页"神农"条。
② （清）康熙年间刻本：《大理府志》（云南）卷17。

人生病和死亡，并能使庄稼遭灾，因此每年都要祭奉。① 这种"泛农神信仰"正是南方民族农神信仰的一大特征。不过，从整体上看，我们可以将南方民族的主要农神信仰归纳为土地神、谷神、虫神三类。

1. 土地神

自南方民族进入农耕文明后，人们的衣食主要依赖于五谷、桑麻，而五谷、桑麻的生长又需依赖于土地，土地的肥沃与贫瘠与五谷、桑麻的生长关系十分紧密。然而，先民们由于无法真正了解农作物生长的原因，误以为谷物及其他植物的生长，均是土地的灵魂和各种植物的灵魂在发挥作用，于是很自然地形成了对土地及谷物灵魂的崇拜。久而久之，这种灵魂崇拜进一步上升为神灵崇拜，原有的土地灵魂与谷物灵魂便分别成为土地神和谷神。

土地神在不同地区、不同民族中，其神职地位的差异性非常大。如彝族称其为地母，为大地之神，地位十分崇高，可以与天神相并肩。景颇族称其为"地鬼"，认为"鬼中最大的是'地鬼'，他们称地鬼为鬼老大，能管地上所有的鬼"②。但在土家族、苗族、侗族等社会中，土地神的神职与地位却不相称，其地位很低，但所司神职又十分繁杂，它不仅要管理农事生产、五谷、六畜，同时又是人们的保护神灵，几乎人们的吉凶祸福，都与它有关，因而这些民族对土地神的祭祀比较频繁，但无隆重庄严的大型祭祀活动。

说到土地神祭祀的隆重，彝族的"地母会"和壮族的社神祭祀可作为代表。彝族祭地母分岁时祭、公祭两种。岁时祭即每年阴历十月上旬的第一个丑日或午日举行，只准妇女参加，男子不得参祭。其仪式由女巫萨嬷主持，所有参祭女子均须沐浴洁身，已婚妇女于祭前三天不准与男人同房。彝族的地母神以一棵神树为其象征，其仪式有：（1）祝地母；（2）少女献祭（所献物品为鲜花、樱桃、米酒、炒米花、宫妆等）；（3）颂《地母经》；（4）地母乐舞；（5）献祭奠神。场面隆重而又热烈。

公祭则每十二年举行一次，由女巫萨嬷主持，参祭者为附近几个或十

① 张文照：《怒族宗族情况》，载《怒族社会历史调查》，云南人民出版社1981年版，第114页。

② 朱家桢等：《瑞丽县雷弄寨景颇族调查报告》，载《景颇族社会历史调查》（之二），云南人民出版社1986年版，第63页。

几个村寨的所有男女老幼。整个"地母会"会期为三天,第一天为"公祭地母神",设三坛:佛教坛、毕摩坛和萨嬷坛,祭场高悬地母神像,三坛齐念经祭祀。祭场内所有老年人头上均戴一小型竹马,"形成一种千人万马'朝地母'"的热烈场面。地母食素,故祭物不沾荤腥。第二天为"合祀群神",其中的主神依然为地母神,祭品主要为猪羊。由萨嬷念《开坛经》,念毕,人群分别去村外土地祠祭祠。第三天为"行香""请水""接福禄""迎五谷神"等,主要仪式为游神和祭祀舞蹈。"在送神曲中萨嬷们头上插着羽毛和谷穗,腰系响铃花裙,敲起单鼓,甩开铜铃,跳送神的舞,唱送神的歌。她们的徒弟也跟在后面婆娑起舞,少女们手持香草也加入到巫舞的行列中,这是一场群舞;人们祈愿地母神灵保佑我们,让幸福的生活像春天的青松一样茂盛,象大地一样地久天长。"①

广西和贵州壮族普遍有社王祭祀活动。人们认为社王主管五谷丰收,人畜平安兴旺之事,所以对社王的祭祀也很隆重。社王就是社稷之神,也就是土地之神。祭社王要在祭前一日搭好"社棚",于除夕的下午,全村杀猪公祭。杀猪时须念祝神词:"三十晚满辰,喂头生猪,还愿社王。三坛社管,管禾苗,管钱财。保佑上村下寨,家家兴旺,户户安乐……"②祭祀时各户出一男子,忌妇女和妻子有孕的男子参祭。祭祀行叩头九拜礼,忌吵闹喧哗和哭声,忌穿花衣、白衣,否则会有兽灾、庄稼生长不好,祭祀完毕,当场将所献熟肉分给各户人家,此时才击鼓吹笙,热闹一番。

2. 谷神

谷神,即五谷庄稼灵魂的总称。人们相信它主司庄稼生长、丰歉,故山地丘陵百姓多有祭祀者。南方民族的谷神信仰发展尚不平衡,有的还停留在万物有灵观念这一原始信仰的层次上,被称为"谷魂""五谷魂",有的则已上升为人格化的神灵,称之为谷神或五谷神。信仰谷魂的民族认为,它是谷物的灵魂,五谷的生长必须依赖于它。如果谷魂受到惊吓或因其他别的什么原因离开了谷物,庄稼就生长不好,粮食就会歉收。信仰谷

---

① 吕大吉等主编:《中国各民族原始宗教资料集成·彝族卷》,中国社会科学出版社1996年版,第315页。

② 吕大吉等主编:《中国各民族原始宗族资料集成·壮族卷》,中国社会科学出版社1998年版,第549—550页。

神的民族也同样认为谷神主司庄稼生长，只不过谷神已升格为人格化的神灵罢了。但由于这种信仰层次的差异，人们对谷神的祭祀仪式也不尽相同。

基诺人称谷魂为谷鬼，每年三月播种旱谷的那一天进行祭祀，其祭祀的最大特征是"叫谷魂"，他们认为叫了谷魂后，谷魂就会附于种子，使谷物获得丰收。基诺族人的"叫谷魂"仪式一般在播种当天举行，杜玉宁先生对此曾做过调查，播种当天下午，补远寨的主妇早早播种收工后，换上节日盛装，耳饰鲜花，一齐集于寨外的三岔路口齐声叫喊：

> 谷魂啊，上来吧！从勐捧上来吧，从景洪上来吧，从巴卡上来吧！从勐旺上来吧！从茄玛上来吧！谷魂上来后，使我们旱谷丰收，旧谷未吃完，新谷又堆满仓。[1]

叫完谷魂回家后，男子要杀鸡两只，一只祭谷鬼，一只祭祖灵。祭时须跪于地，请谷鬼、祖灵吃饭，以保佑丰收，且当日最喜来客，并会对到来的客人盛情招待，因为他们相信此日之客会将客乡的谷魂带来，从而给他们带来丰收。

傈僳族亦有"喊粮魂"祭仪，与基诺族的"叫谷魂"类似。在收苞谷的日子里，苞谷地里或堆放苞谷的院子里有一种形似蝴蝶的昆虫，傈僳人认为它就是"粮魂"，于是就大声喊："粮魂啊粮魂，你不要到处乱跑，回家吧！"并将这种虫捉进粮仓，据说来年庄稼就会大丰收。德昂族人则认为谷魂有14个子女，在叫谷魂时要先念谷魂七子的名，再念其七女的名，以便把他们全请回来，供于老人床头的竹箩里，而每月十五日、二十三日、三十日这三天早上，要在供篮里盛点米饭和菜，上插各色小幡旗，口念"沙土"，以示请谷魂享用。而在打谷前，要由妇女提着酒肉饭菜到地头请谷魂回归。

信仰五谷神的民族对谷神的祭祀仪式相对于谷魂仪式要复杂一些。如湘西苗族在五谷歉收之际，专祭五谷鬼。祭祀地点在正屋内右角，设供桌

---

① 吕大吉等主编：《中国各民族原始宗教资料集成·基诺族卷》，中国社会科学出版社1996年版，第810页。

一张，上置酒肉饭各五碗，黄蜡一碗。苗巫手敲竹筒，口念请神词。继而摇铃、卜笶，以祈五谷丰收，最后焚香纸以送五谷鬼。畲族人祭祀五谷神的次数比较勤，浸种催芽时，要燃香烧纸以祭，求谷种发芽顺利；播种时要在田塍上祭五谷神，求秧苗长得好；插秧时，要隆重祭祀五谷神，称其为"开秧门"，除香纸外，还要备一小块猪肉，三杯黄酒，两只熟鸡蛋，以祈禾苗茁壮，多结粮食；收获时，再祭五谷神，用熟鸡一只，熟猪肉一块，三盅黄酒，一碗米饭，饭上插三枝煮过的稻穗；献祭后，饭要先给牛吃，以慰其一年辛苦，然后全家人才吃。

云南昆明地区的彝族于每年阴历三月十五日举办"五谷会"，会期三天，主祭五谷神（五谷老爷、五谷太子）。第一天，各村设五谷神坛，用树枝搭成，内设五谷神、雷神、主师、地母诸神牌位。村寨主道上悬横幅，上书"五谷丰登""五谷神会"字样，杀猪宰羊，隆重祭祀。次日，迎五谷神，即由八个已婚尚无子的男子抬轿至屋南山迎五谷神，参祭者手提灯笼随后，边行边唱"花灯"。迎回神后，毕摩念《五谷经》《主师经》《五雷经》等。第三天，半夜送五谷神，烧五谷神牌位，各家各户烧焚大年三十贴在大门口的甲马，以求来年五谷丰登。

可以这样说，对土地、谷物神灵的信仰是十分古老的，它的形成大致与人们进入农耕时代同步，且其形成后就一直延续下来。凌纯声先生就曾有过这样的看法："社之源流，在时间方面，起自新石器时代的初期，直延续到现代；……时间延续之长，真正可说是源远流长了！"[1] 此所言"社"，即土地神。

谷神的信仰也是如此，《诗经·鲁颂·閟宫》中就记载了谷神稷的祭祀情形："皇皇后帝，皇祖后稷。享以骍牺，是飨是宜。降福既多，周公皇祖，亦其福女。"这种对土地神、谷神的祭祀除了宫廷百官盛服朝拜外，在古代民间更是十分普及。《史记·滑稽列传》中曾有这样的记载："曰：'今者臣从东方来，见道旁有禳田者，操一豚蹄，酒一盂，祝曰：瓯窭满篝，污邪满车，五谷蕃熟，穰穰满家。臣见其所持者狭而所欲者奢，故笑之。'"清代秦嘉谟《脞粹编》卷7引《东阳县志》："夏至，凡治田者，不论多少，必具酒肉祭五谷之神。束草立标，插诸田间，就而祭之，为祭

---

① 凌纯声：《中国古代社之源流》，《民族学研究所集刊》1964 年第 17 期。

田婆。盖麦收既登，稻禾方茂，又兼祈报矣。"由此可见，南方民族的这种信仰文化确实是一种原始信仰，千百年来一直绵延不息。

3. 虫神

旧时南方地区多虫灾，人们认为虫灾泛滥是虫神发怒或者是虫神一时疏忽所致，发怒的虫神会有意地派遣虫子来吃庄稼，以泄心头之愤；而有时候也因为其他事情导致虫神失职，疏于对昆虫的管理，致使农田庄稼虫灾严重。这时，人们便要祭虫神，或请其息怒，或督促其担负管理昆虫的责任。虫神在南方民族信仰中尚无姓名，一般都以"虫神"名之。《礼记·郊特牲》载："祭坊与水庸，事也。曰：'土反其宅，水归其壑，昆虫毋作，草木归其泽。"①从这一蜡祭咒语中可以看出，早在西汉以前的蜡祭仪式中，就有对虫神的祓除仪式了。一直到了明清之际，江苏南部的百姓将南宋名将刘锜奉之为驱蝗之神。清人顾禄《清嘉录》云："（正月）十三日官府致祭刘猛将军之辰，游人骈集于吉祥庵，庵中燃铜烛二，大如栖桷，半月始灭，俗呼大蜡烛。相传神能驱蝗，天旱祷雨辄雨，为福田亩，故乡人酬谷，尤为心愫。前后数日，各乡村民，击牲献礼，抬像游街，以赛猛将之神，谓之'待猛将'。穹窿山一带农人异猛将，奔走如飞，倾跌为乐，不为慢亵，名曰'待猛将'。"②《江震志》亦云："元旦，坊巷乡村，各为天曹神会，以赛猛将之神，谓神能驱蝗，故奉之。会各杂集，老少为隶卒，鸣金击鼓，列队张盖，遍走城市，富家施以钱粟，至二十日，或十五日罢。"

南方少数民族地区尚无具体的人格化的虫神，在其祭祀中，一般祭祀也有驱逐害虫之意。如布依族人的虫神祭祀就是如此，每年六月，布依人择吉日举行虫神祭祀，一般在大坝稻田中摆桌设坛，供猪头、公鸡、米酒等物，先由巫师布摩念《虫神经》，大意为：百姓长年辛苦，庄稼为贵，虫神降临本土，愿以盛宴款待，望虫神享百姓之宴后，带领众虫"拜哈拜尤"（去别的地方），来日丰收，再来祭之。念毕，布摩手执摩剑，带领本村所有男子沿田坝中所有田埂边挥拳高喊"拜哈拜尤"，以示驱虫。

昆明地区彝族每年两次祭祀虫神，谓之"祭虫山"，有庙，中塑虫王

---

①《周礼·仪礼·礼记》，岳麓书社1989年版，第383页。

②（清）顾禄：《清嘉录》卷1。

神像，庙前有碑，曰"百雀台""虫蝗所""功德所"。农历七月七日祭虫山之日，届时设坛念经，各家家长均去稻田捉三条毛虫装于一寸来长的小红布袋中，又将各家之虫装于大布带内，跟随巫师前往虫山虫神庙（三皇庙），将虫袋投入香炉焚之。冬月十一日，再祭虫山，祭法同于上次。但隔十二年有一次大型祭虫山活动，谓之虫山大会。会上须扎纸神数百支，每隔百步则竖一纸神。其间还有两尊大纸神，一为兔神，一为鸡公神，其像为兔头人身和鸡首人身。由巫师抬这两位神到各村去收虫，最后将各村收来的虫集在虫王庙前焚之，人们须载歌载舞，以庆灭虫之功。整个虫山大会为期五天，场面十分隆重热烈。

中国台湾高山族的阿美人的"驱虫祭"则更近乎巫术活动。当庄稼遭虫灾时，村民备肉、酒、糕等物到农田边祭祀虫神。巫师率村民手持对折的芭蕉叶，左右摇摆，口念害虫之名，然后率村民环村奔跑，以示驱虫出境。旧时江苏北部的"照麻虫"习俗事实上就是民间的驱虫巫术，《直隶通州志》载："十五日为元宵，村落间束薪，引火烧田塍宿草，曰'照麻虫'，盖祈年也。"① 引征旧时苏北童谣："灯笼亮，火把红，正月十五炸麻虫。场边田边都炸到，炸得害虫影无踪。"② 由此可知，苏北地区"照麻虫"习俗，旧时不仅用灯笼照虫，更用野火烧田以绝虫害，这种习俗可视为由农业巫术习俗向农业科学技术迈进的一种过渡状态。

二 求雨仪式

求雨仪式在世界农耕部落和游牧部落中都普遍存在，农作物、牧草的生长都离不开阳光雨水，作为农业古国的中国对雨水的需要更是十分迫切的。自古以来，在我国的各种祈年活动中，祈求雨水的仪式就是一项十分重要的内容，《礼祀·月令》："（帝）命有司为民祈祀山川百源，大雩，帝用盛乐，乃命百县雩祀百辟，卿士有益于民者，以祈谷实；农乃登黍。"③ 可见祈雨之仪式由来已远。更而甚者，古代还有为祈求雨水，不惜自焚的事：

---

① （清）康熙年间刻本：《直隶通州志·风土志》卷17。
② 叶大兵主编：《中国风俗辞典》，上海辞书出版社1990年版，第95页。
③ 《周礼·仪礼·礼记》，岳麓书社1989年版，第344页。

谅辅仕郡为五官橡时，夏大旱，太守自出祷山川，连日而无所降。辅乃自暴庭中，慷慨咒曰："辅为股肱，不能进谏纳忠，和调阴阳，至令天地否隔，万物焦枯，咎尽在辅。今敢自祈请，若至日中不雨，乞以身塞无状。"于是，积薪聚艾茅以自环，构火将自焚。未及中时，天云晦合，须臾澍雨。[①]

这类以身自焚、以求甘霖的事，往往不绝于史载。如商代的成汤就曾有过这样的壮举，大旱七年，太史占之曰："当以有祷。"汤曰："吾所为请雨者，民也。若以人祷，吾请自当。"遂斋戒，剪发断爪，素本白马，身婴白茅，以为牺牲，祷于桑林之野。祝曰："无以余一人之不敏，伤民之命。"以六事自责曰："政不节欤？民失职欤？宫室崇欤？女谒盛欤？苞苴夫昌欤？"言未已，大雨方数千里。[②]旧时，我国南方雨阳不调的现象也经常出现，每至大旱不雨、禾苗枯焦之际，村民忧心如焚，祈雨仪式亦十分激烈。虽无上述自焚之激烈举动的记载，但其求雨的诚心与迫切感却有过之而无不及。

求雨仪式的具体方式的差异根源于各地人民的雨神观念的差异。有的地区认为天旱的原因是一种邪魅作祟所致，即人们常说的旱魃为灾，要驱逐或杀死旱魃，雨就会降落。在这种观念的基础上便产生了"打旱魃""祈旱魃"等类的仪式。有的地区人们则认为龙能降雨，只要向龙神祈雨，感动龙神，雨就会降下来，于是就有了"祭龙""斗龙""厌龙"等仪式。有的地区人们认为雨神是山神、洞神或祖神兼任，于是又形成了许多祭祀神灵或用巫术控制神灵的求雨仪式。凡此种种，不一而足。

1. 祭祖与鞭石

南方许多民族认为祖先神是村民的保护神，专以帮助人们消灾避难为职责。如果久旱不雨，人们便首先想到祖先神，祈请他们上天与"天老爷"交涉，降雨止旱，以解民忧，由此便形成了一种祭祖祈雨的农耕仪式习俗。

广东排瑶就有这种祭祖求雨的仪式。如天旱不雨，南岗一带的瑶族就

---

① （宋）李昉等：《太平御览》卷11引《后汉书》。
② （明）袁了凡、王凤洲：《纲鑑合编》，中国书店1985年版，第35页。

要派人去二十里外的横沅乡去求盘姓的先祖，陈设酒肉，焚纸烧香，念《求雨经》，连续三日地祭祀祈求。如天仍未雨，则上大庙（宗祠）求雨，此时则须用两根茅草将其中一个祖先神像绑起来，意味着选他上天去求雨。若下雨，即松绑还愿谢神；倘若天仍未雨，人们便要将大庙中所有祖神像搬下神座，"放在水塘里浸一回，再用一个大酒缸盛满污水将偶像倒立起来，里面放一些蛇、虫、鼠、蚁、青蛙、田螺等，表示天不下雨，引起了民愤，让祖公鬼受辱一番，使之为大家设想，赶快向天上求雨。这些偶像一直浸在水缸里至天下雨为止。若天下雨了，赶快扶起偶像，于是杀猪、杀鸡把它们再抬回大庙敬奉。据说，很多先公不愿做这种污辱祖先的行为，出于不得已，就由一位道行修养较高的先公行之。他准备做这一事时，先把家中所有造饭的炊具捆起来，放在火炉膛里，誓下愿，以示宁可家散人亡也不吃烟火。①

盘瓠为苗、瑶、畲族的图腾，他们相信图腾具有无限的法力，可用来保护自己的子孙后裔。当久旱不雨之时，湘西苗族旧时便有祭盘瓠求雨的习俗。后来这一习俗在演变中，成了比较简洁的"抬狗求雨"仪式：

> 天旱无雨，田地龟裂，正当求雨仍属罔效，于是乡人乃有抬狗求雨之攀。其法，用大狗一只，牙人衣人裤，放轿中，两人抬之。凡属求雨之人，头戴杨柳或野藤，以蔽太阳，手上捧香，于烈日炎天之下，游行受旱田地，并鸣锣鼓，鱼贯而行。如落大雨，杀猪祭之。②

这里的"抬狗求雨"即抬祖求雨，这一仪式背后所蕴含的文化心理因素与瑶族祭祖求雨仪式极为相似，同样也有一种对祖先神责备的情绪。意思是祖先连这件事（降雨）都办不好，那么就让祖先自己也尝一尝烈日暴晒的味道。当祖先神有了烈日暴晒的亲身体验后，肯定就会诚心诚意地上天去劝说或祈请天老爷降雨了。

湖北清江一带的巴人后裔祭祖求雨的仪式十分特别。他们信奉的祖先

---

① 全国人大民委：《连南瑶族自治县瑶族社会调查》，广东人民出版社1987年版，第238页。

② 石启贵：《湘西苗族实地调查报告》，湖南人民出版社1985年版，第543页。

是两块洞中奇异的石头，这是远古石崇拜文化与后来的祖先崇拜文化交替期间的一种信仰形式。当久旱不雨或水旱不调之时，他们不是祭祀祖灵，也不是戏弄污辱祖灵，而是采取一种更为直截了当，也更为激烈的形式：鞭石，即挥鞭抽打祖灵石，迫使它运用神通，驱旱降雨。[①] 对此，《水经注·夷水》就有这样的记载：

> 夷水自沙渠县入，水流浅狭，裁得通船，东经难留城南。城即山也，独立峻绝。西面上里余得石穴。把火行百许步，得二大石碛，并立穴中，相去一丈，俗名阴阳石。阴石常湿，阳石常燥。每水旱不调，居民作威仪服饰往入穴中。旱则鞭阴石，应时雨；多雨则鞭阳石，俄而天晴。相承所说，往往有效。但捉鞭者不寿，人颇恶之，故不为也[②]。

仔细看来，巴人后裔这种鞭石求雨仪式行为，与《后汉书》所载的谅辅自焚求雨仪式行为一样，都采取了最为激烈的形式——自杀。在巴人的观念中，"捉鞭者不寿"，然而人们为了祈得甘霖，救活庄稼，纵然自己"不寿"，也勉力为之。在一道道呼啸的鞭影中，在一声声清脆的鞭声里，所包含着的不仅仅是人们对雨水的渴望，也表现出了人们征服自然、改造自然的坚强精神。

2. 祭龙与厌龙

神龙致雨的观念在南方民族地区十分普遍地存在着，而且在人们的传说中，龙会变化，时而翻江倒海，怒龙腾空；时而化为小蛇，温驯善良；时而变成人形，楚楚动人；时而变成其他什么东西。总之，龙是神秘莫测的，且能呼风唤雨，与人们的农事生产息息相关，故南方人多祭龙祈雨。福建《建阳县志》载："凡遇亢旱祈求雨泽，先一日斋戒，禁止屠宰。至期，……各官同诣城隍庙、龙神庙读祀文行香。……七日内得雨，开屠。择日行报祭礼。"[③] 旧时祭龙祈雨，当地官员还要念诵《祈雨文》：

---

① 胡炳章：《鞭石：土家族求雨巫俗的原生态》，《吉首大学学报》1995 年第 4 期。
② （后魏）郦道元：《水经注·夷水》，岳麓书社 1995 年版，第 539 页。
③ （清）道光：《建阳县志》卷 7 "祈雨礼"。

嘉庆十二年岁在丁卯，季夏月辛未朔，越祭日丙申，南平知县杨桂森谨以香楮之仪，致祭于行雨龙王有感之神位前。……有司自卯月莅任，于今四月余矣。膏霖未充，田禾日槁。意者惠不孚欤？用不节欤？狱囚怨深，而刑罚失当欤？有司自知清在一己，无益百姓，内滋愧焉。然神明为有司无善政，而害及合邑之数万生灵，其无乃非爱斯民之意乎？宰官有罪，谨省过而焚香。苍赤何辜，愿及时而沛泽。迟一日雨，则遍枯百万顷之田。早一日雨，则能生亿兆之命。请听四乡捶鼓，难堪吁救之声，愿教即日宣雷，普润滂沱之泽。宁严遣于司牧，勿困敝我苍生。永息乘风，广沾利济，尚期油龙之为灵。若使置若罔闻，我亦怨神之不德。临视无任惶悚之至！谨奉牒以闻。①

也许是长期以来，人们祭龙求雨灵应不多，基于求雨之时心情的迫切与对天旱的焦虑，一些南方民族在祭龙仪式中常常做出一些愤激的行为来。再加之南方远古巫风尤甚，故在南方民族祭龙求雨的各种仪式中，并非都那么诚惶诚恐，有的甚至是有意激怒龙神，使之怒而降雨。如沅湘一带的土家族、苗族和侗族均存在着一些毒鱼求雨的仪式。在他们看来，鱼虾为神龙的子孙或亲友，人们于河中毒鱼，会使龙神救亲情急而下雨。另一种方法是故意用虎骨垂于龙潭，相传龙虎相争，世为怨仇，垂虎骨于龙潭就是为了激怒龙神而降雨。"咸丰壬子夏，久不雨，王春岩制军效古人起伏龙法，以虎头骨投江中，即日大雨。"②

彝族撒尼支系祭龙求雨的场面比较隆重，所祭主要是"井泉龙神"，但从主祭女巫萨嫫的祭词中，我们也能发现其内心深处对龙神的谴责之意，其词曰："今天来祭龙，祭品也扎实丰盛！青龙、黄龙在哪里？公龙、母龙在哪里？大龙、小龙在哪里？你们用竹筛子一般大的耳朵听着，你们用鸭蛋一样大小的眼睛瞧着，该下雨的时候就得下雨，该刮风的时候就得刮风；栽秧时节要下大雨，立夏不到就下满沟；让龙潭里的泉水四时不断，让河沟里的水长长流淌……"③

---

① 福建《南平县志》卷21。
② 施鸿保：《闽杂记》卷7。
③ 吕大吉等主编：《中国各民族原始宗教资料集成·彝族卷》，中国社会科学出版社1996年版，第321页。

大理自治州云龙一带的白族仪式行为更为激烈，如沘江河畔的宝丰乡将铜板或铁板烧红，扔进龙潭，试图"烧龙"而祈雨。民建乡的白族则先杀羊祭祀龙神后，再向龙潭中扔石头，谓之"打龙王"，意即打痛了龙王后就会下雨。① 湖南湘西土家族、苗族则有捉龙求雨的习俗，当久旱不雨之时，巫师率领村中男人满山捉"龙"，最好是小花蛇，一旦捉住龙后，巫师便将小蛇放于山洞中，然后念经封洞，不准小蛇出来。此时随行的男人们挑起人粪尿倾泻于山洞中，并且杀鸡屠狗，以其血厌之。据说天旱不雨是因为龙神游离了洞府，如今将其捉回洞中，并以鸡、狗之血和污秽的东西厌之，使其不敢擅离职守，这样就会下大雨。

广西武宣县、隆安县、大新县、天等县、凭祥市旧时却保存着游龙、打龙的求雨习俗。他们用茅草将龙神庙中的龙神像捆绑起来，倒吊着，让数人抬着倒吊的龙神像游村，仪仗队鸣锣击鼓开道，巫师则不断念咒语，且手持桃树枝抽打神像，每游至一村，群众一齐围观，或对神像泼冷水，或烧香祈祷。②

无论是用虎骨激龙下雨，还是"骂龙""打龙""捉龙""厌龙"以及污辱龙神等行为举动，均可视为一种巫术仪式。它一方面表明了人们的盼雨之情是多么迫切；另一方面也表现了南方民族为了生存发展，而不惜冲撞龙神，敢于向龙神挑战的勇敢精神。

3. 驱旱魃与打旱魃

旱魃，即专司旱灾之鬼魅。《诗经·大雅·云汉》云："旱魃为虐，如惔如焚。"《山海经·大荒北经》载："蚩尤请风伯雨师纵大风雨，黄帝乃下天女曰魃，雨止，遂杀蚩尤。魃不得复上，所居不雨。"旱魃兴灾的观念，由来已久，无论它是巫女也好，是鬼魅也罢，反正在人们心中，它是旱灾的祸根，故一当出现旱灾，人们总是对其实施攻击仪式。

宋人张耒在其《诉魃词·序》中曾言："寿安夏旱，麦且死，民忧之，无所不祷。云既兴，辄有大风击去之。间有雨尘，不辨人物。类有物为之

---

① 吕大吉等主编：《中国各民族原始宗教资料集成·白族卷》，中国社会科学出版社 1996 年版，第 698 页。

② 吕大吉等主编：《中国各民族原始宗教资料集成·壮族卷》，中国社会科学出版社 1998 年版，第 504—505 页。

者。张子考于《诗》，以为旱之神曰魃，意者魃为之乎？作《诉魃词》。"①
金人元好问也曾对民间打旱魃的行为有这样的记载："贞佑初，洛阳界夏
旱甚，登封西四十里告成，人传有旱魃为虐。父老云，旱魃至，必有火光
随之。命少年辈昏后凭高望之。果见火光入一农民家，随以大棓击之，火
焰散乱，有声如驰。古人说：'旱魃长三尺，其行如风。至于有驰声，则
不载也。'"② 元好问所记洛阳人直接用"大棓"与魃搏斗的故事，颇近乎
志怪或传说，但旧时南方人们确实有攻击旱魃仪式。明代顾景星对此有诗
记之，其诗曰《攻魃篇》，诗前有序云：

> 大名八里庄郭虎，报村人打旱骨，将本庄新葬黄长远之尸坟打
> 烂。按西域有尸歹京，辄杀一黑驴，取头蹄分击。今北路遇旱，或指
> 野冢上魃，击鼓聚众，发而戮之，谓之"打旱魃"。……诗以纪异。③

由此序可知，古人"打旱魃"的仪式实为掘墓鞭尸，当然人们首先相
信人新死不久，容易变成厉鬼——旱魃，必须立即掘墓鞭之，方可止旱
灾。此事实属荒诞，但在这种荒诞的行为仪式中，亦可发现人们对旱魃的
恐惧和对时雨的渴盼心情。

南方民族现今保留的习俗中多求雨仪式，但也有对旱魃的驱逐和攻击
仪式。云南洱源白族的驱旱魃仪式是与祭龙求雨仪式合在一起的，每当干
旱时，这里的白族人便玩竹编的龙，竹龙挨家挨户的玩舞一遭，每至一家
门前，家中人便拿水泼龙，泼时喊着："旱魃滚开！""雨下来了！"路边
也有一些村民提着水桶跟随着竹龙向龙王庙走去，一边走一边泼水驱赶旱
魃。到了龙王庙后，人们开始舞龙，并将桶内的水全泼向龙，人们认为，
这样便已驱走了旱魃，也祭了龙神，大雨就会降下来了。

洱源有些白族村子还保留着砍旱魃的仪式习俗。旱魃用稻草扎成，外
形似人而又十分丑陋。人们在其鼻子上倒挂一张历数其罪状的表文，将旱
魃的双手反背于身后，让其跪在龙王庙的龙神像前。待祭过龙王后，由两

---

① 赵杏根：《历代风俗诗选》，岳麓书社1990年版，第55页。
② （金）元好问：《续夷坚志》卷1。
③ （明）顾景星：《攻魃篇》，引自赵杏根编《历代风俗诗选》，岳麓书社1990年版，第176
页。

人把旱魃抬到茈碧湖边，用刀砍下其头，扔进湖里，这样人们就认为旱魃已死，旱灾即可解除。①

南方农耕祭祀以求雨仪式最具有代表性，从它的普遍盛行的程度和仪式场面而论，都是其他农业信仰形式所难以比拟的。南方民族除了求雨仪式外，当然还有其他种种祭祀，但是都比较分散，且各地区、各民族亦各不相同，很难在本书中将其一一探讨。至于求晴仪式，大概是几千年来的气候条件关系，南方的多雨季节多为春秋两季，与农事关系不大。春雨渐沥，正是播种季节，人们需要雨水；秋雨潇潇，此时农作物大都已收获完毕，故南方祈晴的仪式所保留者亦不多见，也缺乏典型性，在此从略。

第二节　原始渔猎信仰及其他

渔猎是原始人类一种重要的生产方式，它是在采集方式之后出现的，并曾作为采集生产的一种必要的食物补充而逐渐形成的生产方式。与采集生产相比，渔猎生产同样是向大自然的一种直接索取，不过在这种索取过程中，却充满着巨大的危险性。因为渔猎生产往往需直接面对波涛汹涌、巨浪排空的海洋或急流险滩，漩涡暗礁，或面对深林密菁中出没无定的凶恶的猛兽、毒蛇等，每时每刻都充满着生命的威胁。也就是说，生命的脆弱性在渔猎生产活动中展示得最为充分。从另一角度来看，人类又必须生存下来，为了生存，他们不得不走向莫测的大海，走向神秘的森林，与海洋搏斗，与森林搏斗，与对生存构成威胁的一切敌对力量搏斗。在这种生存情境中，原始人类最需要某种超自然的神灵为自己提供保护，提供一种虚幻的心理依赖，因此他们对神灵的信仰与崇拜更为虔诚和迫切。

一　猎神祭祀

据考古发现，在一些旧石器时代的原始洞穴中，就存在着大量的狩猎活动的画面，"克鲁马努人在他们的穴壁上作画，描绘狩猎中捕获到驯鹿的场面。有时候他们也塑造野牛或猛犸的泥模型，并用投矛戳断其肢体。

---

① 吕大吉等主编：《中国各民族原始宗教资料集成·白族卷》，中国社会科学出版社1996年版，第698页。

这样做的目的显然是为了便于获得所表现的那种结果，从而促进猎人的成功，使生存斗争变得比较容易。大概在制作图画或塑像时还要念咒或举行仪式，很可能制作图像的工作就是在实际的狩猎过程中进行的"①。旧石器时代，原始的狩猎巫术仪式盛行，在我国南方发现的一些崖画中，也经常有狩猎仪式的记载，那是因为狩猎过程中确实存在着巨大的生存危机，人们只有依赖原始的巫术来增强狩猎活动中的自信心，"使生存斗争变得比较容易"。随着后来人类的"造神运动"，原始的猎神观念也纷纷从人们的心中生长出来，随之而来的就是神秘的猎神祭祀仪式的形成。

狩猎活动是一项充满危机的生产活动。一方面密林丛莽，人迹罕至，毒蛇猛兽常横行其间，任何一处草丛林菁都有可能隐藏着恐怖的杀机。当人们手持木棍、石块抑或是大刀、长矛之类的简陋武器进入高山峻岭之中，一种孤独无助、渺小脆弱的感情就会油然而生。在这种生存情境中，人们自然会迫切地寻求保护，寻求精神的支撑。而另一方面，山林的野兽随着森林面积的急剧缩小也急剧地减少，其逃避人类的追杀的生存保护能力也似乎更为增强，这就相应地增加了人们狩猎的难度。有时人们在山中搜寻三五天，连一只兔子都寻不着，狩猎的失望从某种意义上也加重了生存的危机，因为没有猎获物，依赖狩猎而维持生存的猎手们很快就会陷入饥饿的困境。因此说，狩猎活动中的恐惧与失望情绪的交织，为山地民族精神信仰的生成预备了肥沃的土壤，提供了心理的前提。

南方山地民族的猎神信仰的发展尚存在三个不同的阶段，即兽神崇拜、山神崇拜和猎神崇拜。

1. 兽神崇拜

兽神崇拜是一种古老的自然神灵崇拜，是与图腾崇拜联系较紧密的一种原始信仰，也可以被视为处于较为低级的猎神信仰形式之一。人们祭祀兽神的主要目的在于害怕兽灵的报复，为平息被打死的野兽之灵的愤怒。如在西非一些国家，猎人打死河马后，要把河马除去内脏，自己脱光衣服爬入河马的体内，并用河马的血洗涤全身，并不断地向河马的灵魂祈祷，祈求河马的灵魂不要对猎手产生恶意，不要煽动其他河马前来报复。居住

---

① ［美］爱德华·麦·伯恩斯、菲利普·李、拉尔夫等：《世界文明史》（第一册），商务印书馆1987年版，第16页。

于北极的因纽特人打死白熊后，也要向白熊之灵献祭，避免兽灵的愤怒和报复。

基诺族人的猎神信仰基本处于兽灵崇拜阶段，当他们打得较大的猛兽，如野猪或野牛时，要反复地请巫师卓巴念祷词，反复向野兽之灵诉说这头野兽之死与本寨猎手无关，是"兽鬼"把它卖给人的，人是出了价钱的，等等。这样，人们打死野兽就属于正常的现象，野兽之灵就不会找人前来复仇了。据杜玉亭先生调查，基诺族人在猎杀一头野牛后，不能马上剥皮，要请巫师卓巴致祭词，大意为寨中男子拿出金银向"兽鬼"买下这头野牛，野牛不是寨中男子打死的如此之类。念完祭词后方可剥皮，割下野牛头后，男人们要把自己的银腰带、银手镯等挂在野牛角上，表示买野牛的价钱。当把野牛抬进寨后，还要请巫师进行野牛祭祀仪式，由巫师再念咒词，词的大意是：

> 这头野牛属于兽鬼所管，由牧牛鬼放牧，这牧牛鬼需要卖一条牛生活，把牛赶到杰主祖先处卖，杰主祖先没有买（札果寨祭词中说的具体价钱是：公野牛 999 元银币，母野牛 777 元银币），牧牛鬼又把野牛赶到巴亚寨，请巴亚寨鬼购买，巴亚寨寨鬼买下后，先付了一半的钱，剩下的一半价钱由猎手们付。猎手们套在野牛角上的银器，就是这一半银价的标志。①

在基诺族人祭兽神仪式中，巫师卓巴反复强调野牛的死亡与本寨猎手无关，其中就包含着这样一层意思：被打死的兽之灵如果愤愤不平，想要报复的话，就去找兽鬼复仇，因为本寨人员是花钱买下的，一卖一买，价格公正、交易公平，故打杀野兽是天经地义的事。从这种原始宗教的文化心理角度来看，基诺族的祭祀仪式中同样包含着对兽灵复仇的深深恐惧。他们担心被杀死的兽之灵在今后的狩猎活动中煽动同类复仇，使猎手受到伤害，所以才一再反复地声明兽之死与本寨猎手无关，以避免兽灵的复仇。

---

① 吕大吉等主编：《中国各民族原始宗教资料集成·基诺族卷》，中国社会科学出版社 1996 年版，第 832 页。

2. 山神崇拜

山神为山地民族信仰中的保护神灵，同时人们还认为，山神还主管山中一切生灵的生死存亡及人们山间狩猎活动中的吉凶祸福，在一些南方山地民族的心中，山神多为他们的狩猎之神。

黎族人相信山神或山鬼主管山林中的飞禽走兽，不仅每次打猎前后要有祈祷和酬谢山神的祭祀，而且每年正月初二或初五都要开展祭祀山神的活动，谓之"开寨"。开寨时，村中长者立于寨门之前，左手持箭，右手拿青枝。他连连挥动青枝大呼三声，打开寨门，然后用青枝象征性地打扫周围空间，边扫边向里走去。在山脚的岔路口，人们早已备好祭祀山神或山鬼的酒肉。长者走到这里，双膝长跪，唱祭词以颂山鬼或山神，祈求山鬼或山神保佑人们一年进山顺利，回归平安。

贵州努侯瑶祭祀山神的仪式十分神秘，谓之"安坛"。坛设于屋内东方的一个角落上，清晨之际，猎头与两个助手面朝东方，斟酒三碗，静默片刻后，猎头迅即喝下中间的一碗酒，并迅速将酒碗反扣于地板上压紧，两助祭亦如法祭之。猎头用马草萝罩住三只碗，做好伪装后（以防人揭开）率助手迅即离家进山，全村其余猎手亦自动紧随其后，一路沉默急行。进入猎场，猎头将携带的糯米饭分为五份再祭山神，并轻声念祭山神词，念毕即放猎犬进场。[①] 从这种神秘的仪式中，更可见山神祭祀事关狩猎者的生命危机及狩猎收获。这种"安坛"仪式中反扣酒碗的行为，类似于收藏猎手灵魂仪式，人们认为将猎手之魂藏于山神坛内，在狩猎过程中野兽就无法伤害猎手，这样就可保护生命安全。但若有谁触动神坛，让猎手之魂受惊远走，则猎手的生命将直接展露于野兽的爪牙之下，那是十分危险的，故猎手安坛仪式总是十分神秘，不让外人轻易知晓。

昆明彝族撒尼支的山神祭祀则由女巫萨嫫主祭，仪式在山神庙举行。届时，猎头带领众猎手齐集山神庙，女巫萨嫫击鼓舞刀，祷祭山神，并念《狩猎祭牲经》，其经文中有：

> 世间万物皆有主，狩猎之前须献牲，今天我给神奠酒，今天我来祭山神！山顶山腰的山神……请喝味美的米酒，请来享肥嫩的祭牲！

---

① 黄海：《努侯瑶原始宗教调查》（未刊稿），1990 年。

请你们放出山林中的飞禽，请你们赶出洞中的走兽，让我们的弩弓一响，就来吃的穿的，打猎祭词，山神显灵！

念经毕，萨嬷继而做"收妖伏怪"的法事和"请神役鬼"的法事。萨嬷左手用师刀搜妖寻怪，右手将米花抛撒四方，口呼四方妖怪前来领赏，不要在中途危害猎人："老虎不敢来，豺狼不敢挨；保护攒山人，四方八面都通畅，步步都平安。"然后，萨嬷再点燃一堆松枝，为众猎人除秽解污，猎人们先把双手放在火上熏一遍，再绕火堆走三圈，再将弓弩、长矛、火枪在火烟上熏一下，以示除秽。萨嬷接着给每位猎手发"入山避邪"符，猎人小心翼翼地藏符于内衣口袋里，最后众猎手在山神庙前跳"狩猎舞"，舞后猎人再祷山神以求狩猎平安、丰收。①

3. 猎神祭祀

作为南方民族狩猎生产活动的保护神，猎神信仰在南方山地民族信仰文化中占有很重要的地位，人们对猎神的祭祀也十分普遍。除了在狩猎前均须祭祀之外，还要举行定期的祭祀仪式。南方山地民族的猎神大多是专职性的，有固定的神名，有的还存在着很多的猎神神话和传说，其祭祀的仪式也比较固定。

独龙族的猎神与月神融合在一起。相传远古时天上总是有两个太阳同时照耀，使禾苗枯槁，孩子也被晒死，于是一位猎手拉开长弓，将其中一个太阳射落，挽救了人类。被射落的太阳再也不敢在白天出现，只敢在晚上出来，就成了月亮。猎人死后，其灵魂登上了月亮，常在月亮上行走，成了月神。这种猎神神话与射日神话的结合，从另一方面反映了猎神在人们社会生活中所占的地位是十分崇高的，人们将其视为拯救人类之神，并使之与月神融合为一，清楚地表明了猎神与独龙族人的生存发展的关系是非常紧密的。

黎族则奉猎神为自己的祖先神，在其著名的"鹿回头"传说中，年轻的黎族猎手与其所追赶的梅花鹿姑娘相爱并结为夫妻，繁衍了本氏族。而在普米族那里，猎神成了创世的大神，在他们的创世神话《吉赛叽》（即

---

① 吕大吉等主编：《中国各民族原始宗教资料集成·彝族卷》，中国社会科学出版社1996年版，第336—337页。

安全。接着是"安堂"仪式，奉请梅山神灵、巫师祖灵降临神坛，发挥神力，助人狩猎成功。第三套仪式为"催山"，驱动梅山坛中神兵，将山中野兽驱出山林洞穴，好让猎人狩猎顺利。最后是"藏身"仪式，即将猎人之身影，灵魂一并收藏好，让山精邪魅寻不到猎人之魂以保证猎人狩猎平安，其词有：

> ……弟子催山，催了东路西路，南路北路，催了五五二十五路。弟子躲进云层，雾大好藏身。远不见，近不明，弟子单见蚊子精，万里山河好藏身。弟子变成绣花针，人眼不见，鬼见不明。吾奉太上老君急急如令。
>
> （杀鸡滴血祭神）此鸡不是非凡鸡，身穿五色花毛衣，头戴凤冠脚踏泥，别人拿来无用处，弟子拿来催山鸡。上不催天，下不催地，不催本人的影身，单催黑毛野猪，五色花肉，飞禽走兽，一笔勾销，自受灵木。飞禽走兽，雉鸡麂子，不能东走西走，跳出我的颜色（眼界），跳出我的嘴唇。吾奉太上老君，急急如令。[1]

经过这些祭祀后，若祭祀有灵，据说坛中的梅山神像会跳起来，若神像不跳，则狩猎收获不多；若神像"跳"了，则注定此次狩猎将大有收获。若打猎丰收，猎手们又会齐聚神坛，用猎杀的禽兽之毛血祭祀梅山，以谢神恩；若狩猎的收获不大，人们也会谢神；但若两手空空，人们和巫师一道会倒穿起蓑衣，将梅山神像倒立起来，以惩戒猎神的失职。不过，据说这样做虽然会使狩猎的收获增加，但却对猎人的安全不利，故人们很少这样做。有的地方则在梅山神像旁添一独脚木偶人，叫独脚大王。若狩猎无获，则将独脚大王像倒立，以示惩戒。

独龙族的猎神祭祀更多地带有某种交换成分，他们的猎神是由山神兼任，俗称"且卜拉"。每当狩猎出发前，猎手们需准备食物，并以苞谷、荞子等面粉做成虎、豹、熊、野牛、野猪、麂子等野兽的形象。到达猎场后，以竹杯盛满酒，与上述祭品一起置于一棵大树前（这棵树即山神且卜拉的象征），以祭山神。众猎手将各人的衣服、毯子铺在地上，然后一齐

---

[1]　伍秉纯搜集：《梅山狩猎神词》（未刊稿），1986 年。

唱颂祈神的祷词：

> 司野兽之神啊！
> 请听我们的祷告吧！
> 我们将带着的酒和面做的诸兽呈献上了，
> 请你收下吧！
> 我们是来打猎撵山的，
> 我们以上述诸物和你换取野兽，
> 熊换熊、虎换虎、野牛换野牛，
> 一点也不亏你呀！
> 求求你快放出你的野兽吧！
> 若是天神因失了野兽而降罪于你，
> 就以面做的兽充抵，
> 就以衣服和毯子充抵兽皮吧！

祷告毕，人们举行弩弓竞射，以占卜山神是否放他的野兽。其法是在50米外，砍开树皮，以木炭画成各种兽形，张弩射击，若中图上的野牛，则认为是日可以猎获野牛，中什么就会获得什么。①

二 药神与财神

医疗条件与经济基础是人们生存发展的重要条件。旧时，南方民族的医疗条件和经济发展水平都相当恶劣和低下，平时里，大都衣不蔽体，食不果腹，啼饥号寒。一旦遇上伤病，更是难以遇上良医，大多躺在家里，听天由命。为了自身的生存，南方民族村寨大多祭祀药神和财神，而且他们的药神与财神又不统一，各地都有差异。下面，笔者将选择一些具有代表性的药神和财神祭祀做一番介绍。

1. 药神

旧时南方地方志多载："疾病不事医药。""信巫尚鬼"之类这是事实。

---

① 李智仁等：《贡山县四区茂顶、兰旺度独龙族社会经济调查》，载云南省编辑委员会编《独龙族社会历史调查》（一），云南人民出版社 1981 年版，第 87—88 页。

笔者认为南方民族信巫尚鬼、不事医药的这种文化现象，并非是南方民族本能的讳疾忌医，而是与当时的巫文化积淀以及医药条件的简陋有着紧密关联。南人信巫尚鬼，是因为南方民族的集体意识中长期潜藏着这样一种观念，即他们认为人之所以得病，是由于鬼神发怒、作祟所至，而要治好病，就必须祭祀或驱逐作祟的鬼神，使人与鬼神之间的关系得以恢复正常化。鬼神停止作祟，疾病自然就会消失。而药品本身却无什么驱鬼祀神的灵力，吃了药很可能会使作祟的鬼神生气，也就只会加深人与鬼神之间的矛盾，因此是无用的。

从另一个方面来说，旧时的南方医药条件极差，对于许多平常性的疾病也治不好，正如宋人陈宓所载："安溪视诸邑为最僻，深山穷谷，距县有阅五六日至者。又气候多燠，春夏之交，雨潦则河鱼腹疾，旱则瘴痧作焉。俗信巫尚鬼，市绝无药，有则低价以贸州之滞腐不售者。贫人利其廉，服不瘳，则淫巫之说益信。于是，有病不药，不夭阏幸矣。诗曰：'蓝冰秋来八九月，芒花山瘴一齐发。则人信巫纸多烧，病不求医命自活。'呜呼，兽且有医，而忍吾赤子诞于巫，累于贾哉？"①

地处偏远，医药罕见，纵使有药亦不过是变质霉烂或早已失效之"药"，人服用这类药品，自然无效，弄不好病情可能本身并不太重，反而被这变质的药物给毒死。而那些医术高明的医生多居于城中闹市，很少去僻远之乡村为贫民治病；那些游乡串寨的游方郎中们又多因医术不高或只顾骗人钱财，根本就不计较治疗的效果，结果是杀人的庸医自然得不到民间的信任。同时，这些庸医现象也很容易让人产生天下医药都不过如此的错误观念，从而使得人们更偏信于巫，久而久之，人们自然就"疾病不事医药"了。

既然人们患有疾病而不求医，那么就只有求神一途。《搜神记》载："豫章有戴氏女，久病不差（瘥）。见一小石，形像偶人。女谓曰：'尔有人形，岂神？能差（瘥）我宿疾者，吾将重汝。'其夜，梦有人告之：'吾将佑汝。'自后疾渐差（瘥），遂为立祠山下。戴氏为巫，故名戴侯祠。"②

---

① （明）嘉靖：《安溪县志》卷7，引（宋）陈宓《惠民药局记》。
② （晋）干宝：《搜神记》卷4。

其实，古时南方是巫医难分的，巫不仅祈神驱鬼，同时也常通医道。孔子在《论语》中就说过，人而无恒，不可以作巫医。《山海经·大荒西经》载："大荒之中……有灵山。巫咸、巫即、巫盼、巫彭、巫姑、巫真、巫礼、巫抵、巫谢、巫罗十巫，从此升降，百药爰在。"可见古代巫师多与医药分不开，惟其如此，倘若某位巫师品德较高，又精通医道，这对于荒村僻野之民而言，不啻为人间的活神。待其死后，人们必然会为他建坛立祠，奉之为神。"（仙游）兴福庙，在县西一里，神姓林，名义，县下顿人。生为巫医，殁而有灵……嘉泰辛酉，封威佑侯，寻累封彰应通灵孚顺侯。淳佑间，封孚佑昭德公。"①

唐宋时的福建一带的巫医吴本（读作 tāo）也是民间所崇奉的医药之神。吴本生前"不茹荤，不受室，尝业医，以全活人为心。按病投药，如矢破的。或吸气嘘水，以食病者，虽沉痼奇症，亦就痊愈。是以疠者、疡者，痫痂者，扶舁携至，无日不交踵其门。侯无问贵贱，悉为视疗，人人皆获所欲去，远近咸以为神"②。

不过，南方民族毕竟旧时的医学太落后，缺乏中原一带如孙思邈、张仲景、华佗、扁鹊等绝代神医的形象，他们所崇信的医药之神一般影响较小，多为一地一村之神。这样一来，人们敬奉的神灵固然十分繁多，基本上都只是各自为好，因此这样的神灵也容易为后世所遗忘。加之南方巫风甚浓，求医治病之习俗相对而言仍较淡薄，尤其是居处崇山峻岭之间的少数民族更是如此。以至于在 20 世纪六七十年代，仍有相当一部分少数民族不太相信药品能够治病这种简单的科学道理，故真正有大影响的医药之神在南方少数民族的社会生活中基本上还未形成。

由于南方民族地区较少有著名医生，民间医药多停留在较原始的草药土医的水平上，反映在其信仰文化层次上多是药王神。这种药王神崇拜本身表明，南方多数民族地区重药而轻医，与其社会生活中缺乏名医而又重巫之灵的习俗是完全吻合的。如云南彝族撒尼支就一直崇拜"药王菩萨"神农氏：

---

① 宝佑：《仙溪志》卷3。
② （清）乾隆《海澄县志》卷22，引（宋）庄夏《慈济宫碑》。

"神农氏"对我们山居民族的功劳也很大，相传他尝百草、知药性，所以我们萨咪人把他当作"药王菩萨"来供奉。他的塑像是牛头人身，龙颜大唇，手持一株药草。从前庙前有一块石碑，上面有药草的名字，碑顶题篆曰：《神农针灸经》。[①]

白族人所崇奉的药王有两位比较著名，一位称之为"药神孟优"，一位则无姓名，仅称之为"药王"。据《大理古代文化史稿》所言，"大理海东本主庙神为孟优，乃孟获三弟也"。《永昌府文征》载："孟获弟优，有高行，往来博南、叶榆间，以医术活人，甚得民和。"由于孟优医术高明，又以济人为本，故人们称其为药神。另一位"药王"在民间传说中系一位山中采药的老人，传说他治成了一种百宝灵丹，将大理一带的百姓从一场特大瘟疫中拯救了出来，被大理国王封为"药王"。旧时大理一带有药王庙，人们每逢年节，均会进庙敬奉。

普米族、纳西族和彝族人则崇拜宁蒗县的一座人形崖峰，谓之"药王石"。据普米族的民间传说，这座山峰是普米族姑娘娜荣和她的爷爷的精灵变成的。他们为了采药给人们治病，与独霸药山的恶龙搏斗，虽杀死了恶龙，但自己不幸中毒身亡。他们的灵魂化为药王石，而且他们的眼睛、心、肝、肺分别变成了三七、虫草、黄芪、贝母；身体则变成了天麻、附子等药物。人们为了纪念他们便尊他们为药王，且旧时每年的阴历五月初五，普米族、纳西族和彝族人（主要是小凉山一带）都要集体进山，祭祀药王石。

南方旧时多瘟疫，对于缺医少药的南方民族而言，瘟疫是十分可怕的，因为瘟疫在旧时总会造成人员的大量死亡，有时甚至是全村全乡的绝灭，故南方有的民族还崇拜瘟疫之神，如"痘神""瘟神"等。与此同时，对于那些能制止瘟疫的神则更为崇拜了。如福建瓯宁的石矶就有一座灵佑庙，所供之神就是如此。"先是有张暹者，在唐之季，里有妖邪为虐，且疾疫盛行。暹一日于灵佑庙焚香，祝曰：'暹生不能救民，死为神，以

救乡人之厄。'遂卒。乡人因塑像立于神侧附祀之，甚著灵响。后封昭卫侯。"① 与此相类似的记载还有：

> 哀寿佛，建阳大浑里农夫也。事母至孝，蓬跣耐寒暑。夜竖圆木三尺许，危坐达旦。与同侣芸田烈日中，常有阴云覆之。初学道邑之黄洋岩。贞元中，改筑铜钹山，巨石大木，皆独力运之，举重若轻。或与之米四、五石，亦顶戴去，涉险如飞，言休咎辄验，施水疗疾，无不愈者。示寂以火，烟焰亘天，而震铃诵经之声不绝。②

上述两位民间所崇祀的医药之神生前均不懂医术，张遏不过一介文士，"哀寿佛"则亦为一位农夫，但因人们相信他们死后的灵魂能够止瘟疫、治疾病，于是也便成了民间的医药之神。只是这样的医药之神与巫医更为相近。

南方民族不仅保留着药王神的观念和庙宇，而且还定期举行祭祀。每当旧时瘟疫流行、疾病成灾之时，这种祭祀就更为隆重。清朝初年，中国台湾瘟疫流行，随郑成功收复台湾的一些福建籍兵士和移民就在台南学甲登陆处修了一座慈济宫即药神庙，主祭药神吴本，又称吴真人、吴真君或保生大帝。据说人们从福建白礁故乡请来了保生大帝的真身灵位，供于南郡，"瘟疫遂灭"。从此以后，台湾各地便普遍修建了保生大帝庙宇（现仍存有 160 多座），每逢农历三月十一日，都举办保生大帝庙会，有时参与庙会祀神敬者多达十数万人。

当然，药王神也是南方从事医药职业的行业之神，一些民间医生在平日里的家龛中多供有药王神位，而在上山采药或治病之前，也多有药神祭祀的仪式。现以彝族采药祭祀为例。

名贵天然药材多长于人迹罕至的深山密林之中，悬崖陡壁之上。人们进山采药本身也带有很大的危险性，悬崖绝壁、猛兽毒虫都会给采药者的生命造成威胁，而且名贵的珍稀药草一般是可遇不可求的，所以采药者在

① 《八闽通志》卷59，引自徐晓望《福建民间信仰源流》，福建教育出版社 1993 年版，第251 页。
② （清）道光《福建通志》卷263。

进山之前都要祭祀药神和山神。祭祀药神是希望药神帮助自己采到珍贵的药材，而祭祀山神则是为了请山神保佑自己此行平安顺利。祭祀时须备香烛纸马，祭肉及其他供品。上山后，选一株奇伟的松树，捡几块石头垒一神坛，然后焚香烧纸，上献祭品，叩头礼拜，并祝曰："山神老爹，药神老爷，今天我们上山来挖药。请保佑我们不要遇到毒蛇猛兽，不要碰到瘴气；不要遇着鬼魅；不要碰到滑坡和山崩。请赐给我们几支好参，请赐给我们几筐好药……"祝毕，采药者们各自分散于林间采药。采药归来，要酬谢药神和山神。这种酬神仪式的祭品是有分别的：若采得的是一般药草，祭之以红公鸡；若采得的是名贵药材，如参芪、雪山一支蒿、七叶一支花等，则用一支小兔献祭；倘若采得一块玉石或一粒珍珠，则要用一头猪去祭神。①

2. 财神

财神观念多集中表现在汉民族的信仰文化中，在南方少数民族地区尚不十分发达。这大概是南方少数民族旧时生产力极为低下，人们一年四季辛苦劳作，仍难维持温饱，若遇灾荒之年，人们生活将更为艰难。在这种历史条件下，人们对于"升官发财"之事无暇顾及，所祈求者多是平平安安，维持生活而已。不过，仍有一些民族由于与汉民族文化交往较多，也开始出现了一些财神观念或准财神祭祀。

昆明彝族撒尼支系的财神祭祀主要不是求财源茂盛，而是求吃穿的"福禄"，祈愿家宅清洁，人畜安康，其仪式叫"开财门"。祭祀前，备二株小松树和五根青干栗树枝，纸锞，香案和"金元宝""银元宝"各一对。香案上置个升斗，内盛稻谷，谷上各插一个黄纸牌位，香案左右各立一株小松树，上悬"金元宝""银元宝"。巫师毕摩祈神，念《请神经》，献酒，再怀抱一只红公鸡祷神。其词曰：

> 福禄财神，金银财神，财公财母，五路财神！今天我们一家人在
> 这里祭你们，用雄鸡来祭，用甜酒来祭，不是无缘无故地祭，请你们
> 保佑我家大吉大利，万事顺心，求财得财，求喜有喜。请给我家带来

---

① 吕大吉等主编：《中国各民族原始宗教资料集成·彝族卷》，中国社会科学出版社 1996 年版，第 337 页。

吃的"福禄",穿的"福禄",金满斗,银满斗;一家有五口,五口都
要发财;一家有十口,十口都要发财。请给我家带来牛羊的"福禄",
让猪满厩,牛满厩,鸡鸭成群,让它们低头吃食,抬头长膘![①]

念毕后,还要杀鸡,煮熟后再献祭。最后还要祭祀门神,请门神挡灾
驱邪,让财神进家。祭毕,巫师摘下"金银树"上的"金元宝""银元
宝",让主人的长孙、孙女分别抱着,全家人则抱着其他元宝,一个接一
个地把"福禄财喜"背上楼去。另外,彝族普鲁村人还要在每年阴历正月
十五日在本村寺院举办一次"财神会",其祭祀仪式基本上与汉族相同。

云南丽江纳西族人的财神仍停留在"精灵"阶段,俗称为"仁",人
们认为"仁"是专司富裕的精灵,它到哪里,哪里便富有。传说纳西族祖
先神崇仁利恩从天上下凡时,"仁"精灵跟随着来到人间,它一会儿变成
野兽,一会变成昆虫,崇仁利恩的妻子衬红褒白由于不知道"仁"是司富
裕的精灵,在中途脱下裙子把它赶跑了。"仁"跑到掌管山林湖泽的
"斯"家里,"斯"这一精灵从此变得很富有。于是人们才发现"仁"的
好处,便开始举行祭祀"仁"的仪式,希望通过祭祀"仁"能从"斯"
家里出来,到村里走一遭。

祭"仁"的仪式一般在泉眼或沟边举行,用九个鬼神木牌、十八根祭
木(竹子九根,白杨木九根),在泉边插成环状,中间放酒、茶水等供物
和给"斯"的一碗药水(牛羊奶内放糖、柏叶等物),并几块糯米粑粑。
东巴先念经除秽,接着念请"斯"、祭"斯"的经文,给"斯"施药,献
饭,然后念《求"仁"经》,最后念送"斯"的经文。念毕,把九个木牌
中画着海螺、净水壶、金、银等的那块木牌带回,插在家里的"天柱"
上,其余的木牌和祭木插在原地。[②]据说通过上述祭祀仪式,"仁"就会经
"斯"同意后,来到纳西族的村寨中,给纳西族人带来富裕和幸福。

土家族人旧时所祭的财神叫"豕官神",又叫"四官神""土官神"
等。豕官神其实只是一位"准财神",其神职主要是司六畜兴旺。因旧时

---

① 吕大吉等主编:《中国各民族原始宗教资料集成·彝族卷》,中国社会科学出版社1996年
版,第342—343页。

② 吕大吉等主编:《中国各民族原始宗教资料集成·纳西族卷》,中国社会科学出版社2000
年版,第291页。

土家人仅靠饲养家禽家畜为自己挣钱的唯一途径，故亦将这位司六畜之神作为财神视之，其祭祀多在除夕之夜分别在各家堂屋门后举行。先用纸做六个小纸人（代表六畜之神），置于堂屋门角的长凳上，点烛焚香，念祀神词曰：

> 豕官大神，把门将军、诚心敬奉，保佑我们。行东利东，行西利西，四方招财，五谷丰登，六畜兴旺，水草长青。养个鸡婆象草墩，养个猪儿三百斤，神起谷子像牛尾，种起小米像棒槌。

念毕，将纸人逐个焚烧，如果六个小纸人均立着烧完，则预示来年六畜兴旺，无瘟疫之灾。旧时四川、贵州、湖南、湖北边境地区的土家族人们都有祭祀豕官神的习俗。

三　妈祖崇拜

旧时南方民族在其渔业生产中，虽然有河神、水神，但真正专司渔业生产的神还没有广被人知，只是在南方沿海一带，人们多崇祀妈祖，妈祖事实上已成为沿海百姓心中的海神。在妈祖之前，沿海各地所祀之神比较分散，如浙江钱塘江人奉伍子胥为潮神，福建连江人奉祀的演屿之神等。唐代还有朝廷封赐的各类神王，"以东海为广德王，以南海为广利王，以西海为广润王，以北海为广泽王"[1]。唐以前，《汉书·郊祀志》有"以四时祠江海洛水，祈为天下丰年焉"，而汉以前的海神当为龙神崇拜了。

妈祖之神自宋元以降成为民间最崇拜的海神，俗称"天妃娘娘"，相传妈祖诞生于宋代建隆元年，系福建湄州屿的一名女巫，姓林，名默。"初以巫祝为事，能预知人祸福。"[2] 一次，其父兄出海，林默在似梦非梦间忽然大哭，谓父兄遇大风沉舟，父被救，兄罹难。一月后，其父平安归来，果如所言。同时，她心地善良，精通医巫，施医拯民。二十九岁逝世后，其灵仍巡游海上，为海上渔民、商贾、水手排忧解难，常救民于水

---

① （唐）杜佑：《通典》，引自徐晓望《福建民间信仰源流》，福建教育出版社1993年版，第280页。

② （宋）廖鹏飞：《圣墩祖庙重建顺济庙记》，见《妈祖文献资料》第1页。

火，后被人奉为海神，建庙祭拜，至今香火不绝。

而在民间传说中，妈祖还具有海上护航、驱逐疠疫、捕盗助战、祈晴求雨救灾等多种神应，凡沿海一带百姓祭之者，都相信无论什么疾病灾祸，妈祖均能为民解除，故民间对其祭祀最为隆重。宋人刘克庄曾这样记载妈祖祭祀之繁："妃庙遍于莆，凡大墟市，小聚落皆有之。"① 人们之所以普遍热烈地祭祀妈祖，不仅是因为她灵应如响，更重要的是妈祖在人们心中是一位无私的神。她并不计较人们对她所献祭物的多寡，只需诚心祈祷，她就会即刻显灵。"他所谓神者，以死生祸福惊动人，唯妃生人、福人，未尝以死与祸恐人，故人人事祀，爱敬如母。中心向之，然后于庙享之。"② 这正是妈祖之祀何以深入民间，甚至波及全国及东南亚一带地区的原因。

《八闽通志》卷60对妈祖的神迹有一个概述，同时也记载了妈祖崇拜从"地方性知识"逐渐成为全国乃至举世闻名的大神的发展过程。

> 宋宣和五年，给事中路允迪使高丽，中流遇风，神显其灵，迄获安济。归闻于朝，赐额"顺济"。绍兴二十九年，江口海寇猖獗，神驾风助威，一扫而去，加封"昭应"。其年苦疫疠，神降于白湖，俾去潮丈许，掘坎涌泉，饮之辄愈，加封"崇福"。乾道五年，福兴都巡检使姜特立上其默相捕盗之功，加封"善利"。淳熙间，岁屡灾旱，随祷随应，加封"灵惠"。庆元四年，闽列郡苦雨，莆三邑祷于神，即获开霁。朝廷调舟师平大奚寇，神障以雾，我明彼晦，寇悉扫除。开禧二年，虏逼淮甸，郡遣军士从征，因奉神以行。乃遇虏，神拥旗帜现云中，一战解合肥之围。莆民艰食，朔风弥旬，南舟不至，神为反风，不日辐辏。海寇入境，将掠乡村，神为胶舟，悉就擒获。景定二十年，巨寇泊祠下，祷神不允，肆暴慢，醉卧廊庑间，神纵火焚之，贼骇遁去，风沙昼晦，俄各跨浅而败。部使者一一以闻，故在宁宗朝加"助顺""显卫""英烈"之号；在理宗朝加"协正""善庆""显济"之号。

---

① （宋）刘克庄：《风亭新建妃庙》，《后村先生大全集》卷91。
② （宋）黄渊：《圣墩顺济祖庙新建蕃釐殿记》。

妈祖不仅在宋时各朝屡获加封，致使神名远播，而且在民间，人们对妈祖也深信不疑，尤其是海上谋生的渔民水手们对她更是崇信有加。据相关材料记载，当海船突遇风暴、生存的希望几乎断绝之际，水手和商人、渔民们便跪下来祈求妈祖，放声大哭，据说屡屡有验。"乾隆丁巳，翰林周锽奉命册立琉球国王，行至海中，飓风起，飘至黑套中，水色正黑，日月晦暝，相传入黑泽从无生还者。舟子、主人共悲泣，忽见水面红灯万点，舟人狂喜，俯伏于舱，呼曰：'生矣，娘娘至矣！'果有高髻而金环者，甚美丽，指挥空中，随即风住，似有人拽舟而行，声隆隆然。俄顷，遂出黑洋。周归后，奏请建天妃神庙，天子嘉其效顺之灵，遂允所请。事见乾隆二十二年邸报。"[1]

清人袁枚《续子不语》卷1中记载了当时人们在危难关头祭祀妈祖的几种祭祀仪式：

> 林远峰曰：天后圣母，余二十八世祖姑母也，未字而化，灵显最著。海洋舟中，心虔奉之，遇风涛不测，呼之立应。有甲马三：一画冕旒秉圭，一画常服，一画披发跣足仗剑而立。每遇危急，焚冕旒者辄应，焚常服者则无不应，若焚至披发仗剑之幅而犹不应，则舟不可救矣。或风浪晦暝，莫知所向，虔祷呼之，辄有红灯隐现水上，随灯而行，无不获济。或见后立云际，挥剑分风，风分南北，船中神座前必设一棍，每见群龙浮海上，则风涛将作，焚字纸羊毛等物不能下，便令舟中称棍师者焚香请棍，向水面舞一周，龙则戢尾而下，无敢违者。若炉中香灰无故自起若线，向室而散，则船必不保。

沿海之民的妈祖祭祀也不仅仅局限于危难祭祀，在平时年节之际，亦有祭祀之俗，尤以正月和三月祭祀最为隆重。同治广东《河源县志·风俗志》载："在城会景，先是正月十三日奉天后神出游，至十五还宫，名曰'麒麟会'。自明季至乾隆间皆然，迨嘉庆初改添俗例，十三、十六分日恭奉北庙、东庙天后神出游，俱本日还宫；十九日恭奉阿婆庙天后神出游，次日还宫。均先于新城东门外教场结厂，以为驻跸之所。邑中士庶竞以童

---

① （清）袁枚：《子不语》卷24。

男女扮演古事，于神前为导、多至三四十队。凡神所经过门户，必设香花、宝烛，极其致敬。惟阿婆庙神还宫，驾经新城南门外，是日男女聚观于南门冈，不下万人，尤为盛景，年习为常。"而在天后神诞之日，各地对妈祖的祭祀则更为虔诚、热烈，以天津为例：

> 三月二十三日，俗传为天后诞辰。天津系濒海之区，崇奉天后较处尤虔。东门外有庙宇一所，金碧辉煌，楼台掩映，即天后宫。……神诞之前，每日赛会，光怪陆离，百戏云集，谓之皇会。香船之赴庙烧香者，不远数百里而来。由御河起，沿至北河、海河、帆樯林立。如芥园、湾子、茶店口、三岔河口，所有可以泊船之处，几于无隙可寻。河面黄旗飞舞空中，俱写"天后进香"字样，红颜白鬓，迷漫于途。数日之内，在旁各店铺所卖货物亦利市三倍云。①

这种盛大的祀典，在我国诸多祭祀中是十分罕见的。据统计，我国天后庙宇数以千计，仅中国台湾供奉妈祖为主的庙宇就超过 500 处，而且在海外的日本、朝鲜、越南、新加坡、菲律宾、印度尼西亚、泰国等凡是有华裔群居的地方，都有天妃娘娘——妈祖的庙宇或祭祀活动，而且尤以福建莆田湄洲岛上的妈祖庙举行的天妃圣诞庙会最为突出，最多时，参加庙会者可达几十万人。

第三节　人生礼仪与原始信仰

人生礼仪，是人的一生中不同年龄阶段所举行的仪式。人们认为，人生道路虽然漫长，但其间总存在着一些关键性的节点。在人们的原始意识中，这些关键性节点常常又是十分脆弱的，必须举行必要的仪式，求得神灵的扶持，人们才能平安地度过。于是，便产生了独特的人生礼仪文化。具体来说，主要有生育、成丁、婚嫁、丧葬四个重要节点。正如英国著名人类学查·索·博尔尼所说的那样："对任何开化的或未开化的社会来说，证明其中谁出生，谁娶谁为妻，谁已'回到老祖宗那里'，显然是头等重

---

① （清）张焘：《津门杂记》卷中。

要的大事。通过礼式表明生死和生命状况的转变，对低等文化的民族来说，很自然地具有双重的重要意义。"①

一 生育信仰

生育是人生的一件十分重要的大事。对于出生者而言，生育使他们获得了生命，获得了未来，也获得了世界。对于生育的父母而言，尤其是第一次生育，使他们完成了社会角色的转换，即由一般的社会成员转换为"父母"这种社会角色。对于一个家庭、宗族而言，生育，特别是男孩的生育，意味着添丁进口、人丁兴旺、宗族绵延、香火不绝。正是由于生育事关重大，因此人们对生育是非常重视的，有关生育的文化也十分复杂。

1. 生殖崇拜

人类生育的基础是已婚男女双方的生殖能力，每一对青年夫妇或中年夫妇都希望自己具有这种能力，因此，无论是文化落后的民族还是文化较发达的民族都非常重视生殖能力，从而产生了形式多样的生殖崇拜仪式。在原始时期，人类的生殖还有一个主要的原因，即部族的生存需要。一般来说，生存环境越是艰苦，人们的生殖需要就越是迫切。那是因为在艰苦的生存环境中，人的死亡率往往很高，其中婴幼儿的死亡率则更高。而要维持部族的生存发展，只有通过提高生殖率才能获得某种人口生态的平衡。因此，正是这种提高生殖力的强烈需要，使得人们的生殖崇拜便愈演愈烈。

纳西族的摩梭人认为女性生殖器是生命的来源，具有繁衍人口的神秘力量，因而对各种具有女性生殖器形象特征的自然物都加以崇拜。永宁的摩梭人把格姆山山腰的山洼视为女性生殖器；四川盐源县左所的摩梭人把泸沽湖西部的一泓水视为女性生殖器；木里县俄亚纳西人把阿布山岩穴的石凹坑视为女性生殖器。这些女阴象征物都有一个"内凹"的形象特征，其外形都与女性生殖器有某种相似，且其所在之处大都有一幽泉，这就往往容易引发人们的联想和想象，从而将其作为具有强大生殖力的神秘物（即"天阴"）来加以崇拜。妇女们在那里焚香、点烛，献祭祷告，祈求生育、多育。祭毕，饮几口幽泉，以示洗涤了自己的生殖器的污浊，疏通

---

① ［英］查·索·博尔尼：《民俗学手册》，程德祺等译，上海文艺出版社1995年版，第154页。

闭塞（此所言幽泉具有精液的象征，饮泉行为也便象征着授精行为），且当夜她们都要与男子交媾，以达到生育的目的。

这种女阴崇拜在白族人那里也是十分突出的，如云南剑川的"阿姎白"崇拜。"阿姎白"系白语，意即女性生殖器，剑川石钟寺石窟第八窟正中的莲座上就供奉着一具"阿姎白"，两旁是一尊佛像，还有"广接来生路，大开方便门"的题记联。前来祭祀"阿姎白"的都是刚结婚的妇女和婚后不育的妇女，祭祀时间大多在春节朝山会或阴历七月底、八月初的"石宝山歌会"期间。只是其祭祀仪式比较简单，不设供品，仅燃香烛祷告而已。其词曰："白乃（即阿姎白），今天我来请求你，求你保佑我早得贵子，顺顺利利生育，母子平安，无灾无病。"祷告完毕，妇女还要在石雕女阴内涂上香油，希望顺产，而且涂香油时一般都不让别人看见。这种涂香油仪式与饮泉水仪式一样，都含有"授精"的象征意义，以增强自己的生殖力。

居住于红河两岸的壮族则传承着这样一种生殖崇拜习俗。相传红河上古时无船摆渡，是始祖布洛陀的生殖器伸过红河，化为桥，两岸男女走过男根桥，始得交往结合，建立家庭，生儿育女。每年正月初一，两岸壮族各杀一头白水牛（东岸杀公牛，西岸杀母牛）在河边敬祭始祖布洛陀和始祖母姆洛甲，两岸各悬长幡，幡上系一条彩虹（意为布洛陀的男根），长幡下挂四面铜鼓，由老人轮番敲打。铜鼓声中，人们共唱祖源歌、情歌，其祖源歌中有这样的问答："是谁阴功大，河水架天桥？是谁功德重，隔水架情桥？""始祖宝器（男根）阴功大，红水河上架长桥。始祖宝毛（阴毛）功德重，隔河男女走情桥。"并且还要到山洞（即始祖母姆洛甲的生殖器）祭祀，所用的祭品是粽子，这种作祭品的粽子又大又长，每个要用 20 斤糯米，是布洛陀男根的象征。①

贵州丹寨苗族也保留着类似的男根崇拜。他们在祈求子孙繁衍的祭祖仪式中，要请一位男子做"告端"（原人之子），砍一根碗口粗细，根须发达，枝叶茂盛的枫木或杉木，雕成男根之形，根部加上棕丝，染成红黑色，让画成花脸的"告端"握置于阴处，象征性地向祭鼓家族的青年妇女

---

① 吕大吉等主编：《中国各民族原始宗教资料集成·壮族卷》，中国社会科学出版社 1998 年版，第 532—533 页。

追逐，妇女们则似笑非笑地表示接受，不准羞怯回避或狂笑，这种仪式称为"宁冈先略"。台江、剑河一带苗族祭祖，家族妇女均盛装经过矮桌，祭师用竹筒刻成的男根器具，内装甜酒水，握置于下身处，待妇女们登上矮桌时，祭师则将竹筒内的酒水喷射向妇女，而妇女们则撩起围裙，表示受射酒水。

除了原始的生殖器崇拜之外，南方民族还有对生殖女神的崇拜文化。一些民族相信，子女的生育是生殖女神所司，故新婚夫妇或婚后不育夫妇为了生育子女，便向生殖女神祈求，请她为自己送来子女，如水族人崇拜仙奶（生殖之神）牙花散、牙花术、牙花离、牙花隆等神灵。每年在腊月举行"敬牙希登"的祭祀时，要备鸡、鸭、鱼、肉、糯米饭、米酒、红鸡蛋等，焚香奠酒，祈求生殖女神广施神恩，恩赐子女。设祭时，还要剪一串串彩色纸人贴于墙壁，插上缠着彩色纸须的竹条"枚化"，还要扎一座彩色的小拱门，意味着生殖女神会将子女一个接一个地从这座小拱门（女性生殖器的象征）送到家里，家里的子女就会源源不断地生育出来。

生殖女神的崇拜在古时南楚一带比较盛行，有的称之为送子娘娘，有的则认为观音兼有送子之职。土家族人则奉巴沙婆婆为生殖女神，但是苗族、仫佬族中却存在着另一种观念，他们认为久婚不育是得罪了鬼神，要巫师驱鬼架桥，如仫佬族就有"添花架桥"的仪式。在这一象征性的仪式中，还要请岳父等亲戚来"踩桥"。亲友们手捧红白纸剪成的"花童"，钉在求嗣者卧室门上。架桥时，求子的夫妇要施舍几十斤甚至几百斤糯米粽子（当种子同音），给过路的行人与围观的儿童。再由巫师举行"架桥"仪式，以求引子入胎。

怒族部分地区，在 20 世纪中叶还遗留着原始的生殖崇拜舞蹈。"1957 年，我们在甲加村生活时，曾亲眼看到一个婚礼仪式中的舞蹈场面：甲加村里一对怒族青年，在一个春天的月明之夜，举行了民族传统的婚礼。全村青年男女以及部分壮年和老年男女，都聚集到新郎家庆贺婚礼。男女交相起舞，而这种舞蹈的姿态，明显地显示了一幅粗野的象征性交的场面。"① 这种生殖崇拜舞蹈在怒族的不同地区，名称与形式各

---

① 田家祺：《碧江县一区九村怒族社会调查》，载《怒族社会历史调查》，云南人民出版社 1981 年版，第 40 页。

有不同的变易。"如流行于架究、知子罗、果科、拉洪、五都等村寨的舞蹈'你看我，我看你'；产生于知子罗，流行于老母登，桐克等村的'追赶舞'，'找情人舞'；产生于架究，流行于架究、罗的等村寨的'传性感舞'；产生于腊甲底，流传于腊甲底，托票、架究、罗的等村寨的'生育舞'，都属此类。相传，从前，怒族常在举行婚礼时，新娘由新郎接到家中之后，要由新郎的舅父与新娘跳性交舞，比画交欢的动作后方才与新郎一起，并且才能进入洞房。据我们调查：目前已经失传了那种男女双人的裸体舞——这种直接反映和表现性行为的舞蹈已经绝迹。"[1]

2. 生育文化

婴儿出生后，旧时父母、长辈的心里未必全是高兴，因为婴儿出生后，其生命是相当脆弱的。为了让小孩不中途夭折，能够顺利地长大成人，并且也希望婴儿长大后能有出息、成大器，人们总是要举行许多祈福禳灾的仪式。

对于新生儿而言，最大的福莫过于健康成长，故景颇族妇女生孩子，要请一位子女齐全的老妇来为小孩拴线、命名。在她们看来，完成了这一仪式后，表明小儿正式来到人间，邪鬼妖魅就不敢来打扰小孩了。若生男孩，用红线拴婴儿的右腕；若生女孩，则用红线拴其左腕。接着老妇人要在石臼里放些烤熟的干肉或干豆子，生姜和一些新鲜香料。老妇人手持舂杵，边舂边念祝词："祝主人家又增添了新人，让他（她）健康成长，无灾无病，全家幸福愉快。"当婴儿出生后的第一个七天内，要选一个晴日，举行传说的"卡布布"仪式。当太阳初升的时候，由两位老妇人陪同产妇去水边洗东西。出发时，一位老妇要身背小儿父亲的长刀，另一位则扛着长矛，来到水边时，两位老妇人要挥刀舞矛，作驱逐邪魅之状。景颇族的这种生育仪式中充分表现了他们对婴儿生长的关怀，"拴线"是为了让婴儿生命长留人间；舂臼则象征着婴儿一生香甜美满；"卡布布"则意味着荡尽婴儿一生的秽气，像父辈那样刚强勇敢，同时那种刀矛并举的仪式还具有对鬼魅的威慑作用，以保婴儿平安。

云南宁蒗县纳西族则有"拜太阳"的生育祈福仪式。他们认为太阳是

---

① 和品生等：《怒族民间歌舞艺术中的原始宗教观念》，载云南民族理论学会编《云南民族研究》1988 年合刊，第 106 页。

万物之母，小孩拜了太阳，就能获得太阳的保护，小孩就会长得快，长得好。"拜太阳"仪式在小孩出生的第三天举行，主人家要请村里的老妈妈参加家里的"拜太阳"仪式，老人们则要带上母鸡、鸡蛋、猪肉等礼物前来探望产妇和婴儿。当太阳初升之际，产妇的母亲或姐姐点燃一根松明丢在院子里燃烧。产妇左手抱婴儿，右手拿一把镰刀、一根麻秆（象征长矛）和一页喇嘛经文，跨出正房，到院子里停留一会儿，使婴儿沐浴到阳光，求太阳保佑婴儿顺利成长。产妇手中所拿诸物意味着是婴儿的武器，用以驱鬼避邪。这一仪式的内涵与景颇人的"卡布布"及"舂臼"拴线"仪式相似，都包含着希望小儿顺利成长和为小儿驱邪之意。

在南方民族的生育祈福仪式中，还具有另一层的含义，就是希望小儿有一个美好幸福的未来，如土家人的"踩生"仪式就是如此。当小孩初生时，全家人准备好糯米甜酒、红鸡蛋、烟茶等物品，恭候第一个来到家里的客人，这位第一个到生育之家的串门行为即"踩生"。土家人很重视踩生，认为小儿可分享前来踩生的客人的衣禄。云："女踩男，龙出潭；男踩女，凤飞起。"意为女客人进屋，家中生的是男孩，则男孩的未来将会如神龙出渊，不可限量；若客人为男，所生为女，则女孩的前途如金凤展翅，扶摇万里。所以当"踩生"者进屋后，主人家都会热情地迎上去，泡茶、送烟、斟酒、送蛋，而踩生者知主人家有喜，便会马上为小儿祝福一番："长命富贵，易长成人。"

毛南族的生育祈福仪式则是在家里举行，同时也相信外来的客人踩生可以致福。当产妇临盆时，家人烧一盆温水，如果生的是男孩，则往盆中投一支笔，希望小儿将来聪明好学，力求上进；若生的是女孩则往盆中投一件针织品，希望小孩日后心灵手巧，聪慧可爱。毛南人的"踩生"仪式，特别喜欢踩生者是一位知书识礼的有学问的人。若有学问的人踩生时，家长当即取酒致谢，并高兴地说："我们的孩子来好运了，长大后会像你一样。"踩生者也同样会上前祝福小儿一番。

美好的祈愿总是与对邪恶的恐惧联系在一起的，当人们在祈愿新生儿健康成长、聪明伶俐、飞黄腾达之际，同时也难免对他们的未来产生一种担忧或焦虑。人们都知道，就当时的生活条件和医疗条件而言，从一个新生儿成长为社会正式成员的道路是充满艰辛的，其间潜伏着众多危机，一不留神，小孩就有可能夭折。于是，一些南方少数民族便形成了针对这些潜伏的危机，而举行的种种过关解煞的消灾仪式群。这些仪式的根本目的类似于今日的"预防针"，即在灾难尚未来临之时，提前请巫师禳解。这样，小孩在今后的成长道路上就不会再出现灾祸，从而达到促使小孩健康成长的目的。

如仫佬族人为了能"确保"孩子长命，敬奉"婆王"女神，并认为她主司小儿的生死大事。每村都建有婆王庙，庙内有三个木偶神像，中间抱子者即为婆王，两旁为执笔的判官和喂奶的乳娘，每年三月初三和三月二十日定期祭祀。当小孩体弱多病时，人们恐其性命不长，要请巫师在婆王庙前举行"架接命桥"的仪式。巫师用一木棍作"桥身"，上书"某年某月某日，集福信士某某及妻某氏，为身边第几花女某某修架接命桥一座过，花根端正，寿命延长，长命福贵"字样，焚香烧纸，以禳病消灾。人们相信，做过这种仪式后，小儿就能消灾除难、健康成长了。

湘西土家族小儿度关解邪仪式，一般叫作"搭保郎桥"。钱安靖先生对此曾进行过调查："作此法事时，堂屋中接连摆两条长凳，凳上点香烛，中间放一个去底的空甑，作为保郎桥的桥洞。经土老师（引者按：即巫师梯玛的俗称）请神作法后，将体弱多病，不易抚养的孩子从空甑里钻过，称为'过汤火关'。据说作此法事后，孩子就会百病消除，易养成人，长命百岁。"①

这一度关解邪的仪式中的一个关键环节，就是从空甑中钻出，空甑在此成了母腹的象征之物，或者说成了圣母之腹的象征。钻出空甑即意味着小儿再一次从母腹中出生，于是便完成了一种角色的转换：（1）重新从母腹出来的小儿已不是先前之儿，他（她）已完成了一种脱胎换骨的改造，鬼魅妖邪就不会再困扰于他（她）；（2）从圣母之腹中钻出，小儿自身也便获得了圣母的灵力，其生命力自当非常旺盛，妖邪鬼魅也就不敢作祟于他（她）；（3）这一仪式还包含着另一层含义，空甑的长度也意味着小儿成长的漫漫人生长途，从空甑中穿过，便象征着小儿已越过了这段长路，度过了从小儿到成丁之间的种种"关煞"，自然会无灾无病、长命富贵了。

---

① 钱安靖：《湖南龙山县土家族宗教习俗调查》1989 年 10 月。

二　成丁仪式

成丁仪式也同样象征着一种社会角色的转换，即由儿童走向成人。美国人类学家罗伯特·F.墨菲对人生仪式曾做过这样的解释："任何地位变动，不管是否为随年龄增长而发生的正常变迁，都使变动者产生了一个焦虑和不确定的时期，对他周围的人亦是如此。……一个旧的地位及与此相伴的全部角色行为都要除去，这个人也就成为一个新人。这对全部有关的人都是微妙的过程，因为这种变化使个体处在一种过渡状态，或用维克托·特纳的说法叫'阈限'状态中，在此状态下别人对他的行为必然是不确定的。仪式构造了过渡，为该人进到新的地位提供了标志物，并且把接近他的人都召集在一个聚会中，给新人和全体参与者带来心理上的加固。"① 就成丁仪式而言，儿童在父母庇护下生活，他们虽也做一些家务劳动，但都只属于实习性质的活动，也不要承担村社的公共义务和一个成人的职责。但是，在举行成丁仪式之后，他（她）就不再是先前的儿童了，而成了一名社会的正式成员，不仅要作为正式成员从事生产劳动，还要担任正式社会成员所担任的一些责任和义务，同时也具备了一个正式村社成员的资格，享受与其他社会正式成员一样的权利。由此看来，成丁仪式确实是一个人在其人生道路上角色转换的一种标志，它意味着人生的阶段性跃进，甚至是某种意义上的"突然质变"，因此，旧时南方民族对这一仪式是极为重视的。

旧时，对一座村寨或一个部落而言，成丁仪式不仅仅只是个体的大事，也是部落、村寨的大事，在人丁缺乏的部落中，多一名成人就意味着多一分力量，而部落的人丁昌盛则意味着部落在与自然环境和社会环境的竞争中便多了一份成功的希望，故在古代原始部落社会中，广泛地存在着这种庄严神圣的仪式习俗，并且有的还一直延续至今。

基诺族的成丁仪式除了举行隆重的剽牛祭祖，穿上绣有象征月亮的花纹的衣服，佩戴绣有月亮和几何花纹的筒帕，并在成丁仪式上跟随村中长老唱本民族的史诗，接受长辈们传授的本族社会生活习惯和法规，生产经

---

① ［美］罗伯特·F.默菲：《文化与社会人类学引论》，王卓君等译，商务印书馆1991年版，第228—229页。

验、生活经验及家庭生活知识等以外，最神秘莫测的是在接受成丁礼的青年毫无察觉的情况下，一批人突然将其捕捉，然后押入人声鼎沸的会场接受礼仪。这种突然袭击的方式十分惊险，以至于有的当事者一生也忘不了。基诺山札果寨老人不鲁车（61岁）曾对自己参加成丁仪式时被劫持的经历有这样的回忆：

> 我16岁的一天，下地劳动，黄昏时与几个伙伴返家，走到距寨子约一公里外的一个山垭口，饥肠辘辘，但村寨在望了，心中高兴起来。这时猛然听到附近一声大吼："不要动！不要跑！"随着喊声，有五六个手持棍棒和石块的饶考从林中冲出，迅速将我包围。正当我惊恐之间，他们便敏捷地挟着我的两只胳膊，前拖后拥，一直把我带到村社性聚会的场所。当时我又惊又怕，但却不敢逃跑或反抗。①

当人们被劫持到聚会场所后，按顺序入座，接受成年人的敬酒，并须当众一饮而尽，硬是不善饮酒，成年人会拿着火把向他脸上吹火，并用竹筒在他身上浇上酒水，以烧除或洗尽他身上未成年人的"雅气"。其母亲也会当众往他身上披上象征成年人的特制的精英通帕，然后再接受老年人的祝福。其祝福词大意是："有村寨就有作为村寨首领的长老，有长老就有后生的饶考，有饶考就有米考，有米考就有爱情。遵从祖先长老教诲的饶考啊！公马的力气很大，我把你们当九匹公马；公象的力气很大，我把你们当九头公象；繁茂的米罗树当柴烧火焰盛旺，希望你们是繁茂的米罗树。"②

类似于这种惊险的成丁仪式的还有瑶族人的"度戒"。度戒是旧时瑶族男子在十五六岁时所必须举行的成丁仪式。瑶家人认为只有经过度戒仪式的男子，才能受到人们的信任和社会的尊重，也才能具有结婚、学艺、参加社会活动的资格，并且只有经过度戒的男子，其灵魂才能在其死后升入天堂。度戒仪式一般在农历十月至下一年正月期间举行，有的地区也有

---

① 吕大吉等主编：《中国各民族原始宗教资料集成·基诺族卷》，中国社会科学出版社1996年版，第898页。
② 同上书，第900页。

在"跳盘王"时举行。张有隽等先生对山子瑶的度戒仪式曾做过社会调查，摘引如下：

> 山子瑶师公戒度弟子与道公不同的地方，就是要让弟子经受种种严格的考验。这些考验根据一本经书记载，共有"刀山法""勒床法""犁头法""度灯法""云台法"五种。所谓"刀山法"，即将五把磨利的刀扎成刀梯，师父作法后，引着弟子赤足爬上去，再从另一边下来；"勒床法"即将一些勒刺放在床上，师父作法后让弟子睡上去；所谓"犁头法"，即将烧红的小块犁口放到嘴里含一含；所谓"度灯法"，即将点燃的油灯置于弟子手中，让他托住。但这四种考验在十万大山山子瑶已失传，现在山子瑶戒师只剩下"云台法"。"云台法"即"云山法"，据经书记载，是将五张台桌层层叠起，师父作法后，引弟子登上高台，再从上面翻滚下来。我们实际看到的，与记载稍有不同。现在盛行的"云台法"是在村外平地上竖四根柱子，上面捆一张方桌或椅子，旁置一木梯。师男由师父引登台，身着红色长袍，低着头蹲着。主度师带两个助手，在台下各站一方，一边喃神一边用剑砍柱脚三次，又用一根木棍代枪，向受戒者连射三次，然后受戒者双手抱膝从台上翻滚下来，落于四人拉着四个角的一床被单上（落下床单时要求双手仍抱膝，保持原形方可）。
> ……
> 山子瑶师公经书认为，受戒弟子经过云台法的考验，灵魂死去复生，已经不是原来意义的人。……"跳云台"节目完后，师父同样用一只脚跨过师男的头顶，并喂几口糖稀饭，然后将师男引回室内，送圣、开斋，整个法事才算结束。[1]

傣族的成丁仪式虽然没有这样的惊险场面，但却是一种痛苦的考验，那就是文身。傣家文身之俗见于唐人樊绰的《蛮书》："绣脚蛮，则于踝上腓下，周匝刻其肤为文彩。""绣面蛮，……以针刺面上，以青黛敷之，如

---

[1]　张有隽等：《十万大山山子瑶社会历史调查》，载《广西瑶族社会历史调查》第六册，广西民族出版社 1987 年版。

绣状。"此外,《马可·波罗游记》中也有记载:"金齿州……男子刺黑线文于臂腿下,刺纹之法,结五针为一束,刺肉出血,然后用一种黑色颜料涂擦其上,即擦,永不磨灭。此种黑线为一种装饰,并为一种区别标志。"事实上,傣族的这种文身也是其民族成丁仪式之一。旧时傣族男子自十一二岁到十七八岁之间要进行文身仪式,其文法如上述,所文的图案多为虎、豹、象、狮、龙、蛇、怪兽及一些几何图案。文身是痛苦的,"刺肉出血""以青黛敷之",正是这种刺肉之痛,才会对每一个成为社会正式成员的青年构成一种考验,以在其心理上加固这种"成丁"过程的印象,使之能牢记作为一个社会成员应尽的责任和义务。

一些南方民族中还保存着女子的成丁仪式,当然,相对于男子成丁仪式的那种惊险、恐怖、痛苦的体验来说,女子成丁仪式更多的只是一种象征,唯有旧时仡佬族的"打牙"或"凿齿"仪式是个例外。宋人朱辅《溪蛮丛笑》载:"仡佬妻女,年十五六,敲去右边上一齿。"元人周致中《异域志》载:"僚……有打牙者,谓'打牙犵獠'。"清人田雯《黔书上·打牙仡佬》载:"女子将嫁,必折二齿,恐害夫家也。"光绪桂筱乡《黔南苗蛮图说》亦载:"打牙仡佬……女子将嫁,必折其门牙二齿,以遣夫家,恐妨害夫家……在贵定、安平、清镇、平远等属。"据 20 世纪 50年代的调查材料,贵州省普定县窝子寨和织金县仡佬族老人回忆,当地仡佬族妇女过去有"打牙"的成丁仪式,其打牙的年龄在 20 岁左右,届时,家人要备一壶酒,请娘舅来家里,用小钉锤敲掉姑娘的两枚犬齿。

以前的一些学者都将这种仪式从美学角加以审视,认为是为了美观。我们认为这种解释是不符合生活现实的。凿掉两枚犬齿或门齿,如果仅仅只是从审美角度考虑,那么何以要在姑娘进入"成年"之期进行呢?而且旧时还总是在婚嫁之前进行。按道理说,姑娘爱美的高峰期当在未婚前的青春妙龄期,何以在这段时期又不凿齿呢?这表明凿齿并非为了美观,而是包含着一种仪式文化的象征意义。根据常理推测,一个姑娘突然失去了两枚牙齿,其给人的印象就会有一个很大的改变,而这种印象的变化及其门齿的脱落,都表明了一种角色转换的象征性仪式的意义,它意味着姑娘已经成人,像所有其他成年人一样,获得了恋爱、婚姻等社会责任和权利。

硬生生地敲落两枚牙齿,其痛苦的剧烈程度是可想而知的,也足以让人永世难忘,但南方其他民族女子成丁仪式更多的只是一种象征性的仪式转换。如傣族女子则以染齿为其成丁仪式，傣族女子在十三四岁到十七八岁之间，要去江边的石缝中采集一种叫"茜咸"的中草药物，拌以石榴汁煮沸即变成了黑色，晚上睡前涂在牙齿上，一年数次，牙齿逐渐变得越来越黑。另外，她们还用嚼槟榔的方法来加深牙齿的颜色，使之变黑。这种"漆齿"之俗除了审美因素之外，也是其成丁仪式的一种遗风。在傣族人看来，"漆齿"不仅仅是为了美观，同时也标志着一位姑娘的成熟。"漆齿"这种成丁仪式，在笔者看来，当是"打牙"仪式的一种进化。从某种意义上说，"漆齿"所造成的视觉效果与"打牙"相似，都给人一种形象变异的深刻印象。然"漆齿"却无"打牙"的痛苦，较之"打牙"而言，亦显得更文明一些。

凉山彝族女子的成丁仪式更为简化，主要表现即为换裙，即将以前的童裙换成姑娘裙。换裙时间视女孩发育情况而定，一般在十五岁至十七岁，而且要在单数岁时换裙。到了换裙的那天，要接待亲邻好友，举行家宴，来客也只能是女性。客人们在仪式之前，要送贺礼并致祝词，然后请一个能干、美貌的女子给换裙者梳头，将原先的脑后单辫改梳成耳后的双辫，再戴上哈帕，双耳佩上艳丽的耳珠，最后才换上红、蓝、黑等对比强烈的三接或四接长筒百褶裙。滇西一带的普米族女子成丁仪式也是一种换裙仪式，仪式过程与彝族大同小异，有趣的是，普米族对于换裙的成丁仪式有一个意味深长的传说：

> 古时候人兽都没有寿岁年限，天神怕人兽多了世上容纳不了，就决定给人和动物定寿岁。天神对大家说："夜里我要喊寿岁，谁最先答应，就能得到长寿岁。"到了夜里，人和动物都睡熟了，天神开始喊寿岁。喊到六十六岁时，狗应声了；而人呢，直到顺喊十三时才醒过来，于是，人只能活十三个春秋。为了延长寿命，人与狗商量换寿岁，得到了同意。十三岁时举行成丁礼，就是为了庆贺"再生"的。[1]

普米族人关于成丁仪式的传说，最能表达成丁仪式的文化含意。它告诉人们：成丁仪式是一种人类再生的象征仪式。当然，传说中所言的这种

---

[1]　林新乃编：《中华风俗大观》，上海文艺出版社1991年版，第442页。

"再生"并非人类生命的再生,而是指一种新的社会角色的诞生。具体来说,它意味着旧的、过去的童年时代已经"死亡",而新的现在的成人生活已经开始。对于举行成丁仪式的个体成员来说,旧生活的死亡和新生活的开始,犹如日落日出、草枯草荣一样,已经完成了生命过程中的"阶段性轮回",其后的生活则完全是一种全新的生活,正是在这种意义上,成丁仪式相当于"再生",因为从社会角色的转换角度看来,成丁仪式也确确实实具有某种"再生"的意义。

诚然,成丁仪式不仅仅在中国南方民族的观念世界里,而且也在全人类的心灵中都具有"再生"的深刻含意,无论是汉民族的"加冠""及笄",还是土家、苗族、瑶族的"修眉""拔汗毛",乃至于南美火地岛锡克兰人成丁仪式中严酷而神秘的训练、印第安人曼旦部族的成丁仪式,都程度不同地、或多或少地体现着这种"再生"的文化主题,尤其是印第安人曼旦部族的"钩悬"仪式更为典型:

> 曼旦人房屋有四根中柱,参加成丁礼者被用绳子缚在钩上举起来(引者注:钩子刺进肉内),悬挂在一根柱子上。他身体赤裸裸,手持巫术袋,钩上还悬着盾牌。当悬挂完毕,便由一个随从将他旋转起来。他因旋转而虚脱,然后一个旁观者高呼:"死了!"便把他弄下来放在地上。他一直躺到真的死去或苏醒过来,无人理睬。假如真的死去,就被认为是"大神带走了"(这是很少发生的);苏醒则认为是"神"使他复生。[①]

这种死亡与再生的仪式逼真得让今天的读者感到毛骨悚然,然而古代原始人类及现在的文明较落后的部族,之所以要让成丁仪式逼近于"死亡—再生",是因为他们都相信,只有经过"死亡—再生"这种考验的人,才是真正成熟的社会成员,才能够在今后的社会生活中勇敢地面对各种严酷的生活磨难,也才能真正发挥一个社会正式成员应有的作用。同时,从另一个角度来思考,我们也会发现,这种严酷的成丁仪式并非是人们的异想天开,而是出于当时部落社会生存发展的需要。试想一下,在当时那种艰难的生存环境

---

① [德]利普斯:《事物的起源》,汪宁生译,四川民族出版社1982年版,第255—256页。

下，一个社会成员如果没有强健的体魄，没有坚强的意志，没有超常的生命力，是很难生存下去的。人们也正是从生存发展需要的角度出发，才使得成丁仪式逼近"死亡"。只是随着社会的进步，人们生存条件的逐步改善，成丁仪式考验的严酷性也逐渐宽松起来，直到现在，大多数民族的成丁仪式简化得仅仅只是以一种象征性的形式继续存在着。

三　婚嫁仪式

婚姻不仅仅只是男女青年个体的结合，使之具有了成家的合法权利，而且还涉及家庭和家族、社会的人口繁衍，社会结构的稳定，人际亲缘关系的确立等十分广泛复杂的社会问题，尤其是婚姻直接导致了家庭、家族与部落的人口增长，这在原始社会时期至关重要。故而无论是在原始部落，还是在文明社会里，婚姻都是人类共同关注的重要问题之一。这种极大的关注从另一方面也带来了人们对婚姻的某些焦虑，由于婚姻本身毕竟是男女二人的结合，旧时这种结合的男女双方多属于陌生人，对对方的性格爱好、生活方式、生殖能力等问题都缺乏了解，纵使是一些少数民族通过男女青年的大型歌会、社交活动来促进男女双方的爱悦之心，保留有以歌为媒、以歌定情的传统的习俗，但也多半只是对对方的外貌、口才的一些皮毛认识，还谈不上相互间的真正了解。而在这种缺乏了解的基础上所建立起来的婚姻关系，自然会在其今后的共同生活中潜伏下种种矛盾或危机，而人们最为担心的则是生殖功能或某些暗藏的生理缺陷所造成的婚姻危机。为了消除这些危机，减轻内心的婚姻焦虑，在人类婚姻的发展过程中，也便逐渐形成了许许多多的婚姻仪式。

由于婚姻仪式源于人类对婚姻的焦虑心理（当然要把那些象征男女二性结合与社会公众对婚姻承认的仪式除外），在人类纷纭繁杂的种种仪式中，所蕴含的文化内涵自然离不开祈福与避灾这两大仪式功能内涵，这一说法与我们在前面所述的仪式主要意味着社会角色转换的说法并不矛盾，婚姻仪式同样也具有社会角色转换的含义，它意味着一对未婚男女青年从此后就已成为已婚青年，且要组成新的家庭，获得合法的性交权利，并还要承担比未婚青年更多的社会职责和义务等。但由于人们还考虑到婚后生活中可能潜伏的种种危机和矛盾，因此在婚姻仪式中也更多地倾向于为婚后的祈福与禳灾的内容。换句话说，婚姻仪式中的祈福与禳灾，正是为婚姻仪式的角色转换和婚后生活幸福美满而进行的，两者在人们的心灵层次中是合二而一的。

南方民族婚姻仪式中的祈福，主要集中在使新娘子多生多育、早生早育上。在人们看来，早生育、多生育是家族或部族连绵不绝、发展壮大的一个直接因素，故大多数南方民族都把这一目标作为祈福的重要内容。例如江淮之间婚嫁过程中的"传袋"仪式就是如此。当新娘从花轿中走下时，其足不能沾地，而必须踏于轿前所铺的红布袋上，布袋为二至三个，随着新娘的脚步依次往前传铺，谓之曰"传袋"。传袋时，有伴娘和新郎家的亲客齐声高唱："一代传十代，十代传百代，百代传千代，千代传万代！"或者由伴娘一人领唱："捎袋传口袋（众人和：好！），一代传九代（众人和：好！）。"新娘则踏着红布袋缓缓前行，走进新郎家的大堂。①

景颇族旧时有抢婚习俗，但他们的抢婚过程却是一种仪式过程。这种抢婚仪式中还加入了一种祈福的仪式，当人们"抢"得新娘以后，就会在"勒脚"（媒人）家休息，并由"勒脚"向女方赠送礼物，交涉婚姻事宜，女方即派送亲的姑娘们到"勒脚"家。饮酒之余，前来凑趣的老大娘们便高唱"勒来"（一种助兴的调子）。同时"勒脚"家的一位妇女将五谷（谷子、苞谷、黄豆、豌豆等）各取少许，和两把刀子放在给新姑娘背衣裙的篮子里（刀子主要用来避邪，五谷则意味着避邪和早生多生孩子）。等新姑娘系裙披衣，一切停当后，迎亲人即背着篮子，执矛带路。新姑娘由两位女伴陪同，其他女伴跟随其后。其余的迎亲人员背着篮子，执矛紧跟在后面。②

类似这种赠送五谷的仪式，在南方民族的婚姻仪式中多有保存，如布朗族的五谷赠送是相互的，即婚礼中男方派一对夫妇前往女家，赠送谷、米、茶等礼物；女方也派一对夫妇陪送，并赠送给出嫁女儿种子、粮食及农用器具等。畲族的五谷赠送仪式则又有不同，新娘上轿前，娘家端来一盘五谷给新娘，由她边撒边唱："一把米谷撒厅堂，祝福爹家多打粮。春头播下一粒谷，秋来米谷九万仓。"唱罢，亲人拥姑娘上轿。花轿在厅堂

① 叶大兵等编：《中国风俗辞典》，上海辞书出版社1990年版，第130页"传袋"。
② 云南省编辑组：《景颇族社会历史调查》（二），云南人民出版社1985年版，第208—209页。

上两进两退，抬出大门后，娘家把一碗拌着茶叶的谷米撒向轿顶，恭喜女儿在男方家人丁兴旺、幸福长久。广西柳江一带的壮族婚姻仪式的撒五谷则是由男方向新娘撒，当新娘来到新郎家的大门口时，新郎家请一位福寿双全、儿女齐全的妇女，手持"五谷袋"，口念彩词，往新娘头上、身上、路上撒五谷（玉米、小麦、黄豆、稻谷、荞麦等），祝新娘早生贵子，幸福美满。

芬兰著名人类学家韦斯特马克对这种撒五谷的婚姻仪式曾经这样解释："有人曾经推断说，在婚礼上抛撒谷粒、种子或干果的习俗，无论见于何处，全部发端于一种远古仪式，其唯一的用意就是促进生育。这样说来未免有点武断。其实，确保家业兴盛，生活富足和消灾避邪，也可能同样是这种习俗的本意。"[①] 在南方民族的观念中，五谷象征着人的种子，撒五谷就意味着"播种"，而五谷之种总是"春种一粒粟，秋收万颗子"的，向新娘身上撒五谷或赠送五谷与新娘，确实隐含着祝福新娘多生多育的观念。当然，这种抛撒五谷的仪式中也同样包含着一种驱邪消灾的防护作用。五谷不仅仅象征着人的"种子"，同时五谷中也有着自己的神圣灵魂。当把五谷撒向新娘时，这些神圣的五谷灵魂自会驱除新娘身上和周围的邪魅之气，以达到驱邪消灾的目的。

婚礼中祈求多生多育的观念，在南方民族生活习俗中的表现也是多种多样的。如土家族婚礼中就有撒筷子的习俗，当新娘上轿后，娘家人要抓起一把筷子，向新娘和花轿撒去，而且还要唱祝福词。这里的筷子是"快子"的谐音，暗含着"快快生子"之意。当新娘进入洞房后还要象征性地吃点花生、枣子、糖果之类的小食品，花生则意含生育时一男一女的"夹花生"，枣子即早生贵子，糖果则意味着婚后生活甜蜜美满。

旧时湘西苗族婚嫁时不坐轿，在婚礼那天，娘家人在清晨要从山上挖一棵枝繁叶茂、根系发达的青竹交给新娘，由其带往男家种下，并祝福新娘在男家后，像竹子一样扎下根，根深叶茂，生的孩子像春天的笋子一样多，发家发业，人丁兴旺。据石启贵先生的调查，苗族新娘到了男家后，还要同新郎一起接受巫师的祝福咒词，其词曰：

---

① ［芬兰］韦斯特马克：《人类婚姻简史》，李彬等译，商书印馆1992年版，第132—133页。

奉请天合仙师，地合仙人，年合仙师，月合仙人，日合仙师，时合仙人。十二合仙师，十二合仙人。男人化为鸡公，女人化为鸡娘。鸡公鸡娘爱情好，时时刻刻挂心肠。早不离堂，晚不离房，夫妻合好，地久天长。女是太阴，男是太阳，日月同明，诸事吉祥。口合口，心合心，夫妻相合到乾坤，手合手，脚合脚，夫妻相合同快乐。合口合心生贵子，合手合脚降麒麟。夫妻齐眉同到老，百子千孙福寿荣。吾奉太上老君急急如律令，敕！日吉时良，天地开张，新人入房，大吉大昌。①

在南方民族的婚姻仪式中，既有从积极的方面为新婚夫妇祝福，希望他们婚姻幸福、生活美满，同时也有保护新婚夫妇免遭邪魅之害的驱邪或避邪的仪式。人们普遍有一种感觉或想法，认为在结婚时这一角色转换的过程中，其处境是相当危险的，尤其是容易遭受他人所施的巫术或邪恶目光的危害，容易遭受鬼魅的侵袭。而且从前还认为，较之于新郎而言，新娘更容易受到伤害，其危险性也更多一些。另外，新娘不仅自身容易受到伤害，同时她身上所沾染的邪气还会影响和波及新郎及新郎全家，使他们都不吉利。为此还须采取一些特别的防范措施，以确保新郎新娘免受邪气的侵袭。

在云南洱源县凤羽一带的白族人的婚礼中，当新娘进了男家后，要举行一系列的避邪仪式。先要举行"换头礼"，即请年高妇女梳头，撤去凤冠，换上纱帕。新妇脚踩在斗上，斗中有一杆秤，一把剪刀。称意味着新娘公平如称，剪刀则意味着可以剪去"五鬼"。还要在其洞房门前挂上一张桃木制成的弓箭，用以驱邪。新娘进洞房时，门槛上有一马鞍，越过马鞍则意味着一生平安。② 四川凉山彝族的婚礼还有专门为新娘驱邪的仪式，20 世纪三四十年代，王成圣先生对此有过以下的记载：

> 结婚的献神是在接着新妇到夫家后，请着笔摩来，由笔摩取树枝和茅草，扎一尺余之人形，倮语曰："锅日"，此并非神模，系用以代

① 石启贵：《湘西苗族实地调查报告》，湖南人民出版社 1986 年版，第 176—177 页。
② 洱源县凤羽区文化站：《凤羽志》（上集），1985 年油印本，第 84 页。

表消灾免难之人物，将此人形插于地下，再以一拳大之石子，放入火中烧热，合着一束苦蒿叶放入碗中，再滴入凉水，将人形物熏烧一转，然后将石子抛出屋外。此时笔摩开始念经诵咒，将字划等法术表演完毕后，即打猪或牛羊。打死后放笔摩面前，此时主人须以豆子数十粒，交给笔摩并以豆子少许放于猪身上，笔摩再继续念咒，并以小刀连续敲猪头。待把经念毕后，笔摩则令其家中男子以红线一根拴在头上，女人则以蓝线拴头，小孩以红线一根拴手，全体走往笔摩面前，然后大人头上之红线则以刀割断，小孩之线用手解下，一概交给笔摩，全系于"锅日"之头上，将其送出门外，抛在荒野之中。送走时，所有贺客及家中帮忙者，必开枪帮助逐魔鬼。以此便认为灾殃悉由"锅日"带去。全家可保平安无事。[1]

据王昭武、阮甘璧等先生的调查，广西凌乐县的壮族旧时婚礼多在夜晚举行，据说是为了避开土官对新娘的初夜权。壮族新娘的避邪主要在于花轿的背后携带避邪之物，一般旧时在花轿背后都有一面镜子，一个米箕，三把剪刀，一本道书（意思是怕外面鬼神来欺）。

为了驱散新娘一路上可能沾染的邪气，土家族人对此有一整套的仪式。首先是重避邪，土家族新娘出嫁须穿"露水衣"，其衣为朱红色，衣的前胸和后背都有一面镜子，用以避邪气。尽管做了类似的预防，人们还是担心邪气的侵入，所以当新娘下轿进屋时，媒人将伞半撑半掩，不让新娘见到日月星辰三光，以阻挡邪煞跟随新娘。走到男家堂屋门口时，巫师梯玛手执一束白蜡树叶和丝茅草，将其点燃，用烟熏新娘一周，俗谓"烧四眼"，即烧去"四眼人"（孕妇）的邪气。"烧四眼"仪式暗示着土家族旧时婚前性生活很自由，男女相爱，常合于野，往往结婚时已怀孕，故想通过这一仪式将野合所沾的邪气、胎气烧掉。而在此之前，花轿刚进朝门时，要停在门外，由巫师梯玛咬破鸡冠，用鸡血淋洒于花轿四周，俗谓"封轿"，意即将一路上黏附的煞气驱逐。接着，巫师端来茶盘，盘中置七块豆腐，豆腐上插七只点燃的蜡烛，用筛子罩住，谓之"七星灯"，新娘须从七星灯上空跨过，这是最后一道避邪的仪式，土家族人认为，只有经

---

① 王成圣：《倮罗的神权思想》，《边疆通讯》第 4 卷第 3 期。

过"露水衣"防身，巫师封轿挡煞，媒人撑伞阻邪，巫师"烧四眼"，新娘跨七星灯等一系列的避邪仪式以后，才能阻断煞气，确保婚姻幸福。

婚姻仪式中的避邪大都围绕新娘展开，基诺族婚姻仪式则侧重于新郎全家。仪式的主持人是第一证婚人和巫师，当新娘在新郎和伴娘的陪同下进入洞房后，第一证婚人要在楼梯上门口的篾桌上举行祭祀避邪仪式。桌上有一碗水酒、一碗米和一包酸渣肉。祭祀时证婚人也一边撒米、奠酒，一边念诵咒词："我是人神之间的使者，婚礼上又轮到我当第一证婚人，我已用鸡蛋把新娘的魂从她母亲的怀里引出来，引到了布车饶小的家里。人不报鬼不知，我已把布车饶小的婚姻告知了鬼灵，已经得到鬼灵的承认。现在我向地恶撒米，向树恶撒米，向各种恶鬼撒米，你们得了米后远离这个竹楼，远离这个寨子，走过十架山十条河的远方去。我说的话就是铜，就是银，就是金。我说的话如坚韧的篾麻绳打出的解不开的死结。"

这类证婚词与其说是证婚，不如说是驱魅，驱逐新郎家里家外的恶鬼，同时还要驱散新郎心中的魅影，这种魅影多以噩梦的形式呈现出来。在基诺族婚礼宴会散后，接着又是一种驱魅仪式。仪式的中心内容是以新郎家长与巫师长老等人的对白与祈福的方式进行，首先由家长提出祛灾求福的要求，家长传统的说法是：我在山地劳动时想的恶事多，晚上做噩梦多，大病小病不断，不知碰上了什么恶物，请长老们为我除灾。长老则说传统的赐福词：

> ……你家地基内有地恶，楼梯中有树恶，长老用皮鞋把它们踩出去，再把它们撵出十架山十条河；你家竹笆上有竹恶，长老要用皮鞋把它踩出去，再把竹笆楼板踩平；你家四方火塘有恶物，长老用孔雀尾扫把扫出来，一直把恶物扫到寨外；你家竹楼的柱子，门窗有蛀虫，长老戴的眼镜可以看得到，要请十只百只啄木鸟把它吃掉。你客房顶的恶蜘蛛网，长老用白叶扫把去扫除，再把它扫除寨外……①

---

① 吕大吉等主编：《中国各民族原始宗教资料集成·基诺族卷》，中国社会科学出版社1996年版，第906页。

　　扫除家中的邪恶之物后，长老们便赐福一番，祝新婚夫妇早生贵子、家发人旺、五谷丰登、狩猎丰收。基诺族婚礼中的驱邪主要是驱逐新郎家屋内原先所隐藏的邪恶，人们将这种驱邪仪式放在新婚仪式上举行，其含义值得深思。婚姻仪式本来是新婚男女青年社会角色转换的一种仪式，基诺族人却巧妙地借婚礼的喜气，将全家上下内外的邪物统统驱走，从而使得婚姻仪式不仅仅只是新婚夫妇的社会角色转换，而是全家都要完成一种由旧到新的整体生活环境的转换，以求全家摆脱过去恶物的纠缠，获得崭新的生活环境，并希望从此建立一种幸福美好的生活。这一点，在全世界各民族的婚姻习俗中都是比较罕见的。

　　从南方民族的婚姻仪式我们可以看出，许多婚姻仪式中都渗透着浓厚的原始信仰文化。在南方民族看来，婚姻仪式不是仅仅求得社会承认的仪式，也不单纯只是一种社会角色转换的仪式，而是一种潜藏着许多危机、必须加以及时消除的一种准危机仪式。两位陌生的青年男女在这样的仪式下，骤然结合在一起，结成一种水乳交融的血缘关系。长相厮守，白头偕老，并还将承担着生儿育女、传宗接代、赡养老人等重大社会责任。这中间似乎总隐藏着某种不可思议的东西，再加上旧时的婚前怀孕（不洁）、处女之血（不洁）等因素的作用，更使得人们觉得婚姻之事神秘莫测。一旦人们心中形成了这样的婚姻观念，从自身的保护或未来生存的角度出发，自然也会生成一些祈福与驱邪的种种婚姻仪式，以维持内在心理的平衡。

　　唯其如此，白族婚姻仪式上才有了"换头"仪式，将新娘头上的饰物及发式重新换过，目的在于使邪恶之物不再认识新娘而失去"追踪目标"；彝族婚礼则干脆请毕摩巫师施展巫术，以"锅日"为替身，引诱邪恶远离家庭、村寨；壮族婚礼则侧重于预防，希图通过花轿背后的镜子及剪刀阻住邪恶的侵袭；土家族人则进行全方位的防守与进攻，"露水衣"、封轿、伞盖、烧四眼、七星灯层层遮拦，步步为营，巫祠咒语，烟熏火燎，招招进攻，其实目的就是一个：驱逐邪煞，以保平安顺利地完成社会角色转换。基诺族人则满怀憧憬地忙于构建新的生活，以彻底摆脱邪恶，走向幸福。总之，婚姻仪式中的祈福也好，驱邪也罢，都是其旧时人们生存状况的一种反映，在当时那样的生存环境中，人们除了通过一些仪式以求得内心的安慰之外，还能做些什么呢？

四　丧葬仪式

作为人生最后一项角色转换的丧葬仪式，南方民族并不因它是最后一项而马虎了事，反而对此十分重视，甚至还带有某种"重死轻生"的文化倾向。死亡，本意味着人生的终结，一个生命的消逝。但南方民族并不这样认为，在他们看来，死亡只是人的生命形式的一种转换。胡炳章先生在谈到湘鄂渝黔边境生活着的土家族人的生死观念与"蜕皮"神话时曾说："生命是一个永恒的过程，它通过'蜕皮'这种生命形式的转换来实现。但生命的过程并非像西方哲人们说的那样，是从生到死的直线性不可逆的过程，而是一种循环往复的圆周式运动过程。每当一个生命的圆周的运动完毕时，新的生命圆周运动将通过'蜕皮'这一转换环节完成生命形式的新旧交替，从而使生命得以无限延续。这种生命的循环转换论在人的主观心理上清除了生与死之间的绝对对立，也消除了人的死亡的焦虑，并且将生命过程置于永恒的状态中。"[①] 这一对土家族生死观念的分析，从某种意义上而言也展示了南方民族生死观念中所隐藏着的文化意蕴，即竭力从主观上消除对死亡的恐惧，增强对生存的希望。

南方民族相信：人是有灵魂的，灵魂是不死的。死亡的只是人的肉体，而灵魂却以另一种生存方式继续生存，而且是更完善、更自由、更具有超自然神力的生存。当一个人死后，他也非彻底地脱离于社会群体，而是经常地与自己的家族、家庭、村寨、部落保持着联系，或给人以赐福，或给人以兴灾。这样，人的死亡往往被渲染上了一层神秘色彩，并由此产生了众多的慰问、祷祭灵魂的风俗。再加上南方民族所处的自然环境、社会形态的差异及宗教信仰的不同，各民族的丧葬仪式自然百态千姿，异彩纷呈。但如果我们从信仰文化的角度来反观南方民族丧葬仪式，就会发现，这异彩纷呈的种种仪式总是围绕"贺丧""慰灵""驱煞"这三大主题展开，演绎出悲欢离合的人生戏剧。

1. 贺丧

丧而继之以贺，在汉民族的文化心理上往往难以理解，但在南方民族的心中，丧是应该贺的，因为在他们看来，死亡并不代表生命的消失，而

---

① 胡炳章：《土家族文化精神》，民族出版社 1999 年版，第 323—324 页。

只是从"生人世界"到"死人世界"的一种转换。而"死人世界"与"生人世界"一样，有山川河流，树木花草，生活十分美好。在死人世界里，人们都无忧无虑地生活，无忧无虑地歌唱、恋爱。当"生人世界"死了一位老人时，"死人世界"就多了一位婴儿，反之亦然。而且死亡还可以割断人们的生存烦恼与苦痛，他既无悲伤亦无愁怨，与自己的先人们共同生活在一起，这样的事怎么可以不为之庆贺呢？

在这样一种死亡观念影响下形成的丧葬仪式，自然会洋溢着一片欢乐气氛了。唐人张鷟《朝野金载》中就记录了当时"五溪蛮"族充满欢乐气氛的丧葬仪式习俗："五溪蛮父母死，于村外阁其尸，三年而葬，打鼓路歌，亲戚饮宴舞戏一月余日。"[1] 樊绰《蛮书》载："初丧，击鼓以道哀，其歌必是，其众必跳。"[2] 明人《百夷传》亦载："父母亡，不用僧道，祭则用妇女祝于尸前，诸亲戚邻人各持酒物于丧家，聚少年百数人，饮酒作乐，歌舞达旦，谓之娱尸；妇人群聚，击椎杵为戏，数日而后葬。"[3] 这种歌丧之俗至今仍在彝族、拉祜族、侗族、水族、毛南族、傈僳族、苗族、土家族等丧葬仪式中保存着，其中表现比较突出的是土家族和水族的丧葬歌舞。

旧时水族的吊丧仪式，水语叫"开控"，多根据家庭经济条件而分为小控、中控、大控、控腊（特控）几种类型。控腊的场面最大，在控腊期间，有舞龙、舞狮活动，有放黄烟、钢花、火箭、孔明灯等焰火，还有唱山歌、吹芦笙、跳花灯等活动。举行控腊时，远远近近的村民齐集控场上，人们载歌载舞，举族同庆老人归山，把一场丧葬活动装饰成一片欢乐的海洋。毛南族的丧葬仪式侧重于歌丧，其仪式有一种谓之"肥谱"的，意即请祖先回来赴宴，并护送新亡之灵到阴间去。主持仪式的道士或巫师除了唱经文、民族以及传统的史诗外，还有结合丧家实际情况、死者生前的品德即兴创唱歌词，如：

香烟缥缈缈，缈缈向天升。三根幡引路，惊动众祖神。撒白米去
找，先把土地请，此时请下凡，有劳你老人，烦你跑墓门，去把祖

---

① （唐）张鷟：《朝野金载》卷2，中华书局1979年版，第40页。
② （唐）樊绰：《蛮书·南蛮疆界接连诸蕃夷国名》卷10，中华书局1962年版，第261页。
③ （明）钱古训、李思聪：《百夷传》，云南人民出版社1981年版，第138页。

神请。

娘身怀我九月整，受苦受累数不尽，寒冬冷天泉边洗尿布，出门做工把我背随身，今日离开人间无记忆，儿负母恩未还清。初杯酒啊献亡灵，哀纳受，初杯献亡灵！娘生我来供一家，圣母吩咐我要敬爸妈。林中乌鸦还养娘，羊崽吃奶会跪下。娘在世间儿望娘，一去阴府难返家。二杯酒啊献亡灵，哀纳受，二杯献亡灵！①

毛南族丧葬仪式中的这种歌丧之俗，更侧重于长歌当哭，这一仪式当属于受汉文化影响后的一种变异。土家族人的歌丧仪式相对而言更多地保留着原始的喜庆色彩，清代土家族诗人彭秋潭《竹枝词》中对此曾这种叙述："家礼亲表儒士称，僧巫法不列书生。谁家开路添新鬼，一夜丧歌唱到明。"并自注云："土人亲丧不用僧道。齐民不然，经梵之外，向夜，众人挤于丧次，一人擂大鼓，彼此互相歌唱俚词，谓之唱丧歌也。"② 其丧歌之词除歌唱祖先、亡者生平业绩事迹外，更多的则是情歌，如湖北省巴东县清太坪的丧鼓词：

一把扇子两面白，那里来的是嫖客？早晨嫖的红花女，晚上嫖的少年白。嫖到人家是角色。叫声姐儿莫日白③，嫖到人来容易得。把些功夫陪伴你，把些银钱不上算，葛藤上树慢慢缠。……

小郎乖不过，许你花一朵，日落西时来会我。来要早些来，奴家早安排，莫在路上挨。……二人凳上坐，烟袋勾姐脚，问姐想我不想我？丝瓜开花长长想，豌豆开花想成双。哪有姐儿不想郎？与姐亲个嘴，问姐美不美……④

土家族不仅在丧葬仪式中以歌煽情，还有丧舞的仪式，亦洋溢着一种强烈的喜庆气氛。土家族人认为丧事为喜事，与婚嫁之喜同称为红白喜

---

① 覃永绵：《毛南族》，载《中华文化通志·第3典·毛南族卷》，上海人民出版社1998年版，第308页。

② 彭勃等辑：《历代土家族文人诗选》，岳麓书社1991年版，第115页。

③ 日白：巴东方言，即吹牛的意思。

④ 田万振搜集：《巴东清太评丧鼓词》，《土家学刊》1997年第2期。

会，红喜为婚嫁，白喜为丧葬。之所以将丧事视为喜会，是因为在土家族人看来，老人寿终，其灵魂超脱了人生的苦痛，得以回归祖先居地，得以永恒地存在是一件可喜可贺的事。既为喜会，自然会有歌咏喧哗，若咏歌之不足以表达喜庆之乐，自会手之舞之，足之蹈之。据朱祥贵先生介绍，土家族丧舞"舞姿多模仿山中鸟兽动作，如鹞鹰展翅、燕儿含泥、猛虎下山、蜻蜓点水、滚龙翻身、么姐筛箩、虎抱头、牛擦痒等。动作粗犷刚劲，潇洒飘逸，造型独特，尽情挥洒，淋漓尽致"[①]。除此之外，其舞蹈动作中还有直接表演男女调情、异性交媾的内容，两位舞者胯部碰撞，两臂相挽，两脚相勾的"狗连裆"动作也经常出现。

就这样，在庄严肃穆的灵堂中，在装殓尸体的棺木前，一部分南方民族人民通宵达旦，载歌载舞。这里既没有恸彻心肠的哭泣，也没有缠绵悱恻的哀伤，所有的只是灿烂的焰火，热气腾腾的龙跃狮翻，芦笙唢呐的高奏，歌乐鼓点的急促，以及狂欢的情歌和刚劲的舞姿。千百年来，南方地区的部分民族就是这样"不合情理"地对待死亡，把充满死亡恐惧的丧葬活动演变成具有浓厚的浪漫与豪放色彩的喜庆仪典，它充分地表达了南方民族对待死亡的乐观精神，也把他们灵魂永生、生死轮回的信仰观念展示得淋漓尽致。

2. 慰灵

不管怎样说，死亡毕竟让活着的亲人们感到悲伤和难受，这种悲痛之情、思念之心也同样广泛地存在于全人类的心中。纵使灵魂不灭，纵使灵魂居住之地被人们描绘成天堂般美好，但人鬼殊途、生死永隔的痛苦仍让人悲伤不已。

从另一方面说，死亡也毕竟让人们感到恐惧。每一次丧葬活动，都实际上在不断地告诉人们：死亡并不遥远，它有时就在你的眼前或四周发生着。在这种深切地悲痛体验之中，人们往往会推己及人，联想到死者可能会对自身的死亡与别人的生存感到无奈与不甘，由此可能做出种种不利于现世者的行为来。同时，又因为人们相信亡者之灵本身会获得某种超自然的灵力，一旦与现世者作对，受害的一方肯定是还活着的人。为了能更好

---

① 朱祥贵：《土家族"撒尔荷"源流内涵及功能探讨》，《中南民族大学学报》1992年第4期。

地活着，为了平息死亡者心中的嫉妒和不平之气，南方民族的丧葬仪式中便出现了安慰死者灵魂的种种仪式，并在这种安慰灵魂的仪式中寄托着一种深切地祈福，期望通过隆重的丧葬仪式来达到既慰亡灵又祈福祉的双重目的。

南方民族丧葬仪式的"慰灵"主要有六种表现，一是尽产为葬，即耗费一生积蓄或花掉大量的财产举办丧事；二是为亡灵举办种种仪式，使灵魂畅通无阻，直达天界或祖先故地，与祖先们团聚；三是厚赠财礼，烧化钱帛，使亡者在另一世界里丰衣足食，无忧无虑；四是选择阴宅地，构造富丽堂皇的墓陵，使之高兴；五是勤于祭奠，逢年过节，不忘先人，邀请他们回家受祭；六是丧葬禁忌，尽量不得罪亡灵等，其中尤以"尽产为葬"和举办各种丧葬仪式的慰亡灵显得特别突出。

《朝野金载》云："五溪蛮父母死，……尽产为棺，于临江高山半岩凿龛以葬之，自山上悬索下柩，弥高者以为至孝，即终身不复祭祀。初遭丧，三年不食盐。"[①] 其实，"尽产为棺"之俗也并非局限于"五溪蛮"，许多南方民族也都曾有过类似的习俗。"元俗敦厚，于'生事受敬，死事哀戚'之义，无不注重其居丧也。凡衣衾、棺椁、表墓、封树皆竭力为之，惟展奠款待宾客，多以清茶、槟榔，甚简便也。近来日习奢侈，于吊客必宴待酬赠，且夸多斗靡。崇信释道者必高醮超荐，实变本而加之厉也。相率效尤，每有缺费而停丧不举者。"[②] 元江之俗言"敦厚"，尚且"皆竭力为之"，再加上后来民风不古，"夸多斗靡""设醮超荐"，耗费甚巨，若在一些民风奢华之区，人们在丧葬仪式上的花费可想而知。"按，邑中丧事，卜宅兆、点主、安灵、祀后土、……最为近古。惟是泥于风水之术，往往有停柩三五七月或周年半载者，未免悖礼。……吾见富家大族，每以祔葬而通族俱败者。"[③] 因为一场丧葬仪式的耗费，而使"富家大族""通族俱败"，其所耗费之巨，实让人瞠目结舌。然这种"尽产为葬"，甚至不惜"通族俱败"，其根源仍在于"慰灵"。把家中所有财产都奉献给丧葬仪式，一方面当然也是一种孝心的彰显，同时另一方面也意在

---

① （唐）张鷟：《朝野金载》卷2，中华书局1979年版，第40页。
② 参见云南《元江志稿》，载《中国地方志民俗资料·西南卷》，书目文献出版社1991年版，第802页。
③ 参见《中国地方志民俗资料汇编·西南卷》，书目文献出版社1991年版，第532页。

让亡灵知道，亡者生前所创的一切财产今已如数奉还，亡者也应心安而去，别再作祟于家人。

丧葬仪式的核心在于让亡灵解除生前之邪气孽障，并为亡灵廓清道路，使之能顺利回归祖先所居之地或天界。只是具体到各民族地区，其形式各有不同，现仅举例述之。据中华民国时期的《定番县乡土教材调查报告》的介绍，"苗人治丧手续，事先预备大鼓大笙，到晚举行'开路'礼节。举行时用雄鸡一只，一人吹笙，一人击鼓，另一主领人坐在死者的灵前，大呼死者的姓名，先述死状，次叮嘱死者从家起程，遇险如何进行，遇交涉如何应付，岔路如何认识，河海如何渡过，一直到阴间投生为止"①。类似这种为亡灵指明道路的仪式，彝族人仍保留有专门的《指路经》，摘录如下：

> 死者你不要哭，你到阴间不要焦！万物谁无死？万物皆有死。鸟王也要死，如孔雀有死。有老而死的；有夭而死的；聪明能干的亦要死；愚蠢糊涂的亦要死；千户万户的亦要死；多才多艺的亦要死；一无所能的亦要死；成千成万人都要死。我俩笔母送你到阴间，去时前有白路、黑路、黄路三条路：下面一条是黑路，黑路是鬼走的，那路没有指你走，你不要走。上面一条是黄路，黄路是地脉龙神走的，那路没有指你走，你亦不要走。你前面的是白路，他指你走，你该走这一条路。白路是一条直路，不会走错。你祖以前亦是走这路，你父以前亦是走这路。你到奈何桥时，那里有白水、黑水、黄水三条水。下面一条是黑水，那水没有指你喝，你不要喝，因为那水是鬼喝的。上面一条是黄水，那水没有指你喝，你亦不要喝，因为那水是地脉龙神喝的。你前面的水是白水，他指你喝你该喝，你渴亦要喝两口，你不渴亦要喝两口。你尽可向前走，我两个笔母回去，所有送你的人都回去。②

彝族《指路经》中这段述词，不仅在于"指路"，以避免亡灵误入歧途，更重要的一点则是"慰灵"。词的一开始就向亡者劝说，死亡是无法

---

① 参见《中国地方志民俗资料汇编·西南卷》，书目文献出版社1991年版，第680页。
② 徐益棠：《雷波小凉山之罗民》，金陵大学中国文化所印行，1944年4月。

避免的，无论富贵贫贱，聪明愚蠢，谁也回避不了。既然如此，"存者且偷生，死者长已矣"，各安天命，切莫对此有任何抱怨。这种劝慰从本质上说，包含着某种对死者之灵的深深恐惧。在他们看来，只有让死者之亡灵明白了生与死的道理，明白了死亡的不可避免，才会心平气顺，就不会因其心中的怨气而找生者的麻烦，那么生者就会在将来的日子里平平安安、幸福安康。

在人们看来，正常死亡的灵魂一般比较通情达理，经过人们一番劝说之后，往往会晓明事理，对生者的威胁不大。然而那些非正常死亡的灵魂常常会因为自己死得"冤"死得不合理而怨气冲天。他们或化为厉鬼，专门兴妖作怪；或阴魂不散，给人们制造灾祸。对此，人们除了举行一般仪式外，还要有一些特殊的仪式，以超度亡灵，解脱邪气与孽障。

布依族人认为：死于凶事之灵，进入游魂世界，这里黑暗荒寂，魂无所依，须举行招魂仪式，招其魂归入生魂世界，然后再进行"古谢"仪式，送其魂归祖先之地，以期来世再生。招魂时巫师布摩择吉日，选一不能看见村寨的山坳，用芦苇在山坳中插成迷宫似的魂归之路径，其中有一坑，将红泥与水搅拌成血色，谓之血河；又置一口油锅，下燃火，谓之火海；另将杀猪刀32把刀口向上做成刀梯，为刀山，魂归路径旁东向用八仙桌搭成神台。仪式开始时，巫师布摩率徒弟十人于神台上祭"鲍尔陀"后，开始念招魂经。念经毕，布摩手持"摩剑"，率孝子贤孙去"魂归径"中将亡魂引出。引魂时常有数千群众参加，因为在过刀山、火海、血河等仪式中，人们认为可免除自身的人生灾难。"血河"上搭有一块木板，布摩先带魂主子孙从"桥"上渡过，以示魂主开始离开苦海。"火海"旁备有一堆荞麦糠壳，由一布摩徒弟在旁念经，向油锅中撒一把糠壳，使油锅中烈焰飞腾，于是便有一人从火焰中跃过，以示亡魂顺利走向光明。"过刀山"时，布摩在旁用功念咒，孝子们纷纷赤脚从利刃上走过，众皆从旁绕道。招魂仪式结束后，要将做引魂路径的芦苇拔下烧掉，将写有魂主名字的牌位安于神龛上，以备进行"古谢"仪式。"古谢"仪式主要包括"请师""祭棺""开丧""转场""送仙""嘱咐"等环节，其目的在于超度亡灵，使之解除罪孽与邪气，顺利进入祖先之地，以期重新转世为人。

至于烧化钱帛，精选阴宅，以构筑富丽堂皇的陵墓，以及在平日里勤于祭奠和坚守一系列的丧葬禁忌等仪式或习俗，在南方民族社会生活中均十分普遍。它们都包含着对死者亡灵的慰藉因素，其用意亦十分明显，这里就不再一一举例。不过值得一提的是，南方民族丧葬仪式多"慰灵"的仪式，很少看见直接穿插于仪式中的祈福，这似乎与笔者前述的观点不一致。其实，在南方民族的信仰文化中，丧葬祭祀仪式中的"慰灵"就是"祈福"，这种祈福，并不一定要金玉满堂、人丁兴旺。从南方民族具体的生存环境条件来考虑，健康即福，无灾即福。而灾与病又根源于鬼灵作祟，那么通过繁杂的种种"慰灵"仪式，只要安顿好亡灵，亡灵自不会与人作对，如此，无灾病就是千金难买的大吉大利，也就是南方民族心目中的真正福祉了。除此之外，夫复何求？

从另一角度来看，丧葬仪式主要是埋葬死者的仪式，对新亡之人，其刚刚完成了从生者到死者这一社会角色的转换，其灵魂尚缺乏为人造福的功力，加之一些死者对自身死亡的种种怨气，也不会马上给活着的亲人带来福佑，故人们在丧葬仪式中较少掺杂有祈福的成分。不过据我们所掌握的材料来看，南方部分民族古代确实在其丧葬活动中还存在着一种特殊的求福仪式，只是在这一仪式以前，一直未能得到理解而久已废去。据1932年的云南省《马关县志》载："斫头倮罗之怪俗：该族父母死，即将头砍下。婿至，则持头跳舞。腐臭则弃去，另编篾头合颈上而葬之。此种文山较多。"① 也许这种丧葬仪式在一般人看来实属大逆不道，甚至是野蛮之至。但笔者认为，如果从文化人类学的观点来看，这一仪式并非如一般人所想象的那样忤逆不孝之至，而是这一种族的一种特殊的祈福仪式。人们之所以要"持头跳舞"，是因为在人们心中，头是生命的关键，也是人的一切力量的象征物。对此，古人早就有以头喻天的观念，可见在人们心中，头是十分神圣而充满神秘力量的。人们在丧葬仪式中持父母之头，为之跳舞歌唱，其目的只有一个，即希望通过"持头跳舞"这一仪式，能够将父或母之灵力转移到自身，化为自己的力量，从而增强自身的生存能力。如果我们一旦把这种"持头跳舞"的丧葬仪式视为该族人为获得父或母的神秘力量的仪式，那么原先的粗野、荒诞、不孝等观念自会烟消云散，而其祈福的目的也便会逐渐清晰起来。

无论是慰灵还是祈福，都寄寓着南方民族对已故亲人的深切哀思，同

---

① 参见《中国地方志民俗资料汇编·西南卷》，书目文献出版社1991年版，第822页。

时也渗透着人们对生存的渴盼。"逝者如斯夫",亡者毕竟无可挽回,故人在其丧葬仪式中,表面上是为了已故的亲人之灵的安心和满足,但其仪式的背后却隐藏着对现世者的深切关怀,对生活不折不挠的苦苦追求。为了现世者更好地生活,成了全人类数十万年来的奋斗目标。有的地方为了实现这一目标,不惜视亡者之灵为异类而加以驱逐,于是便产生了人类丧葬文化的另一类型——驱煞。

3. 驱煞

在丧葬仪式所表达的文化观念中,最突出的是对死亡的恐惧和对生存渴盼。而这种对死亡的恐惧多转换为对亡灵的恐惧,为了清除人们内心的这种恐惧,便生成各种各样的相应仪式来,驱煞就是其中比较典型的一种。南方民族丧葬仪式中的驱煞,大致上有三种表现形式,即"阴阳隔离""驱邪魅""驱亡灵"。

(1)"阴阳隔离"的仪式。其目的在于将存活着的人与死者的灵魂隔离起来,以便避免受到亡灵的伤害,这一仪式的用意侧重于让亡灵们知晓阴阳之隔的道理,从而让其在心中明白,自己已经不是往日活着的自己,随着死亡这一不可抗拒的事实的呈现,自己的一切都发生了巨大的变化:家已不再是往日的家,儿女已不再是往日的儿女,自己不能再像以前那样与亲人们朝夕相处、同甘共苦了。如果仍像以前一样地对待家人,那么给亲人们带来的就不会是真诚的亲情和慈善的帮助,而是灾祸与病患。因为亡者之灵属于"阴灵",它与现世者的亲密接触,会导致阴气侵入,从而给生者造成伤害。对于还活着的人而言,这一仪式还起着一定的保护作用。由于让亡灵知道了阴阳之不同,知道了自己与亲人们的接触会造成相反的结果,慈善的亡灵就会自觉地遵守阴间的戒律,不会经常地来人间打扰亲人,给人们带来灾病,这样现世者也就会减少因为亡灵的"访问"而生出病痛和灾患。

比如布依族人(如罗甸一带),如果夫妇一方尚健在,要从死者家中拿一条白布,在尸体入殓时,把白布剪断,以示阴阳分离。而傣族人则是将"其人生平所用器皿、盔甲、戈盾之类,环之以悬墓侧而自去"①,以此

---

① (明)钱古训、李思聪:《百夷传》,引文据江应樑《百夷传校注》,云南人民出版社1980年版。

来表示阴阳分离之意。京族人则以在尸体上覆盖一块红布表示阴阳两绝，如果死者的配偶健在，还要将原来共用的被单撕下一半盖在死者身上，从此鸳鸯情断，人鬼分途。傈僳族与傣族的仪式有些类似，也是将死者生前用的砍刀、弩弓、箭袋、酒壶、碗筷等物（若死者为女性，则将其编麻之具、麻布挂袋、针线、煮饭用具等）悬挂于坟前的两根木桩上。

苗族还有专门的"生死别"仪式：由丧家先准备未分雌雄的小鸡（有几个儿女就准备几对小鸡），一对一干枯一鲜活的李树枝，一对一干枯一鲜活的青冈树枝，以及几串稻谷穗等。然后巫师提起小鸡站在桌前，子女站立于桌子的两边，巫师念咒指出死者必须到阴间去，死人不能纠缠活人。念咒毕，巫师将一只小鸡摔死在停尸桌下，把其余的小鸡交由丧家养大。把象征死者的干树枝焚烧，把象征活人的鲜活李树枝、青冈树枝和谷穗捆好，挂于门楣上。布朗族的阴阳隔离仪式则为：在停尸期间，用一根白线拴在死人的大拇指上，将白线挟出棺外；当抬棺出门时，一刀把白线砍断。有的地方则将烟草割成两半，一半放在尸体边，一半由家属保存，以此表示断绝关系。

上述所列材料表明，南方民族在丧葬仪式上非常重视阴阳之分，但上述这些仪式并不意味着亲情的断绝，而纯粹是从保护生者的平安生存这一角度出发，有意地阻断阴魂的纠缠，减少生者今后的疾病与灾患。在南方民族看来，生者与死者之间也不是不准或不能接触，只是这类接触当有一定的限制：第一，所接触之灵魂应是已转化祖灵的灵魂；第二，只有在年节岁时复祭之时可以与之交往；第三，在生者需求祖灵帮助之时。在符合上述条件范围内的接触，人们认为是正常的，也能给人们带来利益，除此之外的接触都属于"非正常性接触"，而"非正常性接触"只会给人们带来疾病和灾患。前述的丧葬仪式中的阴阳隔离则主要是为了隔断这类"非正常性接触"，并非将正常性接触也一并隔绝。

（2）"驱邪魅"的仪式，则根源于人们这样一种信仰：人在初丧的一段时间内，由于没有经过必要的丧葬仪式，新亡之灵一方面与人间断绝了关系；另一方面又尚未与阴间的祖灵们建立起关系，得不到祖灵的承认和护佑，故此时的亡灵是十分脆弱的，容易受到来自野外邪魅的侵袭。一旦亡灵受到邪魅的攻击后，亡灵就会"魂飞魄散"，进不了祖灵故居地或天界，而将永远成为游魂野鬼，遭受永远的痛苦和黑暗。为了预防这种严重后果的发生，使亡灵得以顺利进入天界或祖灵故居地，就必须在初丧这段时间里，举行一定的驱邪魅仪式。

这类驱邪魅仪式又名"开路"，意即为亡灵回归祖地扫清道路、驱逐妖邪。《新繁县志》（四川）载："诸物既具，则请术者（俗呼阴阳）作法，厌胜一切凶煞，谓之'开路'。"① 在不同地区，这类驱邪魅仪式的表现各不相同。据《镇雄县志》（云南）载："彝族丧礼……姻戚则邀亲好，率仆属，步骑成群，绕灵呼叫，哭声震地，谓之'打鬼'。……祭者多持纸扎枪、炮，围翁车旋绕，以亲戚长者为引导，毕摩走唱，不时放炮，并高声怒吼，谓之'转戞'。"②

壮族人则在出殡路上，由亲属一人手提篮子走于棺前，一路燃炮撒纸钱，赏给途中野鬼，以免它们掠夺死者；巫师则一路敲锣打鼓，手持利剑在前开路，驱逐沿路鬼邪，免得它们阻拦死者赶路。羌族人在大葬期间，由有名的端公身披牛皮铠甲，右手执刀，左肩扛枪；紧跟其后的8名端公头戴面具，右手摇羊皮鼓，左手摇铜铃；其后是8名亲族也戴面具，敲羊皮鼓；再其后是100多名青壮年右手持刀，左肩挎枪，枪缠彩色飘带，排成一字长蛇阵，边唱边舞。人们先到火坟场转三圈，将飘带撒于坟地，敬献祖先，然后在坝子转圈歌舞，并列队作对阵战斗演习，这类演习又称为"木九赫"，其主要用意仍在于驱邪魅。

独龙族亦有这种驱邪魅仪式，一般在出殡时举行。届时，将尸体从房后面撬开一片地板，或另开一门抬出，不能从正门出，据说可堵住恶鬼进门，以防再丧。抬出时，一人举着燃烧的火把，另一人则挥舞长刀在前开路，以示驱鬼。湘西土家族人的驱邪魅仪式侧重于弓弩，所驱邪魅为过堂白虎，其仪式是在人停止呼吸之后，立即在房屋四周插上竹制的弓箭，据说这样可以防止过堂白虎撕咬死者遗骨。

从表面看来，驱魅仪式似乎主要是围绕死者的安全而举行的仪式，似乎是一切为了死者的灵魂安全到达天界，免遭邪魅的欺负或攻击。但我们只需认真分析一下就会发现，这一仪式的真正目的仍然是为了生者的利益。对南方民族而言，死者受伤害本身就意味着生者受伤害。首先，死者

---

① 参见《中国地方志民俗资料汇编·西南卷》，书目文献出版社1991年版，第67页。
② 同上书，第746页。

毕竟是生者的亲人，对于亲人受的伤害，生者定有感同身受的体验；其次，倘若死者真的受到伤害，死者很可能会将其怒气转向生者而做出变本加厉的报复，给生者带来极大的不利；最后，邪魅也可能会迫使受到伤害的亡灵进一步袭击生者。正是由于这种思维方式的运转，人们才隆重举行种种驱逐邪魅的仪式。于是，便有一队队刀枪并举的武装者齐声呐喊，便有戴着面具的神灵武士们挥刀砍邪，也便有如林的弓箭森列于房屋四周，严阵以待，一场悲哀伤痛的丧事就这样演变成为生死搏斗、厮杀鏖战的战场。

（3）"驱亡灵"的仪式。相对而言，"驱亡灵"仪式似乎更加难以理喻。不管怎么说，亡灵毕竟是亲人的灵魂，而且是在亲人尸骨未寒之际便举行这种仪式，一般人想不通倒是情有可原。但是，如果我们能考虑到人们对死亡的那种深彻骨髓的畏惧和对生存的渴盼，那么南方民族的"驱亡灵"的丧葬仪式问题自然会迎刃而解。正如亚里士多德在其《伦理学》中所说的那样："死，在一切灾难中是最可怕的，因为死就是结束，死者不再考虑任何好事和坏事。"① 人们对生存总是充满着强烈的渴盼，对死亡也总是充满着强烈的恐惧。

南方民族之所以要"驱亡灵"，是因为在这些民族心中，亡灵尽管也是灵魂，但已经与生存者的灵魂有着质的不同，正像鲜活的游鱼与鱼干一样，是完全不同的。相对于生者的灵魂而言，亡灵是一种异类。同时人们还相信，亡灵在初丧之际，由于突如其来的死亡会使他们在一定时期内丧失理性而成为"疯狂"的灵魂，这种灵魂是最为可怕的，也是必须要加以清除的，尤其是那种非正常死亡的灵魂，更是如此。这些灵魂必然会对自己的死亡充满怨气与戾气，而这种怨气与戾气积压于亡灵的心头，一旦爆发就会导致其理智的丧失，成为"疯狂"的厉魂，给人们带来极大的危害。

普米族人认为非正常死亡是不吉之兆，它将预示家族中会有人继续死去，必须进行隆重的葬礼方能平息其灵魂的暴怒。在葬礼之前，要用杨柳木和白杉木搭一棚子，棚里堆放玛桑柴（一种有毒的树木），柴旁放一把

---

① ［美］英特玛·阿德勒、查尔斯·范多伦编：《西方思想宝库》，周汉林等译，中国广播电视出版社1991年版，第119页。

镰刀，一个铧口及死者生前衣物。巫师"韩归"在巫棒上压制几个面偶，若是摔死者，就压制几个牛头人身的面偶；溺死者，就压制几个鱼、蛇、虾之类的水栖动物面偶，这些面偶与尸体一起放在玛桑柴堆上焚烧。焚烧时，巫师韩归身披铠甲，手舞钢刀，诵经并驱逐亡者灵魂；同村的九名男人也持刀或握木棒，边舞边打边诅咒，绕棚子走七圈，然后砍倒木棚，连同尸体一起焚烧。次日拂晓，死者家属砍一丛蒺藜，用土块压在骨灰上，表示亡灵已被永远埋在地下，不再危害人畜。

独龙族人驱赶亡灵仪式一般在葬后举行，且所驱之亡灵也包含正常死亡的灵魂。他们认为刚死的人总爱回来，这往往会给人们带来灾病，所以在新丧的第一年里，要举行两到三次撵魂仪式。举行仪式时，由死者家人杀鸡、宰猪，供祭于坟地，巫师则手持撵魂之杖，边指边念咒，将亡灵驱赶回坟墓。如果人们感觉到被赶走的"阿细"（亡灵）又回来了，则又须请巫师在坟地四周和房屋前后不断地敲打哄撵，直到把亡魂赶走为止。第二年后不再祭坟。

傈僳族人在丧葬过程中也有祭师手持木棍，口念祷词，然后两人拿着涂有猪血的刀子，绕屋三圈，边吼边舞的驱逐仪式。基诺族人的葬仪则是在下葬时，巫师尤卡海左手持刀，右手拿带刺的黄刺果枝条边砍边抽打，并且在葬后第二天晚上要请村社的祭司举行"阿麦喝"仪式，以送走死者鬼魂，令其不再返回。苗族人在送殡时，巫师要肩扛大马刀，手持芭茅草，且要不停地念咒语。有的地区要由巫师手舞大刀驱赶妖魔鬼魂，并大声喝令："一切妖魔鬼怪，前去三百步，后退三百庹。"然后在棺盖上猛砍一刀。

通观南方民族整个丧葬仪式文化，贺丧、慰灵、驱逐无不渗透着对人的生存关怀。贺丧仪式的表层漂浮的是对死者的祝贺，祝贺他们超脱了生存的苦痛，进入祖灵世界，其目的只是为了安抚生者，消解人们对死亡的焦虑，意即死亡并不可怕，因为死者非亡，死者依然生存于祖灵世界之中。慰灵仪式则是从侧面表现对生存的关怀，因为慰灵的表层目的虽然在于安顿灵魂少安毋躁，别发火、别生气，其更深一层的意义则是为了减少生者的灾病，以保生者的平安。至于驱亡灵仪式对生存关怀之意就更为直截了当，更为急切坦诚。不仅仅丧葬文化，在人类的所有文化中，你尽管可以将它们提升到哲学、伦理、宗教等层面去加以赞美感叹，但总掩饰不了这一朴素的真理：为了生存！为了发展！为了更好的生存！

五　神判

神判不属于人生仪式，笔者将其放在这里叙述，仅仅是作为本章的附录部分。

林惠祥先生对神判曾有这样的论述："原始的审判具有魔术及宗教的性质。有罪或无罪的证据常求之于超人的权力。谳定的权委于神灵，而以占卜及神断的方法探神的意。问神的话是一句率直的问题，要求'是'或'非'的一句答案。"① 神判现象的发生，是人类在社会生活的难题面前无可奈何的反映，当村寨内部或氏族内部发生纠纷，一时无法判定谁是谁非之际，往往借助于"神力"来查清问题的是非曲直，给当事者双方和众人一个无法交代的交代，一种难以说明的说明。

很明显，神判现象的发生根源于人们普遍地对神灵的信仰和服从，是神之智慧远超于人之智慧的又一明证。人们坚信：神是公正无私而又无所不知、无所不察的，没有任何一件人为之事能瞒得过神灵，能够逃得过神灵的审判与惩罚。为善者，神必佑之；为恶者，神必罚之。正如意大利思想家维柯所说的那样："第一种法是神的，因为人们都相信他们自己和他们的一切规章制度都依于神，由于他们认为任何事物都是一种神或是由一种神所造成的或做出来的。"② 正是基于这种对神的信仰与绝对的服从，神判现象才在人类历史阶段中如此的广泛而持久，并且很少有人对其怀疑过。

1. 普遍存在的神判现象

南方民族的神判现象具有很大的普遍性，它并非仅仅局限于民间纠纷这一领域，在原始部族首领的选举方面，以及社会生活的很多方面都有神判现象的存在。

在日常生活中，南方民族多占卜。从某种意义上说，占卜也是神判的一种方式。人们把占卜过程呈现的种种迹象一概视为神意的一种表现，并依据这些迹象来揣测神意，决定人们的社会行为。当神意显示某件事或某种做法是"合理"的，人们便以为吉，定当热情为之，否则人们将不敢轻

---

① 林惠祥：《文化人类学》，商务印书馆1991年版，第208页。
② ［意大利］维柯：《新科学》，朱光潜译，人民文学出版社1987年版，第464页。

举妄动。神意在这里成了人们社会行为的唯一准则，尤其是一些较为重大的行动（包括社会活动和人生的重大活动）更是如此。譬如战争、狩猎、婚姻、丧葬、疾病、旅行以及自然界中的"异常"征兆，奇怪的梦，等等，无不需要占卜问卦，以查神意。

清人张履程在其《彩云百咏》卷下中还记载有云南大理白族妇女用树来进行占卜的材料："元兵破大理，高泰祥（大理国国相）死之。一女流亡民间，不知兄弟所在，因手植菩提树以卜存亡，既而九植皆出，兄弟九人俱无恙，散处滇、黔。洪武中，皆授土官职，树在姚安城北。"① 在高氏之女心中，每植一棵树都象征一个兄弟的生命，树之成活，则其兄弟健在。结果九树皆活，其九位兄弟亦皆存，且后来还担任了"土官职"。在这里，高氏之女将其兄弟生死存亡的问题求神破解，虽采用的是占卜的形式，但实际上仍是"查神意"的一种表现，仍可视为一种神判的形式。像这样的以占卜形式求神判明的现象，在南方民族社会生活中是十分普遍的。

诚然，神判的主要对象仍然是村寨内部和氏族内部所发生的民间纠纷，主要包括财产纠纷、婚姻纠纷、信誉纠纷等。一旦发生纠纷，经调解无效，一时又难以自明之际，人们为了自身的权益，便往往借助于神灵来查清是非善恶，于是便出现神判现象。另外，在南方民族的神判过程中，担任"审判长"的神灵各不相同，但主要是人们心中威望很高，正直无私的善良之神。如"天神""社神""雷神""祖先神"，以及"白帝天王"等。这些"审判长"的选择，主要根据人们对神灵的信仰程度、神灵的灵应程度来决定。人们对某一神灵的信仰程度越高，或者是神灵应验效果越好，人们也就愈加相信这一种神灵判决的准确性和效验度，神灵的震慑力也就愈强，这对维护社会正常生活秩序、减少民间纠纷都有重要的现实意义。

2. 神判的仪式

民间最常见的神判仪式主要有三种：明心咒誓，现场验痕，极限神判。

（1）明心咒誓。所谓明心咒誓，是指在神判的仪式中，面对神灵赌咒发誓，表明心迹，让神灵根据双方所陈述理由进行审判。这种神判仪式的

---

① 云南大学历史系民族历史研究室编：《云南史料丛刊》第 27 辑。

效验期长短不一，短则数日，长则数月、数年不等，但只要生效，人们都会相信神判的准确性。又有的民族在赌咒发誓这一仪式中，为了增强神判的震慑力，还添加了一些附属的仪式，如打鸡狗、喝血酒、抱小孩赌咒等。

据毛筠如先生在20世纪40年代的调查，凉山彝族在处理债务纠纷的神判仪式中，多举行打鸡狗的附加仪式。《大小凉山彝族》中讲："例如某甲称某乙之祖人欠其祖人之债，而某乙则绝不承认，彼此纠纷，则主张打鸡狗了事。其法采取一鸡或一狗，当场声明理由念出誓词，立即打死。如系某甲打死，则某乙必照数偿还其债；若为某乙打死，则某甲丝毫不要。誓词之意，某甲方云，如果你祖人不欠我债，现在冤枉你还了我，则以后如此鸡狗一样死。某乙则认为如果我祖人确欠你债，现在我骗赖你，则我以后亦如此鸡狗一样死。举行完毕，即了此事，双方均不提它。"而在仪式之后很长一段时间里，其中一方若家遭不幸，人们即认为是神的惩罚，则其子孙后代都背上不好的名声，长期受人歧视。

喝血酒的仪式在各地均有，实系古代结盟立誓之仪式的一种借用，血酒对人体本身无害，但如果是因纠纷而与人在神前喝下血酒，则会给理屈者造成很大的精神压力。清乾隆四年《乾州厅志》载有当地苗族人喝血酒盟誓的习俗：

> 遇有冤念，必告庙誓神，刺猫血滴酒中饮以盟心，谓之吃血。吃血后三日，必宰牲酬愿，谓之悔罪做鬼。其入庙则膝行股栗，莫敢仰视。抱歉者则逡巡不敢饮。其誓必曰："你若冤我，我大发大旺；我若冤你，我九死九绝。"犹云祸及子孙也。远不能赴庙者，建拜亭于路，于亭前盟誓。舆骑过亭必下，尊之至也，事无大小，吃血方无反悔，否则，虽官断亦不能治。至苗人畏鬼甚于畏法也。[①]

此所言湘西吉首市苗族在当地白帝天王庙举行的"吃血"仪式。"相传吃血有愧者，必有报应：小曲有三年，大报在目前，不是灾异降临、瘟毙人畜，便是退财或意外祸殃。神灵相鉴，有理者福，无理者灾，善恶果

---

① （清）王玮等：《乾州厅志·红苗风土志》卷4，乾隆四年刻本。

报，丝毫不爽也。"① 因此理屈的一方往往不敢在白帝天王庙中吃血酒，情愿赔偿对方的损失。

巴马布努瑶人则有"背小孩拜鬼""赌雷庙"的神判仪式。背小孩拜鬼仪式是发生纠纷的双方各自背上自己的亲生男孩到仪式场所，先由巫师"挪魔"念完祝神之词，当事者双方向天高呼："天鬼有眼，地鬼有目，你们睁着眼睛看我，如果我做过这件坏事，我这个男孩不养了，由天神收去，任鬼杀死！"一方呼喊完毕，另一方继续呼喊。如果哪一方不敢喊咒，就说明他已理亏，但是如果双方都对天地发誓，就看一年之内谁家人畜先遇难，先遇难者为理亏。②"赌雷庙"则是在雷神庙中举行，仪式由巫师主持。原告要买两只鸡，备一大串纸钱，仪式中，杀鸡献供，焚纸祭神后，巫师念咒曰："×××人如果为人心不正，偷人家东西（或者隐瞒人家财产），全家绝灭。"被告须按巫师的形态，重念其咒语。念毕，仪式结束，原告亦不再向被告索赔，而是静观待变。

明心发誓的神判仪式在各地的附加仪式很多，如巴马布努瑶人在祖先神位前的赌咒、在屋檐下的赌咒；金秀茶山瑶族的砍鸡头、进社；壮族对天地赌咒，等等，这些仪式的核心就是相信神灵公正无私，洞察一切，一旦对神灵发誓，神灵自当审清是非曲直、赏罚分明。是非善恶终将在神灵的明察中无可遁形，人间正义也将在神灵的主持下获得伸张。

（2）现场验痕。如果说神前立誓的效验还需一些时日方可能显现出来，那么现场验痕的神判仪式则当场见效，是非曲直，一目了然。

壮族保存着一种古老原始的神判仪式——"蛹虫神判"。当许多人中有谁被怀疑做了某些事情时，人们一下又无法自明，便多通过这种蛹虫神判来当场查出肇事者或凶手。其法：由神判仪式的主持者找来一种生长于稻田间的一种蛹虫，再叫所有怀疑对象围在仪式主持者的周围。主持人手持蛹虫，口念神咒："蛹虫啊蛹虫，祸首在哪儿？"念毕，看蛹虫的尾巴是否转动，若蛹虫的尾巴随着念咒声转动，就视为神判有效，否则就重新再做一次。当蛹虫的尾巴最后指向谁而不动时，被指的就是事情的主要肇事

---

① 石启贵：《湘西苗族地区调查报告》，湖南人民出版社 1986 年版，第 538 页。
② 吕大吉等主编：《中国各民族原始宗教资料集成·瑶族卷》，中国社会科学出版社 1998 年版，第 148、149 页。

者，该人将受到相应的惩罚。①

壮族地区更为流行的现场验痕神判仪式是"斩鸡脚"。仪式开始时，参加神判的双方及公证人均要先对天地神灵盟誓，谁说假话，就将受到神灵的惩罚。誓毕，公证人当场将一只雄鸡杀死，将鸡血滴于一大碗酒内，交给争执双方各喝一杯，然后由双方各斩断一只鸡脚，原告砍左脚，被告砍右脚。双方将砍下的鸡脚交给公证人，公证人则将鸡脚放入沸滚的开水中煮成半生半熟后，一一捞起，分辨鸡爪的曲直。谁砍下的鸡爪不弯曲，则认为有理，反之则为无理。无理者要负责赔偿对方的损失和负担神判的费用。一经神判判决后，任何非理者都不得有任何怨言。

彝族人的"嚼米"仪式也属于这种现场验痕的神判范畴。据徐益棠先生20世纪40年代的调查，凉山彝族人若发生内部纠纷，难以查明其是非曲直时，亦有通过嚼米的仪式来进行神判。具体形式为"原告被告及证人齐集后，用红白米各一小撮置桦叶上，待笔母念经毕，被告宣誓，祝告神明，将米吞入口咀嚼之，然后吐出，检视嚼碎之米，如米中带有血丝染有红色者败诉"②。林耀华先生对此亦有类似的调查："又如嚼米也是一种神判，笔母念经作法之后，命嫌疑犯吞嚼红、白米一小撮，嚼碎后再行吐出，检视米中没有血丝染成的红色者无罪。"③

荔波努侯瑶人的神判仪式中有一种"过阴衙"，是请阴间的"判官"来裁判阳间的民事纠纷。当双方争执不下之际，寨老又无法加以裁决之时，如偷盗之案，被告矢口否认，原告又缺乏确凿证据，就只有举行"过阴衙"仪式。届时，巫师当着村寨头人和众多乡亲的面，取来原告家白米一碗，手帕一方，然后燃香插于米碗内，口念咒语，请动阴司判官前来查明案情实况，惩罚盗窃犯罪。当香烟横向漫飘，供桌自然震动时，人们便认为阴间判官已请到。于是，巫师手持米碗，走到被告家中，或将被告传到现场，然后将手帕盖于碗上，片刻之后，揭开手帕，若手帕不沾米，则被告是清白无辜的，于是再传其他嫌疑者，依次举行类似仪式。若手帕上沾上米粒，则此人便是作恶者，不仅要赔礼罚酒，负责"过阴衙"仪式的

---

① 吕大吉等主编：《中国各民族原始宗教资料集成·壮族卷》，中国社会科学出版社1998年版，第620—621页。
② 徐益棠：《雷波小凉山之罗民》，金陵大学中国文化研究所1944年4月发行，第80页。
③ 林耀华：《凉山夷家》，商务印书馆1947年版，第102页。

所有费用外，还要赔偿原告的损失。如果每一位嫌疑者都证明是清白的，那么原告将反受罚。[①]

现场验痕的神判仪式的特点在于是非曲直可以当场验证，而且一经验证，便会视为神的裁决，当事人不得违抗。不过，从上述材料来看，现场验痕的神判仪式带有很大的随机性，受罚者一方并无确凿的证据，往往难以心服口服，只是当时迫于社会压力，只得接受惩罚，但问题并未获得真正圆满的解决。因而受罚者所受的损失不仅仅是物质财产方面，精神损失相对来说更为巨大。较之明心发誓的神判仪式而言，其准确性显得要差一些。因为明心发誓主要是在神的压力下进行，理屈的一方由于惧怕神灵的惩罚而从内心深处对神判仪式有一种深深的信服，故往往在仪式前或仪式过程中由于心虚而服罪。这样，仪式的善后问题要简单得多。相反，现场验痕的神判在人们的文化心理基础方面就显得薄弱多了，故其善后问题往往较多。基于这样一种实际情况，民间的现场验痕的神判仪式相对来说，比较少见。

（3）极限神判。所谓极限神判，是指建立在人体所能承受痛苦的极限区域，或者甚至超过人体痛苦承受极限的基础上的一种神判仪式。这一仪式的特点是以超越人体忍受痛苦的极限点，迫使理亏的一方产生畏惧、畏缩的心理，从而使问题能够水落石出。从某种意义上说，极限神判类似于旧时官衙中所流行的严刑逼供。不过，人们之所以奉行极限神判的仪式，是因为人们相信：有理者必获神佑，极限痛苦也会因为神灵的佑助而得以减轻；理屈者神必罚之，在极限痛苦的考验中，他必遭受加倍痛苦。正是基于这样一种信仰，极限神判反倒在南方民族地区十分流行。大致说来，人们通常采用的极限神判方式有：捞油锅、捞汤锅、踩铁铧、踏刀口、潜水等，但以捞油锅、捞汤锅的仪式最为常见。

捞油锅仪式是十分普遍的一种极限神判仪式，旧时在许多南方民族地区乃至全人类都普遍存在。"蛮僚有事，争辩不明，则对神祠热油鼎。谓理直者探入鼎中，其手无恙。愚人不胜愤激，信以为然，往往焦溃其肤，莫能白其意者。此习土著之民亦皆从之。少抱微冤，动以捞油为说。"[②] 王

① 黄海：《荔波努瑶的原始宗教调查》，1990年，未刊稿。
② （清）沈日霖：《粤西琐记》一卷本，载《小方壶斋舆地丛钞》第八帙。

成圣先生在 20 世纪 40 年代对冕宁木拉落村彝族人的捞油锅仪式进行过如下调查：

> 　　其法系用油盛锅中，以火炙之，使油沸热。由笔摩口念咒语后，以米散入锅中，笔摩吹一口气后，由其先伸手入油中，以证油之不烧无过之人，然后由失主及邻人轮流伸入油中（失主捞油锅须证实其失物为事实，如虚则必受油煎），邻人中如有偷盗其物者，即受油煎，其余之人则平安无事。……作者于三十二年前在家乡（西康冕宁）时，曾因事与友人赴夷区木拉落村中，当时曾亲见过一次捞油锅的事情。时间是在晚上，当时到场的有二十八人，烧着油锅，由笔摩念通咒语，意在祈祷鬼神，请其鉴查强盗。自烧火煮油起，约半点钟后，笔摩即以米一把撒入锅中。其时火小油尚不甚热，笔摩即先伸手入油中。我们在参观的几个人，见油不涨，即动手加柴，使火力增大，以使油在锅中沸腾，失主见之甚喜。全体都捞完后，都未见有人叫吼，皆以为其中并无强盗，事毕各自归去。次日始知，凡参加捞油者，手皆烫烂，因为当晚为了名誉关系及恐怕赔偿失物，所以谁都不敢叫吼。次日全体见得彼此都煎破了手皮，始觉为笔摩法术不高明所致。于是众起攻击笔摩，后来由笔摩"尔苛子"——夷名，赔礼认罪罢了。[1]

捞汤锅仪式主要是锅中煮的不是油，而是水，但其烫伤程度相对于油锅要轻一些。一般人们将银币、鸡蛋、米粒放入锅中的沸水里，要求捞锅者将所放之物捞起来，如果捞不起来或不敢捞者，则被视为罪犯或非理者，要受到相应的惩罚。

怒江白族中有一种火中取石的极限神判仪式，其法是先烧堆大火，投二石头于火堆中，待石头烧红后，让争执的双方将烧红的石头从火中取出，然后验看其手是否烧伤，烧伤则败，未伤则胜。据詹承诸先生等人在怒江州泸水县洛本卓乡的调查介绍，大约在 20 世纪 40 年代，洛本卓乡来登村就曾用此仪式仲裁过一件纠纷。一位名叫古者妈的白族妇女，被托拖村一村民指控为放蛊害人，古者妈不服，双方发生争执，于是便采用此种

---

① 王成圣：《倮罗的神权思想》，《边疆通讯》第 4 卷第 3 期。

仪式进行神判。由古者妈于火中取石。古者妈上身内穿牛皮衣，手上套着牛、猪的肠衣，故未被烧伤，从而胜诉，洗脱了放盅害人的罪名，为自己恢复了名誉。①

较之火中取石更为残酷的是踩犁头仪式。壮族踩犁头仪式有三种：脚踩、手捧、舌舔，即先将犁头在火中烧红，然后争执双方事先议定采用何种形式进行神判，如需用舌舔，就得用舌头舔烧红的犁头，最后视舌头是否烧伤，以判胜负。彝族则多采用捧犁头的仪式，毛筠如先生20世纪40年代对此曾这样叙述道："捧铧口，倮彝谓之'嘞克多'。彝人如某甲被盗，多方侦察为某乙窃去，而某乙则坚不承认，以至大起纠纷，双方争论不休，乃举行此法，以赌报应。其法系延请高尚笔摩一人，以犁地铁铧口一个，用火烧红，由笔摩将双方情形向鬼神申诉，并念咒作法。本日双方各出银数百两，陈于众人之前，以赌输赢。……此时笔摩令某乙将两手伸出，以木七节，置其手中，再以粗纸一张铺遮两手，旋将烧红之铧口置于某乙之手中。如刚置下去，其纸即烧，其人手不赖烫，将铧口抛去，则众人皆以为果系某乙行窃矣。除将所赌之银两完全输与某甲外，尚须照数赔偿某甲被盗损失之财物。如铧口置于某乙之手，纸却不烧，手亦不烫，并捧定铧口将身子旋转七周，则某乙即系冤枉，某甲所赌银应全输于某乙。于是某乙之确未行窃，乃大白于人。此系鬼神于幽灵中主持，双方人众，绝对遵守，输赢决无异议也。"

类似于这样残酷的极限神判，在南方民族地区旧时还存在着踏刀口、潜水、吞毒药等极端的形式。踏刀口就是赤脚踏在锋利的刀刃上，不伤为胜，受伤为负；潜水则是争执双方同时深潜于水中，先出水者为负，后出水者为胜；吞毒药也是由争执双方同时吞下烈性毒药，怯者或死者为负，不怯者或无事者为胜。这些极限神判仪式对于发生纠纷的双方，在今天看来，更多的似乎是在赌，赌人的胆量，赌人的运气，更赌人对痛苦的承受力。同时我们也应该看到，这些极限神判仪本身所展现的已不仅仅是那种单纯的对神灵的崇拜和坚定的信仰，也不仅仅是对一时一事的荣誉、胜负之事，它还包含着南方民族为了自身荣誉乃至整个家族的荣誉，不惜以身

---

① 吕大吉等主编：《中国各民族原始宗教资料集成·白族卷》，中国社会科学出版社1996年版，第681页。

犯险的豪放粗犷、原始朴野和民族精神。

在这里，我们还可以想得更远一些。荣誉，无论是个人的荣誉还是家族的荣誉，在原始部落的生存的历史阶段，其本身已经远远超出荣誉自身的内涵范畴，它实际上也是人们生存力强弱的一把标尺。一个丧失了荣誉的人，就会为整个家族或部落所不耻，他与家族或部落群体的一切联系都有可能被切断，而伴随着这种联系的被切割，剩下的不仅仅只是孤立无援，更重要的是生存条件的迅速丧失。因为一个被家族或部落遗弃的人，只能凭借个人微弱的力量去面对自然的压力，其生存下来的可能性是何等的渺茫！所以人们在荣誉受到损伤时，自然会不惜采用种种难以想象的痛苦的仪式向人体的极限发起挑战，无论水里火里、刀山油锅，都在所不惜。

诚然，支撑人们为捍卫自身荣誉不惜赴汤蹈火的精神力量则是人们对神灵的坚定信仰，他们允许受到别人的误解，但却从来不曾怀疑过神灵的佑助与神灵的审判。每一个参加神判仪式的人（除了那些真正做了坏事而良心不安者）无不坚信：神灵与自己同在，神灵会佑助自己。在他们心中，只要是获得神助的人，人间的一切极限痛苦都将不会发生在自己身上。刀山火海，如履平地；赴汤蹈火，毫发无伤。正是在这样的信念基础上，无论极限神判仪式多么残酷，朴直、诚实的南方民族都勇于接受它的考验。我们从这种极限神判仪式中，穿透岁月烟云，深深为南方民族如此强悍的生命力而惊叹。

当南方民族一代又一代认真、严肃、虔诚地完成一幕又一幕原始宗教仪式的时候，当一代又一代的众多生命在这些残忍的仪式中白白地蒙上冤尘，或被无情地湮灭的时候，我们却看到了在这浓厚的愚昧云雾中，一束束、一团团的原始信仰之光依然夺目惊心。南方民族为了适应险恶的生存环境，为了自身的生存与发展，尽管他们做过种种血的游戏，走过许多的弯路，但他们却凭着胸中那缕顽强的对于神灵的信仰，硬是踏平了历史的荆棘，穿越岁月的丛林，一路呼啸着，终于冲入了文明的地平线。

那么，在今天，面对南方民族先民们的那份原始、粗野、愚昧而异常执着的信仰，难道仅仅只报之以一丝冷嘲或苦笑，或一味地批判，就可以显示自己有多么文明高尚吗？难道我们对先民们的原始信仰的执着毫无感动吗？难道我们不觉得可以从先民们这种对信仰的一如既往的精神中获得些什么有益的东西吗？

参考文献

一　中文著作

蔡家麒主编：《中国各民族原始宗教资料集成·独龙族卷》，中国社会科学出版社 2000 年版。

蔡家麒主编：《中国各民族原始宗教资料集成·傈僳族卷》，中国社会科学出版社 2000 年版。

蔡家麒主编：《中国各民族原始宗教资料集成·怒族卷》，中国社会科学出版社 2000 年版。

岑家梧：《民族研究文集》，民族出版社 1992 年版。

陈雪英、毛振培主编：《长江流域重大自然灾害及防治对策》，湖北人民出版社 1999 年版。

邓启耀：《中国巫蛊考察》，上海文艺出版社 1999 年版。

丁世良、赵放主编：《中国地方志民俗资料汇编·华东卷》（上中下），书目文献出版社 1995 年版。

丁世良、赵放主编：《中国地方志民俗资料汇编·西南卷》（上、下），书目文献出版社 1997 年版。

丁世良、赵放主编《中国地方志民俗资料汇编·中南卷》（上、下），书目文献出版社 1991 年版。

杜玉婷主编：《中国各民族原始宗教资料集成·基诺族卷》，中国社会科学出版社 1998 年版。

范宏贵主编：《中国各民族原始宗教资料集成·壮族卷》，中国社会科学出版社 1998 年版。

顾建中、荣士第等编：《中国民间英雄传奇故事》，中国广播电视出版社1996年版。

顾朴光等编：《中国傩戏调查报告》，贵州人民出版社1992年版。

顾朴光：《中国面具史》，贵州民族出版社1996年版。

广西壮族自治区编辑组：《广西瑶族社会历史调查》，民族出版社2009年版。

广西壮族自治区编辑组：《广西壮族社会历史调查》，民族出版社2009年版。

何光岳：《百越源流史》，江西教育出版社1989年版。

何光岳：《南蛮源流史》，江西教育出版社1988年版。

何星亮：《中国图腾文化》，中国社会科学出版社1992年版。

何星亮：《中国自然神与自然崇拜》，上海三联书店1992年版。

何耀华主编：《中国各民族原始宗教资料集成·彝族卷》，中国社会科学出版社1996年版。

和志武主编：《中国各民族原始宗教资料集成·纳西族卷》，中国社会科学出版社2000年版。

贺学君等编：《中国民间爱情故事》，中国广播电视出版社1996年版。

胡炳章：《土家族文化精神》，民族出版社1999年版。

胡庆钧：《凉山彝族奴隶社会形态》，中国社会科学出版社1985年版。

李绍明、钱安靖主编：《中国各民族原始宗教资料集成·土家族卷》，中国社会科学出版社1998年版。

李亦园：《人类的视野》，上海文艺出版社1996年版。

林惠祥：《文化人类学》，商务印书馆1991年版。

林惠祥：《中国民族史》，商务印书馆1993年版。

凌纯声、芮逸夫等：《湘西苗族调查报告》，民族出版社2003年版。

刘岱总主编：《敬天与亲人》，生活·读书·新知三联书店1992年版。

刘锡蕃：《岭表纪蛮》，上海书店1991年版。

吕大吉：《西方宗教学说史》（上下），中国社会科学出版社1994年版。

吕思勉：《中国民族史》，中国大百科全书出版社1987年版。

马昌仪编：《中国神话故事》，中国广播电视出版社1996年版。

马昌仪编：《中国神话学文论选萃》（上下编），中国广播电视出版社1994

年版。

马昌仪：《中国灵魂信仰》，上海文艺出版社1998年版。

马学良等编：《彝族文化史》，上海人民出版社1989年版。

钱安靖主编：《中国各民族原始宗教资料集成·羌族卷》，中国社会科学出版社2000年版。

石启贵：《湘西苗族实地调查报告》，湖南人民出版社1986年版。

宋恩常主编：《中国少数民族宗教初编》，云南人民出版社1985年版。

王钟陵：《中国前期文化心理研究》，重庆出版社1991年版。

魏庆征主编：《中国各民族宗教与神话大词典》，学苑出版社1993年版。

乌丙安：《中国民间信仰》，上海人民出版社1996年版。

伍新福等：《苗族史》，四川民族出版社1992年版。

萧兵：《傩蜡之风》，江苏人民出版社1992年版。

邢官英主编：《中国各民族原始宗教资料集成·黎族卷》，中国社会科学出版社1998年版。

徐晓望：《福建民间信仰源流》，福建教育出版社1993年版。

杨锡光等整理译释：《侗款》，岳麓书社1988年版。

叶大兵主编：《中国风俗大辞典》，上海辞书出版社1990年版。

于锦绣、杨淑荣编：《中国各民族原始宗教资料集成·考古卷》，中国社会科学出版社1996年版。

袁珂编：《中国神话传说词典》，上海辞书出版社1985年版。

云南省编辑委员会：《独龙族社会历史调查》，民族出版社2009年版。

云南省编辑委员会：《傈僳族社会历史调查》，民族出版社2009年版。

云南省编辑委员会：《怒族社会历史调查》，民族出版社2009年版。

云南省编辑委员会：《佤族社会历史调查》，民族出版社2009年版。

云南省编辑组：《白族社会历史调查》，民族出版社2009年版。

云南省编辑组：《布朗族社会历史调查》，民族出版社2009年版。

云南省编辑组：《德昂族社会历史调查》，云南民族出版社1987年版。

云南省编辑组：《景颇族社会历史调查》，民族出版社2009年版。

云南省编辑组：《云南民族民俗和宗教调查》，民族出版社2009年版。

詹承绪主编：《中国各民族原始宗教资料集成·白族卷》，中国社会科学出版社1998年版。

詹鄞鑫：《神灵与祭祀》，江苏古籍出版社 1992 年版。

张世珊等：《侗族文化概论》，贵州人民出版社 1992 年版。

张应和等编：《沅湘傩辞汇览》，香港国际展望出版社 1992 年版。

张有隽主编：《中国各民族原始宗教资料集成·瑶族卷》，中国社会科学出版社 1998 年版。

张正明：《楚文化史》，上海人民出版社 1987 年版。

张子伟辑：《中国傩》，湖南师范大学出版社 1994 年版。

张紫晨：《中国巫术》，上海三联书店 1990 年版。

赵杏根编：《历代风俗诗选》，岳麓书社 11990 年版。

织金县民委编：《苗族丧祭》，贵州民族出版社 1991 年版。

《中国少数民族社会历史调查资料丛刊》修订编辑委员会编：《傣族社会历史调查》，民族出版社 2009 年版。

《中国少数民族社会历史调查资料丛刊》修订编辑委员会编：《苗族社会历史调查》，民族出版社 2009 年版。

朱天顺：《原始宗教》，上海人民出版社 1978 年版。

二　中文译著

《马克思恩格斯选集》第 1—4 卷，中共中央马克思恩格斯列宁斯大林著作编译局编译，人民出版社 1972 年版。

爱德华·麦克诺尔·伯恩斯，菲利普·李·拉尔夫：《世界文明史》（第一至四卷），罗经国等译，商务印书馆 1987 年版。

爱德华·泰勒：《原始文化》，连树声译，上海文艺出版社 1992 年版。

费尔巴哈：《基督教的本质》，荣震华译，商务印书馆 1984 年版。

弗洛伊德：《图腾与禁忌》，杨庸一译，中国民间文艺出版社 1986 年版。

海通：《图腾崇拜》，何星亮译，上海文艺出版社 1993 年版。

怀特：《文化科学》，曹锦清译，浙江人民出版社 1988 年版。

基思·托马斯：《巫术的兴衰》，芮传明译，上海人民出版社 1992 年版。

利普斯：《事物的起源》，汪宁生译，四川民族出版社 1982 年版。

罗伯特·F.墨菲：《文化与社会人类学引论》，王卓君等译，商务印书馆 1991 年版。

R－H. 罗维：《初民社会》，吕叔湘译，商务印书馆 1935 年版。

M. 艾瑟·哈婷：《月亮神话》，上海文艺出版社 1992 年版。

马林诺夫斯基：《巫术宗教科学与神话》，李安宅译，中国民间文艺出版社
　　1986 年版。

马文·哈里斯：《文化人类学》，李培荣、高地译，东方出版社 1998 年版。

F. 缪勒利尔：《家族论》，王礼锡等译，商务印书馆 1935 年版。

史宗主编：《20 世纪西方宗教人类学文选》（上下），上海三联书店 1995
　　年版。

斯特伦：《人与神：宗教生活的理解》，金泽等译，上海人民出版社 1986
　　年版。

汤因比：《历史研究》（上中下），曹未风等译，上海人民出版社 1986
　　年版。

托卡列夫：《世界各民族历史上的宗教》，魏庆征译，中国社会科学出版社
　　1985 年版。

韦尔斯：《世界史纲》，吴文藻等译，人民出版社 1982 年版。

韦斯特马克：《人类婚姻简史》，刘小幸等译，商务印书馆 1992 年版。

维柯：《新科学》，朱光潜译，人民文学出版社 1987 年版。

休谟：《自然宗教对话录》，陈修斋等译，商务印书馆 1996 年版。

约·阿·克雷维列夫：《宗教史》（上下），王先睿等译，中国社会科学出
　　版社 1984 年版。

詹姆斯·乔·弗雷泽：《金枝》，徐育新等译，中国民间文艺出版社 1987
　　年版。

祖父江孝男等：《文化人类学事典》，乔继堂等译，陕西人民出版社 1992
　　年版。

三　古籍

爱必达：《黔南识略》，贵州人民出版社 1992 年版。

班固：《汉书》，岳麓书社 1997 年版。

常璩：《华阳国志》，刘琳校注，巴蜀书社 1984 年版。

杜佑：《通典》，中华书局 1988 年版。

段成式：《酉阳杂俎》中华书局 1981 年版。

樊绰：《蛮书》，向达校注，中华书局 1962 年版。

范成大：《桂海虞衡志》广西人民出版社 1986 年版。

范晔：《后汉书》，岳麓书社 1994 年版。

范致明：《岳阳风土志》，成文出版社 1976 年版。

干宝：《搜神记》，中华书局 1979 年版。

顾玠：《海槎余录》，中华书局 1991 年版。

洪迈：《夷坚志》，中华书局 1981 年版。

李昉等编：《太平广记》，中华书局 1961 年版。

李昉等编：《太平御览》，中华书局 1960 年版。

李京：《云南志略辑校》，王叔成校注，云南民族出版社 1986 年版。

李元：《蜀水经》，巴蜀书社 1985 年版。

李宗昉：《黔记》，贵州人民出版社 1992 年版。

郦道元：《水经注》，中华书局 1991 年版。

刘安等：《淮南子》，上海古籍出版社 1989 年版。

刘献廷：《广阳杂记》，中华书局 1997 年版。

刘向编：《战国策》，李维琦标点，岳麓书社 1988 年版。

刘昫：《旧唐书》，中华书局 1975 年版。

刘恂：《岭表录异记》，广西民族出版社 1988 年版。

陆次云：《洞溪纤志》，湖南出版社 1991 年版。

罗绕典：《黔南职方纪略》，贵州人民出版社 1992 年版。

欧阳修等：《新唐书》，中华书局 1975 年版。

钱古训：《百夷传校注》，江应梁校注，云南人民出版社 1980 年版。

宋濂等：《元史》，中华书局 1976 年版。

田雯：《黔书》，贵州人民出版社 1992 年版。

脱脱等：《宋史》，中华书局 1985 年版。

魏征等：《隋书》，中华书局 1974 年版。

徐珂编：《清稗类钞》，中华书局 1984 年版。

俞樾：《茶香室丛抄》，中华书局 1995 年版。

袁珂校注：《山海经校注》，上海古籍出版社 1980 年版。

袁枚：《子不语》，上海古籍出版社 2012 年版。

张鹭:《朝野金载》,中华书局 1979 年版。

张澍:《世本》,商务印书馆 1938 年版。

张澍:《续黔书》,贵州人民出版社 1992 年版。

张廷玉等:《明史》,中华书局 1974 年版。

周去非:《岭外代答》,中华书局 1999 年版。

朱辅:《溪蛮丛笑》,文渊阁四库全书本。

宗懔:《荆楚岁时记》,山西人民出版社 1987 年版。

左丘明:《左传》,蒋冀聘标点,岳麓书社 1988 年版。

后　记

　　我国南方民族数千年来，一直被视为"蛮族"，殷商时期的甲骨文中就有关于"蛮方"的记载。其后，经历周、春秋、战国，乃至秦汉魏晋以降，在历代文献中，从来都不乏南蛮族的身影。

　　其实，"蛮"字的古义本无所谓褒贬，它主要是与南方民族蚕桑种植和蚕丝纺织有关。但进入秦汉以后，东汉人许慎对"蛮"字做出特定的解释，"蛮"之意义便逐渐坠入贬斥的意义泥淖中，多被人理解为蛮野、蛮悍、蒙昧。许慎在《说文解字》中云："蛮，南蛮，蛇种，从虫，䜌声。"《白虎通》则言："蛮虫难化，执心违邪。"言其蛮野，重点是说南方民族性格剽悍，尚武重力；言其邪僻，强调的是其原始落后，巫风淫祀。在这种文化的误读中，人们一说起南方蛮族村寨，心里涌现的只是一片蛮烟瘴雨，云锁雾罩，朦朦胧胧。加上南方山峦重叠，道路崎岖，很难进行文化交流，致使这种文化误读一误几乎成为千古！

　　我本来就是蛮族的后裔，生于斯长于斯，也熏陶于斯。有责任向人们诉说南方民族原始信仰文化的真实面貌，让人们能够更加清楚地了解南方民族文化，也有责任扫清历代统治王朝强加给南方民族身上的种种不实的传说，还南方民族原始信仰文化的原貌，以促进中华民族的团结和进步。为此，特选择研究南方民族原始信仰文化这一课题。

　　但我知道，这一课题的研究任务对于自身而言未免太沉重。首先，南方民族的族系十分复杂，在古代就有"百濮""百越""百蛮"之称，且每一民族内部又因其居住区域、历史迁徙、部族融合等多种因素的相互作用，形成了众多支脉和宗系，使得各民族支系繁杂，其间的联系更是纷繁交错，如网如麻。其次，我国南方幅员辽阔，地形复杂，与我国北方乃至世界各地文化交往频繁，因而要研究南方民族文化，所牵涉的面自然就非常宽广。再次，原始信仰文化自身属于意识形态领域，亦实亦虚，似幻非幻。说它缥缈无形，却又实实在在地支配着人们的社会生活；说它有形可依，却又如云似雾，难以捉摸，也很难用常规化的语言进行清晰描述。复次，历代王朝出于其统治的需要，常常有意地将南方民族原始信仰文化加以扭曲，并一概视为巫风淫祀。而历代文人学者又多因观察角度的有限，往往也人云亦云，以讹传讹。或视之为奇闻野趣，或目之为荒诞不经，或信手翻云覆雨，或借故兴风作浪，致使千百年来，南方民族的原始信仰文化一直处于人为的"哈哈镜"中，扭曲变形，显得更加神秘怪诞、荒唐无稽。最后，更为伤脑筋的是，新中国成立后，由于种种政治运动，尤其是"文化大革命"的强烈冲击，使得它大多湮没于历史的尘埃之中，原先从事巫文化的人员，也出于种种顾虑，将其熟悉的原始信仰文化视为洪水猛兽，往往对此避而不谈。以上种种，更使得本课题的研究困难重重。

随着改革开放的深入，我国进入了一个科学昌明、经济腾飞的新时代，文化研究受到高度重视，有关各民族文化的调查、研究成果大量涌现。认识传统文化，研究传统文化，批判地继承和发扬传统文化，已经成为长盛不衰的学术热潮。笔者欣逢盛世，且于2007年又进入国内民俗学研究重镇北京师范大学文化人类学与民俗文化研究所攻读硕士学位，在导师刘铁梁教授和杨利慧等教授的指导下，更加坚定了自己的学术研究方向。从那时起，笔者努力阅读前人研究成果，开始收集相关学术资料，为本课题的研究打下了良好的基础。

经过近十多年的努力，今天，笔者终于怀着战战兢兢的心情，将这本小书奉献于读者面前。但本课题的研究任务并未因此而完结，南方民族原始信仰文化浩如烟海，这本小书充其量也只是一个阶段性的成果而已。所感欣慰的是，笔者总算从云遮雾障的南方民族原始信仰文化中勉强探索出一点眉目，也认识到：貌似神秘荒诞的南方民族原始信仰文化是民族生存发展的产物，民族的生存发展无论在任何时候，都是其原始信仰文化的形成、发展的核心基础和原动力。沿着这一理论小径，去研究南方民族原始信仰文化，其所有的神秘色彩已不再炫目，其所有的荒诞形式也不再令人费解。

最后，我要感谢吉首大学文学院领导对本书的深切关怀，他们给予我的部分出版资助对本书的出版有着重要的实际意义。我还要感谢中国社会科学出版社的领导和编辑，是他们的严格要求和慷慨、宽容，使本书能够正式问世。当然，我也真诚地感谢我的父亲、母亲和爱人，没有他们的鼎力支持、积极督促和耐心指点，我的研究将很难继续下去。

2019 年 6 月 27 日于吉首大学风雨湖畔

作者简介

胡晨（1984— ），女，土家族，湖南龙山人。现为吉首大学文学与新闻传播学院讲师，主要研究方向为湘西民族文化。在核心期刊上发表论文十余篇。主持国家社科基金青年项目、省社科基金项目各一项。著有《历史的风度》（收录于"口述非遗——湘西历史文化故事"丛书）、《湘西风土志》（第二作者），并参与编写《湘西州土家族辞典》等著作。

封面设计：孙婷筠

ISBN 978-7-5203-2826-5

9 787520 328265 >

定价：149.00元